姚 淦 铭 国 学 智 慧 系 列

中庸智慧

姚淦铭　著

山东人民出版社·济南
国家一级出版社 全国百佳图书出版单位

图书在版编目(CIP)数据

中庸智慧/姚淦铭著. —济南：山东人民出版社，2010.9（2018.4 重印）
ISBN 978 - 7 - 209 - 05488 - 1

Ⅰ.①中… Ⅱ.①姚… Ⅲ.①儒家 ②中庸—通俗读物
Ⅳ.①B222.1 - 49

中国版本图书馆 CIP 数据核字(2010)第 175962 号

责任编辑:常纪栋
封面设计:宋晓明

中庸智慧
姚淦铭 著

山东出版传媒股份有限公司
山东人民出版社出版发行
社 址:济南市英雄山路 165 号 邮 编:250002
网 址:http://www.sd-book.com.cn
发行部:(0531)82098027 82098028
新华书店经销
山东华立印务有限公司印装
规 格 16 开(169mm × 239mm)
印 张 22
字 数 350 千字
版 次 2010 年 9 月第 1 版
印 次 2018 年 4 月第 7 次
ISBN 978 - 7 - 209 - 05488 - 1
定 价 36.00 元

如有质量问题,请与印刷厂调换。 电话:(0634)6216033

前　言

儒家经典的《四书》，是《大学》、《中庸》、《论语》、《孟子》。宋代朱熹编注《四书章句集注》，于是"四书"之名也由此而定。

《中庸》与《大学》一样，原先是《礼记》一书里的一篇，《礼记》共有四十九篇，《中庸》是其书的第三十一篇，而《大学》是其书的第四十二篇。在宋代以前，虽然有人关注《中庸》与《大学》，但是一直要到宋代，由于时代的需要、各方合力的作用才将它们推向高处，臻于巅峰。其中有一个重要原因，即是宋代的文化需要让千年的儒家学说重新振兴，催开出生命的新花来；然后能够与其他的学说相抗衡，特别是面对来自佛、道的冲击与挑战。宋代儒学迫切需要义理之学，因此一旦发现了《大学》、《中庸》，特别是蕴藏在《中庸》里面的哲学理论，便尊视为"圣学"的宝藏。于是宋儒拳拳服膺之，汲汲开掘之，滔滔阐扬之，一代新儒学终至勃然兴起。再就儒学本身而言，宋儒治经与唐代迥然有别，不是斤斤于训诂考证，而是察察于义理阐述，以心性命理为主，且又糅合了佛、道之说。宋以后明代传承延续了此种"理学"，或称之"道学"，此便是宋明理学。

确实，《中庸》给人的表象是薄薄的，没有多少字数，但是一旦走进《中庸》，恰似一座深邃思想与智慧的殿堂。在《中庸》里面，存心养性之理、穷神知化之方、聪明睿智之法、天人合一之机、治乱存亡之候，具载于是书。

当然《中庸》一书除了谈义理、哲学，也给予人们丰富的处世、处事、修身、管理、学业、家庭以及日常生活的诸多智慧。《中庸》教诲你择善固执，抵达成功之域。一个人如能"博学之，审问之，慎思之，明辨之，笃行之"，人一己百，人十己千，那么即使是一个资质并不高的人，甚至是一个愚笨的人、一个懦弱者，也必定会得到"虽愚必明，虽柔必强"的提升。

在《中庸》这里，既能曲径通幽，通达心曲之幽深；又能鸢飞戾天，遨游广阔之六合；亦能鱼跃于渊，有如鱼得水的洒脱境地。一言蔽之，指点你"尊德性而道问学，致广大而尽精微，极高明而道中庸"。

在国学里，《中庸》是最重要的经典之一。虽篇幅不多，但是它本身的富藏，以及附着在这本经典上的解读、研究与影响，那是千年的层累层积，层储层淀，真个是说不完、道不尽的文化承载了。《中庸》成为一本特别厚重的文化经典，承载着数千年的文化与智慧的深湛内涵。

本书《中庸智慧》也如先前的《大学智慧》一样，主要分为两大部分：一是对《中庸》的智慧的解读；二是在此基础上再将《中庸》原著全文翻译与品读，考虑到朱熹的《大学章句》的经典性与影响深远，又采用了《中庸章句》的本子。

关于《中庸》的智慧解读，我们又分别从其"精蕴与价值"、"中庸的深广内涵"、"中庸的现代智慧"、"性命说智慧"、"诚的多维视域"、"学问思辨行"、"天人之际智慧"、"修养与教化智慧"、"管理智慧"、"思辨智慧结晶"、"历史之谜"等方面一一剖析而展开解读。

国学大师梁启超指出："两汉之间，儒者通经，皆以致世，以《禹贡》行水，以《洪范》察变，以《春秋》折狱，以《诗》三百五篇当谏书。盖六经之文，无一字不可见用。"（《西学书目表后序》）此种传统便是追求学以致用，其精神值得发扬，至于"怎样用"、"用什么"则又是一个值得研究的问题了。我想，对中国传统经典智慧的解读也应该有一种能用而至于大用、妙用的目标。

这里又记起朱熹的话："智愚之过不及，宜若道之所以不明也；贤不肖之过不及，宜若道之所以不行也。"道不明，是因为智者测度深微、揣摩事变得太"过"了；而愚者又昏聩暗昧、蹇浅无知得"不及"。这种"过"犹"不及"，都不能彰明"中庸之道"。再说贤者刻意尚行，惊世骇俗，此种行为太"过"了。不肖者，卑污苟贱，不能去行当行的，此种行为则是"不及"，那么同样不能实行"中庸之道"。因此"中庸之道"看似简单，其实知晓其理与践行其道都不是易事。朱熹又说："故曰'人莫不饮食也，鲜能知味也'。知味之正，则必嗜之而不厌矣；知道之中，则必守之而不失矣。"（《四书或问》）此话的味道，真可以去寻味、辨味、体味、知味、回味的！

作　者

2010 年 6 月

目　录

篇一：《中庸》的精蕴与价值

篇二：中庸的深广内涵

篇三：中庸的现代智慧

篇四：《中庸》性命说智慧

篇五：《中庸》诚的多维视域

篇六：《中庸》学问思辨行

篇七：《中庸》天人之际智慧

篇八：《中庸》修养与教化智慧

篇九：《中庸》管理智慧

篇十：《中庸》思辨智慧结晶

篇十一：《中庸》历史之谜

篇十二：《中庸章句》译读

篇一

《中庸》的精蕴与价值

《中庸》给人的表象是薄薄的，没有多少字数，但是一旦走进《中庸》，恰似一座深邃思想与智慧的殿堂。

《中庸》：中国式智慧宝典

《中庸》是儒家的最重要的经典之一，“中庸”则是儒家的最核心的智慧之一。

《中庸》是中国式智慧的宝典，“中庸”则是集中体现出中国式的智慧。

《中庸》高扬“极高明而道中庸”的人文精神。“中庸”是一种至高的道德标准，又是一种卓越的思考的与可操作的方式与方法。

《中庸》既让你具有崇高的精神境界，又使你成为一个于处事、处世充满睿智的人。

一、《中庸》：浅近境·至极境

《中庸》指出对中庸之道的认知与实行的层次，有粗浅就近境与至极深邃之分别：一是浅近境，一是至极境。

1. 先从浅近境来说，那么“中庸之道”一点也不玄乎其玄，神乎其神，即使是在普普通通的百姓之中也都会知道，也都会实行的。这正如《中庸》里所说的，“夫妇之愚，可以与知焉”，那是说即使是普通男女的愚笨无知，也可以懂得一点中庸之道。亦然如《中庸》所说的，“夫妇之不肖，可以能行焉”，即使是普通男女的不肖无才，也都可以实行一点中庸之道。

这一点说得很实在，从古到今，中国的普通民众在日常的生活中其实都会知道、实行一点中庸之道的。日常生活中就充满着中庸的智慧与教导：比如平时饮食，一般人也都知道不要太饿，但也不要吃得太饱；不要没有营养，也不要营养太过。平时生活不要太忙，也不要太闲。与人交往不要太疏，也不要太密。对子女不要不爱，也不要溺爱。养生要讲究，但也不要太讲究。身体要锻炼，但不能过了度，如此等等，随处可见可闻。这就是既不要达不到的“不及”，也不要过了分的“过”。

2. 再从至极境来说，那么亦然如《中庸》所说的“及其至也，虽圣人亦有所不知焉”，“及其至也，虽圣人亦有所不能焉”。这里就有点玄乎了，有点神秘了。不过也确实如此，比如许多有极其丰富的实践经验、又有很高理论造诣与哲学修养的人，在“左”与“右”的问题上，不也是不能时常清醒辨识、正确选择、坚决实行中庸之道吗？相反在复杂的现实中，往往忽“左”忽

"右"地犯了很多的错误,甚至严重地犯了错误。记得古人有"至文"一说,那就是指最有文德、德行最完备的。《荀子·不苟》:"君子宽而不僈(màn,怠惰),廉(有棱角)而不刿(指刺伤),辩而不争,察而不激,寡立(指正直)而不胜,坚彊而不暴(指凶暴),柔从而不流,恭敬谨慎而容(指宽容),夫是之谓至文(指礼仪、德行)。"这不就是一种何等美妙,又是何等难以实现的"中庸之道"的至极境界?

因此《中庸》说中庸之道,从其大者来说,大得天下也不能承载得下;因为天地之间无不充斥着中庸之道,其大无外,有哪一个可以承载得下呢?故"语大,天下莫能载焉"。从其小者来说,小得最细小的事物中也有中庸之道,其小无内,有哪一个可以剖析内里呢?故"语小,天下莫能破焉"。《中庸》就揭示了中庸至道,其道精微玄妙;展示了中庸德行,其德深广厚重;阐述了中庸智慧,其智明睿远到;宣扬了中庸教化,其教卓越高尚。

二、《中庸》:拒绝·平庸·庸俗

真正的"中庸",绝不是迂腐、圆滑、可厌的代名词。正如冯友兰说的:"中庸"两个字,以及孔子、朱熹等人的有关的话,"在现在有些人的心目中,是非常迂腐可厌底","不过这些人大概皆未了解所谓的中庸本义"。我想,确实如此,今天满世界都在讲竞争、求激进、欲狂飙,怎能来个又"中"又"庸",哪能搞个不偏不倚?其实"中庸"往往被人们误解了。

冯友兰曾说:"中",就是办事要恰到好处。举个例子:"中"的本义是无过与不及,即是恰到好处的意思。如炒菜,炒得过了则太老,炒得不及则太生。如果不老不生,恰到好处,此菜方好吃。再如宋玉《登徒子好色赋》描写一个绝色美人:"东家之子,增之一分则太长,减之一分则太短;著粉则太白,施朱则太赤。"这就是既不过也不及,是恰到好处。

再说办事的恰到好处,可以从两方面来说:一是从道德来说,即是说做一件事情必须做到应该做到的地步,这是恰到好处。二是从利害方面来说,即是说做一件事必须做到完全成功的地步,这也是恰到好处。用烧饭的例子来说,做饭以做熟为恰到好处;饭未做熟而停止不做,这是不彻底,这是"不及"。如果饭已熟了,还求彻底,那么饭将糊不可食了。——如此做,做事的人方能在事业方面得到最大的利益。

《中庸》说"中庸"、说"中"、也说"庸",但是《中庸》拒绝平庸,拒绝庸俗,拒绝庸人。世上原本有许多好的理念、智慧等,一旦被平庸化、庸俗化,那么就变味了,变出怪味来,甚至变出臭味来,变得竟至于要被人厌恶了。历史上这样的事情真的很多，中庸不幸也遭遇到这样的“变味”的尴尬。

冯友兰在《新世训（生活方法新论）》里有一篇《道中庸》，曾有个概括，总结了人们对中庸的四种误解：

1．误解“中”即是不彻底。譬如一事有十成，用“中”的人做这个事，大概只做五成，若做四成，即为“不及”；若做六成，即为“太过”。所谓“适可而止”、“不为已甚”，都是表示不彻底的意思。这些人说，中国人做事情不彻底，就是吃了儒家教人用“中”的亏。然而，他们至多是吃了误解儒家教人用“中”的亏，而不是吃了儒家教人用“中”的亏。因为照“中”的本义，“中”并没有不彻底的意思。

2．误解“中”有模棱两可的意思。譬如对于某事有两种相反的意见，用“中”的人一定以为这两种意见都对也都不对。他把两方面的意见，先都打个对折，然后参酌两方面的意见，而立一个第三意见。所谓“执两用中”，即是谓此。所谓“执中”，亦是谓此。这一部分人说，中国人好模棱两可，“两面讨好”，都是中了儒家教人用“中”的毒。其实他们是中了误解儒家教人用“中”的毒，而不是中了儒家教人用“中”的毒。

3．误解“庸”即是庸碌的意思。他们以为儒家教人行庸道，是叫人都成为庸庸碌碌无为、不敢有所作为的人。凡事“不求有功，只求无过”，与其画虎不成，不如“刻鹄不成尚类鹜”。这一部分人以为中国人之所以缺乏进取冒险、敢作敢为的精神，都是吃了儒家教人行庸道的亏。其实，不是吃了儒家行庸道的亏，因为照“庸”的本义，“庸”并没有庸碌的意思。

4．误解“庸”是庸俗的意思。关于艺术方面的创作或鉴赏，是所谓雅事，行庸道的人多以为这些雅事为“雕虫小技”，做这些雅事为“玩物丧志”。行庸道的人所做的事，或所认为应该做的事，往高处说，不过是些“伦常日用”；往低处说，简直都是些“柴米油盐”。有些人说，中国人都俗，不如西洋人每人都会唱几句歌，又不如西洋人每家都有钢琴。中国人之所以俗，都是中了儒家教人行庸道的毒。其实他们是中了误解儒家教人行庸道的毒，而不是中了儒家教人行庸道的毒。

冯友兰又对误解所谓行中庸之道的人，都是些做事不彻底、遇事模棱两可、庸碌无能、俗而不堪的人物，进行了分析。他说，这些人物，正是儒家所最痛恨的人物，正是儒家所谓的乡愿。孔子说：“乡愿，德之贼也。”何谓乡愿呢？用今天的话说，乡愿就是所谓的好人或老好人。这种人就是儒家所称的德之贼者。

确实,最后这里还要强调的是,今人一定要告别对“中庸之道”的误会、误解、误读、误用,继承发扬这种中华民族的大智慧,使得《中庸》这一部曾经属于古代人的经典,也应该成为今天现代人的智慧宝典。

《中庸》:精神的向度

《大学》与《中庸》,在陈荣捷所编著的“被欧美学术界誉为介绍东方哲学文化思想最完备、最周详的珍本”的《中国哲学文献选编》里,得到了高度的评价。《大学》为“道德与社会的鸿猷”,而《中庸》则是“精神的向度”。他对《中庸》的评论很精警,值得一读。

在《精神的向度: < 中庸 >》一文中,陈荣捷要言不烦地彰显了《中庸》的诸多方面的要点。

一、《中庸》、《大学》的异同

先说《中庸》、《大学》之同。《中庸》与《大学》常被相提并论,两者都是《礼记》里的篇章,后来由朱熹选取,与《论语》、《孟子》合称为“四书”。从 1313 年到 1905 年间,两书都成了经典,而且都是国家考试所用的基本参考书。过去八百年间,这两书对中国的影响极大,对于新儒家而言,尤其重要,因为他们将这两者视为他们思想动力的主要源泉。——所谓的“新儒家”,简而言之也就是宋代的理学家,他们从《大学》、《中庸》等中获取了思想的动力,并将其看做是主要的源泉。

再从《中庸》、《大学》之不同来看,两者有许多的不同,举例如:

(1)《大学》处理的是社会、政治的事务,《中庸》则为讨论心理学与形上学的问题。

(2)《大学》探讨人心,而非人性,比如“性”字仅仅在《大学》的第十章出现过一次,然而《中庸》恰好相反,其中就有深入探讨性命的问题。

(3)《大学》着重方法与程序,《中庸》则集中在实质问题上面。

(4)《大学》的基调大体是理性的;《中庸》则带有宗教的以及神秘的因素,这和《孟子》书中所显示的神秘层次非常近似,这两本著作的某些段落几乎完全相同,比如《中庸》的第二十章与《孟子·离娄上》一二、《孟子·尽心下》一六就近同。

二、《中庸》与新儒学运动

陈荣捷说:“早在新儒家学者注意到这篇经典以前,它精巧的思想已深深地吸引了道教徒与佛教徒。从4世纪到11世纪,道教与佛教学者都注解过这篇著作,11世纪的一位佛教僧侣,甚至以这本著作的名称称呼自己。在道家、佛教与儒家之间,它成了沟通的桥梁,而且为道佛之影响新儒家预先铺路,因而开启了新儒学运动。”

这里揭示出《中庸》具有“精巧的思想”,且深具魅力,早在新儒家之前就已经吸引了道教徒与佛教徒,而且还对《中庸》展开了研究,其中许多的注解就是这样的研究,此后又引发新儒家的重视与研究。这一历史事实与行进轨迹,表明了《中庸》一书沟通了道、佛、儒三家,而新儒学运动是与《中庸》、与道教佛教有着密切的关联的。

为什么《中庸》能吸引道家、佛家以及新儒家学者?陈荣捷分析主要有两点:“这两点正是孔子学生所‘不可得而闻也’的地方,亦即性与天道。人性由天道所赋予,但只有在中和的状态中,才能显现出来。中和是‘天下之大本’与‘达道’。天道超越了时间、空间、体用与动静,但它同时又是於穆不已,永恒而自明。”

三、《中庸》是本哲学著作

陈荣捷指出:“由《中庸》一书,可以看出它是本哲学的著作,而且很可能是古代儒家文献中,最富有哲学意味的一本。”因此可以体悟到《中庸》所具有的能吸引道家、佛家、儒家等许多人的“精巧的思想”,其核心也许就是其中的哲学思想与思辨了,当然还有与之相符的那种为了传达“精巧的思想”而具有的绵密的“精巧的”文辞表述了。

先看“中庸”。陈荣捷说:“《论语》中的‘中庸’常被翻译成‘Mean’,意指适度;但此处的‘中’,指的却是中心之中;‘庸’则意指普遍的与和谐的。前者指向了人性,后者则表示人性与宇宙的关系。合并而论,此意味着人性是和谐的,而且此和谐不只使我们成为道德的存有,它还贯穿了整个宇宙。一言蔽之,人与宇宙成为一体。此种理论可以说主宰了中国思想的全过程,《中庸》是其中较早的一个例子。”

其次说“诚”。陈荣捷说:“联结天人合一的性质是‘诚’,‘诚’意指诚实、真理或实在。这个观念在《中庸》里讨论得颇为详尽,它既有心理学的、形上学的,也有宗教的含义。诚不只是心态,它还是股动力,无时无刻地在转化万物、完成万物,将天人联结到同一的文化之流中。因为它是神秘的,所以也是超越的；但它务实的一面也不应当被忽略掉。事实上，如果确是真诚，就必然得困知勉行，何况，‘庸’也意指平常的，诚要在庸言庸行中见出，它的真理也得为一般人所理解。总而言之，《中庸》为儒门要典，它从来没有丧失对实务的基本关怀。”

四、《中庸》：儒学的另一种发展

孔门的儒学，在孔子之后出现了一次另一向度的拓展。正如陈荣捷所说：“无疑地，《中庸》是孔子以后，儒门的另一发展，它与《大学》代表古代儒家两股不同的趋势，就像后来的孟子与荀子代表两种不同的思想派别一样。有些学者认为《中庸》与《大学》，分别渊源于孟子与荀子的思想。这样的说法虽然颇堪玩味，却很难站得住脚。孟子与荀子在很多方面都是相对立的，《中庸》与《大学》却不然——虽然它们也有差异，这也是为何两者时常被相提并论的缘故。”比如《大学》与《中庸》都讨论“诚”的问题，但是《大学》仅仅是在道德修养上来阐述“诚”，而《中庸》则于道德修养之外又进入了形而上学的境界，并且还富有一种神秘性了。陈荣捷的这些论说，有助读者对《中庸》一书的阅读与理解。

《中庸》在儒学中的重要地位

《中庸》为什么在儒学中占有重要的地位？徐复观就认为《中庸》一书，在儒家思想系统中之所以占有着重要地位，是因为它起着重要的“承先启后”的作用。他在《＜中庸＞的地位问题——谨就正于钱宾四先生》文里曾作出了有关的阐述。

一、《中庸》确立了道德的基础

首先，儒家思想以道德为中心，而《中庸》指出了道德的内在而超越的性格，因而确立了道德的基础。

1．揭示道德的内在性。

《中庸》的“率性之谓道”，此道即后面所说的五伦的“达道”。五伦系外在的人与人的关系。但此人伦关系之所以形成，亦即人道之所以成立，据《中庸》的说法，乃根源于每一人内在之性，而非来自外在的条件。“率性之谓道”，乃指出道即每人的内在的性；有是人，必有是性；有是性，必有是道。所以下面接着说“道也者，不可须臾离也，可离非道也”，以见人不能自外于性，即不能自外于道，而道乃真正在人身上生了根。故必由道德的内在性，而后始可言道之不可须臾离，而后人对道德乃有真正之保证。

2．揭示道德的超越性。

然若仅指出道德之内在性，固可显见道与各个人之必然关系，但并不能显见人与人及人与物之共同关系。人我及人物之共同关系不显，则性仅能成为一生理之存在，而道德之普遍性不能成立，于是所谓道德之必然性亦成为无意义的东西。所以《中庸》在“率性之谓道”的上面，要追溯出一个“天命之谓性”。天的本身即是普遍的具体化，因此，由天所命之性，也是人我及人物所共有而成为具体的普遍。作为道德根源之性，既内在于每一个人的生命之中，而有其主宰性，有其必然性；同时又超越于个人生命之上，而有其共同性，有其普遍性。人性因为具备这两重性格，才可以做道德的根源。道德必在群体中显见，不能形成群体，遂极至于不承认道德存在的权利。

3．揭示中国文化的核心。

人类历史，一直是在上面两极的对立搏斗之中，互相激荡，互相起伏，看不出一条根本解决的道路。从纯文化理念的观点来说，中国内在而超越的道德性的文化，实际为人类提供了此一道路。在此一内在而超越的文化中，一个人的生理与理性合为一体；流到外面的作用上去，个体与群体同时得到和谐。《中庸》之所谓中和，即指的是这种内在与超越合一的“性”，及由此性所发生的成己成物的作用。内在所以“成己”，超越所以“成物”。内在与超越非二物，即“成己”与“成物”非二事。由此而言“致中和，天地位焉，万物育焉”，乃有其真实的内容与其确实的条贯，而不是浮言泛语。这是中国文化的核心，这是《中庸》承先启后的第一贡献。《中庸》彰显的就是由内在而超越的以成己成物的德性。

4．《中庸》式的形而上学。

再说《中庸》里面的形而上学的“天命之谓性”的“天”。这“天”不是泛泛地指在人头顶上的天，而系由向内沉潜澄汰所显现出的一种不为外界所转移影响的内在的道德主宰。因此，这里的所谓天命，只是解脱一切生理束缚，一直沉潜到底时所显出的不知其然而然的一颗不容自已之心。此时之心，因其解脱了一切生理的、后天的束缚，而只感觉其为一先天的存在，亦即系突破了后天各种樊篱的一种普遍的存在，《中庸》便以传统的“天”的名称称之。并且这不仅仅是一种存在，而且必然是片刻不停的发生作用的存在，《中庸》便以传统的“天命”的名称称之。此是由一个人“慎独”的“独”所转出来的,其境界极于"无声无臭",《中庸》即以此语为其全文的收束。无声无臭者,不为后天一切所干扰之谓;这便很有形而上学的意味,但实与西方一般由知性的思辨所推衍上去的形而上学不同。《中庸》系由另一途径以显出另一性格的形而上学;这种形而上学与科学所走的路不同,并不会觉到科学的威胁因而须有所避忌。

二、承前启后:《中庸》与《论语》

1.《论语》主要是就下学而上达的下学方面立教,故最为切实;而《中庸》则提出道德的最高境界与标准,指出人类可由其德性之成就,以与其所居住之宇宙相调和,并进而有所致力。

2.《论语》中虽屡提到圣人,但对圣人未作明显的叙述;《中庸》则对圣人之所以为圣人,叙述得相当详尽。

3.同时,《论语》对修己以安人、修己以安百姓这一类的问题,谈得不少;《中庸》承继了这一方面的思想而进一步加以系统化。

4.但《论语》几乎没有谈到人与天的关系。而人类文化发展到某一阶段,对于其所居住的宇宙,由原始性的猜疑畏惧,常要求与之有一种调和的关系,或对之有一种责任感,而希望将其归纳于自己生活范畴之内。人类可以从宗教这一条路来满足此种要求,可以从艺术这条路来满足此种要求,可以从科学这一条路来满足此种要求;而儒家则系从道德这一条路来满足此一要求,《中庸》一书,在这一点上有了充分的发挥。

《中庸》以圣人为最高道德的标准,认为由圣人"峻极于天"之道,与天地同功,因而尽其对天地万物的责任以得到人与天地万物的和谐。而其确切可靠的天路历程,乃在于圣人之"能尽其性",即是能圆满实现其内在而超越的道德主体。如前所述,此主体基因有超越的先天的一面,所以在能将其圆满实现的这一境界上,自己的性,与人之性及与物之性,系合而为一;因此,尽己之性,同时即尽了人之性与物之性。己之性与人之性及物之性的总和,即是天地化育之实,因而尽性即是"赞天地之化育","与天地参"。这是性的高明、精微的一面,即所谓"达天德"。性由五伦的人道而见,于是"尽伦"即所以尽性。每人皆在人伦的关系中,在人伦的生活中,总会或多或少尽了一分义务,所以说"夫妇之愚,可以与知焉"。这即是所谓"极高明而道中庸,致广大而尽精微"。由尽伦尽性而上达天德,在此一分限上始可说"天人合一",始可说"鱼跃鸢飞"。而此一分限,在《中庸》只能归之于尽性尽伦的圣人。只一"尽"字,便含有多少切实的工夫在里面。

三、《中庸》揭示了做人的最高标准

徐复观认为，尤其重要的是《中庸》提出了道德价值、人格价值的最高标准，以为人道立极，使人生成为一上达的、无限向上的人生；同时，更为走向此最高标准而提供了一条大路。

1．“修道”。

徐复观说，在“率性之谓道”的下面，必须接上“修道之谓教”。无此一“修”字，一切便都会落空。

《中庸》之所谓道既是人道，则所谓修道便不是对于一般存在的承认，而是切着人自身的生活。儒家的理想，本不离开现实生活；但绝不因为现实生活为一存在而即承认其都是合理，而即承认其为符合于天命之性。所以《大学》是以“修身为本”，《中庸》也是以“修身为本”，《中庸》说“修身以道”，而“率性之谓道”，是修身，即系复性。

2．说诚。

徐复观认为，复性于现实生活之中，使现实生活符合于天命之性，此即《中庸》之所谓“诚”，亦谓之“纯”。诚与纯，是说人能真有其内在超越之性，而不杂以后起的人欲之私的状态。因此，深一层地说，诚即是性。凡《大学》、《中庸》、《易传》、《孟子》之言诚，皆就人之内心而言。

《中庸》首先出现诚字是“顺乎亲有道，反诸身不诚，不顺乎亲矣”。《中庸》又说“诚者天之道也”，是就完全实现了其天命之性而言；所以接着说“诚者不勉而中，不思而得，从容中道，圣人也”。此处的“天之道”，实等于“天之命”；当时“天道”与“天命”二词常常互用。由此可知“诚者天之道”，与孟子“尧舜，性之也”同义，即孔子“七十而从心所欲，不逾矩”的境界。先秦儒家若就天地而言诚，亦系由人身之诚而推出言之。且所谓天地之诚，乃指天地所以能生物之精神而言，而非就生物之结果而言。《中庸》说“天地之道，可一言而尽也，其为物不二，故其生物也不测”，“不二”即是诚。

《中庸》假定圣人是生而即诚的，其余的人，则系一套工夫（修）所积累的成果。《中庸》所提出的工夫，可以说是由内外兼顾，而内外合一。即“尊德性”与“道问学”的兼顾与合一。向内的工夫是由“戒慎乎其所不睹，恐惧乎其所不闻”的“慎独”。又《中庸》说：“不明乎善，不诚乎身矣。”因有对立于善的恶，而始须要去明善择善。明善即是义利之辨。

最后《中庸》说“尊德性”与“道问学”，在此等处合拢。此乃《中

庸》全书中心点之所在。

徐复观的这些论说,也是可供我们读者作进一步参考的。

《中庸》与中国文化精髓

中国五千年文化的独特价值在哪里?这不是一个容易回答的问题,需要做对本身文化作出系统的、深切的、细密的反思,还要对中外文化作出宏观的、中观的、微观的比较。如果真能如此地由中而外、由外而中地反复比勘,也许才能获取真知,有所深知。

我记得成中英曾论及中国文化所包含的四种最基本的原理:(1)天人合德的宇宙本体原理;(2)内外合用的理想政治原理;(3)诚明合能的人生修养原理;(4)知行合体的社会实践原理。(成中英《从中国哲学论中国五千年文化独特之价值》,以下引文同此)虽然这种说法还可进一步完善,但是很有启发意义,如果按此说法考察,那么就在《中庸》虽是薄薄的一书中,却高密度地结晶着这些中国文化的最基本的原理。

1.《中庸》阐扬了人可以与天地并列为三,“赞天地之化育”,并“与天地参”。这是一种高扬的创造精神,且又是人与天地和谐共处的诗性的生存态。如《中庸》22章所说的:至诚——尽人之性——尽物之性——赞天地之化育——与天地参。此真为百世不废之名言。

2.《中庸》颂赞了内圣外王的理想政治哲学。首先是自己内在的德性充实,而后再使得他人的德性充实,而后成就一切。如《中庸》31章所说的:“至圣”而“聪明睿知,足以有临也;宽裕温柔,足以有容也;发强刚毅,足以有执也;齐庄中正,足以有敬也;文理密察,足有别也”。最后由内圣而至于外王,而能“配天”了。此则著名论断也影响深远。

3.《中庸》又论说了“诚明合能”的人生修养原理。如成中英说:“诚”是人本性中体认真实、表现真实的力量,也是使生命得以扩展本性潜能、实现真实力量的创造力。“诚”同时也是天在人中之德,据此人道可以与天道相通。“明”乃认识理想,认识一己之潜能,以及一己之制限的心灵活动,故为一种对至善之自觉,对客观情状之理解,以及由于此种认识与理想对一己趋善方向之选择。无“诚”则无主体可言,无“明”则无客观世界可言。“诚”、“明”可能使主客同时肯定,而一己之在世界得以完成乃诚明合能之动的作用。如《中庸》“诚则明矣,明则诚矣”等对“诚”与“明”充分的论说,影响不小。

4.《中庸》在知行合体的社会实践原理上也是表现得鲜明突出。人要择善固执,要诚且明,还要学问思辨行。魏源曾说:“《中庸》明善先于诚身,择善先于固执,学问思辨先于笃行,虽并进互发而自有先后也。”这里有先后本末的问题,然而总的来说,是从明善、择善始,而会通“知”与“行”,能成己也能成人,促进社会和谐与进步,最后回归于“至善”。

以上种种原理,如成中英说:“这四种基本原理是中国文化精神及命脉之所寄,也就是中国文化独特价值之所在。”

5.《中庸》在此基础上还揭示出“经论天下之大经”、“立天下之大本”(32章)以及“达道”、“达德”(20章),于是将上面的种种原理沟通、贯穿起来,体现出中国文化的“吾道一以贯之”的特质。

此亦如成中英说:这四种原理本质上是相通的,这也就表明了中国文化所具有的“一理万殊”、“吾道一以贯之”的特质。这是中国文化之潜力所在,以易简的“一本”发用为万物万事;变通创新而不失其本来之真。这种精神与特性也就是《中庸》所谓之“大本”,所谓之“达道”。儒家的“持中”哲学也就是这种“大本”、“达道”之发挥。

6.《中庸》原理与智慧的现代价值。《中庸》密集的中国文化的原理与智慧面对着当今世界多元文化的冲突问题,可以提供古老的睿智,而不失为今用的价值。

再如《中庸》:“其次致曲,曲能有诚,诚则形,形则著,著则明,明则动,动则变,变则化。唯天下至诚为能化。”(23章)成中英评论,这是中国文化所表现的创造过程。

《中庸》:“故至诚无息。不息则久,久则征,征则悠远,悠远则博厚,博厚则高明。博厚,所以载物也;高明,所以覆物也;悠久,所以成物也。”(26章)成中英评论,这是中国文化所蕴藏的创造潜力。自此创造过程与潜力观之,中国文化之独特价值也将如老子所说的“虚而不屈,动而愈出”了。

成中英曾分析:西方文化强调二元对立,使之陷于极端决裂。近世西洋人思想价值与文化生活所面临之种种问题,大都导源于此。西方人已渐有觉醒,而中国文化之四种原理适足以为其对治之方。此四种原理所蕴藏的创造不已、自强不息的乐观自信的人生观,尤足以解除和弥补近代西洋人内心之惶恐与空虚。此种最实际之价值,实不容任何讨论中国文化价值的人所忽视。

他解释此中道理说：中国文化的四种原理的共同点为融通合一。天下之异可以不碍天下之同，天下之同当可并容天下之异，这四种原理之最高理想都是要以同容异、以简驭繁为至善的内容。故发挥此四种原理，亦足以解决当前多元文化相争相持的冲突问题，使世界文化逐渐进于大同之世。

当然在我看来，一切还得冷静地看待，中国的文化会对世界起到某些重要的促进作用，但是还得清醒地看到应该是中西文化的原理与智慧的大融合的互通互用。这又使我想起王国维所说的话：“学无新旧之分、学无中西之分、学无有用无用之分。”此话深刻而睿智，足以警醒世人！

《中庸》几个核心理念

著名哲学家杜维明，是哈佛大学中国历史与哲学教授，他对《中庸》的研讨既深邃，便于精髓之得也甚夥。他说：“两千多年来，《中庸》作为《五经》之一《礼记》中的重要一篇，在中国思想史上一直是创造心灵的灵感的源泉。”（《<中庸>洞见》，人民出版社出版）他认为《中庸》虽是《四书》里篇幅很短的一部书，却是其中最富形而上学意蕴、最具理论系统和最见宗教气象的著作，是最能淋漓尽致地展现中国人人生智慧和哲学洞见的著作。杜维明又说，《中庸》的文本，不是道德格言的松散汇编，而是为人的意义提供了前后连贯、内容广泛的洞见。他所著的《<中庸>洞见》一书里揭示并精心地诠释了《中庸》一些核心理念。他的有关论说也可供我们参考，这里略为示之。

1．君子。

杜维明说，《中庸》里的君子力图体现人的普遍存在中所蕴含的终极意义。君子知道，完全实现天人合一理想的可能性是每个人的本性中所固有的。尽管在智力、天赋和能力方面差别很大，但是所有的人都被赋予把握自己实现出来的内在的力量，从而能够达到与宇宙完全合一的状态。

2．信赖社群。

杜维明说，如果君子想要体现人的日常存在的终极意义，他就不能轻视人际关系。君子之道造端于夫妇，这种说法意味着人际关系事实上是君子之道的出发点。

这又与《中庸》的一个核心概念“政”（“政治”）有关，杜维明还认为，最好把《中庸》第20章中的“政”（“政治学”）的概念理解成孕育着信赖社群的仁政。

3．道德形而上学。

杜维明说，倘若认为《中庸》仅仅强调为了社会稳定而要求道德上循规蹈矩之极端重要性，却是一种误解。在儒家传统中，道德观念要比社会准则多得多。就《中庸》而言，道德的终极展现超越了社会伦理，进而在天人合一中致其极。

杜维明说：“儒家的道德教育，蕴含着美学品味和宗教感悟，不仅仅局限于伦理学的某些狭隘的界定。”这又与《中庸》的一个核心概念“诚”有关。杜维明还认为，在诠释《中庸》的最后一部分时，集中在“诚”（忠诚、真正、真实、实在、真理和本真性质）这个概念上，把它作为道德形而上学的一种陈述。

4．儒学的宗教性。

杜维明说，儒家的“极高明而道中庸”的人文精神和现代西方启蒙心态所代表的世俗的人文主义形成鲜明的对比，因为儒家既不排拒天道，又不征服自然，它所体现的是“与天地合其德，与日月合其明，与鬼神合其吉凶”的那种突出涵盖性和包容性的人文精神。

他还说：我强调儒学人文主义的“宗教”向度，理由有两个，作为一种内容广泛和整体化了的传统，儒学并非“世俗”的人文主义；更加重要的是，我想借此推证出，如果对儒学的宗教性缺乏理解，我们对儒家的“君子”的鉴赏将因此而浅薄，对儒家的“政”的理解将误入歧途，对儒家的“诚”（道德形而上学）的理解也将有所缺失。

最后，我们再来看看杜维明读《中庸》的心得体会。他说：“有一点非常重要，尽管我们能够永远向一个文本学习，但是只有很少的文本值得我们反复细读，从中得到取之不竭的灵感资源。我们越是阅读它们，越是能感受到它们的丰富。在我看来，《中庸》就是这样一种文本。”

他又述说了自己研读《中庸》的历程：“我在高中初读它时，它的表面上的简明及实质的深奥和晦涩，使我受到了很大的震撼。过了很长一段时间，我才意识到，过早地把《中庸》中的一些松散的思想串联在一起，对于把握其内在的结构来说，实在是一种错误的做法。我又一遍又一遍地阅读文本，不断加深我对文本多维特性的意识。为了自我理解，我才经常地、自觉地阅读它。我逐渐被文本中的三个主要的关怀所吸引：‘修身’、‘政’和‘诚’（道德形而上学）。

开始，我觉得它们是相对独立，又处于紧张和冲突状态的三个领域，看不出它们能整合进一个比较广泛的图景之中。后来我认为，儒家之道的特性，就在于将它们整合为一体。因此我的疑虑冰消瓦解，论点也就自然地展开了。不到三个月，写出了此书的初稿。”（《<中庸>洞见·序》）

我想，知道了一些有关的内容，再进而阅读其所著，这对于想了解《中庸》，并且又希望常常从《中庸》里去汲取更多智慧的人来说，是很值得借鉴的吧？

《中庸》“三言”之说

《中庸》曾受到佛教界的重视，例如就被智圆（967—1022）、契嵩（1007—1072）两位高僧热情地赞扬过。智圆还自称为“中庸大师”，契嵩还撰写过关于《中庸》的评论。有论者认为，《中庸》的基本的哲学论说必定同佛家的某些学派有相互融通之处。这是值得研究的课题。

《中庸》也曾经引起了近现代佛学思想家的高度重视，这里要说一位近代佛教大家欧阳竟无对《中庸》的评说。欧阳竟无（1871—1944），原名渐，江西宜黄人，居士，人称宜黄大师。早习儒学，后从桂伯华、杨文意学佛，一度东游日本。杨去世后，继办“金陵刻经处”，又创立“支那内学院”，研究佛学，分唯识、法相为宗。欧阳对法相学特有研究，并提出：“佛法非宗教也非哲学。”其大弟子有吕澂、王恩洋等。

这位佛学大家深爱《中庸》，曾著《孔学杂著》，里面就有《中庸读叙》。《中庸读叙》讲了这样一段话：

> 《中庸》，以一言之，曰诚；以二言之，曰中庸，曰中和，曰忠恕；以三言之，曰费而隐，曰微之显。无所谓天地万物，中外古今，止是一诚；无所谓天下国家，礼乐政刑，止是一诚；无所谓智愚贤不肖，知能大小，曲直险夷，止是一诚。诚至，则生天、生地、生物不测；诚不至，则一切俱无，心非其心，境非其境，事非其事。以之为己，乌乎能存？以之为人，乌乎能信？以之为天下国家，与接为构，日以心斗，变态谁究，又乌乎能行？及其至也，不敢知其人，不足以为国，岂不哀哉！……
>
> 中庸之实，一曰“费而隐”，逆而穷其源也；一曰“微之显”，顺而竟其委也。不如是，不足尽终始之量也；不如是，不足尽中庸之量也。道通

为一，非畛非域，中即渊深，庸即高明，亦何怪哉！道之不明也，一言中庸，而一切过不及之名，平常之名，以至何者过不及？何者平常？但是空言，都无实事。

在这里欧阳竟无揭示出他认为的《中庸》里面最核心的几个理念："诚"、"中庸"、"中和"、"忠恕"、"费而隐"、"微之显"。这又可以归纳为三类：(1)"以一言之"，即是用一个字来表述的，那就是"诚"。(2)"以二言之"，即是用两个字来表述的，那就是"中庸"、"中和"、"忠恕"。(3)"以三言之"，即是用三个字来表述的，那就是"费而隐"、"微之显"。

欧阳竟无又突出了"诚"是关键。其立论有三个"无所谓"：无所谓"天地万物，中外古今"，无所谓"天下国家，礼乐政刑"，无所谓"智愚贤不肖，知能大小，曲直险夷"，宇宙一切、古今中外、林林总总、大大小小、纷纷扰扰，归趋则"止是一诚"。

先从正面来看，如果"诚至"，即是"诚"来到了、存在了、获有了，那么便有"三生"，即是"生天"、"生地"、"生物不测"。

再从反面来看，如果"诚不至"，即是"诚"不来到、不存在、不获有，那么便是"一无三非"，"一无"是"一切俱无"，"三非"是"心非其心"、"境非其境"、"事非其事"。如果再从负面的深论之广论之，以"诚不至"来为己、为人、为天下国家，那么自己"乌能存"？他人"乌能信"？天下国家"乌能行"？等待这种不诚至于极端，那么就是一种悲哀了，"不敢知其人，不足以为国"了！

欧阳竟无又论析"中庸"的实质，有两点要注意：一是"费而隐"，"逆而穷其源也"；一是"微之显"，"顺而竟其委也"。

为什么要注意这两点？因为"不如是，不足尽终始之量也；不如是，不足尽中庸之量也"。不这样，那么就不足以穷尽事物发展过程的终始之量度；不这样，那么就不足以穷尽事物的中庸的量度。既然如此怎么能讲究中庸呢？

欧阳竟无说："道通为一，非畛非域。"道贯通而为一，没有畛域，即是没有界限，没有边际的。又说："中即渊深，庸即高明。"此句很深刻地指出，中庸之道的"中"是指其渊深，中庸之道的"庸"是指其高明。他还批评了，"道之不明也，一言中庸，而一切过不及之名，平常之名，以至何者过不及？何者平常？但是空言，都无实是。"如果不明白道，一说到中庸就解释过犹不及的道理、平常的道理，若成了空言，就都没有实际的东西了。

陈克明曾对此有评论说："看来欧阳氏此段伟论，似乎不太赞同朱熹解释'中庸'为'无过不及'与'平常之理'（见《中庸》第二章注）等。因此，他还指出：'千有余年，后儒之说行，而圣训晦；名句之学徇，而实事疏。否塞晦盲，酿为风俗。'在他心目中，宋、明以后千余年来对'中庸'的解说，大都流于'空言'，或者不符合'实事'。可见后儒学说盛行，既掩盖'圣训'，又助长荒疏。这也是有所为而慨乎言之！他只好大量引用《中庸》原文，并设'或问'，加以说明。"（《群经要义》）

再看欧阳竟无对人们不明中庸之道的慨然长叹："呜呼！千有余年，中庸不明，人不务诚，失其本心，大义不行，浩然之气不存。盖已非复人间世矣！南渡君臣，偷安寡耻，河山恢复，初亦未始无心，但恨不能作气，日月骎骎，安然无事，自有肺肠，俾虏卒狂。父母苍天，人之无良。"

欧阳竟无还引陆象山发愤时所作《大人诗》来抒发自己的襟怀："从来胆大胸膈宽，虎豹虬龙亿万千。从头收拾一口吞，有时此辈未妥帖，哮吼大嚼无毫全。朝饮渤海水，暮宿昆仑巅。连山以为琴，长河为之弦。万古不传音，吾当为君宣。嗟乎象山！天下大乱，孔学将亡，吾乌得其人而旦暮遇之！"（《孔学杂著》）

陈克明又有说：欧阳氏此文写于1932年10月，"九·一八事变"后，日寇占我东北，继而在上海挑起侵略战火，平津危殆，国无宁日。南渡衣冠，苟且偷安，纸醉金迷，寡廉鲜耻。稍有学术良心者，莫不振臂高呼，救亡图存。欧阳氏提出大明"中庸"，树立"至诚"，挽救"本心"，励行"大义"，恢复河山，力创敌锋，浩然之气，跃然纸上！（《群经要义》）

我们还可以从中得到一种启发，学习《中庸》之经典可以和现实的生活联系起来。欧阳竟无是抗战时期的那种联系与结合，其实每一历史时段的实际都可以联系起来的。

陈克明于此还有这样的评论："总之，从汉迄今，'中庸'问题一直受到学者关注，不少人结合注解，或写专文，或撰专著，发表各自对'中庸'的理解和看法。尤其宋、明以后，还出现过讨论高潮，但多是'仁者见仁，智者见智'，较难取得统一的认识。不过多数人还是赞同程朱意见：'中庸'指不偏不倚，无过不及，恰到好处，恰好如是。虽是一些平常道理，若想掌握运用得当，则又比较困难。大而从政、治国，小而立身、处世，均时刻遇到'中庸'问题。过当，则应该抑制；不及，又应该猛追。因此正确认识'中庸'是大学问；很好把捉'中庸'，是真功夫。古今不少英雄豪杰，由于违背'中庸之道’或‘中庸之德’，不是举措失当，造成所谓‘过’，就是贻误时机，出现所谓‘不及’，往往导致功败垂成，遗恨千古，应该引为殷鉴。”（《群经要义》）这是很有见地之言。

钱基博介绍《中庸》读法

怎样去读《中庸》？我们还可以看看钱钟书的父亲钱基博在《<四书>解题及其读法》（商务印书馆，1934年版）中作出的专门介绍。虽然不一定完全适合今天一般人的读法，但是还可以从中汲取一些借鉴。

钱基博自言，五岁时候就学习《中庸》了，而作此文时已经四十多岁了。因此此文蕴积了他数十年的《中庸》研读心得，值得倾听一番，并择善而借鉴之。他说：“余五岁，受《中庸》于伯兄子兰先生。伯兄课督甚严，而于朱熹《章句》多异说。迄今四十余，鬓毛已斑；而伯兄不禄，忽忽十年。自伤老大无成，每展是书，未尝不追念伯兄之教，低徊庄诵而不能自已也！爰当启蒙而述是篇。”

钱基博先介绍了宋代程颐、朱熹指示的研读之法，说：“《中庸》之书，始言一理，中散为万事，末复合为一理。放之则弥六合，卷之则退藏于密。其味无穷，而望善读者之玩索而有得焉。”此后他“粗拟读法，以当启蒙”，共讲述了三个方面的读法：

第一，明其宗旨。

1.《中庸》者，尽性之书也。（王渐逵《中庸义略自序》）

2. 其书始言一理者，天命之性也。中散为万事者，率性之道也。末复合为一理者，修道之教也。（张洪《中庸讲义自序》）

3. 首之以天命，性之原也。自天而推之人，则曰“率性之谓道”；自人而复乎天，则曰“修道之谓教”。（湛若水《中庸测自序》）

4. 教者，所以复其性而已。故于篇末，又从下学立心之开始言之，推而至于“上天之载，无声无臭”，则人未始不为天，天未始不为人；天人相与之敌，故《中庸》之道极矣！（张洪《中庸讲义自序》）

第二，核其篇章。

《中庸》篇章，各家不同，此当知之。举例如：

1.《中庸》在《礼记正义》分为两卷三十六节。

2. 宋儒晁说之的《中庸传》一卷，支分节解，凡八十二节。此“最细琐矣”。

3. 宋朱熹《中庸章句》分为三十三章，复截为三大段。

4. 宋代王柏《古中庸》因朱熹章句，分为两篇。

5. 宋代黎立武《中庸分章》分为十五章。

6. 明代管志道《中庸订释》，与朱熹本大体同，稍有变化。

7. 清代李光地《中庸章段》一卷，分为十二章。

钱基博认为，“诸家之中，莫多于晁说之，莫少于李光地；而要之章分太碎，意欠融贯，为蔽一也！”因此他依《正义》分为两篇：“治国其如示诸掌乎”以上为上篇，又分为四章；“哀公问政”以下为下篇，又分为三章。上篇言“率性之谓道”，下篇言“修道之谓教”。

第三，观其会通。

钱基博说：“《中庸》一书，内贯《易》理，外通道佛。”因此读《中庸》，可以注意与此两个维度的融通、沟通、会通。

一、《中庸》之书会通道佛

《中庸》向外可会通道佛，即其“外通道佛”、“旁通于道佛书者焉”。

1.《中庸》之书与佛教之沟通。

钱基博说：“佛教者，智信圆融之教也。世界诸宗教，无不根植于信，而见破于智，以故宗教与科学不两立，乃至与哲学亦相违牾（wǔ，不顺从）。唯佛教则不然！其利乐有情，始于由智生信，复终于由信转智。”

举例如，观释尊四十九年之说法，最初说有，其次说不有而空，最后乃说究竟，即非空非有之中道。此三时所说之教义，无一非极悲智双运、朗照澄澈之观；而其钤键尤在第三时之中道教。中道教者，三时教之一，说有空不偏，中道之教也，是法相宗所立。佛法以中道为究竟义，吾儒以中庸为第一谛。

再举例如，中庸之以“诚”、“明”互修，犹佛法之贵“智”、“信”圆融。“自明诚谓之教”，教之始于由智生信也。“自诚明谓之性”，道之终于由信转智也。“诚则明矣，明则诚矣！”“诚者，天之道也。诚之者，人之道也。诚者，不勉而中，不思而得；从容中道，圣人也！诚之者，择善而固执之者也！”

2.《中庸》一书与道书之沟通。

钱基博举例如，庄子知其意而特发中庸之义于《齐物论》，曰：“彼亦一是非，此亦一是非。果且有彼是乎哉？果且无彼是乎哉？彼是莫得其偶，谓之道枢；枢始得其环中以应无穷，是亦一无穷也，非亦一无穷也。唯达者知通为一，为是不用而寓诸庸。庸也者，用也。用也者，通也。通也者，得也，适得而几已；因是已！是以圣人和之以是非，而休乎天钧。”虽为言不同，而言“中”言“庸”则一。

二、《中庸》之书与《周易》沟通

钱基博说，《中庸》由其内里可会通《周易》，“盖道出于《易》”。

1. 说“中”。

钱基博分析说：“执其两端，用其中于民。”“中”者，无过不及之名。孔子赞《易》六十四卦、三百八十四爻，位当者言正，不当者非正；而言“中”也重于正。九三、六四，皆正也；三多凶，四多惧，以其不中也。九二、六五，皆非正也；二多誉，五多功，以其中也。故《彖传》言“中”三十有五，《象传》言“中”三十有八，正不必中，中无不正也。其言中也，曰“正中”，曰“时中”，曰“大中”，曰“中道”，曰“中行”，曰“行中”，曰“刚中”，曰“柔中”；刚柔非“中”也，而得“中”者无咎。故尝谓《易》六十四卦、三百八十四爻，一言以蔽之曰：中而已矣！

钱基博又说：子思昭明圣祖之德而作《中庸》，其义盖本之《易》。圣人之作《易》也，将以顺性命之理，和顺于道德而理于义，穷理尽性以至于命。（《说卦传》）而“天命之谓性，率性之谓道，修道之谓教”；此子思作《中庸》之所为开宗明义者也！

2. 说“中庸”。

钱基博说：尧之传舜曰“允执其中”，而舜亦以此命禹。《洪范》九畴，天所以锡禹也；五居九畴之中，故曰“建用皇极”。“皇极”者，“大中”之谓也。尧舜以来，言“中”不言“庸”。那么子思之言“中庸”，又为什么呢？曰：所以救“素隐行怪”，“愚而好自用者之失也”。

“庸”字，《说文》：“庸，用也。从用，从庚。庚，更事也。”钱基博说：“庸”之言，用也。然好自用者，不能和众；而和众者，必依“中庸”。自性天之所命者言之，谓之“中”。《传》曰“民受天地之中”，是也。自尽人所率用者言之，谓之“中庸”。此曰“用其中于民”，是也。

3. 说“时中”。

钱基博说：“中”无定体，而用“中”莫如随时。故曰：“君子之中庸也，君子而时中。”虽然“时中”，唯圣者能之；而择“中”而执之，则人皆可勉，“中”之所在，善之所在也，故亦谓之“择善”。

圣人之教人也，欲使知愚贤不肖之论，去其过不及而归于“中”，故示之以从人之方，曰“择乎中庸”。“择”也者，能不能未定之词也。择之而得之，得之而固执之，久之而无时之不用其“中”，此之谓“时中”，此之谓“依乎中庸”矣。

4.说“中和”。

为什么又称为“中和”？钱基博说，自“用其中”者而言，谓之“中庸”；自“和于众”者而言，谓之“中和”。

“发而皆中节”者，合乎时，和乎众者也。天有四时，顺其序，不夺其伦，谓之“太和”；人有七情，中其节，不陵于众，谓之“中和”。“中”以“和”为用，“庸”以“中”为体；故《尔雅》训“庸”为“和”。而《中庸》一篇首言“致中和”，“中和”即“中庸”也。唯“中”斯依乎“庸”，唯“庸”乃“和”乎众。

钱基博又说，孔子特发其义于《乾》之九二，而推极其致于九五。其赞《乾》九二曰：“龙德而正中者也；庸言之信，庸行之谨，闲邪存其诚，善世而不伐，德博而化。《易》曰：‘见龙在田，利见大人’，君德也。”君者，群也；君德之言群德也。夫以龙德正中之德博而化，而基之于“庸言之信”、“庸行之谨”，此依乎“庸”以执“中”者也。

孔子又赞《乾》九五：“同声相应，同气相求。水流湿，火就燥。云从龙，风从虎，圣人作而万物睹。本乎天者亲上，本乎地者亲下，各从其类也。”盖圣人先得我心之同然者，故为“同声”、“同气”之义。圣人之于人亦类也，故为“各从其类”之义。

《彖》曰：“乾道变化，各正性命，保合太和。”即指《乾》九五而言。此依乎“庸”以和众者也。“素隐行怪，后世有述焉”，斯不“庸”矣！“愚而自用”，求逞于人焉；斯失“和”矣！乾元用九而戒之，以“天德不可为首”；惧其矫强，以不“庸”者而失“中”也。

钱基博又强调说，六十四卦，不外乎“时中”，孔子知其意而特发“中庸”之义于《乾·文言》。唯“时中”，斯因时制宜，无时不“中”；唯“中庸”斯和光同尘，无众不和。

钱基博的这些提示，融合了前人的和他本人的学识与智慧，望深入研究《中庸》者也可留心焉。

篇二

中庸的深广内涵

在《中庸》里面，存心养性之理、穷神知化之方、聪明睿智之法、天人合一之机、治乱存亡之候，具载于是书。

解读中庸意蕴

《中庸》解说中庸，诸如中庸之要道、中庸之德行、中庸之智慧、中庸之教化，但是要了解此等智慧，还得先明白这里的“中”与“庸”到底该怎样来解释，这两个字合起来的“中庸”又该如何来解读。

“中庸”，如果要往复杂处说，那真的很复杂，历来的解释既繁多又复杂，真所谓剪不断、理还乱。如果往简单处说，也真的不太复杂，用不多的话就大体说明白了。

这里先分开来说“中”与“庸”。

一、说“中”

“中”有内部、里面的意思，如“山中”、“水中”、“家中”、“柜中”、“中点”、“中心”等。又如我们都说“东南西北中”，再如说“上中下”、“左中右”、“前中后”等，这便是方位的或空间的中间、中央。我们还说“年中”、“期中”、“月中”等，这是时间上的中。我们还说“人中”、“事中”、“物中”，这是事物、人物里面的“中”。以上所说的这些“中”，有的真的属于中正、正中，有的却不一定是这样。后来沿着正、中正、正中、合适、恰当等意义的方向引申出去，“中”便成为一种准则、标准的意思了。

二、说经典里的“中”

古代先哲早就注意到“中”的理念与智慧。尧就告诫舜：“天之历数在尔躬，允执其中。”（《论语·尧曰》）《皇疏》：“中谓中正之道。”刘宝楠《论语正义》：“执中者，谓执中道用之。”尧的意思是，上天的大命已经落在你身上了，诚实地执持那中正吧。

舜也果然不负所望，《中庸》有说：舜“隐恶而扬善，执其两端，用其中于民”。郑玄注：“两端，过与不及也。用其中于民，贤与不肖皆能行之。”“用中”也是遵用中正之道。

再如周公命令康叔在卫国宣布禁酒的告词里就提倡所谓的“中德”。《尚书·酒诰》：“丕（语助词）惟（指思考）曰尔克永观省，作（指行为）稽（指符合）中德。”孔传：“汝能长观省古道所为，考行中正之德，则君道成矣。”“中德”便是中正之德。

又如周穆王时吕侯为相,曾劝告穆王制定刑法要采用“中刑”,强调执法断案时候要做到“中正”。此建议最后被采纳,从而使得周穆王之世能由乱至于治。如《尚书·吕刑》:“明(明白地)启(指打开,此意为检查)刑书,胥(指互相)占(指量度、斟酌),咸(都要)庶(读为‘度’,谋求之意)中正。”蔡沈集传:“咸庶中正者,皆庶几其无过忒也。”

再看《中庸》:“中也者,天下之大本也。”“中”,便是中正之道。其他典籍,如《管子·弟子职》:“凡言与行,中以为纪。”此“中”也指正道。《荀子·儒效》:“凡知说,有益于理者,为之;无益于理者,舍之;夫是之谓中说。”“中说”,此指出正确的学说、理论。又“中适”,此指中正适当。汉代贾谊《新书·容经》:“言秉中适而据乎宜。”

“中”还有一种用法是读为zhòng,是符合、适合的意思。如有“中伦”、“中虑”、“中清”、“中权”之说。《论语·微子》:“言中伦,行中虑。”“谓虞仲、夷逸,隐居放言,身中清,废中权。”这几个“中”均是此种用法:“中伦”,合乎伦理;“中虑”,合乎思虑;“中清”,谓符合洁身之道;“中权”,指符合时宜或情势。何晏《论语集解》引马融曰:“遭乱世,身废弃以免患,合于权也。”再如汉代董仲舒《春秋繁露·竹林》:“故凡人之有为也,前枉而后义者,谓之中权。虽不能成,《春秋》善之,鲁隐公、郑祭仲是也。”又如《后汉书·隗(kuí)嚣传》:“将军以至德尊贤,广其谋虑,动有功,发中权。”这里的“中权”都是指能够根据时宜或情势而相机行事。又如“中理”,就是切合事理。《韩诗外传》卷五:“言中伦,行中理,天下顺矣。”

这里还可以看一下韦政通在《中国哲学辞典》里关于“中”的哲学解释的一个概括:(1)正道。上述“允执其中”等例即是,又如程颐《与吕大临论中》:“中即道也。”(2)道枢。如《庄子·齐物论》:“彼是莫得其偶,谓之道枢;枢始得其环中,以应无穷。”《淮南子·原道训》:“得道之柄,立于中央。”(3)敬而无失。《续近思录》:“朱子曰:敬而无失,即所以中。”(4)完善之基。见吕坤《呻吟语·谈道》。(5)天地万物之极。亦见吕坤《呻吟语·谈道》。

三、说“庸”

1.“庸”,指用的意思。如《尚书·大禹谟》:“无稽之言勿听,弗询之谋勿庸。”这是说,没有根据的话不听,没有经过广泛咨询的独断谋划不要用。

2. “庸”，不变、经常的意思。如二程（程颢、程颐）所说的“不易之谓庸”的意蕴。“不易”，就是经常的，是绝对的，是不可改、变的。

3. “庸”，还有平常、普通的意思。如朱熹所解读的：“中者，不偏不倚、无过不及之名。庸，平常也。”又如《周易·乾》：“庸言之信，庸行之谨。”孔颖达疏：“庸为中庸、庸常也。”此又引申为平凡、平庸，比如“庸医”、“庸儒”、“庸常”、“庸俗”、“庸才”、“庸人自扰”、“庸庸碌碌”等。

程颢像

（南薰殿旧藏《历代圣贤名人像》）

四、说“中庸”

孔子继承了先哲的智慧，且将“中”与“庸”联结起来使用，作出了超越性的创新。

《论语·雍也》：“中庸之为德也，其至矣乎。”何晏集解：“庸，常也，中和可常行之道。”又《中庸》：“君子之中庸也，君子而时中。”郑玄说：“名曰中庸者，以其记中和之为用也。庸，用也。”（《礼记正义》引）又说：“庸，常也。用中为常道也。”（《礼记·中庸注》）北宋二程（程颢、程颐）认为：“不偏之谓中，不易之为庸。中者，天下之正道；庸者，天下之定理。”（《中庸序》）“中庸，天下之正理，德合中庸，可谓至矣。”（《程氏经说·论语解》）

中庸是一种至德，中庸也是一种哲学范畴、原理、方法等。简单地说，就是不偏不倚，无过无不及。我的一点粗浅的想法是，中庸实质是一种平衡、均衡的智慧，是环绕着“中”、“中正”、“标准”、“准则”作出的能动的、主动的、智慧的平衡，最终达到和谐的状态。这种中庸之道，可以分成几个层面来说。

1. 在面对简单的两极时，要常常取得“中”的平衡，达到和谐状态，这就是一种“中庸”。这或许可以用一把秤来说明，秤锤不断地移动，目的就是随时达到平衡，这种平衡便是“中”；而秤锤根据不同情况加以移动，这就是权变常常“用中”、“执中”、“适中”。

2. 在一个比较复杂的系统里，也要常常取得“中”的平衡，达到和谐状态。这就比一把秤要复杂，可以用骑自行车的动态平衡来比喻。为了使得车子在运动中不倒下，骑车者必须随时扭动车把、扭动身体，在那里常常调节，常常保持着平衡。

3. 在一个更为复杂的系统中，也要常常取得“中”的平衡，达到和谐状态。这就好比驾驭四匹马拉的车，驾车者不仅要调节每一匹马，使之达到最佳的平衡状态，还要使得四匹马之间达到最佳状态的平衡。

4. 在一个特别复杂的系统中，也要常常取得“中”的平衡，达到和谐状态。这或许可以用今天的宇航工程作比喻，宇航是一个特别复杂的系统，首先每一个子系统内部必须常常达到中正的平衡状态，进一层便是诸多的子系统之间也要常常达到中正的平衡状态，这才不会出现问题。钱学森就说过这样的情况，每一个子系统都很好，但是等到一合起来却有问题了，于是他开始深入系统论的研究，要使得每个子系统达到和谐平衡。

5. 中庸与道的智慧。如《韩非子·扬权》之言：“事在四方，要在中央。圣人执要，四方来效。”此就是“一”与“多”之间的中庸之道了。要在由众多的子系统组成的一个复杂的总系统之内达到中庸，关键也就是把握住“道”这个中枢。这又如《管子·君臣上》所云：“道也者，万物之要也。”这启示我们，要解决复杂的多边多变的关系，就得把握中庸之道，便是要把握住“万物之要”，那就是其中的“道”。

关于中庸的方方面面的解读，在下文再作详细论说。

五、说另类“中庸”

“中庸”从正面来说，那就如上面所说的是一种儒家的政治、伦理、哲学、思想、方法的学说。但是“中庸”还有一种负面的情况，这便属于一种另类的“中庸”了。

1. “中庸”，又指中等、平常的状况，以及中等、平常之人。如《荀子·王制》：“元恶不待教而诛杀，中庸民不待政（指政治，引申为刑赏）而化。”“中庸”，这里就指一般的人。这是说，罪魁祸首不需要教育就可以诛杀，一般的人不需要刑赏就可以教化。

又如汉代贾谊《过秦论》：陈涉“瓮牖绳枢之子”，“才能不及中庸”。李善注：“言不及中等庸人也。”这里是说，陈胜是一个用瓮罐作窗户、用绳作门枢的贫穷人家的子弟，才能还不及中等资质的人。

如北齐颜之推《颜氏家训·教子》：“上智不教而成，下愚虽教无益；中庸之人，不教不知也。”这是说，智力中等平常之人，不教育就不会知晓道理。这又正如《论语·阳货》所云：“唯上智与下愚不移。”《后汉书·杨终传》：杨终“以书戒马廖云：‘上智下愚,谓之不移；中庸之流,要在教化。’”

唐代刘知几《史通·品藻》：“上智、中庸等差有叙。”上智之人、中等资质之人,按照等级排列有序。“中庸”也就是中等平常之人。此又正如清代俞樾《茶香室续钞·三阶》：“言人有三等,贤、愚、中庸。”“中庸”就是介于“贤人”、“愚人”之间的中等的、平庸之人。

2. “中庸”,还指平庸、妥协、保守、不求上进。如鲁迅《华盖集·通讯》：“惰性表现的形式不一,而最普通的,第一是听天任命,第二就是中庸。”鲁迅指出了“中庸”已经成为“惰性”的一种表现了。

这里先粗略地说了一下“中庸”的意蕴,接下来再慢慢往深里细说一番。

孔子的中庸之道

孔子的中庸之道又是怎样的呢？这里又有什么智慧与启迪呢？这里让我们来具体地感知一下。

一、两个主要维度：透视“中庸”

“中庸”,是儒家的一种学说,可以从两个主要维度去透视：其一是从道德伦理维度去剖析,其二是从哲学维度去剖析。

1. 从道德伦理维度来透视中庸。

在这一维度里,“中庸”是一种至高无上的道德伦理的标准。孔子虽推崇“中庸”,但是有意思的是,在《论语》里“中庸”只出现了一次。《论语·雍也》：“子曰：‘中庸之为德也,其至矣乎！民鲜久矣。’”孔子的意思是说,“中庸”作为一种道德伦理,它是可用一个“至”来描述了。“至”,便是至极、至高、至美、至善了。然而可惜的是人们却已经长久地缺少这种“中庸”之道德了。朱熹注：“至,极也。”“鲜(xiǎn)”,少。“中庸”是“至德”,就是最高的道德、盛德。《周易·系辞上》：“阴阳之义配日月,易简之善配至德。”《论语·泰伯》：“泰伯其可谓至德也已矣。”《中庸》一书既阐述了中庸之道,还标举出历史上的道德伦理方面的中庸典范。如帝舜的中庸典范、周文王的中庸典范、周公的典范等。

2. 从哲学、方法等维度透视中庸。

“中庸”是儒家的哲学范畴、思想方法。“中庸”从思想、方法维度来看，又是至高的标准。如朱熹《中庸注》：“中庸者不偏不倚，无过不及，而平常之道，乃天命之所当然，精微之极致也。”试举一例，如《礼记·丧服四制》：“始死，三日不怠（指应该不懈怠，要哭泣不停），三月不解（指还应该不松懈，仍旧时时哭泣祭奠），期悲哀（指一周年之后，则在祭奠时候才悲哀），三年忧（指三年之后，就只在心里忧伤），恩之杀（指递减、减少）也。圣人因杀（指指递减、减少）以制节，此丧之所以三年。贤者不得过，不肖者不得不及。此丧之中庸也。”表面上是一种丧礼制度在操作层面上的中庸，而其实质便是深层的不要“不过”亦不要“不及”的中庸哲学与方法的贯彻。又陈澧《东塾读书记》：“苏东坡云，古之所谓中庸者，尽万物之理而不过。后之所谓中庸者，循循然为众人之所能为，此孔子之所谓乡原也。”这里的“尽万物之理而不过”，就是中庸哲学与方法的一种解读。

二、《中庸》记载的“中庸”说

1. 仲尼曰：“君子中庸，小人反中庸。君子之中庸也，君子而时中；小人之［反］中庸也，小人而无忌惮也。”（2章）

2. 子曰：“中庸其至矣乎！民鲜能久矣！”（3章）

3. 子曰：“道之不行也，我知之矣：知者过之，愚者不及也。道之不明也，我知之矣：贤者过之，不肖者不及也。”（4章）

4. 子曰：“隐恶而扬善，执其两端，用其中于民。”（6章）

5. 子曰：“人皆曰予知，择乎中庸而不能期月守也。”（7章）

6. 子曰：“回之为人也，择乎中庸，得一善，则拳拳服膺，而弗失之矣。”（8章）

7. 子曰：“天下国家可均也，爵禄可辞也，白刃可蹈也，中庸不可能也。”（9章）

8. 子曰：“故君子和而不流，强哉矫！中立而不倚，强哉矫！”（10章）

9. 子曰：“君子依乎中庸，遁世不见知而不悔，唯圣者能之。”（11章）

10. 子曰：“庸德之行，庸言之谨，有所不足，不敢不勉，有余不敢尽；言顾行，行顾言，君子胡不慥慥尔！”（13章）

11. “极高明而道中庸”。（27章）

这些内容的具体解读，可以详见后文所述，并可对照最后的《中庸》译文。

三、感受孔子的中庸之道

为了能再具体地感知孔子的中庸之道，现引用蔡尚思梳理出来的有关孔子的中庸之道的条目如下：

1. 孔子对待人的中庸之道，是“子温而厉，威而不猛”（《论语·述而》）。孔子认为，“人而不仁，疾之已甚，乱也”（《论语·先进》）。

2. 孔子对待物的中庸之道，是“子钓而不纲，弋不射宿”（《论语·述而》）。

3. 孔子做事的中庸之道，是“季文子三思而后行，子闻之曰：‘再，斯可矣。’”（《论语·公冶长》）

4. 孔子处理生死的中庸之道，是“见危授命”与“危邦不入”（《论语·泰伯》）。

5. 孔子评价人物的中庸之道，是“师也过，商也不及”（《论语·先进》）。

6. 孔子审美的中庸之道，是“乐而不淫，哀而不伤”（《论语·八佾》）。

7. 孔子对待鬼神的中庸之道，是“敬鬼神而远之”（《论语·雍也》）。

8. 孔子交友的中庸之道，是“周而不比”（《论语·为政》）、“和而不同”（《论语·子路》）。

9. 孔子选用人才的中庸之道，是既要“亲亲”，又要“尚贤”。

10. 孔子治国的中庸之道，是“礼之用，和为贵”（《论语·为学》），此本为孔子的弟子有若之语，刘宝楠《正义》认为是“发明夫子中庸之义也”。（见《十家论孔·蔡尚思论孔子》）

这些梳理，此录之，或许可供读者参考。但是，蔡尚思最后说：“其实，只要从实践角度去考察，便可以发现这些相互矛盾的标准，无非是处世圆滑的表现，没有一则可称为不偏不倚的‘中道’。”他在《论孔子中庸及其变革思想的实质》中又说：“我认为孔子的中庸思想，基本上是一种带庸俗气的调和主义、折衷主义。”这些评论是否公允，读者自会作出评判。不过就我来看，“无非是处世圆滑的表现”，这种说法是很不妥当的，大概大多数人都不会同意的吧？

三、中庸智慧的要点

关于“中庸”贯彻在道德、伦理、治政、待人、处事、思考等方方面面的内容，韦政通在《中国哲学辞典》里也有概括：（1）崇高的德性。（2）判别君子与小人的标准。（3）不过亦不及。（4）善良之民。如《荀子·王制》：“中庸不待政而化。”（5）中庸即常道。如《程颐·语录》：“天地之化虽廓然无穷，然而阴阳之度，日月寒暑昼夜之变，莫不有常，此道之所以为中庸。”（6）中庸即诚。见诸叶适《进卷·中庸》所说。（7）中庸即中节。见诸张尔岐《中庸论一》。（8）中庸是中国人的基本思想。

我这里据上文所说的几方面的内容，再尝试归纳出中庸的十大要点：

1. 处于并坚持中正的状态。

2. 处于并坚持标准的状态。

3. 处于并坚持正常的状态。

4. 做到执两用中，不搞极端。

5. 做到不偏不倚。

6. 做到无过无不及。

7. 做到随时随地随事的不失去原则的执中、平衡、调谐。此谓“时中”。

8. 世事万变，没有固定模式，因此中庸之道，也讲究灵活变化，那便是孔子说的“无可无不可”。

9. 因为时势多变，所以又如孔子说的“无适无莫”。

10. 若受到诸多因素与条件的制约，一时一事实在实行不了“中庸”，则再作智慧的选择。

孔子中庸智慧面面观

为了由此及彼，由浅入深，能再深入地了解孔子的中庸智慧，我这里还要作些拓展，再行举例解读之。

1. 政治上的中庸之道。

此举例说之，如孔子强调：“政者，正也。”（《论语·颜渊》）孔子又主张，名要“正”，言要“顺”，由此抵达刑法之“中”，最后达到天下之大治。如《论语·子路》：“名不正，则言不顺；言不顺，则事不成；事不成，则礼乐不兴；礼乐不兴，则刑罚不中；刑罚不中，则民无所错手足。”再如孔子又强调“欲速则不达”（《论语·子路》），如此等等，这均可以窥见他的中庸之道。这里我又想起李大钊在《民彝与政治》里说的话：“判其曲直，辨其诚伪，校其得失，衡其是非，必可修一中庸之道。”此可深思。

2. 经济上的中庸之道。

这里亦然举例说之。孔子说：“丘也闻有国有家者，不患寡（当作‘贫’）而患不均，不患贫（当作‘寡’）而患不安。”（《论语·季氏》）他主张贫富均衡。孔子又说：“君子惠而不费，劳而不怨，欲而不贪。”《论语·尧日》君子能给民众实惠，自己却没有什么耗费；劳动民众却不怨恨，自己欲仁欲义却不贪。此等中庸智慧也值得领悟。

3.“文质彬彬”的中庸之道。

《论语·雍也》：“子曰：‘质胜文则野，文胜质则史。文质彬彬，然后君子。’”“史”，指古代掌握文辞的官吏。“彬彬”，配合得当。这是说，质朴胜过文采就显得粗野，文采胜过质朴就显得浮夸。文与质配合得当，然后便算是个君子。这就是一种中庸之道。

4.“再，斯可以”的中庸之道。

《论语·公冶长》：“季文子三思而后行。子闻之，曰：‘再，斯可矣。’”“再”，指两次。“斯”，就。鲁国的一位大夫季文子三思而后行，但是孔子却说思考两次就可以了。我们都知道反复思考是好事，所以有“三思而行”的成语流传千古。孔子此说又是为什么？季文子之为人，于祸福利害，计较过细过明，世故太深，这样的过于谨慎也会带来不好一面，因此孔子说思考两次就可以了。办事既要思考，又要能果断，如果多思转变为多私，那就不好了。如钱穆说：“事有贵于刚决，多思转多私，无足称。”（《论语新解》）

不过我还想到这样的问题，孔子或在这里还暗示了一种高明的中庸的思考方法。“再”是两次思考，对事物、问题的“再思”便可以用一正与一反来思考，或由“正”而至于“反”，或由“反”而至于“正”，最后则达到“合”。这里也含有思考“两端”，而“用其中”的途径与方法。这不就是一种明智的思考问题的中庸之道吗？因此孔子其实并不反对多思，而是反对为一己之思的胡思乱想，也反对不得要领的思考、没有思维轨辙的思考。我们则或可以从中抽绎出一种思考正、反、合，一种思考从两端至于中、用其中的中庸式的思考智慧。

5.“争”与中庸之道。

关于人际之“争”，有竞争、争执、争斗等问题，《论语·八佾》：“子曰：‘君子无所争。必也射乎！揖让而升，下而饮。其争也君子。’”孔子说,君子没有什么可以争的。在《论语·卫灵公》又有载:“子曰:‘君子矜而不争。’”君子是庄重而不争的。然而,如果有争的话,那必是比赛射箭的事情了。比赛射箭是先作揖礼让,然后是登堂上赛场,比赛结束便下场,再相对饮酒。那种竞争是君子式的彬彬有礼、雍容和睦的竞争。这也是“争”的一种原则,若要“争”的话,就不要失去这一原则,此亦为中庸之道。

6.“不得中行”的中庸之道。

这或许可称为是退而求其次的非中庸的“中庸之道”了。《论语·子路》:“子曰:‘不得中行而与之,必也狂狷乎!狂者进取,狷者有所不为也。’”“狂”,指激进。“狷(juàn)”,狷介,性情正直之人,不屑与他人同流合污者。孔子说,如果不能与合乎中庸的人相交,那么就必定与激进的人、正直的人交往了。狂者敢于进取,狷介者有所不为。这里的意思是,如果不能与中庸之人交往,绝不与“乡愿”交往,而可以与有偏执的狂狷者交往。因为,“乡愿”是一种玲珑八面的、四处讨好、没有原则的好好先生。也正如孔子说的:“乡愿,德之贼也。”(《论语·阳货》)

《孟子·尽心下》:“孔子岂不欲中道哉?不可必得,故思其次也。”狂者“其志嘐嘐(xiāo,指志大言大者)然,曰:‘古之人,古之人。’夷(语助词)考(考察)其行,而不掩焉(指行为不与言语相吻合)者也。狂者又不可得,欲得不屑不絜(通‘洁’)之士而与之,是獧(同‘狷’)也,是又其次也”。

钱穆又说:“伊尹圣之任,狂者也。伯夷圣之清,狷者也。狂狷皆得为圣人,惟不如孔子仕止久速之时中。时中,即时时不失于中行,即时而狂时而狷,能不失于中道。故狂狷非过与不及,中行非在狂狷之间。《中庸》‘贤者过之,不肖者不及’。不能移说此章之中行。”(《论语新解》)此说也可供参考。

7.“权变”与中庸之道。

《论语·子罕》:“子曰:可与共学,未可与适道;可与适道,未可与立;可与立,未可与权。”孔子说,可以同他共学的,未必可以与他共同走向道;可以与他共同走向道的,未必可以与他共同立于道而不变;可以与他共同立于道而不变,未必就可以与他共同通权达变。

“权”是秤锤,是用它来在调节变化之中控制平衡,因此有所谓“权变”之说。孟子说:“权然后知轻重。”(《孟子·梁惠王上》)又说:“执中无权,犹执一也。所恶执一者,为其贼道也,举一而废百也。”(《孟子·尽心上》)这是说,执中却没有权变,就等于执着一端。所以厌恶执着一端的原因,是因为这样做有害于道，举起一端而废弃了百般了。

8．“无可无不可”的中庸之道。

《论语·微子》记载了孔子对历史上的一些著名的“逸民”的评论。所谓“逸民”，如朱熹说：“逸，遗逸。民者，无位之称。”这些是有道德的隐居者，也是些古今被遗落的人才。列举的七位“逸民”有：伯夷、叔齐、虞仲、夷逸、朱张、柳下惠、少连。

伯夷、叔齐，是商末孤竹君的长子、次子，武王灭商后，隐居在首阳山，不食周粟而死。虞仲，或认为便是仲雍，与太伯一起来到荆蛮之地者，也或认为并非此人。夷逸、朱张，不见经传。少连，孔子曾称赞他善于守孝，或说是东夷人。

孔子评论之一，谓“不降其志，不辱其身，伯夷、叔齐与!”伯夷、叔齐能够“不降低自己的志向，不辱没自己的身份”。钱穆说：“伯夷、叔齐，天子不得臣，诸侯不得友，盖已遁世离群矣，此为逸民之最高者。”（《论语新解》）

孔子评论之二，谓“柳下惠、少连，降志辱身矣，言中伦，行中虑，其斯而已矣”。钱穆说：“柳下惠、少连，虽降志而不枉己，虽辱身而非求合，言能合乎伦理，行能中于思考，是逸民之次也。”（《论语新解》）

孔子评论之三，谓“虞仲、夷逸，隐居放言，身中清，废中权”。钱穆说：“虞仲、夷逸，清而不滓，废而有宜，其身既隐，其言亦无闻，此与柳下惠、少连又不同，亦其次也。”（《论语新解》）

孔子评论之四，谓“我则异于是，无可无不可”。这是说，我孔子与这些“逸民”不同，没有什么可以，没有什么不可以。这是什么意思？孔子既赞扬这些“逸民”的品质，又指出自己不同于这些“逸民”的做法。这就是一种中庸。比如“逸民”正因为天下无道便隐居起来，而孔子正因为天下无道故不能隐，不能让天下终无道。孔子与其弟子虽已是“道之不行，已知之矣”，但是不能“欲洁其身而乱大伦”，“君臣之义，如之何废之？”（《论语·微子》）孔子的此种中庸，又正如《孟子·公孙丑上》之说：“可以仕则仕，可以止则止，可以久则久，可以速则速，孔子也。”这是说，孔子是应该出来做官时就出来做官，应该辞去官职时就辞去官职，应该做久时就继续做久，应该马上就走时就马上离开。这便是“时中”，唯义是从，这就是孟子说的“圣之时”。

钱穆又说：这等逸民，“皆清风远韵，如鸾鹄之高翔，玉雪之不染，视世俗犹腐鼠粪壤耳。惟孔子之道，高而出之。故孔子曰：‘我则异于是’，正见其有相同处，故自举以与此辈作比，则孔子之重视逸民可知。小人无忌惮，自居为中庸，逸民清士皆受讥评，岂亦如孔子之有异于此辈乎？学者当审别也。”（《论语新解》）这又可读到孔子的中庸之道的深刻内涵。孔子赞同这些“逸民”的品质，而小人自居为中庸则有贬损于此种品质，孔子则赞“逸民”而反对小人，此为一层中庸。孔子赞“逸民”，又不赞成隐居，此又是中庸的另一层体现。

9．“四毋”的中庸之道。

《论语·子罕》：“子绝四：毋意，毋必，毋固，毋我。”这“四毋”，也称为“绝四”。这里是说，孔子杜绝四种毛病：不主观臆测，不绝对肯定，不固执成见，不唯我独是。“子绝四”的深层便是心中自有中庸之道在，内存中庸之道，外显则“四绝”。其中庸之道便是唯中庸是遵，唯适宜是从。这里的“毋必，毋固”，又称为“无必、无固”。

10．“无适无莫”的中庸之道。

《论语·里仁》：“子曰：‘君子之于天下也，无适也，无莫也，义之与比。’”“无适（dí）”，没有规定一定要怎样做。“无莫”，没有规定一定不要怎样做。“义”，适宜、恰当。“比（bì）”，靠近。孔子说，君子对于天下的事情，没有规定要怎样去做，也没有规定不要怎样去做，只要能够做得合理恰当，便那样去做。这就是一种中庸之道，是审时而变、察势而动、应机而化、随事而断。这就是不僵化、不固执、不教条、不死板，而是活泼泼的、鲜活的中庸之道。这一点也可以与上几条沟通起来。

辨析：中庸·链接·理念

关于“中庸”自古至今众说纷纭，而环绕着“中庸”，则又有许多的或等同、或近同、或混同、或相关的词语、范畴与理念。它们联系、纠缠、夹杂着，人们往往觉得真如“一头雾水”，不明其理。这里略加辨析。

一、说“中和”

《中庸》谈“中庸”，也谈“中和”，其著名的“致中和”之说就影响深远。在儒家的经典中，最先把“中和”作出哲学性阐发的就是《中庸》。《中庸》曰：“喜怒哀乐之未发，谓之中；发而皆中节，谓之和。中也者，天下之大本也；和也者，天下之达道也。致中和，天地位焉，万物育焉。”这里说，“中”是形于内的，“和”是发于外的。其所谓的“致中和”，就是说如果能臻至“中和”，即掌握了“中和”之道，那么天地万物均能各得其所，按其本性而自然发展，从而达到和谐的境界。

“中和”是中庸之道的主要内涵。这是儒家的辩证法和方法论原则，指不同的因素或对立的两端适量配合使之合乎正确的法度准则。另外，“中和”也写作“中龢”。《汉书·叙传上》：“旼（yì，辟）中龢为庶几兮，颜与冉又不得。”颜师古注：“龢，古和字也。”

再看什么叫“和”？这可以先从饮食来看，古人调配饮食之五味，即酸、苦、辛、咸、甘，称为“和”。再从音乐上看，古人调谐音乐之五音，即宫、商、角、徵、羽，也称为“和”。由此具体事物之“和”而加以引申之，那么把事物不同的或差别、或对立、或矛盾的相互取得协调、平衡、调和、和谐也称为“和”。“和”，还是古代“德”之一。《周礼·天官·大司徒》：“一曰六德：知、仁、圣、义、忠、和。”郑玄注：“和，不刚不柔。”又《周礼·春官·大司乐》：“以乐德教国子：中、和、祗（zhī，恭敬）、庸、孝、友。”郑玄注：“和，刚柔适也。”

什么是“中和”呢？关于《中庸》“中和”的解读，唐孔颖达疏：“未发之时，澹然虚静，心无所虑，而当于理，故谓之中”，“情虽复动，发皆中节限，犹如盐梅相得，性情和谐，故云谓之和”。（《礼记正义》）

《中庸》里的原始“中和说”，后来在宋代得到新的发展。如宋代的程颐解释说：“喜怒哀乐未发谓之中，中也者言寂焉不动者也，故曰天下之大本。发而皆中节谓之和，和也者言感而遂通者也，故曰天下之达道。”（《近思录》）

比如朱熹在乾道三年（1167年）曾到长沙住了几个月，他和岳麓书院的主教张栻就有关学术问题展开热烈讨论。据与朱熹随行的学生范伯崇说：“二先生论《中庸》之义，三日夜而不能合。”（王懋德《朱子年谱》卷一）其中辩论了《中庸》里的“中和”的问题。当时从杨时、李桐到朱熹的闽学是主张“静中见动”，即是“默坐澄心，体认天理”，而胡宏、张栻的湖湘学派主张“动中见静”。朱熹还汇集他与张栻往复诸书信，合为一编，称之为《中和旧说》。

朱熹用性、情来解释，认为：“喜怒哀乐，情也。其未发，则性也。无所偏倚，故谓之中。发皆中节，情之正也。无所乖戾，故谓之和。”（《四书章句集注》）

明代的王守仁是以良知来解释的，认为“未发之中，即良知也，无前后内

外,而浑然一体者也”,“知得过不及处,就是中和”。(《传习录》)

我们这里还要说的是:“中和”这是从“中”这一标准出发去求“和”,最后使“和”达到“中”,便是让这种“和”达到适中、中正。为什么要“和”、“中和”?《礼记·乐记》曰:“和,故百物皆化。”《国语·郑语》:“和实生物。”《孟子·公孙丑下》:“天时不如地利,地利不如人和。”这里就能看到,“和”、“中和”的最根本处,就是能够有利于人与物之生、人与物之化,一句话,人与万物在和谐状态下得到充分的、各得其所的生与化,从而构成和谐的系统与和平的世界。

有论者说,把“中和”用于思维方法和道德修养上,就要求做到“和而不同”与“和而不流”。孔子说过:“君子和而不同,小人同而不和。”《中庸》说:“君子和而不流,强在矫。”所谓“和而不同”,从辩证法来看,“和”是指矛盾的对立和统一,“同”则指无矛盾的调合。《国语·郑语》中史伯讲得很明确:“和实生物,同则不继。”因而“和”与“同”是两种不同的思维方法,或者说是对事物的两种不同的态度,因而就有两种不同的发展和结果。至于“和而不流”,用在人际关系上,在以“和为贵”的前提下,但不是随波逐流,更不能同流合污。“中和”的思想,如同“中庸”一样,在中国古代,从为政到为人都有着广泛的影响,同时也有不同的解释。(黄济《教育哲学通论》)

确实在“和”、“中和”里就可以深窥孔子的智慧。比如《论语·子路》:“子曰:君子和而不同,小人同而不和。”这里可以看到孔子的辩证法,君子能“和”,但是可以“不同”;君子不是一味地、无原则地求“和”,不是抹杀矛盾、掩盖差别,而是辩证地处理矛盾、差异,保持对立的统一,达到和谐的结果。小人之“同”,是混同,是面和心不和,不能够做到真正的“和”,比如为了一定的利益会暂时勾结起来、联合起来,虽达到“同”,但是实际上心中是不“和”的。

又“中庸”与“中和”之间还有一种关系,如朱熹曾引游氏的话来说明:“游氏曰:以性情言之,则曰中和;以德行言之,则曰中庸。是也。然中庸之中,实兼中和之义。”此备一说。

再说“中和”有中正、平和的意思。《荀子·王制》:“公平者职之衡也,中和者听之绳也。”这是说,公平是处理政事的准则,中和是处理政事的准绳。杨倞注:“听,听政也”,“中和,谓宽猛得中也”。荀子把“中和”用于政事,提出“中和者,听之绳也”。再如田北湖《论文章源流》:“闻其声音,油然愉快,游神宇下,含履中和。”又如朱自清《山野掇拾》:“他是个含忍与自制的人,是个中和的人。”

二、说“时中”

“时中”,这也是孔子哲学与伦理思想的一个重要概念。“时中”这一概念是孔子提出来的。孔子说:“君子之中庸也,君子而时中。”(《中庸》2章)“中”指标准,那么标准是随着不同的时间、地点、条件等而不断变化的。《中庸章句》里朱熹解析了“时中”的三层意蕴:一是,“中”是动态的、处于变化运动之中的。“中无定体,随时而在”,“中”没有固定不变之体,随时而在变化。二是,中庸之道也是动态的;要与彼之动态的“中”相应合,故要“随时以处中”,要随时而处于“中”。三是,既然不断地处在时间之流的变化里,因此中庸之道要“无时不中”,无时不处于“中”。另外张载《正蒙·大心》也有一句话颇具深意:“无成心者,时中而已矣。”

《中庸》记载孔子之言:“君子之中庸也,君子而时中。”(2章)唐孔颖达疏:“言君子之为中庸容貌,为君子心行而时节其中,谓喜怒不过节也。”这注释是说,君子之所以能为中庸的容貌,是因为君子内在的心行其中,而且在时时调节其适中,此谓喜怒不过其节。

朱熹是这样注释的:“君子之所以为中庸者,以其有君子之德,而又能随时以处中也。”这是说,君子之所以能成为中庸的原因,是因为其有君子之德,而又能随时处于适中。

观其同者,孔颖达、朱熹都揭示出两点:(1)“中庸”与“时中”是相联系的。或如朱熹所说的就是一种因果关系,比如之所以能“中庸”,是因为除了有君子之德,还能得其“时中”。或如孔颖达所说的看着有表里关系,比如外在的中庸之容貌,是因其有内在的“时中”,有内在“时中”便有外在的“中庸”。(2)“时中”是一种动态的平衡、调适,要时时、时常在过与不及之间加以调控、调节、微调,从而得其中,适其度,获其均。这就是孔颖达所说的“时节其中”,也就是朱熹所说的“随时以处中”。

关于“时中”,惠栋《易汉学·易尚时中说》的诠释很值得一读。惠栋说:“易道深矣!一言以蔽之曰:时中。孔子作《彖传》,言‘时’者二十四卦,言‘中’者三十五卦。《象传》言‘时’者六卦,言‘中’者三十六卦。其言‘时’也,有所谓:时者、待时者、时行者、时成者、时变者、时用者、时义、时发、时舍、时极者。其言‘中’,有所谓:中者、中正者、正中者、大中者、中道者、中行者、行中者、刚中、柔中者,而《蒙》之彖,则又合时中而命之。”“子思作《中庸》,叙孔子之意,而曰:‘君子而时中。’孟子亦曰:‘孔子圣之时。’夫执中之训,肇于中天;时中之义,明于孔子;乃尧舜以来,相传之心法也。其在《丰彖》曰:‘天地盈虚,与时消息。’在《剥》曰:‘君子尚消息盈虚,天行也。’《文言》曰:‘知进退存亡,而不失其正者,其惟圣人乎?’皆时中之义也。”又《周易·蒙·彖传》:“蒙亨,以亨行时中。”此处即出现“时中”之说。张岱年曾认为《彖传》为战国时期的作品。此是用孔子的“时中”理念来解释《易》。

三、说“中道”

《中庸》:“诚者,不勉而中,不思而得,从容中道,圣人也。”(20 章)孔颖达疏:“从容闲暇而自中乎道。”这里的“中(zhòng)道”,则是指符合道义。

又如《孟子·尽心下》:“孔子岂不欲中道哉?”赵岐注:中道,“中正之大道也”。“中道”与“中庸”相近。“中道”,在《论语》中指半途、中途的意思,《论语·雍也》:“力不足者,中道而废。”在《孟子》一书中有作为“中正之道”的含义来使用的了。此后,如唐代柳宗元《时令论下》:“圣人之为教,立中道以于后。”郭沫若《中国古代社会研究》第二篇第一章:“平康正直就是所谓中道。”有意思的是,佛教也用“中道”一语,大乘诸宗谓无差别、无偏倚的至理,即离开空与有或断与常等二边的实相。《中论·观四谛品》:“众因缘生法,我说即是无,亦为是假命,亦是中道义。”唐代湛然《止观辅行传弘决》卷一:“一色一香,无非中道者。中道即法界,法界即止观。”

“中道”,或又认为有两种含义,此分别说之。

1.“中道”,指道理而言;这是指事物恰到好处的道理。如《中庸》所说的:“诚者,不勉而中,不思而得,从容中道,圣人也。”孔颖达疏:“从容闲暇而自中乎道。”这里讲的“中(zhòng)道”,就是“不偏不倚”、“无过无不及”之理。

2.“中道”,又指道路而言;这是指“中立”的处世态度,更突出了“中庸”的实践意义。孔子提出“中立而不倚”,《中庸》提出“强在矫”,都是对“中立”思想最好的说明。所以有论者认为,孔子所主张的“中立”思想,绝不是什么明哲保身,更不是模棱两可,而是包含着积极的自强和斗争精神在内。于是孔子才提出“不得中道而与之,必也狂狷乎?狂者进取,狷者有所不为也”。这是孔子得不到中庸之人而求其次的选择。就今天对于人的要求来看，如果能做到进取和有所不为，都不失为有道德的人。克服我们道德传统中协调多于进取的特点，也正是我们当前道德建设的重要任务。（见黄济《教育哲学通论》）

四、说“中行”

“中行”，指能行中正之道，即是行得其中，行为合乎中庸之道。这也是孔子心目中的理想人格。这也指出“中行”之人。《论语·子路》：“不得中行而与之，必也狂狷乎！”这也就泛指中庸之道。朱熹把“中行”当做一种“刚果决烈”的性格来看待。《续近思录》：“朱子曰：孔子曰，‘不得中行而与之，必也狂狷乎’。看来这道理须是刚硬立得脚住，方有所成。孔子晚年，方得曾子，曾子得子思，子思得孟子，都如此刚果决烈。若慈善柔弱的，终不济事，况当世衰道微之时，尤用硬着脊梁无所屈挠，于世间祸福得丧，一不足以动其心，方靠得，然其工夫亦在自反常直，仰不愧，俯不怍，则自然如此不在他求也。”

再如《周易·夬卦·爻辞》：“中行无咎。”《周易·师卦·象辞》：“长子帅师，以中行也。”《荀子·子道》：“上顺下笃，人之中行也。”这里的“中行”都解释为中正之行。另外“中道”也有“中行”的意思。

五、说“中流”

荀子也主张中庸，他又用“中流”来指中道、正道。《荀子·礼论》：“文理繁，情用省，是礼之隆也。文理省，情用繁，是礼之杀也。文理情用，相为内外表里，并行而杂，是礼之中流也。”王先谦集解：“中流，犹中道。”

六、说“中节”

“中节”，有守节秉义、中正不变的意思，见诸《易·蹇（jiǎn）》：“象曰：大蹇，朋来，以中节也。”孔颖达注：“得位居中，不易其节，故致朋来，故云以中节也。”《中庸》：“喜怒哀乐之未发谓之中，发而皆中节谓之和。”（1章）有“中（zhòng）节”，指符合礼仪法度。明代黄绾《明道篇》：“行之于身，无不中节，谓之道。”

七、说“中立”

“中立”，就是中正独立。《中庸》：“中立而不倚，强哉矫！”（10章）孔颖达疏：“中正独立，而不偏倚，志意强哉，形貌矫然。”白居易《养竹记》：“竹性直，直以立身，君子见其性，则思中立不倚者。”“中立”也指在对立的各方之间，不倾向于任何一方。今天还有“中立主义”、“中立国”等说。

八、说“用中”

“中庸”也被解释为“用中”。《中庸》：“执其两端，用其中于民。”（16章）这便是将“中庸”解释为“用中”的道理。郑玄注《礼记》，于《中庸》篇解题曰：“名曰中庸者，以其记中和之为用也。庸，用也。”因此学者或认为“中庸”是以“中”为体，以“庸”为用，这便是一体一用的道理了。此与“执中”等近同。庞朴说：“因此，中庸就是用中；它大大不同于老子的用弱和商韩的用强之道。这是中庸的要点之一。”（《“中庸”平议》）

九、说“中用”

“中（zhòng）用”，是有用、合用的意思。如《诗·小雅·白华》：“白华菅兮。”郑玄注：“白华于野已沤，名之为菅，菅柔忍中用矣。”又汉桓宽《盐铁论·散不足》：“古者衣服不中制，器械不中用，不粥（yù，通‘鬻’，卖）于市。”

十、说“执中”

“执中”，执中道而用之的意思。这是后来的儒家概括孔子中庸哲学的用语。“执中”本来不是孔子自己讲的，而其源头出自“允执其中”。《尚书·大禹谟》：“惟精惟一，允执厥中。”

《孟子·尽心上》：“子莫执中，执中为近之，执中无权，犹执一也。”赵岐注：“执中和近圣人之道。”赵岐解释“执中”为“执中和”了，“中”延伸为“中和”了。又《韩诗外传》卷二：“听狱执中者皋陶也。”这里的“执中”，就是持平、不偏不倚的意思。再如汉代刘向《说苑·修文》：“南者生育之乡，北者杀伐之域，故君子执中以为本。”朱熹《中庸章句序》：“君子时中，则执中之谓也。”以上可以知道，“执中”大体是执持那中正的标准。

十一、说“折中”

“折中”的意思，是取其正，用为判断事物的准则；“折”，是判断、裁决的意思。《楚辞·九章·惜诵》：“令五帝以折中兮，戒六神与向服。”朱熹《集注》：“折中，谓事理有不同者，执其两端而折其中，若《史记》所谓‘六艺折中于夫子’是也。”《史记·孔子世家论》：“自天子王侯，中国言六艺者执中于夫子，可谓至圣矣。”按照朱熹之说，那么“执其两端而折其中”，那就与“执中”的意思近似了。

再如叶适《题<西溪集>》：“夫欲折中天下之义理，必尽考详天下之事物而后不谬。”梁启超《论湖南应办之事》：“更折衷于古经古子之精华，略览夫格致各学之流别。”

以上可知,“折中”也有调节使得适中的意思。比如《尸子》卷上:“听狱折衷者,皋陶也。”这也与“执中”相同了。

十二、说“折衷”

“折衷”与“执中”在现代汉语里面的用法:一是“折中”与“折衷”用法相同;二是“折中”与“折衷”开始偏重调和的意思,而不再强调中正的标准了。《现代汉语词典》将“折中”、“折衷”解释为“对几种不同的意见进行调和”,如“折中(折衷)方案”、“折中(折衷)的办法”等。这种调和,或许是有标准、准则的,或许就是没有原则的和稀泥式的。这就与古代的“执中”、“折中”里面有中正的标准不同了。

当然还有一个名称叫“折衷主义”,那是贬义了。该词来源于希腊,希腊文词源 eklektikos,意思是“选择的”、“有选择力的”。这是把各种不同的观点无原则地拼凑在一起的做法。在古希腊,从公元前 2 世纪起,有些哲学家往往既坚持某一学派的学说,又接受其他学派的某些观点,从而形成“折衷主义的杂拌”。古罗马的西塞罗尤为典型,他自称属于学园派,但又接受斯多葛派的观点,对亚里士多德的学说也兼收并蓄。比如他说:“水是万物的本原,而神则是用水创造出万物的精神。”上半句是唯物主义的,下半句是唯心主义的,而他加以糅合了。到了近代,法国哲学家库辛(1792—1867),第一个用“折衷主义”来称呼他的哲学体系。他的哲学体系,就是由黑格尔、谢林、莱布尼茨等人的学说拼凑而成的。在现代,折衷主义在政治上、学术上都颇为流行。《列宁选集》(3 卷)有这样一段批判“折衷主义”的话:“用折衷主义冒充辩证法是最容易欺骗群众的,这样能使人感到一种似是而非的满足,似乎考虑到了过程的一切方面,发展的一切趋势,一切相互矛盾的影响等等,但实际上并没有对社会发展过程做出任何完整的革命的解释。”

以上种种词语、理念之辨析,或庶几使得读者得到一个较清晰的头绪,而能够敏察其脉络走向。

中庸:现代解读的散点观照

现代学者对中庸进行了许多现代解读,内容丰富且深刻,当然彼此之间的碰撞、评驳也屡见不鲜。这里限于篇幅,仅是选择数家之论作出一些散点观照而已,目的是启发读者的思路与灵感。

一、张岱年说中庸

哲学家张岱年曾分析孔子思想的十个特点:(1)述古而非复古;(2)尊君而不主独裁;(3)信天而怀疑鬼神;(4)言命而超脱生死;(5)标仁智以统礼乐;(6)道中庸而疾必固;(7)悬生知而重闻见;(8)宣正名以不苟言;(9)重德教而卑农稼;(10)综旧典而开新风。(《孔子哲学解析》)他把“道中庸而疾必固”,作为十大特点之一,并解读了几点:

1. 释“中”、“执中”、“中庸”。

张岱年说:事情有一个适当的标准,叫作“中”;超过这标准,就是“过”;没有达到这标准,就是“不及”。处理许多事情,要合乎这个标准,这就是“执中”。这个标准是经常性的,故称为“中庸”。——显然,张岱年主张把“中”解释为标准,把“庸”解释为经常的意思。

2. 中庸的两层内涵。

张岱年说:中庸有两层意思,第一,肯定事物的变化超过一定限度就要转向反面;第二,要求坚守这个限度,以免转向反面。这第一层意思合乎辩证法,第二层意思就是反辩证法的了。无论在自然界或在社会历史里,事物的发展过程中,在一定条件下,必须保持平衡,才能维持事物的存在;在另一条件下,必须打破平衡,才能向前发展。如果不论在什么条件下都要保持平衡,那就难以进步了。——笔者读此有些想法,张岱年认为“第二层意思就是反辩证法的了”,这里或许可以再作些补充解读。比如孔子并不是不知道“中”不是固定不变的,而是变化中的“中”、运动中的“中”,因此他强调的“中庸”,或许就已经考虑到这种情况了,那就是在动态中去“执中”,做到“中庸”。

3. 既讲中庸,又反“必”、“固”。

张岱年说:孔子讲“中庸”,要求遵守一定标准,但他又反对“必”、“固”,以为不宜不顾条件遵守某一固定标准。《论语·子罕》:“子绝四:毋意,毋必,毋固,毋我。”《论语·宪问》:“微生亩谓孔子曰:丘何为是栖栖者与?无乃为佞乎?孔子曰:非敢为佞也,疾固也。”《论语·微子》:孔子言“无可无不可”。所谓“毋必毋固”,所谓“疾固”,所谓“无可无不可”,都是表示处事接物要看实际情况,要有一定的灵活性。孔子一方面讲“过犹不及”,一方面又着重“毋必毋固”,这些思想中包含着辩证法。——这些分析可以和上面的内容会观,看到孔子的原则性与灵活性的互动。笔者认为孔子所说的中庸是一种动态的、灵活的“中庸”,绝不是一成不变的“中庸”。其实“中”这一“标准”也是不断变化的“标准”,因此“中庸”也就是一种机智的、动态的“执中”。

二、庞朴说中庸

哲学家庞朴的《“中庸”平议》(《中国社会科学》创刊号,1980年)全面而系统地研究了“中庸”问题。他着重谈了几个问题:

1. 要全面地审视“中庸”。

庞朴认为,中庸不仅是儒家学派的一种伦理学说、一种形而上学的发展观,更是“他们对待整个世界的一种看法,是他们处理事物的基本原则或方法论。这样的中庸之道,固然有其整体上的形而上学痼疾,但它于探寻对立面的相互依存、相互联结方面,却留下了大量的尚未得到足够注意的资料,在闪烁着辩证思想的光芒。它们以其特有的形式与智慧,诱导人们去深入研究对立同一的原理,去细致发掘祖国文化宝藏”。

2. 释“中”、“中庸”。

(1)“中庸”的由来。“中庸”始见于《论语》,但是“中”作为一种道德范畴和哲学思想,由来已久。《尚书》多次出现“中”、“中德”、“中刑”等。“尚中”哲理在《易经》、《诗经》、《左传》里也都有记载。庞朴认为,“孔子的中庸,正是这一切中和观念的逻辑发展。其最重大的发展之处,是提出了一个‘庸’字,从而使中和观念哲理化了”。

(2)“中庸”的“庸”的三方面含义。一是“用”的意思,“中庸”就是“用中”。二是“常”的意思,含有郑玄所释的“用中为常道”、二程所说的“不易之谓庸”的意蕴。庞朴说:“常是对变而言的不变,不变的也就是绝对的。儒家将用中的要求表述为中庸,想来是要以此来表明,他们提倡的用中,不是他们主观设定的,而是本之于常的;因而是否用中,也就不容径情任性,而应作为常道来遵守。这就是中庸的更深一层的含义。”三是“平常”、“普通”的意思,如朱熹所解读的。

3. 中庸的“一分为三”之说。

庞朴此中又有许多很精湛的论说,值得注意。

(1)“同”也叫做“一”或“壹”,就是不承认对立,不能容忍“二”或“贰”。中庸思想以承认对立或“二”为起点,但不停留在“贰”上,而要求过渡到对立的统一上去。这种统一,又叫做“参”,它也是儒学的一个重要范畴。

(2)“参”就是“三”。仿“太和”的说法,“参”也可以说成是“太三”，伟大的三。“三”之为数，在中外古代哲学里，都被认为是第一个圆满者。“一”是数的开始，是单子、单元；“二”是殊异，是对立；而“三”是对立的统一，数的完成，是包含有对立于自身的总体，这就叫做“参”。

（3）从动态说，“参”指的是对立双方的结合、交融和统一。《逸周书·常训》说：“疑意以两，平两以参。”就是说的这一点。一个见解或一种办法，是否正确，是否可行，需要以与它正相对立的观点来怀疑，这叫“疑意以两”。有了这样正反两方面的推敲比较，然后便可生出更完满的意见和办法，把对立的见解统一起来，这叫“平两以参”。这个“参”，也就是“用中”。《逸周书·武顺解》说：“人有中曰参，无中曰两。”“两”与“参”之差别，就在于有无“用中”。

（4）由“参”构成的许多词汇，都含有这种哲理的成分。参考、参验、参议、参观、参稽、参互、参伍等等，都是说的考察对立的情况，以得出适当的意见或办法。例如，《荀子·解蔽》里说无蔽的办法，有曰：“疏观万物而知其情，参稽治乱而通其度。”“万物”众多，所以要“疏观”；“治乱”两端，所以须“参稽”，即“平两以参”之谓。

（5）《易传》上有所谓“参伍以变，错综其数”的话，历来说《易》者都神乎其辞。“参伍”这两个字，可能有许多含义，而其基本含义，大概以《韩非子》讲得最准确：“参之以比物，伍之以合虚。”（《扬权》）“参伍之道：行参以谋多，揆伍以责失。”（《八经》）物和虚，就是有和无、实和虚；多和失，就是过与不及；参之伍之，就是从这些对立中寻找正确。所以说“参”也就是“用中”。

（6）不知道这个奥妙的人，常常把“参”理解为无关的第三者，从而将它所包含的辩证思想粗暴阉割。例如，屈原《天问》里有一问是这样问的：“阴阳三合，何本何化?”这个“三”，分明是“参”。因为此前的一问提出了“气”，此后的一问出现了“天”；这一问，显系指的气分阴阳、阴阳参合从而化生天和万物，即《老子》的“一生二、二生三、三生万物”之意。可是王逸注《天问》的时候，就把这个意思给歪曲了。他说“阴阳三合”是“天地人三合成德”。这个注同《天问》的原意几乎完全不相关，关键就在于他不懂得“参”字的含义。

《穀梁传·庄公三年》有“独阴不生，独阳不生，独天不生，三合然后生”一说，如果与《天问》所提的问题有关，也是一样错误的答案。后来董仲舒把《穀梁传》的说法稍加变化，说是“独阴不生，独阳不生，阴阳与天地参，然后生”（《春秋繁露·顺命》），解“三”字为动词“参”字，仍然回答不了问题。

到了柳宗元对《天问》，作《天对》，说：“合焉者三，一以统同。吁炎吹冷，交错而功。（原注：《穀梁传》：‘独阴不生，独阳不生，独天不生，三合然后生。’王逸以为天地人，非也。）”柳宗元在阴阳天之外，又加了个元气（“一”），让元气统率阴阳天。也还是没有对得上《天问》的难题。

庞朴指出，他们这些错误的原因，看来是共同的，即都把“三”仅仅当成一个普通的数目，而不曾看出它是一个哲学范畴，它结晶着中庸思想这一本质特征。

现代学者的这些见解是值得我们注意的，也可以在此基础上展开进一步的研究与讨论。

“执两用中”之道的智慧

唐君毅（1909—1978），是中国现代著名的人文学者，又是当代新儒家的领军人物，他在《生命存在与心灵境界》（中国社会科学出版社出版）一书中有一段关于论说“执两用中之道”的内容，我觉得写得很丰富与深刻，虽然不太好读懂，但是读者如果能慢慢咀嚼一番，则有一番别样的智慧滋味，故这里略为之说。

一、说中正而圆融之道

唐君毅指出：“于此吾今所当进而略述者，唯是言此儒者之尽性立命之道，在根本上乃一中正而圆融之道。”中正而圆融之道，此一是中道之体，即是“中则不偏，正则不邪，是见中道之体”。此二是中道之用，“圆融者于异见同，于多见一，于普遍者见特殊，于有知无，于实知虚。要之为于一切相对者中见其相涵，即于此相涵中见相对者之相融，以成一绝对。是为中道之用”。

二、执两用中之教

唐君毅说：“中之不偏，即不偏于一切相对者之一端。正之不邪，即居于此中之两端平衡之位，而得兼观两端之相涵相融。此即执两端而用其中之教。”此中又有几种含义：

1. 中统两端。“于此，自中与两端之关系而观，则说中统两端，以使在两端之事物，俱有俱立，是一义。”

2. 相彻相消相泯。“以中为彼此两端相彻而相泯之地，使此相对者自相消相泯，而统之之中，亦消亦泯，又是一义。”

3. 俱有与俱泯。“更以此中，统此相消两端一切事物之俱有与俱泯，再是一义。”

三、执两用中之境在所谓佛教“神圣境界”中的情况

唐君毅还说到“执两用中”与佛教的关系：“此在佛教之天台宗盖即依第一义，说一切法之有，说假谛；依第二义，说一切法之空，说空谛；依第三义，说一切法之非有非空，即有即空，说中谛。以假谛立一切法，空谛泯一切法，中谛统一切法。更以此中谛与假空相对者，为但中；以中谛与假空二谛，相互圆融者，为不但中。依不但中，而中与假、空，亦相互圆融。华严宗更有总相、别相、同相、异相、成相、坏相之六相圆融，及一多相摄、因果相摄、隐显相摄等之十玄之论。然要皆重在以此言真如法界之理境，与佛智所证之圆融境，而非直就吾人之生命存在心灵当下所在之境而说。”

四、执两用中之境与一般人生命之境

唐君毅又说：“然此中国儒者所言之执两用中之境，则在圣境固如是，在吾人当下之生命存在心灵中，亦有如是之境。依此儒家所言之执两用中之义，则此中固有统两端以使两端俱有俱立之义，此两端亦可有相对而相彻相泯之义。然此儒者之所重之用中之道，则要在使两端之相继而次序为用，而使此伸彼屈，此屈彼伸，此显彼隐，此隐彼显，以运转而不穷。此中之用，则要在为此两端之运转之一中枢，而两端不必俱立俱有，亦不必俱泯俱空，亦不必合空有为中；而以此空彼有，此有彼空，使彼此之两端，一立一泯，一空一有，而转运不穷，如一圆环；以见此中之用，周行于一切为两端之环之上，而两端无不融。”

唐君毅还比较了两境之不同：“此执两用中，自有其别于天台之三谛圆融之只为一观境者，亦别于华严之言一多因果隐显之相摄，而不明说此诸相摄，皆用中所成，而于此相摄之事，只视之为重重无尽之相互反映者。盖儒者之言用中之要，在使诸相对者之次序相继，更迭转运而不穷，乃顺说而非横说，故有相对者之次序之相继之无尽，而不必有此相对者之平等相反映之无尽。华严所谓相对者之平等相反映之无尽，实亦必须初为依次序所成之相反映，而后可为人所理解。盖唯依人之思想在其次序相继，而转运不穷之历程中，以后观前，以前观后，原可说前引后，后涵前，其中原亦有一无尽之互相反映之义，然后人方可更形成一横说之相对者之平等相反映之无穷，如华严宗之所言者也。则此儒者之言用中，以使相对者次序相继，使相对者自相转运而不穷，亦正华严宗之义所当本者也。”

五、“执两用中之道”与“生活之理性化”

唐君毅说：“依此执两用中之道，以言吾人前所论之儒者之言人心与境感通，以尽性立命，而求一生活之理性化，或生活为性情之表现之道。”那该怎么办呢？

1．此维度的“两”与“中”。

唐君毅说：“心与境之相对，是两，其感即是中。心之‘性与境所示之当然之命’，是两，‘尽心之性以应境’之尽，是中，‘承境所示之当然之命，而立之’之立，亦是中。凡由此心境之感通而有之尽性立命之事，有所过或不及，皆非中而为偏。矫其过与其不及，皆是中。人之连于生活行为之思想，与本纯粹之思想以成之知识，凡只用相对之概念之一者，皆是偏；而补以另一相对，则是中。只知一概念知识之对相应之境为真，是偏；知其对不相应境，亦为妄；而合此二者，以观一知识一概念之意义，则为中。要之能用中者，必能兼执两，而使之得其平而皆成，亦可使两由相衡，而使之相消相泯；复可使此两者更迭为用，而运转无穷。此能用中之人之生活行为与思想，即恒为一进退屈伸自如之活泼泼地心灵之表现，亦为一活泼泼地生命存在之表现。此表现，亦为此活泼泼地之心灵生命存在之果，而此果亦可再为因，以使人之心灵生命存在，更去其滞碍与执障，以更成活泼泼地者。”

2．执两用中之道与施教。

唐君毅又说：“至于依执两用中，而有之对人施教之言说，则人之偏执偏滞不同，补其偏、救其弊，而加以活转，其道不同，而要在当机。”他剖析了“显密”与“权实”的两大说教方式。

其一，他揭示出所谓的“显密”的施教说教方式。此种“显密”的方式，又分为二：（1）“显教”，如唐君毅指出：“其言说之方式，或单说正，而依正以成正，或单说反，依反以成反，而以其单说一偏，以显人所未见之此一偏，使人自合之，以成中。此为前推而顺行，以成言之长度，久度者。或为直下以反破正，以正破反，此为逆行之言。此逆行之言，必其力足以破，则见言之强度。凡此顺行逆行之言，皆与其所表之意为一致，而其言皆正为显说者之意，则以之教人，是为显教。”（2）另外一种是所谓的“密教”。唐君毅指出：“至于言在此而意在彼，以正面之言成反面之用；或以反面之言，成正面之用；或以正与正相对，而意在对消，以成其俱破；或以反与反相对，而意在由两反皆俱破，而两正俱成。此则皆所以开思想之幅度，亦即开思想之广度。凡此言在此而意在彼者，其言中之意之外，皆有言外之意，而其言不能尽显说者之意，而待闻者之知其隐义者，则以之教人，是为密教。”

其二，他又揭示出所谓的“权实”的施教说教方式。此又分为两种情况：一是，“凡言说之未究竟，或人于此言说不能会得一究竟义者，其教皆为一方便、一过渡，而为一权说、一权教”。二是，“言说至究竟，人于此亦可会得一究竟义者，则为一实说、一实教”。

其三，“显密”与“权实”关系。他说：“欲人之由不究竟之义，次第至究竟义，如由权而实，而开权显实。实显而权废，则为废权立实。废权立实，则实代权，亦即是权。而对人之不能会得究竟义者，先说非究竟义，以为导，则是为实施权。为实施权，则权依实，亦即是实。”

其四，这里的“执两用中之道”。唐君毅指出：“此言之有显密权实，中国之天台宗，言之至详。然实则在人之言说之方式中皆有之，而为一切人之本言说以设教而成物者，所不能废。吾人今亦皆可摄之于此执两用中之教中。”

唐君毅又指出：“然人于一切显密权实之教之运用，皆同须当机而用，并以其闻之者，能各得进益，以定其用之当否。其言既出，其义皆直，而方以智；然其用则可曲，以圆而神。故于世间一切方式之言，无不可取以为用，亦无不可废，而进退无常，刚柔相易。一切说可用，故辩才无碍；亦可废，故默而识之。辩才无碍，则似有诤；默而识之，则无诤。故人之思想至于有此言默之智慧之时，对人之思想上之偏执之言，古今学者思想家之种种异说，于其偏执，虽皆当或加破斥，或引而进之，以至于更广大高明之境；然亦皆可默而存之于心，以博厚之心载之，而就其当有之密意，用为一时之施教之权说，以使其言之流行不已，亦如其行之不已，以悠久而无疆，而亦依言之可兴可废，以见言之同于无言之默。佛家言，若佛说法，若佛不说法，诸法常住。老子知道不可名，而道自久。孔子不言，而四时自行，百物自生。天地间自有不言之大教流行，言之不增，不言不减。此乃东土之儒与释道所同契，故皆能言，而亦能不言，而其言其教，亦长流于后世。此能居此言之流行转易之中枢，而不言者，则是吾人之生命存在与心灵之自体。唯自体之为不言之默，方能持一切流行转易之言之前后之两端，而使之分进或俱进，分退或俱退，使言进退自如，而亦通此言默之两端，以成其或以言教，或以默教。默则言隐而行自在，而其行即是言。则其默而成之之尽性立命之德行生活，性情生活，亦即是言，皆此执两用中之道之表现，亦其具体的理性、性情之表现之所在矣。”

唐君毅说的这些，虽然深奥了一些，牵涉的面也广及佛教之说，但读者只要耐心地细细体会一下，也可以知其大概，亦可采撷其中的智慧。

篇三

中庸的现代智慧

人心惟危，道心惟微，惟精惟一，允执厥中。

——《尚书》

意思是舜帝告诫大禹说，人心是危险难测的，道心是幽微难明的，只有自己一心一意，精诚恳切地秉行中正之道，才能治理好国家。

中庸：从政·治国·智慧

中庸之道能给从政、治国提供有益的智慧吗？我们不妨回顾反思一下大家最熟悉的当代历史的一些片段。

20 世纪 50 年代至 60 年代的事情，好多人曾经亲身经历过。我手边有一本中共中央党史研究室著、胡绳主编的《中国共产党的七十年》（中共党史出版社出版），还有一本朱宗玉等编著的《中华人民共和国史纲》（福建人民出版社出版，简称《史纲》），翻阅两书，觉得如果从中庸视角去看从政、治国之道也不无启发意义。

早在 1958 年大跃进之前，1956 年曾经在经济建设上出现过冒进势头，目的是急于求成，虽然经过遏止，但是并没有完全遏制住。

1958 年到 1960 年，由于严重的“左”的错误，轻率地发动了“大跃进”与人民公社化运动。报刊、文件上记载着当时那些十分热烈的话语：

> 十五年赶超英国！
> 人有多大胆，地有多大产！
> 只要有万斤胆，就有万斤产！
> 亩产万斤放卫星！
> 跑步进入共产主义！

《史纲》说：我国在超额完成国民经济第一个五年计划（1953 年至 1957 年）之后，“在巨大建设成绩中，逐渐滋长起来的骄傲自满情绪和社会主义建设中急于求成思想的发展，对经济形势作了不切实际的估计，错误地批判了 1957 年稳步发展国民经济的正确措施，主观地认为中国已经进入了马克思所预言的无产阶级革命胜利后将会出现的‘1 天等于 20 年’的高速发展时期”，这种日益“左”倾，使得经济建设发生严重失误。

如果尝试从传统的中庸之道来分析，那么急躁、冒进、浮夸等或者都可以说是不符合中庸之道的做法；发动“大跃进”而造成的国民经济比例失调，国民经济出现严重困难，也都是违背了中庸的结果。其实，孔子早说过：“欲速则不达。”（《论语·子路》）孔子这一条中庸之道对从政、治国来说也许就是一种智慧。

然而继“大跃进”失误之后，1959年庐山会议又发动了“反右倾”运动，使得“左”的错误更加发展起来，以致出现了三年严重经济困难的局面。据不完全统计，“三年‘大跃进’的直接经济损失约达1200亿元”。（《史纲》）

从1960年冬至1966年春，“左”的错误得到纠正，对国民经济实行“调整、巩固、充实、提高”的方针。到1965年冬天，经济调整任务胜利完成，社会主义建设又重新出现欣欣向荣的景象。——这或许可以说，由非中庸而回到了中庸上来，找到了符合规律的发展之道，治国就出现了新气象。

此后是十年动乱（1966年至1976年）的“文化大革命”了。我们又记起了那些滚烫滚烫的话：

> 横扫一切牛鬼蛇神！
> 宁长社会主义的草，不生资本主义的苗！
> 宁要社会主义的晚点，不要资本主义的准点！
> 知识越多越反动！
> 割资本主义的尾巴！
> 要由天下大乱达到天下大治！

关于“文革”，中老年的朋友们也许还记得一连串的片段：《五·一六通知》、《炮打司令部——我的第一张大字报》、红卫兵运动、“一月风暴”、“二月逆流”、刘少奇冤案、“九大”召开、斗批改运动、上山下乡运动、林彪反革命集团粉碎、批林批孔运动、“四人帮”作乱、“批邓与反右倾翻案风”运动、“天安门事件”、粉碎江青反革命集团等等。

如胡绳主编的《中国共产党的七十年》所说：“持续十年多的‘文化大革命’，在党的历史发展过程中，是‘左’倾错误占统治地位时间最长、危害最大的时期，是各种社会矛盾以尖锐形式充分暴露的时期，因而也是经验教训极为丰富的时期。”“‘文化大革命’不是任何意义上的革命或社会进步，它是一场由领导者错误发动，被反革命集团利用，给党、国家和各族人民带来严重灾难的内乱。”

粉碎“四人帮”以后，1977年国民经济得到了较快的恢复，扭转了长期以来停滞不前甚至下降的局面。然而就在这时又出现了继续坚持经济建设中“左”的错误方针，发生了急于求成的新的冒进。如《史纲》说：“总之，1977年到1978年经济建设中的新冒进是一条以‘左’倾思想为指导的高速度、高积累、高投资、低效益、低消费的‘大跃进’式的老路，它不顾国力，企图用过急过多地大规模引进国外技术设备和大肆举借外债的方式来实现高速度的发展，既不考虑对引进项目的配套能力和消化能力，也不考虑还债的能力。因此，这次冒进又被人们称为‘洋冒进’。由于这一错误，进一步加剧了我国国民经济比例的失调，导致了1979和1980两年出现巨大财政赤字，给我国经济建设和现代化进程带来了新的损失。”

邓小平曾语重心长地深刻指出：“要警惕右，但主要是防止‘左’。”这是十分英明的洞察与明示，应该引起我们足够的警醒。

如果从传统的“中庸之道”来看，那么这些历史的事实明白地告诉人们，或右，或“左”，其实都是没有很好地执行中庸之道，而这又带来了极大的弊病甚至灾难。

我还读到吴敬琏的一篇文章《“左”“右”极端都会给社会带来灾难》（《南方周末》2008年4月24日），其中有一段话是这样说的：“不论是‘左’的极端主义还是‘右’的极端主义，都会给社会带来灾难。”“在重大的社会变革中，理想的模式是政治观点分歧双方温和派的结合。如果不是这样，只要一方出现极端派，另一方也必定分裂出自己的极端派，如果两边的温和派不能掌控局面而逐渐被边缘化，社会就会被撕裂而趋向极端，而在两极之间的震荡，不走到绝路不会回头。”这一论说，也可供人们思考。

历史教给我们很多的东西，也让人们思考很多的东西，如果从中庸之道去观察，是否自有一番启示呢？

中庸智慧：现代·思维·理论·方法

《中庸》可以给现代思维、理论与方法提供丰足的营养，我从自己读报心得里选出了四则，举隅以明之，或许可以引发出读者的许多的感悟，并进而举一反三，触类旁通。

一、潘基文自述“中庸”智慧

联合国秘书长潘基文，大约可以说是一位遵行“中庸之道”的典范人物。

他履新不久后，曾在为美国的《新闻周刊》撰写的文章里说到自己多年来在钱包里一直放着一张特殊的纸片，上面摘录了《论语》里有关年龄与人生阶段的名句，那就是孔子所说的："吾十有五而志于学，三十而立，四十而不惑，五十而知天命，六十而耳顺，七十而从心所欲，不逾矩。"（《论语·为政》）

后来中国记者曾在联合国大楼对潘基文进行专访，询问他对中华文化的爱好，以及这种爱好对他从事联合国的工作是否有帮助。潘基文说："在我的一生中，我一直在受到孔子和孟子思想的影响"，"目前，孔子的很多教诲仍在为我指引方向"。他说，他一直在努力从《论语》等中华文化经典中汲取智慧、经验和为人处世的原则，无论是履行公务，还是处理个人私事，这些伟大的思想都使他获益良多。他自称自己是个讲究"中庸之道"的人。

就在这次采访结束前，潘基文还余兴未消，又提笔在纸上写下"中庸之道"四个汉字，笑称自己便是一个"走中间道路的人"，从来不走极端。他说："这（中庸之道）便是我的个人哲学。"（《北京青年报》2008 年 6 月 30 日，新华社记者王湘江、曾虎文）从潘基文担任联合国秘书长以来，我们可以看到他确实就如其所说的，运用"中庸之道"在智慧地处理着复杂多变的国际事务。这些方面不是很值得我们好好琢磨琢磨的吗？

二、经典原理与现实之间的"中庸"智慧

一日偶翻旧报，有篇短文重新吸引了我。这是邵燕祥为资深理论家吴江的新著《社会主义前途与马克思主义的命运》所写的书评。文章说，原理应从史出，从实事出，然而，不知从什么时候起兴起了所谓"经典原理学"，历史事实成了阐释原理的附从。在重新认识究竟什么是马克思主义时，吴江说，按他的理解，马克思主义是关于人类社会发展的一门大史学（即马克思、恩格斯自称的"历史科学"），而非长期被演绎成的"经典原理学"——这可以说是教条主义的大本营。原理从史出，而原理作为方法反过来指导实践又必须从各个不同国度、不同时期的一定历史条件出发，而不能将原理奉为教旨。不恢复一门史学的马克思主义本来面目，教条主义体系难以破除。（见《北京日报》2002 年 8 月 19 日）

我由此触发，而衍生出一些思绪，如果从中庸之道来解读，那么这里面很有讲究：（1）积淀下来的经典一定要与现实的实际达到新的和谐，这不就是一种"中庸之道"？（2）经典要与各个具体条件下的不同国度、地区、时期的实际构成中和，这不也就是一种"中庸之道"？（3）原本的经典与后来涌现出来的新经典，后人也应该在取舍之间达到中庸。（4）经典的原理与历史、现实，原理与方法、实践之间都有一种复杂的“中庸之道”要遵行。

三、决裂与继承、竞争与合作之间的“中庸”智慧

又一日，在报上读到中共中央党校的一位教授写的短文。其中说，研究当代资本主义要有历史的眼光、全球的眼光、发展的眼光。如在资本主义与社会主义的关系问题上那就是既有决裂又有继承，既有竞争又有合作。当代资本主义的发展变化是资本主义的自我扬弃，马克思主义认为，资本主义在其自身矛盾的推动下，不断地进行自我扬弃，是一个自我否定的过程，由于资本主义自身的扬弃，就使它开始向新的更加高级的社会生产方式过渡。这个过渡的实质是资本主义生产关系适应生产力社会化的要求而不断进行自我调整，这种调整为社会主义提供了“现实形式”和完备的物质基础。由于当代资本主义的新发展为社会主义准备了更加成熟的物质条件，因而它不是离社会主义更远了，而是更加近了。

此文也引起我的思考，当然其中的一些观点是可以由大家来讨论的，但是触动我的是，既然“在资本主义与社会主义的关系问题上那就是既有决裂又有继承，既有竞争又有合作”，那么这里就有一种玄妙的中庸之道了，即是在“决裂”与“继承”上如何中庸，在“竞争”与“合作”上如何“时中”，这种中庸之道是值得深入地研究的。

四、从两极到中介的“中庸”智慧

再一日，读到学者王南湜的文章《从两极到中介：理论创新的辩证法》（《光明日报》2009 年 6 月 9 日）。他说，世界是不断地发展变化着的，我们的理论要能够正确、合理地指导实践，就必须以不断创新来适应于这种变化。理论创新就是以新的观念恰如其分地把握事物的本质，这就必须通过辩证的方法。辩证法作为一种能够全面地把握事物的方法，其实质就是通过概念的“从两极到中介”的辩证运动来全面地把握事物。文章分析了三个方面内容：一是，“社会主义初级阶段：在理想性与现实性之间构建中介”；二是，“社会主义市场经济：将不相容的对立面结合起来”；三是，“科学发展观：中介辩证法的‘时中’”。作者又认为，在社会发展过程中，人们总会面临着如何处理各个方面之间平衡与不平衡的关系问题，这也就是如何以社会生活这个整体去中介各个方面的关系问题，即在何时打破平衡，又在何时恢复平衡的问题。这里的关键在于把握“适当的时候”或“时机”，即如何在适当的时候以适当的方式做适当的事情。如果做到了这一点，那就是达到了中介辩证法的“时

中”境界。

此文内容是有一定的启发作用的，当然具体的观点也是可以再作讨论的。我想到的是，这里尽管用了“从两极到中介”、“中介辩证法”等新概念与新词面，但是这里就蕴有“中庸之道”的内涵，就如最后提到并强调了“时中”的概念，不就是直接运用了古代“中庸之道”的重要概念？这也说明了，所谓的现代的“中介辩证法”其实是与古代的“中庸之道”有着何等密切的联系！

五、说香港中文大学的中庸之道

香港中文大学是一批中国学人试图保存和发扬中华文化而冲破重重束缚建立起来的。罗永生曾说：中文大学长期以来在一个汇集了多种逼力和拉力的狭缝上挣扎，使它成了一个非常特有的矛盾综合体。这些矛盾从反面来看，逼使理想与现实进行妥协，但从正面看，正是这所大学活力的来源。将来，中大要能有所成就，必然要在解决这多样的矛盾中寻找出路，以维持或转化那种“微妙的平衡”和“历史的妥协”，把“折中主义”反过来，成为具有积极意义的融和和创新。因而中大走上了一条“折中主义”的道路，使得中大成为一所“折中主义”色彩甚为浓厚的大学。（罗永生《时代巨轮下的“中大理想”——谈我们的使命》，转见储朝晖《近代香港中文大学精神的生成与特征》，《大学 · 研究与评价》2009 年 6 月）

我读后觉得这里有一种高明的中庸之道在指导怎样办学，在一个极其复杂的充满矛盾的系统里怎样去取得中道而行，这是值得好好研究的案例。再说，香港中大的中庸之道，不是平庸地生存与发展，而是“以其特殊的地位，使分立的中、西文化，抗衡着的大陆、台湾得以融和、调解，进而在科技理性和人文精神的对立、学术研究与现实贡献的矛盾中间寻找出路，把抗争转化为超越了妥协、折中层次而成的‘综合’……大学校园的自由学风，自由的学生生活，自由的学生组织，正是自由主义的温床，如何去保卫、发扬此等我们身享的文化果实，就正好是我们为中国贡献力量的基础”。（引文同上）

我想现实世界、生活是太复杂了，运用中庸之道便是要知道并学会选择合适的“度”，来加以调节、平衡各种关系。当然要选择这种“度”，需要知识、经验、科学，也需要社会管理者的智慧和责任感。我们经常看到的许多的“不公平”、“不均衡”就是失调，都不合乎中庸之道。然而要达到这种“度”，需要调，需要节，需要控，因此有调节、调控、调和、调整、微调，而臻于恰到好处、恰如其分。

解读：现实生活的中庸案例

现实生活中能用“中庸之道”的智慧去观察、权衡、评论、运用，必定会有所明、有所得、有所益。哲学家冯友兰曾用中庸之道分析了一些现实生活里的中庸案例，我觉得很有意趣，值得一读。

1. 这样的列车该不该停？

有一次冯友兰看见报上说，有一位农民有急病，要赶往大城市进医院。到了车站，却没有在这个站停靠的列车，站长作出决定，把一列经过这个站不该停的车停下来，让病人上车走了。报上大加赞扬，说这位站长真能急群众之所急，为群众创造方便，真是了不起。

冯友兰却有这样的评论：这件事可能是了不起，但是不足为训，不足为法。在一条铁路线上运行的各列车，都是互相制约的。一次列车误了点，其余的列车都要误点，全铁路的列车都不能正常运行，原来的列车时刻表都得打乱。这就耽误了许多人的事，有的人可能耽误了大事。如果每个站长都可以随意把列车停下来，列车的运行就不能正常进行，甚至成为不可能。这个站长为一个人创造了方便，可是为许多人创造了不方便。方便转化成它的对立面——不方便。所以，这个站长的行为，不足为法，就是说，不能成为正常的规律，也就是说，不能成为“庸”。这就叫“贤者过之”，“之”是指中庸之道。这位站长，不能说不是一个贤者，他所做的决定，比对于站长的一般的要求，看起来还要高。但是，不能成为“庸”，也就是不合乎“中”。把“中”和“庸”联系起来，二者的意义就都更清楚了。

我觉得冯友兰分析得很好，他解读了什么是“中”、什么是“庸”、该怎样行“中庸”、什么是“贤者过之”等。其实在现实生活中这样的例子不少，本来是做好事却带来了弊病，原来要给人带来方便却转化为不方便，诸如此类的事情在我们的周围真的很多，也真的可以细细审查、检查一番的。

2. 中庸之道：中药药方的启示。

现在人们把中医所用的药物称为中药，但是有意思的是，古代把平和的药物称为“中药”。三国魏国嵇康《养生论》：“故神农曰‘上药养命，中医养性’者，诚知性命之理，因辅养以通也。”晋代张华《博物志》卷七：“中药养性，谓合欢蠲（juān，除去、免除）忿，萱草忘忧。”古代还把符合医理的称为“中(zhòng)医”。《汉书·艺文志》:“经方者,本草石之寒温,量疾病之浅深,假药味之滋,因气感之宜……及失其宜者,以热益热,以寒增寒,精气内伤,不见于外,是所独失也。故谚曰:有病不治,常得中医。”

冯友兰就曾分析过中药药方里面的中庸之道。他说:任何东西,都不仅只包含一对对立面,就是说,都不仅是一对矛盾构成的。一个东西,如果能够存在,能够发展,它所包含的那些对立面,都必须各自保持一定的限度,不能多,也不能少。好像一位中医开一服药方,其中的药味都有一定的分量,不能随意加减。这才能分出君臣佐使,互相补充,互相配合,成为一股战胜疾病的力量。一定的分量就叫“节”,一服药的药味,都合乎一定的分量,就叫“中节”。由各味药互相配合而形成的战斗力量就叫“和”。这个力量的作用是与疾病作斗争,是战斗,但一服药的内部必须是一个“和”。未有内部不和,而能对外战斗者。“中”与“和”联系起来,二者的意义,才更明显。——我觉得这个案例也分析得好,能使得人们很形象地从中药药方里了解到什么叫“节”、“中节”、“和”、“中和”。

由此案例,再看冯友兰关于“中庸之道”的哲学解说就容易了。冯友兰说:“从辩证法说,一个统一体一分为二,分成两个对立面。这两个对立面互相排斥,而又互相关联。就是说,它们是矛盾的统一。矛盾着的双方互相依存又互相转化。两方面之中,必有一方面是主要的,他方面是次要的。其主要方面决定这个统一体的性质。但这种情形是不固定的,矛盾的主要方面和次要方面如果互相转化了,这个统一体的性质,也就随着变化。这两个对立面经常变化。如果它们的量变还能保持着相对的平衡,这个统一体就能保持着原来的性质,保持着相对的稳定。暂时的平衡,即所谓常态,用《中庸》的名词即所谓‘庸’。当它们的量变超过了一定的限度,这个统一体的相对的平衡,所谓常态,就不能维持了。它就要改变性质,成为一个新的事物。合乎这个一定的限度,就是‘中’。”(《三松堂全集》第九卷)这是从矛盾的对立统一、量变质变的现代哲学原理来解读中庸了,我们一看也就不难理解了。

写到这里笔者余兴未消,冯友兰说了中药药方里的中庸之道,我也想起了有关中药药方的一则脍炙人口的传说。从前有一对以经营中药为生的恩爱夫妇,一次丈夫离家办事多日未归,妻子用中药名作信,寄托思念之情。

此信写道:“槟榔一去,已过半夏,岂不当归耶?谁使君子,效寄生缠绕它枝,今故园芍药花无主矣。妾仰观天南星,下视忍冬藤,盼不见白芷书,茹不尽黄连苦!古诗云:豆蔻不消心上恨,丁香空结雨中愁。奈何!奈何!”这里用了十二味中药名称，倾吐了妻子思念丈夫的万缕情思。

丈夫接信后，心绪如潮，欣然提笔，也回了一封药名情书。回信写道："红娘子一别，桂枝香已凋谢矣，几思菊花茂盛，欲归紫苑，奈常山路远，滑石难行，姑待从容耳！卿勿使急性子，骂我曰苍耳子，明春红花开时，吾与马勃、杜仲结伴返乡，至时有金银相赠也。"此回信也是联用药名而成情书。有人说，两封情书新颖佳妙，堪称情书大观中一枝独秀。

我还联想到如果从《中庸》角度去解读，那么或许就如《中庸》所说的："是故君子戒慎乎其所不睹，恐惧乎其所不闻。莫见乎隐，莫显乎微，故君子慎其独也。喜怒哀乐之未发，谓之中；发而皆中节，谓之和。"这里或能看到两人各是"君子慎其独也"，此其一。此夫妇两人，又皆"喜怒哀乐之未发，谓之中"，此其二。此两人写出的情书也都是"发而皆中节，谓之和"，此其三了。

中庸智慧：当代·饮食·养生

中庸之道与现代社会和生活的方方面面，要说的内容太多了，比如立志、修身、工作、财富、管理、人际交往、天人关系等等，这些在后文还会说到。这里说说有关中庸与当代人的饮食与养生的智慧。

一、饮食：中庸智慧

当代人的饮食往往偏离了中庸之道，大抵不是"不及"，而是"过"了。那就是吃得太好了、喝得太多了、营养太过了，中庸之道太不注意了。我这里采集了许多现代专家的谆谆建议，选出六条说之：

1. 进餐适时。失时进餐，比如经常有一顿没一顿，或饿了不吃，或饱了还乱吃，都不合中庸之道，都会伤害身体。许多长寿者的一个做法，就是长期坚持准时进餐。2010年年初，韩国首尔市发布的一份研究报告显示，首尔地区老年人的长寿秘诀是"外向型性格"和"规律饮食"，其中有88%的男性与75.8%的女性表示"按时就餐"。

2. 饮食适量。或饥饱失度，或暴饮暴食，或大吃大喝都不合中庸之道。比如长期饱食，容易增加心脏的负担，还会导致大脑早衰，引发许多疾病。当然也不能吃得太少，因为工作量较大，能量消耗较多，吃少了也不利身体健康。这个中庸之道的标准，可以根据自己的消耗来调整，还要根据自己的年龄来微调，或是七八分饱、或是九分饱为适量。各人各有适宜，但是都不要十分饱，更反对十二分饱。这里的中庸之道就不是一半对一半了，而是要稍微带一点饥饿感，而不要饱胀感；虽节制了饮食，但有利了健康。

3. 营养均衡。饮食偏食偏嗜，都不合中庸之道。日常的饮食，一般可以五谷为主，五蔬、五畜为辅。少吃能量密集型的食物，如多油脂、多糖以及低纤维食物，少吃快餐；多吃各种蔬菜、水果等；少吃猪、牛、羊肉等红肉，尤其少吃腊肉、火腿、咸肉等。这也是一种中庸之道。

4. 咸淡油甜适中。过咸容易引发高血压，过甜容易引发糖尿病，过油腻容易引发高血脂等等。有专家曾说，广东人平均一天摄入 6 ~7 克盐，最清淡，高血压、脑猝中的发病率就比较低；因此有人建议，正常人每日食盐量应少于 6 克。

5. 精粗适度。饮食要在精与粗之间达到中庸。太精了不好，这个大家都已经知道，于是今天吃粗粮成为时尚；但是粗粮吃多了会使人的蛋白质补充受阻，脂肪利用率降低，免疫力也会降低。因此有专家指出，饮食中六分粗粮、四分精粮最为适宜。这就是中庸之道，其中也不是五分对五分的“中庸”。

6. 进补适当。适当服用补品，有助于较好地补充身体所需，然而补充过量或过猛，则适得其反。冬天进补已经成为常识，但是春、夏、秋三季也都能进补，关键是要因人因时制宜而恰到好处，能扶正气、固元气就是进补的中庸之道。

二、养生：中庸智慧

如今人们对养生的关注不断升温，各级电视台都相继推出养生类的节目，各地报纸媒体也争相推出养生专栏，各家出版社也竞相出版养生类的书籍。其中有科学的，也有不科学的，还有伪科学的，鱼龙混杂，良莠不齐。特别是近年来有所谓这方面的“大师”、“专家”频频出现，迅即蹿红，又旋即倒下。如出现了林光常这样的“排毒教父”，鼓吹 21 天时间“排毒”“改善体质”；又如有所谓的“刘太医”，以牛蹄筋汤治疗癌症而名闻一时；最近又有以绿豆、茄子等治百病的“张悟本神话”等等。有人说这是一轮轮“抽风式养生热”。至于这种现象后面的深层原因，其实很简单，便是一种诱惑人的利润、利益的驱动而已，由此而形成了一种斩断了又迅速接续起来的利益链。

从另一个角度说，我想这里就缺少了一种不偏不倚、无过不及的“中庸之道”。这里略说八条：

1. 中庸适合养生。洪昭光曾以此为标题，写出了一段很有机趣的话。他说：中庸适合养生。中庸思想一度被人错误地诠释。有的人会认为，左也不是右也不是，就得走中间的正道，这不是挑刺吗？其实不然，中庸是"和谐"、"适度"的一种境界。随着现代社会的发展，面对社会上复杂的、形形色色的、家庭的、朋友的、心理的、生理的、人际关系的、自然环境的、生活环境的种种矛盾和摩擦而引起的许多烦恼和痛苦，若能采取中庸之道处之，你就能逐渐地离开烦恼。多离开一份烦恼，便多一份解脱和自在，自在的程度愈深，烦恼也就愈轻，那就是幸福。在生活中，运用中庸之道，凡事要糊涂一点，潇洒一点，度量大一点，风格高一点，不要整天计较一些鸡毛蒜皮的小事。都说"千保健，万保健，心态平衡是关键"，中庸就是和谐与平衡，使人与人、人与社会、人与自然之间保持良性的动态平衡，到具体事物上就是体现为高效率、低耗能，顺应自然规律。如果不把握好中庸，结果就自然是平庸。

2. 养心与养生。养心为第一本务、要务、先务。著名中医陈彤云养生座右铭就是古人的格言："仁之所以多寿者，外无贪而内清净，心和平而不失中正，取天地之美以养其身。"只有养好心，才能养好身；先要养好心，然后养好身体。养心是"虚"的一面，养"身"是"实"的一面；养生的"虚"与"实"之间，必须遵行中庸之道，恰到好处。

3. 太在意与太不在意。养生"过"者，是因为太在意了，在意得斤斤计较，每一细节都无微不至，这累了心，也累了身，身心俱累，还行吗？因此许多这样的人，最后并没有能够长寿。相反，养生"不及"者，又太马虎了，大大咧咧地什么都不在意、不注意、不留意，最后身体一出问题，后悔都来不及。此种人也大多不能长寿。中庸之道的养生，便是要在"在意"与"不过分在意"之间。既要给身心以充分的自由，但是又不能放而纵之，要恰到好处、恰如其分、正处中道。

4. 心理平衡。心理平衡，其实不也就是一种心理调节上的"中庸"智慧？心理失衡，不就是过犹不及了？洪昭光曾说：许多研究表明，在所有的健康措施中，心理平衡是最重要的。心理平衡的作用超过了一切保健措施和一切保健品的总和，它是健康长寿的宝中之宝。有了心理平衡，才有生理平衡；人体的神经系统、内分泌系统、免疫功能、各器官代谢功能才能达到最佳的协调状态，一切疾病都能减少。"谁拥有快乐，谁就拥有健康"，这句古老的格言告诉我们，心理平衡是对健康的最好投资。谁掌握了心理平衡，谁就掌握了健康的金钥匙，谁就掌握了健康的主动权！

5. 不要盲目追求"三低"。现代人多见"三高"，高血压、高血脂、高胆固醇等,于是有些人,特别是老年人便过分地追求低血压、低胆固醇饮食、低脂肪饮食,这样一来又是偏颇了,不中庸了,又引发新的病变。于是恰到好处的中庸之道就很重要了。

6. 运动锻炼合适。两千五百多年前,古代医学之父、古希腊名医希波克拉底就说过:“阳光、空气、水和运动,是生命与健康的源泉。”运动不可或缺,但是不在于其方式或形式,而在于适宜。比如膝盖痛者就不适合练习太极拳,关节有问题的就不适合爬山。各人可以寻找到最合适自己的运动方式,这种契合也就是“中庸之道”。运动锻炼不要太过头,也不要三天打鱼,两天晒网。关键还在于适宜,在于持之以恒。运动也不要成为一种负担,一般人锻炼到稍微出汗就行。这也是一种中庸智慧。

7. 良好的作息制度,也合乎养生的中庸之道。比如“晚上早睡”意在养肝。有医家认为“肿瘤病在厥阴”,因为在中医看来,癌症的关键病机在于阴阳气不相顺接,气滞血淤痰凝所致。而厥阴经,也就是肝经,正好是人体阴阳经顺接的部位。不仅如此,肝还是“将军之官”,临床中,柔肝、恢复肝的平衡,是对癌的化有为无的首选。所以防癌的关键是护肝。现代人护肝,除了心情舒畅、少喝酒、不滥吃药外,很重要的一点是要早睡,晚上 11 点至凌晨 3 点,血液流经肝、胆,身体需要得到完全的休息,因此晚上熬夜不要超过 11 点。(《中国剪报》2010 年 1 月 29 日)

8. 面对死亡的中庸之道。只要是人,就一定会死亡的,因为有生必有死,但是如前世界卫生组织总干事中岛宏指出:“只要采取预防措施就能减少一半的死亡。”他又说:“许多人不是死于疾病,而是死于无知。”这是说,有一半的死亡完全是可以预防的,因此人不能活得愚昧无知,而应该积极预防疾病。但是,人的另一种愚昧无知是有些人追求长生不老、永存不死,这在历史上不乏其人,此种迷信也当破除。这里的既能积极预防又能坦然地面对生命的终结,大概也是一种中庸之道吧?

梁启超说中庸智慧

梁启超有一名文《十种德性相反相成义》,探讨了“十种德性,其形质相反,其精神相成,而为凡人类所当具有,缺一不可者”(《饮冰室合集》第一册)。他的这种见识,又从《中庸》智慧里得到了很大的启发。

《中庸》:“万物并育而不相害,道并行而不相悖,小德川流,大德敦化,此天地之所以为大也。”(30章)这就是天地的一种极高明的、值得人去效法的中庸智慧,这种智慧给予梁启超一种深刻的启示。梁启超开篇即说:

《中庸》曰:“万物并育而不相害,道并行而不相悖。”大哉言乎!野蛮时代所谓道德者,其旨趣甚简单而常不相容;文明时代所谓道德者,其性质甚繁杂而各呈其用。而吾人所当研究而受用者,则凡百之道德,皆有一种妙相,即自形质上观之,划然立于反对之两端,自精神上观之,纯然出于同体之一贯者。譬之数学,有正必有负。譬之电学,有阴必有阳。譬之冷热两暗潮,互冲而互调。譬之轻重两空气,相薄而相剂。善学道者,能备其繁杂之性质而利用之。如佛说华严宗所谓相是无碍相入无碍,苟有得于是,则以之独善其身而一身善,以之兼善天下而天下善。

今天读此文也有不少的启迪。这十种德性相反相成:

1. 独立与合群。梁启超说:“独立者何?不倚赖他力,而常昂然独往独来于世界者也。《中庸》所谓中立而不倚,是其义也。”但是又要能合群,“其合群之力愈坚而大者,愈能占优胜权于世界上”。

2. 自由与制裁。梁启超说:“故吾中国四万万人,无一可称完人者,以其仅有形质界之生命,而无精神界之生命也,故今日欲救精神界之中国,舍自由美德外,其道无由。”他又说:“顾吾尝观万国之成例,凡最尊自由权之民族,恒即为最富于制裁力之民族。”又说,真自由之国民,有三服从:即是服从公理,服从本群所自定之法律、服从多数人之决议。

3. 自信与虚心。梁启超说得好:“人之能有自信力者,必其气象阔大,其胆识雄远,既注定一目的地,则必求贯达之而后已。而当其始之求此目的地也,必校群长以择之;其继之行此目的地也,必集群力以图之,故愈自重者愈不敢轻薄天下人,愈坚忍者愈不敢易视天下事。海纳百川,任重致远,殆其势

梁启超像

所必然也。彼故见自封，一得自喜者，是表明其器小易盈之迹于天下，如河伯之见海若，终必望洋而其沮，如辽豕之到河东，卒乃怀惭而不前，未见其自信力之能全始全终者也。故自信与骄傲异：自信者常沈著，而骄傲者常浮扬；自信者在主权，而骄傲者在客气。故豪杰之士，其取于人者，常以三行必有我师为心；其立于己者，常以百世俟圣而不惑为鹄。夫是之谓虚心之自信。”梁氏的这段话，真值得我们仔细圈点一番，熟读深思之。

4. 利己与爱他。梁启超说：“故善能利己者，必先利其群，而后己之利亦从而进焉。”他又说：“故真能爱己者，不得不推此心以爱家爱国，不得不推此心以爱家人爱国人，于是乎爱他人之义生焉。凡所以爱他者，亦为我而已。”

5. 破坏与成立。梁启超说：“往古来今之世界，其蒙垢积污之时常多，非时时摧陷廓清之，则不足以进步，于是而破坏之效力显焉”，“欲布新而不欲除旧，未见其能济者也”，“凡所以破坏者为成立也”。

最后梁启超用他饱蘸激情之笔抒写道：“呜呼，老朽不足道矣！今日以天下自任而为天下所属望者，实惟中国之少年。我少年既以其所研究之新理新说公诸天下，将以一洗数千年之旧毒。甘心为四万万人安坐以待亡国者之公敌，则必毋以新毒代旧毒，毋使敌我者得所口实，毋使旁观者转生大惑，毋使后来同志者反因我而生阻力。然则其道何由？亦曰知有合群之独立，则独立而不轧轹（lì，被车轮碾轧）；知有制裁之自由，则自由而不乱暴；知有虚心之自信，则自信而不骄盈；知有爱他之利己，则利己而不偏私；知有成立之破坏，则破坏而不危险。所以治身之道在是，所以救国之道亦在是。天下大矣，前途远矣，行百里者半九十，是在少年，是在吾党。”

梁启超的这些颇合中庸智慧的教导，也会让我们今天的“中国之少年”变得更加远见、开放、包容、通融、深刻，如《中庸》所说的“万物并育而不相害，道并行而不相悖”，从而在新的历史时空下作出更大的超越与贡献！

毛泽东：论中庸的一封信

毛泽东多次提到孔子，还提及“中庸”的问题，并有不少深刻的论说。在《毛泽东书信选集》（人民出版社 1983 年版）、《毛泽东文集》第 2 卷（人民出版社 1993 年版）都收录有 1939 年毛泽东写给张闻天的一封信，其中就有专门谈中庸的内容：

> “过犹不及”是两条战线斗争的方法，是重要思想方法之一。一切哲学，一切思想，一切日常生活，都要作两条战线斗争，去肯定事物与概念的相对安定的质。“一定的质含有一定的量”（不如说“一定的质被包含于一定的量之中”），是对的，但重要的是从事物的量上去找出并确定那一定的质，为之设立界限，使之区别于其它异质，作两条战线斗争的目的在此。文中最好引《中庸》上面“舜其大知也与，舜好问而好察迩言……执其两端用其中于民”，及“回之为人也，择乎中庸得一善则拳拳服膺而弗失之”，更加明确地解释了中庸的意义。朱熹在“舜其大知”一节注道：“两端谓众论不同之极致，盖凡物皆有两端，如大小厚薄之类。于善之中又执其两端而度量以取中，然后用之，则其择之审而行之至矣。然非在我之权度精切不差，何以与此？此知之所无过不及而道之所以行也。”这个注解大体是对的，但“两端”不应单训为“众论不同之极致”，而应说明即是指的“过”与“不及”。“过”的即是“左”的东西，“不及”的即是右的东西。依照现在我们的观点说来，过与不及乃指一定事物在时间与空间中运动，当其发展到一定状态时，应从量的关系上找出与确定其一定的质，这就是“中”或“中庸”，或“时中”。说这个事物已经不是这种状态而进到别种状态了，这就是别一种质，就是“过”或“左”倾了。说这个事物还停止在原来状态并无发展，这是老的事物，是概念停滞，是守旧顽固，是右倾，是“不及”。孔子的中庸观念没有这种发展的思想，乃是排斥异端树立己说的意思为多，然而是从量上去找出与确定质而反对“左”右倾则是无疑的。这个思想的确如伯达所说是孔子的一大发现，一大功绩，是哲学的重要范畴，值得很好地解释一番。

毛泽东在这里是怎样解释“过犹不及”与“中庸”的呢？

1. 从新的维度去作新解。毛泽东是从“作两条路线斗争”之方法这一维度去作出对“过犹不及”、“中庸”的崭新解释的。他认为“两条战线斗争”是贯彻于“一切哲学，一切思想，一切日常生活”之中的，其中“都要作两条战线斗争，去肯定事物与概念的相对安定的质”。

2. 从量变与质变来解读。一是，“过犹不及”就是要“去肯定事物与概念的相对安定的质”。二是，“一定的质含有一定的量”，或说“一定的质被包含于一定的量之中”。三是，要着重在对“质”的探求，“重要的是从事物的量上去找出并确定那一定的质”。四是，探求得“质”后，就要“为之设立界限，使之区别于其它异质，作两条战线斗争的目的在此”。这最后又回归到“两条战线斗争的目的”上面了。

3. 对《中庸》以及朱熹注释的评说。毛泽东认为，朱熹的“这个注解大体是对的，但‘两端’不应单训为‘众论不同之极致’，而应说明即是指的‘过’与‘不及’”。他还从“左”与右的维度来剖析“过犹不及”，即“‘过’的即是‘左’的东西，‘不及’的即是右的东西”。

4. 从现代的时空运动、发展观念来解读。一是，说“中”、“中庸”、“时中”。“依照现在我们的观点说来，过与不及乃指一定事物在时间与空间中运动，当其发展到一定状态时，应从量的关系上找出与确定其一定的质，这就是‘中’或‘中庸’，或‘时中’。”二是，说“过”与“左”倾、“不及”与右倾。“说这个事物已经不是这种状态而进到别种状态了，这就是别一种质，就是‘过’或‘左’倾了。说这个事物还停止在原来状态并无发展，这是老的事物，是概念停滞，是守旧顽固，是右倾，是‘不及’。”

5. 对孔子中庸说的评价。这里既指出孔子之说的缺陷，也肯定了孔子其说的价值与贡献，是“一大发现”、“一大功绩”，定性为“是哲学的重要范畴”。如毛泽东说：“孔子的中庸观念没有这种发展的思想，乃是排斥异端树立已说的意思为多，然而是从量上去找出与确定质而反对‘左’右倾则是无疑的。”这个思想的确“是孔子的一大发现，一大功绩，是哲学的重要范畴，值得很好地解释一番”。

毛泽东从现代哲学的高度以及从政治角度作出的这种解读，内容丰富且深刻，眼光独到而犀利，是值得我们好好领会与体会的。当然其解读的维度等也是值得我们去“一分为二”地反思一番的，尤其联系他的实践生涯，从其最初的革命岁月到最后的“文革”十年，或许可以让我们思考得更多更远了。

鲁迅：论中庸与国民性

中庸的理念，在中国延续了数千年之久，因为误解，还因为有意用“中庸之道”来奴化民众，因此带来了许多负面的影响。鲁迅在《华盖集》里对“中庸”有过深刻的评论与抨击。鲁迅在与徐炳昶的通信里，有这样的内容，见诸

《华盖集·通讯》。

徐炳昶给鲁迅的信中说:“人类思想里面,本来有一种惰性的东西,我们中国人的惰性更深。惰性表现的形式不一,而最普通的,第一就是听天任命,第二就是中庸。听天任命和中庸的空气打不破,我国人的思想,永远没有进步的希望。”这里可以体悟到,“中庸”已经被当做阻碍社会进步的一个重要原因了;因此要打破之,“打不破”则不能前进。“中庸”的名声也已经到了极其不佳之地步了。这里也看到当时人们对“中庸”的偏见、误解甚深甚久了。

鲁迅在回信中是这样说的:

> 先生的信上说:惰性表现的形式不一,而最普通的,第一就是听天任命,第二就是中庸。我以为这两种态度的根柢,怕不可仅以惰性了之,其实乃是卑怯。遇见强者,不敢反抗,便以“中庸”这些话来粉饰,聊以自慰。所以中国人倘有权力,看见别人奈何他不得,或者有“多数”作他护符的时候,多是凶残横恣,宛然一个暴君,做事并不中庸;待到满口“中庸”时,乃是势力已失,早非“中庸”不可的时候了。一到全败,则又有“命运”来做话柄,纵为奴隶,也处之泰然,但又无往而不合于圣道。这些现象,实在可以使中国人败亡,无论有没有外敌。要救正这些,也只好先行发露各样的劣点,撕下那好看的假面具来。

鲁迅果然深刻犀利,一针见血地揭出中国人的“听天任命”与“中庸”的这两种“态度”还仅是表层,且还要探究其深层的“根柢”。鲁迅便刨其根究其底,那其实就是人们的一种内心的“卑怯”。鲁迅又细析申论了几端:一是,这样的人有时讲究“中庸”,是因为“遇见强者,不敢反抗,便以‘中庸’这些话来粉饰,聊以自慰”。这便是“卑怯”的“中庸之道”。二是,这样的人有时又不讲究“中庸”,“倘有权力,看见别人奈何他不得,或者有‘多数’作他护符的时候,多是凶残横恣,宛然一个暴君,做事并不中庸”。三是,这样的人“待到满口‘中庸’时,乃是势力已失,早非‘中庸’不可的时候了”。四是,这样的人,“一到全败,则又有‘命运’来做话柄,纵为奴隶,也处之泰然,但又无往而不合于圣道”。五是,鲁迅深刻指出其危害性,“这些现象,实在可以使中国人败亡,无论有没有外敌”。六是,鲁迅说,“要救正这些,也只好先行发露各样的劣点,撕下那好看的假面具来”。

这应该就是当时中国人曾经有过的“中庸之道”的一些真实境况了。鲁迅的批判、抨击并没有错,而且很有力量,今天读来还是很受震撼的。当然若再深刻反思的话,那么“中庸之道”的源头本来是清澈的,其道理是深刻的,其教化也是要引领人们进到神圣的精神高度去,然而在漫漫的流程中被一次次污染了!今天应该拨乱反正了,要祛除对《中庸》的误解迷雾,要清除“中庸”流传中的污染,要涤除蒙蔽在“极高明而道中庸”上的层层污垢,将来这颗原本是儒家经典中的精品“钻石”定会再度毫光闪烁!

林语堂:中庸哲学·生活智慧

林语堂写过一本颇为流传的《生活的艺术》(见《林语堂名著全集》)。他说:“本书是一种私人的供状,供认我自己的思想和生活的经验。我不想发表客观意见,也不想创立不朽真理。我实在瞧不起自许的客观哲学,我只想表现我个人的观点。”此书的第五章是“谁最会享受人生”,其中标示出五位榜样:“发现自己”的庄子,“情智勇”的孟子,“玩世、愚钝、潜隐”的老子,“中庸哲学”的子思,“爱好人生者”的陶渊明。这里不妨看看林语堂是怎样理解一种“中庸哲学”的生活态度与方式的。林语堂认为中国人有几种人生哲学:

1. 道家主义的哲学。

这又被林语堂称为道家哲学、自然主义哲学、玩世主义哲学、现实主义哲学、无忧无虑哲学、自然放浪的哲学、消极的人生观等。如林语堂说:一个彻底的道家主义者理应隐居到山中,去竭力摹仿樵夫和渔父的生活,无忧无虑,简单朴实如樵夫一般去做青山之王,如渔父一般去做绿水之王。道家主义者的隐士,隐现于山上的白云中,一面俯视樵夫和渔父在相对闲谈;一面默念着青山、流水,全然不理会这里还有着两个渺小的谈话者。他在这种凝想中获得一种彻底的和平感觉。不过要叫我们完全逃避人类社会的那种哲学,终究是拙劣的。

他又说:玩世主义很少会变成大众所崇拜的流行思想的危险,这一点可以不必担忧。中国道家哲学虽已获得了中国人心胸中的感应,已经存在了几千年,在每首诗歌和每幅山水画里都可看得出来;但是大多数中国人依旧过着熙来攘往的生活,依旧相信财富、名誉、权力,肯为他们的国家服役。如若不是这样，人类生活便不能维持下去。所以中国并没有人人都服从玩世主义，他们只在失败后，才做玩世者和诗人；我们的多数同胞依然还是出力的演员。

但是"道家玩世主义的影响，仅是在减低紧张生活，同时在天灾人祸的时候，引导人民去信仰自然律的动作和反动作，信仰正义必能因此而得伸张"。

2. 儒家主义的哲学。

这又被林语堂称为人性主义的哲学、儒家哲学、积极的人生观等。他说：此外还有一种比这自然主义更伟大的哲学，就是人性主义的哲学。所以，中国最崇高的理想，就是一个不必逃避人类社会和人生、而本性仍能保持原有快乐的人。如果一个人离开城市，到山中去过着幽寂的生活，那么他也不过是第二流隐士，还是环境的奴隶。"城中隐士实是最伟大的隐士"，因为他对自己具有充分的节制力，不受环境的支配。如果一个僧人回到社会去喝酒，吃肉，交女人，而同时并不腐蚀他的灵魂，那么他便是一个"高僧"了。

3. 中庸的哲学。

林语堂提倡"中庸的哲学"："我们如道把道家的现世主义和儒家的积极观念配合起来，便成中庸的哲学。"他认为，上面的"这两种哲学有互通性，颇有合并的可能。儒教和道家的对比是相对的，而不是绝对的；这两种学说，只是代表了两个极端的理论，而在这两个极端的理论之间，还有着许多中间的理论"。

林语堂说：我以为半玩世者是最优越的玩世者。生活的最高典型终究应属子思所倡导的中庸生活。他即是《中庸》作者，孔子的孙儿。与人类生活问题有关的古今哲学，还不曾发现过一个比这种学说更深奥的真理。这种学说，就是指一种介于两个极端之间的那一种有条不紊的生活——酌乎其中。这种中庸精神，在动作和静止之间找到了一种完全的均衡，所以理想人物，应属一半有名，一半无名；懒惰中带用功，在用功中偷懒；穷不至于穷到付不出房租，富也不至于富到可以完全不做工，或是可以称心如意地资助朋友；钢琴也会弹弹，可是不十分高明，只可弹给知己的朋友听听，而最大的用处还是给自己消遣；古玩也收藏一点，可是只够摆满屋里的壁炉架；书也读读，可是不很用功；学识颇广博，可是不成为任何专家；文章也写写，可是寄给《泰晤士报》的稿件一半被录用一半退回——总而言之，我相信这种中等阶级生活，是中国人所发现最健全的理想生活。

林语堂又说：所以，我们如道把道家的现世主义和儒家的积极观念配合起来，便成中庸的哲学。因为人类是生于真实的世界和虚幻的天堂之间，所以我相信这种理论在一个抱前瞻观念的西洋人看来，一瞬间也许很不满意，但这总是最优越的哲学，因为这种哲学是最近人情的。总而言之，半个林白比一个整的林白更好，因为半个能比较快乐。如果林白只飞了大西洋的半程，我相信他一定会更快乐。我们承认世间非有几个超人——改变历史进化的探险家、征服者、大发明家、大总统、英雄——不可，但是最快乐的人还是那个中等阶级者，所赚的钱足以维持独立的生活，曾替人群做过一点点事情，可是不多，在社会上稍具名誉，可是不太显著。只有在这种环境之下，名字半隐半显，经济适度宽裕，生活逍遥自在，而不完全无忧无虑的那个时候，人类的精神才是最为快乐的，才是最成功的。我们必须在这尘世上活下去，所以我们须把哲学由天堂带到地上来。

林语堂在文中还引用了李密菴的《半半歌》，认为此歌把这种“中庸哲学”的生活理想很美妙地表达出来了，笔者读来也有极多感触。《半半歌》云:

看破浮生过半，半之受无用边。半中岁月尽幽闲，半里乾坤宽展。半郭半乡村舍，半山半水田园；半耕半读半经廛，半士半姻民眷；半雅半粗器具，半华半实庭轩；衾裳半素半轻鲜，肴馔半丰半俭；童仆半能半拙，妻儿半朴半贤；心情半佛半神仙，姓字半藏半显。一半还之天地，让将一半人间。半思后代与沧田，半想阎罗怎见。饮酒半酣正好，花开半时偏妍。半帆张扇免翻颠，马放半缰稳便。半少却饶滋味，半多反厌纠缠。百年苦乐半相参，会占便宜只半。

以上有28句，共用了41个“半”字，诸如岁月、住所、田园、耕读、民眷、器具、衣服、饮食、童仆、妻儿、心情、名声、生死、饮酒、赏花、出行、苦乐等莫不从“半”这角度去剖析，读来也有味。

至此不禁想起前几年去台湾参观林语堂故居的情景，那是在景色秀丽的阳明山中的一座独立的庭院，大门被翠绿掩映，面对着弯弯的山道。进门则是西班牙式的庭园与中国式建筑结合的住宅，有方正的水池、敞开的阳台、雅致的书房、温馨的卧室、花卉丛聚的后院、无数幽香淡淡的藏书，还有散落在各处的主人的烟斗，等等。院宅的后面有林语堂的墓穴，林氏死后长眠于此。我想岂不也可用“半”字来说林氏的“中庸哲学”的生活？于是即兴写了这样的新《半半歌》：

住所半城半郊，庭院半开半掩。建筑半西半中，家具半新半旧。彼藏书半洋文半中文，此撰作半避世半入世。一半踩在西方文化船上，一半踏在东方文化船上。中西合璧半是中，合璧中西半是西。往来山民白丁半，结交文友高朋半。住地生前住屋前半，语堂死后墓地后半。徘徊着半是道家哲学之灵，踯躅着半是儒家学说之魂。

最后还要顺便提及，林语堂以及其他的种种中庸智慧都可供参考，然而重要的是自己要寻找自己的中庸之道。这倒可以再听听南宋陈淳《北溪字义·经权》里所说的话："权，只是时措之宜。'君子而时中'，时中便是权。天地之常经是经，古今之通义是权。问'权'与'中'何别？曰：知中然后能权，由权然后能中。'中'者，理所当然而无过不及者也。'权'者，所以度事理而取其当然，无过不及者也。"可见，一个善守中庸的人，要在坚守中正之道与善于变通之间取得一种真正高明的中庸，这才是真正的生存智慧吧。

篇四

《中庸》性命说智慧

天命之谓性，率性之谓道，修道之谓教。

——《中庸》

上天把天理赋予人形成品德就是“性”，遵循本性自然发展的原则而行动就是“道”，圣人把道加以修明并推广于民众就是“教”。

《中庸》开篇的警策之言

《中庸》是本哲学书,开篇的第一句话就很“哲学”,是全书的警策之语。其云:“天命之谓性,率性之谓道,修道之谓教。”虽仅15字,却哲理深邃,极耐寻思,洵为名言。

一、天命之谓性

1.“天命”的解读。

《中庸》说人的“性”是由天命而来;上天使得人所具有的那种禀赋,就是“人性”。

“天命”怎样解读?关于“命”字,《说文》:“命,使也。从口,从令。”命,就是令、使令、命令、授予、赋予的意思,是由口、令会意而构成的。在甲骨文、金文里,“命”与“令”是同一个字。林义光《文源》:“按,诸彝器‘令’、‘命’通用,盖本同字。”《说文》:“令,发号也。”“令”字有诸多意义,如发出号令、号令、命令、法令、使、让、善,等等。

“天命”,在古代文献中有诸多意义:(1)上天的意旨,由天主宰的命运。(2)指自然的规律、法则。(3)古代以为君权为神授,受命于天,谓之天命。(4)天赋、天赋予。(5)天年,谓人之自然寿命。本句的“天命”应是接受上天的命令、禀受于天的、生来具有的资质。此兼有上天命令、使令和上天赋予、授予的意思。郑玄注:“天命,谓天所命生人者也,是谓性命。”又如明王守仁《大学问》:“是其一体之仁也,虽小人之心亦必有之。是乃根于天命之性,而自然灵昭不昧者也。”

那么,人到底接受了上天的什么赋予、命令、使令、指令呢?如《左传·成公十三年》曰:“民受天地之中以生,所谓命也。”《汉书·律历志上》引此文,颜师古注:“中,谓中和之气也。”——人是接受了天地之间的“中和之气”而得以生,这也就是所谓的“天命”了。“中和之气”又是什么呢?这就是天地之间的中正、平和、和谐之气。宋代的周敦颐《太极图说》:“五行之生也,各一其性。无极之真,二五之精,妙合而凝。”他又认为,人得“二五之秀气”,为万物中最灵者。“二”,即是两仪,也即是阴阳。“五”,五行,金木水火土。

2．“性”的解读。

“天命之谓性”，是说这种天命，也即是上天赋予人的就称为“性”，就是人性、人的本性。

“性”字与“生”密切相关。《说文》：“生，进也。象艸木生出土上。”段玉裁注：“下象土，上象出。”如果从甲骨文来看，那么“生”字底下的一横就是大地，上面的构形就像草木生出地上，小篆字形的下面已将“一”之横划衍化为“土”字了。“生”字，由草木生出土地的本义而或近引申、或远引申、或转移，便有了诸多的字义：如长出、生长、生育、出生、产生、制造、生产、活着、生存、生活、生命、天生、一生、新鲜、未煮熟、未长熟、充沛、生疏，甚至于辗转延伸为读书人、门生、角色等等意思。

“生”字还有本性的意义，后来写作“性”；“性”字是个后起字，是由“生”字而来的。清代徐灏《说文解字注笺》：“生，古性字。书传往往互用。”比如，《周礼·地官·大司徒》：“以土会之法，辨五地之物生。”意思是大司徒用土地贡税的法令，辨别五种不同土地的物产与民众习性。郑玄注：“杜子春读‘生’为‘性’。”《荀子·劝学》：“君子生非异也，善假于物也。”王念孙《读书杂志》：“生，读为性。《大戴记》作‘性’。”

人有人性，生物也各有其生性，万物均有其物性。然而人之性，却突而出之，区而别之。《说文》：“人，天地之性最贵者也。”甲骨文的人字构造就像人侧面站立的形象。许慎《说文》对人进行了文化解读，认为人是天地万物之性中最尊贵的。有意思的是，唐代武则天还私造了一个人字，写作“𤯔”，《集韵·真韵》：人，“唐武后作𤯔”。这莫非是喻指草木一秋，人活一生吧？

段玉裁《说文注》：“《礼运》曰：‘人者，其天地之德、阴阳之交、鬼神之会、五行之秀气也。’又曰：‘人者，天地之心也、五行之端也、食味别声被色而生者也。’按，禽兽草木皆天地所生，而不得为天地之心，惟人为天地之心，故天地之生此为极贵。天地之心谓之人，能与天地合德。果实之心亦谓之人（按，即是仁，核仁），能复生草木而成果实，皆至微而具全体也。”这里可以看到古代哲人对“人”、“人性”文化含义的深入开掘。

“性”，是人的本性，就是天生的本质。如《庄子·庚桑楚》：“性者，生之质也。”段玉裁《说文注》：“董仲舒曰：性者，生之质也。质朴之谓性。”人的本性就像一块未经雕琢的璞玉，因此人们还用“天璞”来喻指人性。唐代孟郊云：“天璞本平一，人巧生异同。”（《吊元鲁山》之一）

顺便还要说到“性”、“情”字的比较解读。如《说文》云:“性,人之阳气性善者也。从心,生声。”这是说,人的本性善良的是从属于阳的心气。《说文》又说:“情,人之阴气有欲者。从心,青声。”情,是说人们有所欲求的是从属于阴的心气。段玉裁注:“董仲舒曰:情者,人之欲也。人欲之谓情,情非制度不节。《礼记》曰:民有好、恶、喜、怒、哀、乐,生于六气。《孝经援神契》曰:性生于阳以理执,情生于阴以系念。”

关于《中庸》之“性”与“命”,今人成中英曾有很好的解读:

(1)《中庸》更把性本体化,指出人要实现人性之本体,达到天人合一。如成中英说:“性与命是中国人生哲学的基本范畴,在先秦儒道中占有极重要的地位,也为后来的哲学发展界定了体验与思考的范围。”“《中庸》更把性本体化,于是,乃有‘天命之谓性’的命题提出,以性作为天的内在化的存在。故人与天有本体的一致;人之为人的目的,乃在于实现性之本体,达到‘天人合一’、‘与天地参’的目标;天无不善,故人性也无不善。这样如何实现天命之性,也就成为儒家人生哲学中的基本问题。”(成中英《论中西哲学精神》)

(2)人性也是生的一种表现;性就是德,也就是善。如成中英说:“性应包括生,生也决定性之为性,故就人的生化而言,人性也是生的一种表现;人不能脱离生来谈性,尤其不可脱离生来谈抽象化的道德信条。孟子肯定性的不同于生,乃基于其心之反省立场,以心的意识到的善恶是非恻隐之辨来作为性的内涵,故主张‘尽心’以‘知性’,这是把性提到心的知觉上来说。《中庸》谓‘成己,仁也。成物,知也,性之德也’,也就能仁能知之‘能’来谈性,则性就是德,也就是善了。”(《论中西哲学精神》)

3.性是既超越又内在的。

成中英又说:“中国的儒家的性善是内在于人性的深处的,是以直接秉承天之所命的形式而存在的。故《中庸》说‘天命之谓性’。楚墓竹简上载子思学派说的话更为明白:‘性自命出。’性是内在而命是超越,故儒家人性论中之性是既超越又内在,而且不存在着不敬、不义、不信、不当的问题(因为中国并无创世纪的言论说明人与天有所隔)。这里所谓的性还要作另一层义疏:性既有能动性又是潜能性,故是与天之生生之德相联系的。”“命却是一种受限制的状态,只能为人所接受。”(《成中英自选集》)这些解读也可以体会一番。

二、率性之谓道

“率”的本义是捕鸟的网,《说文》:“率,捕鸟毕(网)也。象丝网,上下其竿柄也。”这里的意思是循行、遵循。“率性”,就是遵循其本性,也就是尽其情、任其性的意思。

“率性之谓道”,遵循人的本性就称为道。朱熹《中庸章句》曰:“率,循也。道,犹路也。人、物各循其性之自然,则其日用事物之间,莫不各有当行之路,是则为道也。”

“率性之谓道”,这虽已是一句千百年之前的古语,但是若回眸人类的历史,再来细细掂量这句话,分量真的好重啊!古今中外的历史上有过无数次的不尊重人性而肆意践踏人性、蹂躏人性的记载,结果造成了多少人世的悲剧性的灾难啊!深究其理,这不就是因为偏离了、违背了“率性”这一道?!若不“率性”,便失去了人道;若不“率性”,也就失去了正确的治人之道!《中庸》:“道也者,不可须臾离也,可离非道也。”此真乃是百世不废的醍醐灌顶之言!

三、修道之谓教

此由道讲到修道,“修道之谓教”,修炼、修正、修治这种人性之道就称为教、教化、教育。

我们又想起唐柳宗元《时令论下》所云:“圣人之为教,立中道以示于后,曰仁,曰义,曰智,曰信,谓之五常,言可以常行之也。”圣人之为教,立中道以示于后,这就是中庸之道了。

人性虽是万物之最贵者,贵重得如玉一般,但是未经修道教育的,只是一块璞玉而已,必须经过雕琢,才能成为宝玉,故有云:“玉不琢不成器。”这又看到后天教育的重要与必要。

《中庸》一开头便提出了几个理念,并构成了“命”——“性”——“道”——“教”之儒家理念之链、范畴之集。世人在“命”、“性”、“道”、“教”这几方面,虽然若有所“知”,但其实并非真知。《中庸》劈头直接揭示出来,然后便深入地论说这些道理。

因此《中庸》开篇之言的“警策”,或许也就可以悟知了。“警策”,本指用鞭策马,引申为精妙的文句。陆机《文赋》曾说:“文片言而居要,乃一篇之警策。”李善有个注解:“以文喻马,言马因警策而弥骏,以喻文资片言而益明也。驾之法,以策驾乘,今以一言之好,最于众词,若驱驰,故云警策。”这又如陈望道说的“语简言奇而含意精切动人的,名为警策辞,也称警句”(《修辞学发凡》)。 如此再回顾《中庸》的第一句话,精练扼要,深切警动,确为全书的警策之语,细细咀嚼则余香满口!

智慧:无入不自得·居易以俟命

人怎样处世? 人怎样对待命运?《中庸》(14 章)展开了论说,并提供了智慧。

一、“五素”与“无入而不自得”

1.“君子素其位而行,不愿乎其外”。

“素”,本来是指白色生绢。《说文》:“白缴缯也。”此是指白色而又细密,没有加工过的丝织品。又《释名》:“素,朴素也。”“素”,还有平素、向来的意思。这里是指平素处在、居处的意思,做动词用;下文诸“素”字的意思同此。“素其位”,即指平素,也即是现在、当下居处在那个位子、地位上。孔颖达疏:“素,乡(处所、位置的意思)也。乡其所居之位而行其所行之事,不愿行在位外之事。”这是说,君子在自己平素所处的地位上去行事,不愿去做本位以外的事情。此种智慧是说,君子会安然处于自己平素的地位、位子上,勤勉地尽心尽职地干好自己的工作,但是绝不谋虑分外之事。

张居正在讲评《中庸》此条时说:“人之地位不同,然各有所当行的道理,若不能自尽其道,而分外妄想,便不是君子了。君子但因其见在所居的地位,而行其所当行的道理,未尝于本分之外,别有所愿慕。盖本分之内,其道皆不易尽,既欲尽道其间,自不暇乎其外也。”

我想起清代梁章钜曾说过一句话:“士君子到一处,便思尽一处职业,方为素位而行。”(《退庵随笔·官常一》)又记起了“素餐尸位”的成语,也作“尸位素餐”,是说居位食禄而不做事情,不负责任。从古至今,由中而外,素餐尸位之人绵延不绝。汉代的王符《潜夫论·思贤》:“又不得治民效能,以报百姓,虚食重禄,素餐尸位。”元代的辛文房《唐才子传·王毂》:“于时宦进,俱素餐尸位,卖降恐后之徒。”虽历史点滴,却当闻者足戒矣。

2.“素富贵,行乎富贵”。

此说,平素处在富贵的地位上,就按照富贵的地位行事。

3.“素贫贱,行乎贫贱”。

此说,平素处在贫贱的地位上,就按照贫贱的地位行事。

4．“素夷狄，行乎夷狄”。

此说，平素处在夷狄的地位上，就按照夷狄的地位行事。

5．“素患难，行乎患难”。

此说，平素处在患难中，就按照患难的环境行事。

关于上面的“五素”内涵，张居正也有说：“人之所道，有顺逆之不同，唯君子能随寓而尽其道。如见在富贵，便行处富贵所当为的事，而不至于淫。见在贫贱，便行处贫贱所当为的事，而不至于滥。或见在夷狄，便行处夷狄所当为的事，而不改其行。或见在患难，便行处患难所当为的事，而不变其守。身之所处虽有不同，而君子皆尽其当为之道。道在此，则乐亦在此，盖随在而皆宽平安舒之所也。所以说，无入而不自得焉，上文所谓素其位而行者盖如此。”

6．“君子无入而不自得焉”。

如果能做到上面的“五素”，君子也就能至于“无入而不自得焉”的境界。无论担当或处于什么角色、何种地位、怎样处境，都能无不自得。“自得”什么呢？自己得到的是，自得其乐、自得其是、自得其宜、自得其足、自得机杼、自得自在、自得洒脱。相反悖逆“五素”而行之，则往往招来的是，自惭形秽、自暴自弃、自怨自艾、自贻伊戚、自相惊扰、自取其咎、自食恶果。因此，君子面对命运中的地位、名利、富贵、贫贱、环境等等，不应当是钻营不已、无孔不入，而应该是安分守己、淡然处之，然后“无入而不自得焉”。

二、“无怨”与“居易以俟命”

1．“在上位不陵下，在下位不援上”。

“陵”，凌驾、欺凌、凌虐。“援”，攀援、巴结。君子如果位子处在上面的，就不要欺凌下位的；如果位子处在下面的，就不要巴结上位的。

2．“正己而不求于人则无怨。上不怨天，下不尤人”。

“正己”，端正自己。“不求于人”，则不会招怨。既然“不求于人”，又求谁呢？那就是求己，求自己“无入而不自得焉”。所以中国有句话：“求人不如求己。”此出自《文子·上德》：“怨人不如自怨，求诸人不如求之己。”老子又有名言振聋发聩：“自胜者强！”

另外“上不怨天，下不尤人”，这也就是成语“怨天尤人”的出典。此又同见诸《论语·宪问》：“不怨天，不尤人，下学而上达，知我者其天乎！”这里又记起韩愈的一段话：“今幸不为时所用，无朝夕役役之劳，将试学焉，力不

足而后止，犹将愈于汲汲于时俗之所争，既不得而怨天尤人者，此吾今之志也。”（《答侯继书》）

张居正《中庸》也有评：“所谓君子之心不愿乎其外者，何以见之？大凡人君居上位，则好作威以陵乎下；居下位，则好附势以援乎上。”

3．“故君子居易以俟命，小人行险以徼幸”。

“易”，平、平易、平安、平稳。“俟（sì）”，等待。“命”，天命。“行险”，冒险。“徼幸”，是指不当得而得到的意思。“徼（jiǎo）”，求、取得。“幸”，侥幸。这是说，所以君子居处在平稳的所在而等待天命，小人是冒险而求得侥幸。这就是君子与小人在处世中、在对待命运时候的不同！

三、自己当学会深刻反思

《中庸》在这段话结束时，引用了孔子的一句话来点醒主旨：“子曰：‘射有似乎君子，失诸正鹄，反求诸其身。’”“正鹄（gǔ）”，是指射箭的靶子中心。

孔子说：射箭的道理和君子的道理相似，如果没有射中靶子，就应该回过来从自己身上去找原因。这就是首先要反思自己为什么没有射中的原因，比如自己的心态、技术、发挥的水平等等，而不要只是从诸多外在的因素如靶、箭、风向等方面去挑剔穷究，也不要去埋怨、怨恨胜过自己的人。这就如君子之道“正己而不求于人”。细细想来，此言十分深刻，一个人立足于茫茫人世，如果没能取得成功，比如没有获得地位、富贵、安逸，而是处于卑贱、窘迫、患难之中，这就像没有射中靶子、击中目标一样，首先应该反思自己是怎么搞的，是什么原因。这对于古人、今人乃至以后的来者都是有益的谆谆教诲。

当然，这里的“五素”如“素其位而行”等等，不应消极地看做安于现状、甘于贫苦、自认其命，而其旨意是要安其本分，尽其责任，各按其道行事，从而身心和谐、人际关系和谐、社会和谐。当自身的修养、才能不断提升了，那么你亦然会臻于“无入而不自得”的境界，这是“居易以俟命”的又一种景象了。

《论语》说“性”与“命”

儒家的经典《论语》又是怎样说“性”与“命”的？翻开《论语》，会发现一个有趣的现象，“性”字只出现了两次：

1.《论语·公冶长》：“子贡曰：‘夫子之文章，可得而闻也；夫子之言性与天道，不可得而闻也。’”子贡曾经这样评论孔子：孔夫子关于古代文献的学问，可以听得到；但是孔夫子关于“性”与“天道”的言论，却没有能听到。“性”，此指人的本性，是人的自然之性、社会之性。

2.《论语·阳虎》：“子曰：‘性相近也，习相远也。’”孔子说，人的本性本来是相近的，因为习染不同而相距很远。这是《论语》中唯一记载孔子亲口说性的一条。

以上两条都提到孔子关于“性”的记载，虽然孔子很少谈人性的问题，但是就这后一条便可以触发人们体悟深刻的人性之道。若稍作引申解读，即可知晓数端：（1）人之初，人性相互近同，此事易明。（2）人后天所处的自然环境、社会环境、人文环境，所接受的教育等，会使得原本近同的人性变得差异甚远。（3）“习”对人性有决定性的影响，因为有“习”，然后会“习焉不察”、“习以为常”、“习以成性”、“积习难改”、“习惯成自然”。因此应当充分重视后天的因素对人性的影响。（4）若要改变人性，便要从“习”上面下手，从“习惯”、“习俗”、“习性”、“习染”、“习气”、“习尚”、“习好”上着眼下功夫。（5）教育是改变人性的关键，要“学习”、“练习”、“习练”、“教习”、“习教”、“习养”等，使其变而化之。（6）孔子这里只是说人之初，“性相近”，但是没有进一步说下去人性究竟是善还是恶，因此留下一个有着巨大探讨空间的论题，引来后之学者对人性善恶的历史性的争论。

再看《论语》一书出现的“命”字，却多达24次，归纳起来有几种意思。

一、命：寿命

1.《论语·雍也》：“孔子对曰：‘有颜回者好学，不迁怒，不贰过。不幸短命死矣。’”孔子回答说，有颜回这样的人好学，不迁怒他人，不犯同样的错误。但是不幸寿命短早死了。此句与下句的“命”字，均是寿命的意思。

2.《论语·先进》：“孔子对曰：‘有颜回者好学，不幸短命死矣，今也则亡。’”

二、命：生命·性命

1.《论语·宪问》：“曰：‘见利思义，见危授命，久要不忘平生之言，亦可以为成人矣。’”“要”，通“约”，困穷、窘迫。孔子说，见到利益思考道义,见到危险愿意献出生命,长久处于困穷而不忘记平生之诺言,就可以说是个全人了。此“命”字,是生命、性命的意思。

2.《论语·子张》:“子张曰:‘士见危致命。’”这是说,士人见到危险,生命都可以豁出去。此“命”字,亦然是生命、性命的意思。

三、命:命运·天命·命脉

1.《论语·雍也》:“伯牛有疾,子问之,自牖执其手,曰:‘亡之,命矣夫!’”

孔子的学生伯牛有重病,孔子慰问他,从窗口拉着他的手,说:活不成了,这是命啊!这“命”字,是命运的意思。

2.《论语·子罕》:“子罕言利与命与仁。”此“命”字,也是命运的意思。这是说,孔子很少谈论功利、命运、仁的话题。

3.《论语·颜渊》:“死生有命,富贵在天。”“命”,命运。

4.《论语·先进》:“子曰:‘赐不受命,而货殖焉,億则屡中。’”孔子说,子贡不安于本分,而去行商,猜测行情竟然每每猜中。此“命”字解释各异,比如朱熹等认为是“天命”;俞樾则认为古代经商皆受命于官,“若夫不受命于官而自以其财市贱鬻贵,逐什一之利,是谓不受命而货殖”;杨伯峻把“不受命”说成是“不按本分”。其实也还是“命运”的意思。

5.《论语·宪问》:“子曰:道之将行也与,命也;道之将废也与,命也。公伯寮其如命何!”孔子说,我的道将能推行,是命;道将被废弃,也是命。公伯寮此人能把我的命运怎样呢!三次出现的“命”字,均是命运的意思。

6.《论语·尧曰》:“子曰:‘不知命,无以为君子也。’”“命”,命运。孔子说,不懂得命运,就没有可能成为君子。此条很深刻,孔子把认知命运作为君子必具的条件之一。以此来反观孔子,他当然是特别懂得命运的智者了。

7.《论语·为政》:“五十而知天命。”孔子不是一个宿命论者,但是他也讲“天命”。“天命”,指上天的旨意,由天主宰的命运;“命”,也就是命运。《尚书·盘庚上》:“先王有服,恪谨天命。”《楚辞·天问》:“天命反侧,何罚何佑?”“天命”在《论语》中出现三次,又见下文。

8.《论语·季氏》:“孔子曰:‘君子有三畏:畏天命,畏大人,畏圣人之言。小人不知天命而不畏也,狎大人,侮圣人之言。’”孔子说,君子有三种畏惧:畏惧天命,畏惧大人,畏惧圣人之言。小人不知道天命而不畏惧,轻视王公大人,侮辱圣人之言。这里“天命”出现了两次。

9.《论语·泰伯》:“曾子曰:‘可以讬六尺之孤,可以寄百里之命。’”上古只有“讬”字,没有“托”字。宋代出现“托”字,现在“讬”简化为“托”了。“讬”,托付、委托。“六尺”,指年幼尚未成人者,一般指十五岁以下的孩子。“百里”,指国家。这里的“命”字,是命脉的意思。此句说,可以把年幼的孤儿,把国家的命脉托付给他。

10.《论语·季氏》:“陪臣执国命,三世希不失。”“陪臣”,此指大夫的家臣,比如当时鲁国的鲁季氏家臣南蒯、公山弗扰、阳虎之流。孔子的意思是,由陪臣执掌国家命运,经三世而不失败的是很少见的。此“命”字,也是命脉的意思。

四、命:使命·言辞·信息

1.《论语·乡党》:“宾退,必复命曰:‘宾不顾矣。’”此“命”字,就是使命的意思。这是说,贵宾辞别后,孔子必定向国君回复使命说:“宾客已经不再回头了。”意思是已经走远了。

2.《论语·乡党》:“君命召,不俟驾行矣。”国君有使命召唤,孔子不等套马驾车就先走了。此“命”字,也是使命的意思。

3.《论语·子路》:“子曰:‘行己有耻,使于四方,不辱君命,可谓士矣。’”行己之道,若有不善,耻而不为;出使到四方国外,不辱没君主的使命,可以叫做士了。此“命”字,是使命的意思。

4.《论语·宪问》:“阙党童子将命。”阙党,是孔子所居住的地方。“将命”,就是传命。此“命”字,是言辞、信息的意思。“将(jiāng)”,传达、表达。阙党的一个童子来向孔子传达信息。朱熹《论语集注》:“将命,谓传宾主之言。”“将命”在《论语》中共出现两次。

5.《论语·阳货》:“将命者出户。”此说传命者走出房户。“将命者”,即是传命者。

五、命:辞令·公文·政令

《论语·宪问》:“子曰:‘为命,裨谌草创之,世叔讨论之,行人子羽修饰之,东里子产润色之。’”此“命”字,是外交辞令的意思。这是说,郑国外交文件辞令的制定,经由官员裨谌起草,世叔研究并提出意见,行人(外交官)子羽修饰,东里子产润色加工。

六、命:命令·召诰

《论语·尧曰》:“舜亦以命禹。”这“命”字,是动词,命令、召诰的意思。

综上所说,中国人讲究“命”、“性命”、“命运”、“运道”等等。“性”与“命”,是中国人生哲学中的基本范畴。《论语》中的“命”字含义有许多种,但是可以发现作为命运意义的“命”字出现得最多,多达13次,超过了一半。此或可窥探先民、儒家对命运这一理念的极端关注与重视,当然对人性也是如此。其实每个人、每个家庭、每个民族、每个国家自古至今都密切关注自己的命运,特别是在悠久的中国文化中有许多关于人性与命运的论说与智慧,且层积得特别丰厚。

性命说:中国历史之一瞥

中国历史上是怎样讨论人性、性命这些论题的?

《周易·乾》:“乾道变化,各正性命。”此认为自然界变化现象具有必然性和各别性质的特点。此讲“性命”含有哲学上的意义。孔颖达疏:“性者天生之质,若刚柔迟速之别;命者,人所禀受,若贵贱夭寿之属也。”朱熹《周易本义》:“物所受为性,天所赋为命。”

孔子之说性与命,如:“性相近也,习相远也。”(《论语·阳货》)他又说“畏天命”(《论语·季氏》)等,已见上文。这里不妨再对儒家的“性”与“命”之说作一简短的回顾。

一、“性善论”与“性恶论”

1. 孟子主张“性善论”。

孟子说:“莫之致而至者,命也。”(《孟子·万章上》)他认为命是人事之外的天所决定的,而性则是天道在人或物身上的具体体现。

孟子认为人生之初其性是善良的。孟子说:“人性之善也,犹水之就下也,人无有不善,水无有不下。”(《孟子·告子上》)人性之善良,就像水性的向下流动一样;人没有不善良的,就像水没有不向下流动的。又《孟子·滕文公上》:“孟子道性善,言必称尧舜。”孟子认为人性本善,天生而具有恻隐、羞恶、恭敬、是非之“四心”。或将其“心”与“性”之说,称为孟子的“心性”说。

孟子还有“尽心”、“知性”、“知天”之说。孟子曰:“尽其心者,知其性也。知其性,则知天矣。存其心,养其性,所以事天也。夭寿不贰,修身以俟之,所以立命也。”(《孟子·尽心上》)尽量地扩张那善良之心,这就是懂得了人的本性了。知人性，也就知天命了。保持人的本心，修养那本性，以此来事奉天。面对短命也罢、长寿也罢都不三心二意，修养身心来等待天命，以此来安身立命。孟子认为人有“四心”，以达到“四德”，即是仁、义、礼、智，那么就知人性之善，此谓“知性”；由此“知性”而推进到知道天命，此又谓之“知天”。他指出人的吉凶祸福皆天所命，故君子修身以待命，不违天意。

孟子除了“立命”说，又有“知命”、“正命”、“非正命”之说。孟子曰：“莫非命也，顺受其正；是故知命者不立乎岩墙之下。尽其道而死者，正命也；桎梏死者，非正命也。”（《孟子·尽心上》）人之死，无非是命，顺理接受的便是正命；因此知道命运的人不站立在有危险的墙壁之下。尽力行其道而死的，是“正命”；犯罪而死的，就是“非正命”。或将其“性”与“命”之说，称为孟子的“性命”之说，其说影响深远。

2．荀子主张“性恶论”。

荀子认为“凡性者，天之就也”，“不事而自然谓之性”。（《荀子·性恶》）人性本来是恶的，如有“好色”、“好声”、“好口味”、“好利”、“好愉佚”等恶之“性”在，因此主张“性恶论”。

《荀子·性恶》：“人之性恶，其善者伪（人为的意思，即是通过练习而成为善的）也。”如果“从（放纵）人之性，顺人之情，必出于争夺，合于犯分（违背所应当遵守的等级名分）乱理（扰乱秩序之道理）而归于暴。故必将有师法之化（教化），礼义之道（引导）”。他主张由“圣人化性而起伪”，必须有君上以势来临之，以礼义、法正、刑罚治之，才能使其改恶从善。

二、“性三品说”·“性情三品说”

1．西汉董仲舒于人性指出，“质朴之谓性，性非教化不成”（《举贤良对策三》）。他在《春秋繁露·实性》里把人性分成三品，即上（善）、中、下（恶）三等。上（善）者，“圣人之性”，近于全善。中者，“中民之性”，介于善恶之间，可上可下，可善可恶，“性待渐于教训，而后能为善”。下（恶）者，“斗筲（shāo，喻才识短浅者）之性”，近于全恶，皆不可以名性。如他所说，“名性不以上，不以下，以其中名之”（《春秋繁露·深察名号》）。

2．唐代韩愈又进一步提出“性情三品”说。“性之品有上中下三”，此为三品。“上焉者，善焉而已矣；中焉者，可导而上下也；下焉者，恶焉而已矣。”（《原性》）

他还把“性”与“情”对立起来。“性”的具体内容是五端：仁、义、礼、智、信。这是“与生俱生”的，他还作出了具体的分析，如“上焉者之于五也，主于一（指仁）而行于四；中焉者之于五也，一不少有焉，则少反焉，其于四也混；下焉者之于五也，反一而悖于四。”（《原性》）

关于“情”韩愈分析为“七情”：喜、怒、哀、惧、爱、恶、欲。这是“接于物而生”的。情也可分为三品：上品之情为七情，“动而处于中”；中品之情为七情，动“有所甚有所亡，然而求合其中”；下品之情为七情，动“亡与甚直情而行”。他主张控制情绪，使之适中。

三、宋明理学家说“性”与“命”

宋明以来理学家专注研究性命之学，因此还把理学称为“性命之学”。

1. 北宋张载（1020—1077），世称横渠先生，因其讲学于关中，故其学派称为“关学”。张载认为，人性有“天地之性”与“气质之性”相对，主张通过后天的努力，返回到纯善的天地之性，“学以变化气质”。他又认为，“天所命者，通极于性”，“性通乎气之外，命行乎气之内，气无内外，假有形而言耳”。（《正蒙·诚明》）命是气发展的自然规律，与性相通；性是具有形体的特性。《张子全书·语录》还说：“心统性情者也。”认为“合性与知觉，有心之名”（《正蒙·太和》）。

2. 程朱的“性理学”。此也称为“性理之学”，是程朱派的理学。北宋二程（程颢、程颐），首先提出“性即理”之说，认为“性”是宇宙根本之“理”在人或物上的体现。“在天为命，在义为理，在人为性，主于身为心，其实一也。”（《遗书》）朱熹说：“只是这理，在天则曰命，在人则曰性”，“性”便是人“心中所有底道理”。（《朱子语类》卷五）“心之未动则为性，已动则为情，所谓心统性情也。”（《朱子语类》卷六十二）

3. 陆王的“心学”。陆（九渊）王（守仁）都把“心”看做宇宙万物的本源，提出“圣人之心，心学也，尧舜之相接受”（王守仁《象山先生全集·叙》），故被称为“心学”。陆九渊认为，“在天者为性，在人者为心”（《象山先生全集·语录》）。王守仁则提出：“心即性，性即理。”（《传习录》）

四、清代学者说性

1. 明清之际黄宗羲（1610—1695）以为，性是“无形之理”，气的“秩而不变者，名之为性”，以气的条理为性。（《张子正蒙注》）他又说：“在天为气者，在人为心；在天为理者，在人为性。理气如是，则心性亦如是，决无异也。”（《明儒学案》）

2. 明清之际王夫之（1619—1692）说：“天以其理授气于人谓之命，人以其气受理于天谓之性。”（《读四书大全说》）他还有“性日生日成”说，此指人性是后天逐渐形成的。王夫之说：“夫性者生理也，日生日成也。则夫天命者，岂但初生之顷命哉！”（《尚书引义·太甲二》他又说：人性的形成是，“习与性成者，习成而性与成也”；“未成可成，已成可革。性也者，岂一受成侀（xíng，定型的物体），不受损益也哉？”他是反对先验的人性论的。

3. 清代戴震（1723—1777）认为，“人之血气心知，本乎阴阳五行者，性也”，“阴阳五行，道之实体也；血气心知，性之实体也”。他又说：“心之于理义，一同乎血气之于嗜欲，皆性使然耳。”（《孟子字义疏证》、《绪言》）他肯定“性”是事物赖以相互区别的自然物质特性；心与性都是自然的物质属性。

我们一般人看这些历史上的“性”与“命”之说，已觉得眼花缭乱了，其实一些专家学者们梳理起来也未必不是这样的感觉。当然大家了解一点也还是有些意思的。中国的哲学智慧就在学者们的无数次的执著的反复论辩诘难之中，沿着曲折蜿蜒的河床时而静默、时而喧嚣地流淌着，其中层积了很多的宝藏，璀璨夺目。然而也有许多学人为了过分地斤斤计较于其中的概念、范畴、学理等，虚抛了许多宝贵的时间与精力。特别是到了清代，当人们反省宋明理学的时候，终于开始用“朴学”来反动宋明的理学了。这也许就是老子所说的“反者道之动”了吧?!

扫描汉语词场：性·命·性命

中国人对“性”、“命”、“性命”、“命运”等话题非常敏感且关注，因此在汉语中形成了一个不小的“语词场”，此略作扫描。

一、汉语“性”的语词场

人有性为“人性”，物有性为“物性”。人各具其性，如“灵性”、“奴性”、“男性”、“女性”等等；物也各有其性，如“刚性”、“柔性”、“酸性”、“碱性”等等，不一而足。

人曰“天性”、“性天”、“性分（fèn）”等，均谓人得之于自然的本性，此即如《中庸》所说：“天命之谓性。”又“性天”，还指人性与天命，是理学研讨的命题。“性分”，还指性命、情分等。人有“心性”、“性窦”，“性窦”就指心窍；“心性”之域也称为“性场”，白居易《养拙》诗：“无忧乐性场，寡欲清心源。”人的本性与行为称为“性行”，如《论衡·率性》：“善渐于恶，恶化于善，成为性行。”

“性禀”、“性资”、“禀性”、“性地”、“本性”、“性道”等，都是指人的本来习性。禀性与才智称为“性智”。禀性之颖悟者，称为“性解”，也即是天才，见诸鲁迅《坟·摩罗诗力说》之文。天分与悟性，就称为“性识”，不过佛教也用此词语，指根性心识。“性道”，又指人性与天道。又有“性质”，本指禀性、气质；后来也指质地以及事物的特性与本质。

“性义”，指义理。本性的爱好与崇尚就称为“性尚”。人的情性风度就称为“性韵”。人的情性志趣，就称为“性趣”。人有不同的情绪、心怀、脾气，所以有称“性情”、“性怀”、“性气”（也指志气）等。有血性、富于真情实感的人称为“性情中人”。人的性情有肚量与气度，故称为“性度”。性情又有品格之分，所以又称为“性格”。性情的表现形式称为“性术”。

人的本性、气质，性格、脾气，也称为“性体”。脾气、好恶等，又称为“性子”、“性履”（即性行）、“习性”、“性习”等。性格的不同，则又有如“性高”、“性急”、“性急口快”、“性重”、“性大”（脾气大）、“性缓”、“性紧”等等，脾气的发作也称为“性发”等等。

有意思的是，关于“性”在性别方面的那些词语，一直到现代才层出不穷，如“性别”、“两性”、“男性”、“女性”、“变性”、“变性人”、“性感”、“性交”、“性病”、“性行为”、“性虐待”、“性骚扰”、“性器官”、“性保健”、“性激素”，等等。再如“性爱”一词，古代本指相亲相爱，如陶渊明《归鸟》诗：“遐路诚悠，性爱无遗。”现代用作讲雌性雄性之间的爱恋，今天都指人类两性相爱了。

从哲学上来说，“性理”，本指生命的原理与规律；又指人性与天理，也用来指宋儒的“性理学”。所谓“性理学”即宋儒程（程颢、程颐）、朱（朱熹）这一派的理学。本于程颢“性即理也”之说。因为要有别于宋陆九渊、明王守仁的“心即理论也”之说，故清儒以“性理之学”来标举程朱派理学。

在文学上也有说，“性灵”，本指内心世界，泛指精神、思想、情感等；也指性情，又指智慧、聪明等。清代袁枚论诗就提出“性灵说”，吸取和发展了宋代杨万里与明代袁宏道等人之说，主张作诗应该抒写胸臆，辞贵自然，反对以程朱理学束缚诗歌创作，对拟古倾向和温柔敦厚的“诗教”表示不满，批评了沈德潜的“格调说”和王士祯的“神韵说”；当然他的“性灵说”也是有偏颇的。

从宗教上看也有说，宗教关于“性”的词语很多。“性”，在佛教那里是指事物的本质，与“相”相对的。如“性海”，佛教语，指真如之理性深广如海。“性欲”，本是佛教语，谓习性、乐欲；今天指性行为欲望。“性空”，佛教语，佛教十八空之一，谓一切事物的现象，都是因缘和合而生的，暂生还灭，没有实在的自体。“性相”，佛教语，性指事物的本质，相指事物的表象。“性火”，佛教语，谓遍布于一切物质现象的火性，与具体的“事火”相对。宋苏辙《新火》诗：“性火出真空，应量曾无边。”“性心”，佛教语，指真心，即自性清净心。“性宗”，佛教语，是法性宗的简称，与法相宗同为大乘的两大宗派，以破相显性为宗旨。“性宗”，也是道家的一宗派，主张以修性为本。清代刘献廷《广阳杂记》：“道家有南北二宗，南宗不言性，北宗则曰性命双修”，“其学先了心性，谓之性宗；后以坐功得丹得药，谓之命宗，故曰性命双修。”“性识”，既指天分、悟性，也在佛教上指众生的根性心识，如《隋书·经籍志》：“初，释迦说法，以人之性识根业各差，故有大乘、小乘之说。”

从语言的构词上来说，“性”已经成为现代汉语中的活跃的构词词素之一。诸如阴性、阳性、中性、活性、弹性、党性、粘性、药性等等，不胜枚举。

二、汉语“命”的语词场

1. 命：生命的维度。

“性命”、“生命”、“命终”、“命亏”，“丧命”、“命限”（寿数）、“命终”、“命过”（死亡）、“长命”、“短命”、“命途”（生命、生活之路途）、“命脉”（生命与血脉，比喻关系极其重大的事物）、“命案”等等，均是生命维度方面的词语。

古代为求长命百岁，还有许多民俗，比如“长命缕”，也称为“命缕”，就是其中一种。这是在端午节的时候，用一种五色丝系在手臂上，传说可以祈福消灾。唐玄宗《端午三殿宴群臣》诗序：“采花命缕，观问遗于风俗。”其实这几年越来越被人看重的“本命年”理念以及做法，不也是这么回事？现代人也相信所谓的“本命年”，因此一到自己的本命年，便要用压邪的东西系在或穿在身上，比如穿红色衣服、系红色腰带、戴红色帽子等等。

2. 命：命运的维度。

“命运”，天命运数，如指生死、贫富和一切遭遇；此也喻指发展变化的趋向。“命分”，就是指命运，也指天赋与禀性。如《朱子语类》卷四：“问：‘性分、命分何以别？’曰：‘性分是以理言之，命分是兼气言之。命分有多寡厚薄之不同。’”

"命快",指命运好。"命彩",指好运。"命偶",与好运为偶。"命通",指命运亨通。"命祜(hù,福)",上天赐予的福祚(zuò)、福气、福分。"命硬",迷信谓生辰八字不好,克死亲族。"命理",除了指出算命之术外,又有天命、命运的意思。"命薄",命运不好。"命悭(qiān)",也是命薄的意思。"命蹇(jiǎn)",命运不好,常用来指仕途困顿。

此外又如"命体",也指命运。"命籙",指注定的命运。"命灯",象征本命星的灯。"命籍",迷信者谓上天记载人的富贵贫贱、生死寿夭的簿籍。"命路",人生的道路。中国人还有"命苦"、"命好"、"命大"等说法。"命毒"就是命硬妨碍亲人。人有命运,国家也有命运,如"命期",犹历数,指国家治乱兴亡更替的期限。"命历",就是指天命、历数。

3. 命:人体器官的维度。

"命门",中医术名,一般指右肾,《难经·三十六难》:"左者为肾,右者为命门。命门者诸神精之所舍,原气之所系也,故男子以藏精,女子以系胞。"《云笈七籤》:"右肾谓之命门。"另外也用指经络穴位名,在第十四至十五脊椎之间骨隙中,属于督脉经,主治腰痛、遗精、便泄、崩漏等症。"命门",又指睛明穴,也代指眼睛。"命门"在相术家那里又指面部左右当耳朵处。

"命术",肾脏的别名。《云笈七籤》:"肾为命门,名曰命术。""命蒂",脐带的别称。明代李时珍《本草纲目·人一·初生脐带》:"命蒂:胎在母腹,脐连于胎,胎息随母。胎出母腹,脐带既出,一点真元,属之命门丹田。脐干自落,如瓜脱蒂,故脐者人之命蒂也。""命关",中医分食指为三节,从连掌部一节起依次为风关、气关、命关。这是因为,凡是小孩手指上脉纹透达第三节,表示病情严重,可能危及生命,所以称为命关。《医宗金鉴》:"风关病轻气关重,命关若见病多难。"

4. 命:占卜·星命相术。

古代"命龟",是占凶吉,必将所卜之事告诉卜人,用龟来占之,这就称为"命龟",也泛指灼龟问卜。"命龟",就是以所卜之事禀告龟,或说述命以告卜人。

再如星命相术里多说"命"。比如从"算命"这方面讲:算命之书,称为"命书"。算命之理,也称为"命理"。算命之术,就称为"命术"。"命铺"、"命馆",就是为人卜卦算命的处所。"命金",就是送给算命人的酬金。

"命相",命运与相貌,也指"八字"。"命禄",星相家指人与生俱来的富贵贫贱、生死寿夭的运数。"命干(gān)",星相家指与人出生时所值的年、月、日、时相应的天干。"命宫",相术家指两眉之间;又星命术士把本人生时加太阳宫,顺数遇卯为命宫。例如太阳在子宫,生于酉时,即以酉时加于子宫,顺数到午遇卯,即为其人之命宫。所谓星相,就是星命、相术。星相家、相术家等就是以星命、相术为职业的人。星命就是认为人的祸福寿夭,与天星的位置、运行有关,因此根据人的出生时辰,配以天干地支,来推算命运,附会人事;星命也指人命八字。相术,就是观察人或地的形貌以预言吉凶的一种方术。

5. 命:宗教的维度。

"命根",佛教语,是说由前世之业所决定的维持今生寿命的依据,也泛指寿命。后来"命根子"又比喻最重要的事物或最受重视的人,此可见诸《红楼梦》。

"命光",佛教语,指生命;人的寿命之短长,因光阴而表现,故称。后来也指命运之光。"命浊",佛教语,"五浊"之一;谓末世众生因烦恼丛集,身心交瘁而寿命缩短。《法华经·方便品》:"诸佛出于五浊恶世,所谓劫浊、烦恼浊、众生浊、见浊、命浊。""命命鸟",即是共命鸟、同命鸟,指佛教所说的雪山神鸟,一身两头;或说是鹧鸪之类。道教有"命宗",道教以气为命,以修命为宗者,称为命宗,与性宗相对。

6. 命:成语与谚语的维度。

此约略举例说之。如"命在旦夕"、"命若悬线"、"命丧黄泉",均喻指生命的危殆。"命中注定"、"命里注定",人们或认为一切遭遇都是命运预先决定的。"命薄缘悭",命运坏,缘分浅。"命蹇(jiǎn)时乖",命运不济,遭遇坎坷。"红颜薄命",红颜未必薄命,但红颜薄命者古今中外又真是数不胜数。

谚语则有:"算命不说好,命金哪里讨?"又如"命运低,得三西"。明代谢肇淛《五杂俎》:"仕宦谚云:'命运低,得三西。'谓山西、江西、陕西。"又有"夫妻本是同命鸟,大难临头各自逃"。如此等等,读来也会有一番感触。

总之,从古至今汉语有关"性"、"命"所构成的词语琳琅满目,不胜枚举。此或可以一窥中国人于此深广关注的情结,关注得有点玄而妙。当然既多见其妙义纷披者,也并显其诸多落寞乏味者。当然还有相关联的"心"的汉语词场，但篇幅所限，此不再赘说了。

趣说：命运·算命·相术·预测

人有命、命运，国也有运命、历数，但是变幻莫测，不可捉摸。风云虽难测，但是不测之风云，尚可以预测出很多准确的信息来。人生命运的祸福倚伏变化，真是难于气象之预测了。人生一世面对着太多的偶然性，或因缘相继，或祸福互变，或高下相倾，或美丑相成，往往是预测不能，预料不行，预计不成！

老子曰："祸兮福之所倚，福兮祸之所伏。"《墨子》曰："贫富治乱，固有天命不可损益。"《王命论》曰："穷达有命，吉凶由人。"《庄子·秋水》："北海若曰：'贵贱有时，未可以为常也。'"关于这些命运之说，也可供今人咀嚼体味之。

诸位若看看身边的事：一个母亲生数子，命运则各不相同；再如同时上的小学、中学、大学，最后的命运却千差万别；世界上同样做皇帝、总统者的命运也是千变万化。因此人们感叹命、研究命，并算命、测命，目的是为了洞穿人生命运、人事变化的奥秘。从古至今流传着许多预测吉凶祸福的办法，其实大都是迷信，不可信。这里略为之说。

一、占卜·占卦·占星·占气·占候·占相

先说"占"字，这是观察兆头询问疑惑。古人用龟甲与蓍草占卜来预测吉凶，这种根据龟壳的裂纹、蓍草的排列来预测吉凶的就称为"占"。《说文》："占，视兆问也。从卜，从口。"

再说"卜"字，算卦用龟壳的就称为"卜"，此指据火灼龟而裂开后出现的兆，然后再占问。今天我们还可以在甲骨片上看到先民留下来的卜兆。《说文》："卜，灼剥龟也，象灸龟之状。一曰，象龟兆之从横也。"

又说"卦"，《说文》："卦，筮（shì）也。"卦，就是筮。筮（shì），古代用蓍（shī）草占卜的一种迷信活动。

"占卜"，指古代用龟甲、蓍草等，后世还用铜钱、牙牌等来推断吉凶祸福。"占卦"，打卦，根据卦象推算吉凶祸福。"卦筮"，就是占卦卜筮。

"占星"，是观察星象来占卜推断吉凶。"占星术"，就是观察星辰的运行、位置、颜色、亮度、芒角以及星辰之间的关系，来推测人事变化的一种方术。此曾经流行于各国，中国肇始于春秋，《国语》、《左传》等多有记载。这

灼龟占卜（引自《千秋教化》）

种占星术始于巫祝，但是对古代的天文学发展有一定的影响。据说秦始皇时候以占星为业的达到三百多人。

“占气”，观察云气风色来预测吉凶。如《群辅录·吴八绝》引晋张勃《吴录》：“吴范相风，刘惇占气。”

“占候”，是观察天象变化来附会人事，预言吉凶。此亦指根据天象变化来预测自然界的灾异和天气变化，如王充《论衡·谴告篇》：“夫变异自有占候，阴阳物气自有始终。”

“占相”，观察某些自然现象或人的面貌、气色等来推断吉凶祸福。如汉贾谊《新书·辅佐》：“吉凶妖祥，占相之事。”

二、算命·算卦

“算命”，旧时的一种迷信活动。术数家、算命先生用人出生的年、月、日、时，按照天干、地支依次排列成八个字，称为“八字”，再用本干支所属的五行相生相克来推算人的命运，断定人的吉凶祸福。相传肇始于唐代的李虚中，托名鬼谷子。唐韩愈还为此人写过一篇墓志铭《殿中侍御史李君墓志铭》，其中有说：李君名虚中，“最深于五行书，以人之始生年月日所直日辰支干，相生胜衰死王相，斟酌推人寿夭贵贱利不利，辄先处其年时，百不失一二”。

又有“算卦”，即根据卦象来推算吉凶。比如诗人艾青曾说：“据说我是难产的，一个算卦的又说我的命是‘克父母’的，我成了一个不受欢迎的人”，“这就使我讨厌算卦，反对迷信，成了‘无神论者’”。有意思的是，不仅人能算卦、算命运，连一些其他的东西也可以莫名其妙地算卦，比如孙犁《白洋淀纪事·石猴》：“这猴儿能算卦，能避邪，能治病，长疙瘩长疮，叫它一磨就好。”

宋代有个钱若水，宋太宗曾为这个臣子算了一命，很有意思。一次宋太宗对左右的人说：“若水风骨秀迈，神仙姿格，苟用之，则才力有余，朕只疑其算部

(指寿命)促隘,若至大用,恐愈迫之。”宋至道初,钱若水为同知枢密院事,后知并州而逝世,年方四十四岁。(宋张淏(hào,水清)《云谷杂记》卷三)这其实没有“八字”算命的一套,而是根据各种信息推测的结果。

三、求签·相面·骨相

“求签”、“求签问卜”、“求签许愿”等,指迷信的人在神佛面前抽签以占吉凶、问卜、许愿等。

“相面”,此为相术的一种,观察人的面貌以推测其吉凶祸福。这种以相面为职业的人就称为“相面先生”。所谓“相术”,就是观察人或地的形貌以预言吉凶的一种方术。

“骨相”,指人或动物的骨骼、形体、相貌,从中可以知道生命、命运的信息。汉代王充《论衡》专门有一篇《骨相篇》,下文还会提及。清代黄遵宪《度辽将军歌》:“人言骨相能封侯,恨不遇时逢一战。”这里也说到“骨相”的问题。

四、望气·堪舆·风水

“望气”,是古代方士的一种占候术,观察云气得以预测吉凶。如《墨子·迎敌祠》:“凡望气,有大将气,有小将气,有往气,有来气,有败气,能得明此者,可知成败吉凶。”《汉书·宣帝纪》还记载有这样一件事:“至后元二年,武帝疾,往来长杨、五柞宫,望气者言长安狱中有天子气,上遣使者分条中都官狱系者,轻重皆杀之。”此种冤案惨案皆因迷信“望气”而造成。

“堪舆”,本指天地总名。汉代许慎曰:“堪,天道也;舆,地道也。”后来用“堪舆”指天地;又即“风水”,指住宅基地或墓地的形势,亦指相住宅、相墓地的方法。古代的“堪舆家”是占候卜筮者之一种人。后来就专门用来指称相地看风水的人,这种人也称为“风水先生”。明代宋濂《<葬书新注>序》:“堪舆家之术,古有之乎?《周礼》墓大夫之职,其法制甚详也,而无所谓堪舆家祸福之说,然则果起于何时乎?盖秦汉之间也。”清代钱泳《履园丛话》:“堪舆家每视地,辄曰某形某像,以定凶吉。”

再说“风水”,本指风和水、风和雨,又指住宅基地或坟地周围的风向、水流、山脉等形势。就生者之屋宅而言,谓之阳宅;就死者之坟地而言,谓之阴宅。迷信者认为“风水”的好坏能决定宅主或葬者一家的祸福。旧题晋代郭璞《葬书》:“经曰:气乘风则散,界水则止。古人聚之使不散,行之使有止,故谓之风水。”于是有旺穴、龙脉等等说法出来了。说白了,古人所谓的风水,是寻觅那种最适宜的地理环境、居住环境、埋葬环境,从而达到人们理念中认为的和谐状态。

其实占卜之类、算命之举，堪舆也罢、风水也罢、占候也罢，其中迷信的东西是信不得的，信了就被迷住了，迷则惘，惘则惑，惑则殆。试问人的命运真的能被这些东西测得准吗？测不准的！可惜的是，今天还有不少人执著地迷信着那些迷信。比如建房、买房与装修等，必讲究“人宅相扶”的“卜居”，于是寻风水宝地，觅符镇压邪，来个镇百鬼、避灾殃、导生气、免煞气等等，不一而足。其实，如果那些相风水、算命的“神人”真有这样的本领的话，试想为什么前几年的海啸测不出来？为什么汶川大地震测不出来？为什么频频发生的矿难也测不出来？

人生是多边的、多元的、多维的、多变的。命运也罢，吉凶也罢，祸福也罢，就凭这些能测准吗？我们这里不妨举一个例子。古代以占候卜筮为业的人通称为“日者”，司马迁还专门为日者作了列传。《史记·日者列传》记载有这样一件有趣的事：

> 孝武帝时，聚会占家问之，某日可取妇乎？五行家曰可，堪舆家曰不可，建除家曰不吉，丛辰家曰大凶，历家曰小凶，天人家曰小吉，太一家曰大吉。辩讼不决，以状闻。

孝武帝汇聚当时的这些占家来预测一个简单的问题：某日可以娶媳妇吗？帝王身边的占候卜筮者，应该是全国最高水准的专家了，但是就预测这一个日常生活的小事，结果还是很不统一，结论有“可”、“不可”、“不吉”、“大凶”、“小凶”、“小吉”、“大吉”，彼此针锋相对，说法纷纭。到底孰是孰非呢？统一不起来，最后还是把这种状况上交给孝武帝，由他去决断吧。一件小事情，连全国的顶级的“专家”尚且测不准，如果更大的事情还相信会测准吗？还可以相信这些“国家级”的“占家”吗？还可以相信等而下之的马路边、市场边、江湖游走的“占家”吗？但是，可惜的是现代仍然还有很多人在相信这些算命、测字的，难道不可以从这一例中悟醒、警醒吗?!

五、一条民谚的启示

说起命运，我想起了一条俗谚：“一命二运三风水，四积阴德五读书。”此中讲述了人生的“五大元素”与人生成败得失的关系，很耐思量。

“一命”。如生下来我是男性，她是女性；我是先天健康的，他是先天残疾的；我是穷人家庭，他是富人家庭；我们在这一国，他们在那一国；如此等等，这也许可以用“命”、“命定”来概括。这些是不可改变的,但是又是一个相当关键性的人生成败的要素。如果把上面诸多不同的情况略加延伸下去,就会看到在人生不同的叉道上的命运将出现巨大的反差。

“二运”。但是“命”是在运动、变化之中的,这里固然有许多不可自我掌控的玄机,但也有许多的可以抉择的机会。准确地选择人生的道路,坚毅地奋发遵行,那么许多人都改变了自己原先的命运。人之命运又与世运、国运、时运相关,要在这些“大运”之中去准确地把握自己“小命运”的进退、俯仰、顺逆,行其所当行,止其所当止,这是一种智慧。因此又有一句话流传:“命运掌握在自己手里!”

“三风水”。其实稍微联想一下,家住穷乡僻壤,得一种风水的影响;家住山明水秀处,得一种风水的影响;家在城市贫民窟,得另一种风水的影响;家住高雅文化区,得再一种风水的影响。一比较就知道,不同的“风水”对人生的影响了。所以民谚说:“一方水土养一方人!”孟母三迁,不就是对风水的一种选择?其实孟母之前就有一个杰出的榜样,孔子母亲颜征在就曾坚决地将住所从乡下搬迁到鲁国的都城,这不就是一种对风水的选择?“风水”虽被许多人将其与迷信联系起来,但是从科学的角度去解读,那么“风水”与人成长的自然环境、地理环境与人文环境很有关系,与人生成败也有着很多玄妙的关联。

中国俗谚又有:“三十年风水轮流转。”又云:“三十年河东,三十年河西。”此说也极富哲理,视三十年为一个周期,形势、事势、情势会发生一次大变化。有此变化,人的命运也或会发生根本的变化、颠倒性的逆转。其实看看以往的历史,再看看自己经历过的三十年、六十年,甚至九十年,每三十年的变化真是天翻地覆,古人说的还真很有道理。因此命运也不会一成不变,它在不断地变化着。

“四积阴德”。阴德,指暗中做的有德于人的事情。公开做善事当然也是积德之举,但是暗中做好事更了不起,所以俗谚突出了“积阴德”。老子说:“积德则无不克。”人生能积德则无不胜出。当然老子所说的“德”,还有“得道为德”的含义在,不仅指品德。一个人既对道的认识不断积累,又不断地行善事,有德于他人以及社会,此人当然不会是一个失败者。再看许多人士,通过自己的艰苦奋斗终于改变了命运,但是不能“积德”,更不能“积阴德”,相反做了很多对不起他人、社会、国家的事情,最后复归于失败。每年报道的成功人士纷纷落马、进班房的,不计其数,就是现代的警示。《淮南子·人间训》:“有阴德者必有阳报,有阴行者必有昭名。”此或许不是没有道理的。

“五读书”。中国人最讲究读书、求学改变命运,孔夫子最懂得读书、求学的人生价值。孔子说:“十室之邑,必有忠信如丘者焉,不如丘之好学也。”(《论语·公冶长》)他自己就是通过不断地学习、读书改变了自己的命运。他又通过教书,让很多的人到他那里读书而改变了千百个弟子的命运。每一代都有无数的事例来验证,读书可以改变命运,直至今天,乃至今后。中国谚语有“书包翻身”之说,就是读书能让人翻身,能把命运转过来,也许就是老百姓的一个很真实的概括。另外读书所得的知识、科学可以改变社会、国家乃至人类的命运,不过其中也有正面和反面的区别。

“一命二运三风水,四积阴德五读书”,这是一句很普通的谚语,但是集结了许多的玄机、玄妙在里面,有对人生成败的概括,有对命运的深层揭秘。当然此谚语说不上尽善尽美,但是于不尽善不尽美之中,却有许多的够善、够美的东西让我们对自己的命运以及他人的命运回味无穷。

梁启超的《国家运命论》

三国李萧远写了一篇《运命论》流传千古,到现代梁启超又写了一篇《国家运命论》,读一读这两论或许对了解中国人深层的“运命论”有不少启发。

梁启超写这篇《国家运命论》(《饮冰室合集》第3册)事出有因:一是,当时国人对中国运命忧心忡忡,猜测着是亡国还是不亡,梁启超作此文来回答这一时代疑问。二是,受到李萧远的《运命论》触发,但是反其意来论述国家的运命。梁启超说:“《文选》有李萧远《运命论》,其大指以国家之治乱兴旺皆原于命,而人事无所用其力。虽其人与其文皆非甚有价值,然实可以代表我国数千年之理想也。吾以为国家积弱之大原,实此说有以中之,乃反其意以作是篇。”梁启超之要论有几端可述:

1. 从文化传统说起,梁启超说:“吾国先先哲,以尊命为教。故曰‘乐天知命’,曰‘居易以俟命’,曰‘不知命无以为君子也’。既以此洗心自律,而复推以论世道之污隆、国运之兴替,故曰‘道之将行也欤,命也;道之将废也欤,命也’。又曰‘行或使之,止或尼之,行止非人所为也;吾之不遇,天也'。又曰'国之存亡天也'。此义之深入人心者,二千余年于兹矣。夫士君子怀瑾握瑜以生浊世,所至辄见厄,挟持拨乱反正之道术,而坐睹国家之颠覆、生民之涂炭,曾不得一藉手以振救之,万不得已,而归之于天于命以自广,毋使幽忧狂易以戕其生。此诚达人素位而行之义,而亦吾生平所当拳拳服膺者也。虽然,以云真理,则当有辨。"这里可以看到中国传统文化中的关于"命"、"命运"、"运命"之说是如此深刻地影响了两千余年。但是,梁启超要对"运命"、"国家运命"进行驳论,目的是要唤醒人们、唤醒社会,而拯救当时一个积弱的、处于生死存亡、风雨飘摇中的中国。

2. 批判了所谓的"运命论"。其一,梁启驳斥了所谓有造化主在宰制着人们、国家的运命。不该轻信"夫所谓运命者,谓有一造化主立乎吾人上以宰制之",此说"无有是处"。其二,他又驳斥了无意识的自然演化成运命的说法。或认为"任(听任)自然之数,莫之为而为、莫之致而至"。他批驳说:"自然界之科学,近百年间,已发明无复余蕴,盖自至洪以迄至纤,莫不为因果律所支配。既无无因之果,亦无无果因之因,此理盖徧(普遍)于自然界一切现象,丝毫无所容其疑难者也。脱(倘若、如果)有见因不见果,见果不见因者,则或吾侪(chái,同辈、同类人)浅学而不及察耳。或粗心而熟视无睹耳,或合数异因而结一果,或一因而分结数异果,或因与因相消等于无因,果与果相偿等于无果。其本相虽至赜(zé,深奥、玄妙)而不可乱,特吾侪迷于参伍错综之数,莫得其朕(征兆、迹象)耳。或今日所现之果,出于过去积久之远因,为吾侪所已忘;或前此所造之因,其果当现于将来为吾侪今日所未及见耳。故他国之所以荣,我国之所以悴(cuì,穷困、困病);前代之所以治,今世之所以乱,其间必一一皆有因果之关系,而非出于偶然。盖自然界之法则,断无所谓莫之为而为、莫之致而至也。是故谓以无意识之自然演成运命,无有是处。"

3. 那么怎样来解释运命?梁启超有一段解读也值得一读:

> 然则吾先圣昔贤之指此为运命者,何也?曰:凡造业者既必受报,无所逃避,无所差忒,自其因果相续之际言之,确有自然必至之符,无以名之,强名曰命。其以不共业而得正报者,则谓之为个人之运命。其以共业而得依报者,则谓之为国家之运命。此运命之说所由来也。
>
> 虽然运命云者,由他力所赋以与我,既已赋与,则一成而不可变者也。业报云者,则以自力自造之而得之,而改造之权常在我者也。如曰万事惟

运命而已，则吾侪之自为私人计者，诚可以终岁偃卧不复事事，以俟泰运之来。自有彼苍为我雨金雨粟；而倘遇否运，则亦惟听其蹙（紧迫、窘迫）我至死，而不一思抵抗，顾虽以至愚之人，犹不肯出此也。独至国家之盛衰兴亡，则壹诿（推卸、推托）诸运命气数而束手以持之，何其恶哉？

我先民之言命也，曰“造命”，曰“立命”，《书》曰“天作孽犹可违，自作孽不可逭（huàn，逃避）”，《诗》曰“自求多福”，孟子曰“祸福无不自己求之者”，荀子曰“怨天者无志”。夫天而可违，祸福而可自求，则运命之非前定也明矣，而造之立之，亦观人之有志与否而已矣。

此解读揭示出“运命”之深层有其因果关系在，又有其自然规律的必然因素在，但是当时人们还解析不了、解说不出来，于是勉强用了“运命”之词。梁启超认为运命并非一切前定，运命其实就掌握在自己的手里，人须立志、励志，从而改变自己的运命。

4. 个人的运命掌握在个人手里，国家存亡的运命其实也就掌握在国民的手里。梁启超指出：“国家之盛衰存亡，非运命使然，实乃由全国人过去之共同业力所造成，而至今乃食其依报者也。”“此其权实操于国民，国民欲存之，则斯存矣；国民欲亡之，则竟亡矣。”“中国之存亡，惟中国人自存之自亡之。西哲有言，国民恒立于其所欲立之地位。今我国民皆曰国必亡，国必亡也，则国乃将真亡也已矣。”

5. 梁启超在解释“运命”问题时，是用了佛教哲学来解读的。此中用了“造业”、“业报”、“正报”、“依报”、“不共业”、“共业”等佛教的概念以及佛教哲学与逻辑。他有这样的解说：

盖自来言哲理者，以佛说为最圆满。我佛常言：宇宙一切现象，皆由业力相续而成。众生以法因缘故，常起造种种善恶诸业。所造之业，则为种子，依于法性。由种发芽，展转成果，谓之业报。报与业相应，无少差忒（tè，差错），不能逃避。众生今日所受之苦乐，皆前此造业之报也；今日所造业，其报又受之于将来。但业亦有二种：一曰不共业，二曰共业。不共业者，个人所造之业；其种子还为个体所摄持者也；其将来所受之报，谓之正报。共业者，各人所造之业；其种子散布于社会者也，其将来所受之报，谓之依报（依者谓各人所依止之世界也，即指社会一切境界）。此其义虽极奥渺，非吾侪凡夫所能测知。虽然，运命之奥渺而难测知，则亦相等耳。

读此文，也许不懂佛教的人也不难理解其中的道理了，运命均处于“因果报应”之规律之中。梁启超又说：“苟其事之性质为有害者，为之而害必随焉。苟其事之性质为有益者，为之而益必随焉。且如吾国今日之现象，实积多年多数人所造之恶业以致之。今之所以儳（chán，苟且）焉不可终日者，良由自业自得，固属无可怨怼（duì），亦复何所容其疑怪。吾侪今日唯有广造善业以禳除之。藉曰未能，亦何可更造恶业，而明知国之将亡而不思救之者，则吾之所认为恶业也。夫造善业毋造恶业，必当先自我始。”个人运命，从我做起，从善事做起；国家运命，也从每个国民做起，从善业做起。

今日读来，虽然梁启超对当时国家运命的分析还比较肤浅，但是其中批判的锋芒咄咄逼人，发聋振聩的呼号声昂昂，一片真诚炽热之心拳拳，至今若尚在、若如睹、若犹能撼动肺腑。

篇五

《中庸》诚的多维视域

诚者，自成也；而道，自道也。诚者，物之终始，不诚无物。

——《中庸》

真诚，意思是自己成全自己。而道，意思是自己引导自己。真诚贯穿万物的终止和发端，没有真诚就没有万物。

《中庸》“诚”的三维度

《中庸》关注“诚”,并进行了聚焦式的论述;因为“诚”是《中庸》的一大亮点、一大主题、一个重要的理论。李石岑曾说“《中庸》的基础理论”,第一“论诚”,即是论道;第二,“论中与和”。(《哲学十讲》)张岱年曾说:“子思的《中庸》之中心观念,大概即是‘中庸’。而在今传《中庸》中,‘中庸’的观念却不是最重要的观念;而最重要的中心观念,乃是‘诚’。今传《中庸》以诚为人生之最高境界,人道之第一原则。”(张岱年《中国哲学大纲》)此可见“诚”在《中庸》中的重心地位及其价值。

《中庸》与《大学》的论“诚”相比较,有同亦有异,有承接亦有拓展。

《中庸》里面的“诚”出现频率很高:

1. 夫微之显,诚之不可掩如此夫!(16章)

2. 顺乎亲有道:反诸身不诚,不顺乎亲矣。(20章)

3. 诚身有道:不明乎善,不诚乎身矣。(20章)

4. 诚者,天之道也;诚之者,人之道也。(20章)

5. 诚者,不勉而中,不思而得,从容中道,圣人也。(20章)

6. 诚之者,择善而固执之者也。(20章)

7. 自诚明,谓之性;自明诚,谓之教。(21章)

8. 诚则明矣,明则诚矣。(21章)

9. 唯天下至诚,为能尽其性。(22章)

10. 其次致曲,曲能有诚,诚则形,形则著,著则明,明则动,动则变,变则化。唯天下至诚为能化。(23章)

11. 至诚之道,可以前知。(24章)

12. 故至诚如神。(24章)

13. 诚者自成也,而道自道也。(25章)

14. 诚者物之终始,不诚无物。是故君子诚之为贵。(25章)

15. 诚者,非自成己而已也,所以成物也。(25章)

16. 故至诚无息。不息则久,久则征,征则悠远,悠远则博厚,博厚则高明。(26章)

17. 唯天下至诚,为能经纶天下之大经,立天下之大本,知天地之化育。(32 章)

如此多的文句,显示出《中庸》论“诚”的内涵相当丰富且深刻。如果抽绎之概括之,那么《中庸》的“诚”主要有三个维度的含义:一是从人的维度来说,“诚”就是人格、道德上的诚信、诚实之“诚”;二是从形而上的维度来看,“诚”就是宇宙的、自然的、天地之间的“道”的“诚”,道的实存、实在、真实;三是从特殊的鬼神的维度上来看,那么古人认为鬼神也是“诚”的,因此《中庸》又多论鬼神及其“诚”。

一、人之维度的“诚”

1. 诚——诚信 · 诚实 · 诚意。

“诚”的这一意思,比如《中庸》:“顺乎亲有道:反诸身不诚,不顺乎亲矣。”(20 章)《中庸》:“诚身有道:不明乎善,不诚乎身矣。”(20 章)这是说,人孝顺父母是有道的:只要反思自身是不诚信的,那么当然就不会孝顺父母了。再接着说,要使得自身诚信也有道:不明白那个善,就不会使自身诚信。

《中庸》也讲“信”,但是更多的是讲“诚”。讲信者,如:“王(称王)天下有三重(三件大事,礼仪、制度、文字)焉,其寡过矣乎!上焉者(上古)虽善无征,无征不信,不信民弗从。下焉者(居下位)虽善不尊,不尊不信,不信民弗从。”(29 章)这里多次提到“信”。上古的礼制虽然好,但是无可考证,没有考证就不能取信于民;如果不信,那么民众就不顺从。居下位的圣人,虽善于礼仪,但是不在尊位;不在尊位则民众也不信,不信则也就不顺从。可见要使得人们能相信,何等难!唯有诚了,才会被信。

《论语》时常讲“信”,如:“人而无信,不知其可也。大车无輗(ní),小车无軏(yuè)。”(《论语 · 为政》)“自古皆有死,无信则不立。”(《论语 · 颜渊》)如此等等,提到“信”的很多,近 40 次,但是《论语》讲“诚”只有两次。

至此,我们想到一个问题:《中庸》抓住“诚”的理念在大做文章,既将“诚”涵盖了“信”的内涵,并扩大之,开掘之,铺张之,锻造为一个全新的儒家的“诚”的理念与范畴。这应该说是一种创新,一种发展。

2. 诚——老实 · 真实 · 实在。

冯友兰有个关于《中庸》“诚”的解释说得十分明白:“诚就是实实在在、老老实实,没有虚假。《中庸》说:‘诚者,天之道也。’自然的规律和现象都是实实在在、老老实实的，刮风就是实实在在、老老实实地刮风；下雨实实在在、老老实实地下雨。人不能这样实实在在、老老实实，所以要'思诚'，要'诚之'。你要饮食，也要想到别人也要饮食，还要努力使别人都能得到饮食。努力可能失败，但是你要尽你所能，不能有一点虚假。是不是真正地没有虚假，别人不能知道，只有你自己知道，因为这是你自己的精神境界。如果有虚假而装作没有虚假，这是欺人。如果有虚假而自以为没有虚假，那就是自欺。诚需要不欺人也不自欺。不自欺比不欺人更难。所以《大学》说：'所谓诚其意者，毋自欺也。'究竟自欺不自欺，只有你自己知道。就是在这些地方要特别注意，这就叫'慎独'。这些道理，后来的宋明道学，更加发挥。"（《三松堂全集》第九卷）当然，他把天道之诚与人道之诚混合在一起讲了，下面我们还得分开来说。

二、形而上维度的"诚"

这就是说的宇宙的、自然的"诚"——存在、实在、真理。《中庸》："诚者，天之道也。"（20章）如冯友兰所说的"自然的规律和现象都是实实在在、老老实实的"，这就是"诚"。

再比如《中庸》说"天时"是"诚"的，"水土"是"诚"的，大地之"无不持载"是"诚"的，上天之"无不覆帱（dào，覆盖）"是"诚"的，"四时之错行"是"诚"的，"日月之代明"是"诚"的，"万物并育而不相害"是"诚"的，"道并行而不相悖"也是"诚"的。（30章）我们可见《中庸》对儒家学说发展之一斑了，即是由人之"诚"而延伸至世界万物之"诚"，以及世界万物后面的深藏的"道"之"诚"了。

三、鬼神之维度的"诚"

古人迷信鬼神，或半信半疑鬼神，今人大都讲科学，不再相信迷信了。但是若要与古人沟通对话，要走进经典的内里，我们还得知道这一维度的内容以及其中的理念。

《中庸》记载了孔子的一段话，其中说"鬼神之为德，其盛矣乎"！（16章）孔子认为鬼神也有"德"，若按此逻辑类推之，则鬼神也必有"道"，那便是"道德"；鬼神也必有"功"，那便是"功德"了。且看鬼神之功、之道、之德是何等神秘！孔子说："视之而弗见，听之而弗闻，体物而不可遗。"（16章）这就是神鬼莫测了！厉害的是，鬼神能"使天下之人，齐明盛服，以承祭祀"。鬼神的降临，更是恍恍惚惚、惚惚恍恍的，"洋洋乎，如在其上，如在其左右"。

“夫微之显，诚之不可掩如此夫！”（16 章）孔子还说，鬼神的事情本来就是隐约虚无的，但又是那样明显地体现出来，真实无妄就是这样不可掩蔽的！这里或许能看到孔子对鬼神虔诚的一面！这里也告诉人们，鬼神是诚而灵的，人对待鬼神则当诚而敬。当然今天人是不会再迷信鬼神之说了。关于鬼神的维度的“诚”，后文还会有进一层的说解，可参见。

诚：人生成功的大智慧

在《大学智慧》一书中，我们已经解读过“诚意”的一些智慧，而《中庸》论“诚”似较《大学》更为丰富深刻，两书若互见互彰，互补互用，则于人生及其成功或更有一番大智慧的触悟。

一、价值：成功关键是“诚”

1. 诚者自成。

究竟什么是“诚”？一言以蔽之，诚从正面来说就是一切都是真的实的，从反面来说一切没有虚的妄的，因此真实无妄就是“诚”。“诚”对人生有什么作用与价值？一个字就是“贵”，一串词便是“宝贵”、“尊贵”、“珍贵”、“金贵”、“贵重”。《中庸》如是说：“是故君子诚之为贵！”（25 章）

果真如此吗？《中庸》曰：“诚者自成也，而道自道也。”（25 章）这是说，诚是自成的。“自成”什么？那就是自成其身，也就是自己成就自己，自己使得自己成功，而这就靠一个东西，那就是“诚”。一个人对于“诚”的贯彻与表现如何，或许就决定了他的成与否、休与咎；推而广之来说，那么一团体、一企业，乃至一个国家之成功与否，也因其结集的人之“诚”与否来决定“成”还是“不成”。

再说“道自道也”。诚是有“道”的，诚是有体现出来的“诚之道”的，人一定要自己主动自觉地去遵行。如张居正说：“体此诚而见于人伦日用之间，则谓之道。这道乃人所当自行的，如事亲之孝，为子的当自尽，事君之忠，为臣的当自尽，所以说是‘自道’。”

2. 不诚无物。

《中庸》：“诚者物之终始，不诚无物。是故君子诚之为贵。”（25 章）此一言中的！每一事物都有开端，亦有结束，这就是“物之终始”。如果“诚”

不能贯彻其始终全过程，那么有始无终，半途而废，这事与物就不可能成功了，故不诚无物。

这也不难理解，日常现实可以看到无数这样的事实：去学手艺，虽学了，但心不诚，那么这手艺最终是学不会、学不精的。去搞管理，虽去管了，但是心不在焉，那最后是搞不好的。去行善事，虽去做了，但意不诚，那是没有终局的。去做学术研究，但不真诚，那也是没有善果的。如此等等，人虽有所作、有所为、有所期、有所盼，但是"作"而没有"诚心"，"为"而没有"诚意"，"期"而没有"真诚"，"盼"而没有"诚实"，那么一切都归于虚的、空的、假的、幻的了。人生就是这样，如果没有"诚"贯穿与贯彻始终，"诚"一旦缺位了，如何能成功？谚语曰："求人不如求己。"此言深具哲理，若来个接着说，那么就是"求己不如求诚"了！

3. 成己成物。

"诚"的作用与价值还不仅在于自成，而且由自成而至于成他、成物。此可谓成非独成，不只是成功自己而已，而是物我均成。《中庸》："诚者，非自成己而已也，所以成物也。"（25 章）这就是孔子所说的，"己欲立而立人，己欲达而达人"（《论语 · 雍也》）。这也如孟子所说的，"强恕而行，求仁莫近焉"（《孟子 · 尽心上》）。冯友兰说：照《中庸》的说法，由此可以逐渐消灭"人"、"己"的界限，最后达到"合内外之道"。这就是说，对于有这种修养的人，主观和客观的分别已不存在。这当然是一种主观的精神境界。（《中国哲学史新编》）

4. 仁智兼得。

再说，由诚而成己，这是"仁"；由成己而成物，这是"知（智）"。这样看来，得则俱得，一举两得，仁智兼得，岂不是人生的大成功？如《中庸》曰："成己，仁也；成物，知也。性之德也，合外内之道也，故时措之宜也。"（25 章）张居正说："成己则私意不杂，全体混然，叫做仁；成物则因物裁处各得其当，叫做知。然是仁、知二者，非从外来，乃原于天命，是性分中固有之德也，亦不是判然为两物的，与生俱生，乃内外合一的道理。"（《张居正讲评 < 中庸 >》）因此一个人不怕不成功，只怕没有"诚"。如果能将"诚"来个一以贯之，那么就会"时措之宜"，即随时而行，且处处合宜了。

二、精进："诚"的关键靠功夫

《荀子 · 不苟》："君子养心莫善于诚，致诚则无它事矣。"然而要能"莫善于诚"地"养心"，绝非易事，需要功夫，需要精进。

1．自诚明·自明诚。

《中庸》认为要想臻于“诚”，一般人要经历的是“自明诚”的路径，而这需要教化的功夫。这道理似乎有点复杂，需要慢慢地说来。

先说世界上人的情况是复杂的，不一样的，《中庸》认为有一些人是从真诚而后至于明白道理的，因为此由天性所致，所以这种情况称为天性。《中庸》：“自诚明，谓之性。”（21 章）张居正解读：“由诚而明的，这叫做性。盖圣人之德，不勉而中，不思而得，天性本来有的，故谓之性。性即天道也。”这是说的极少数的“圣人”的情况。

另外一些人却是从明白道理而后至于真诚的，这要由教化所致，所以这种情况称为“教”。《中庸》：“自明诚，谓之教。”（21 章）张居正解读：“盖贤人之学，以择而精，以执而固，由教而后能入的，故谓之教。教，即人道也。”这是大多数人要由“教”而达到“诚”的情况。

由此则分为两类：一是性、天道，一是教、人道。然而尽管情况不同，但最后都能达到“诚”的境地。此可谓虽殊途而同归矣。正如《中庸》所说：“诚则明矣，明则诚矣。”（21 章）内心诚实就能明察事理，而明察事理也能做到内心诚实。因此，虽然我们绝大部分是属一般的人，但是经过后天的教化，照样可以达到那些“圣人”所能达到的“诚”的境地，教化就是其中的关键。

2．反诸身不诚。

想要达到“诚”，还必须要有一种反思、反省的功夫，即是常常要由外而向内，反过来检查、警惕自身的“不诚”。比如《中庸》：“顺乎亲有道：反诸身不诚，不顺乎亲矣。”（20 章）要顺从父母亲，亦不在乎阿意曲从，其中也有个道理，那就是能诚身，使得自身真诚。“若反求诸身，未能真实无妄，则外有承顺之虚文，内无敬爱之实意，岂能得父母之欢心？故欲顺亲者，当诚乎身也。”此可以类推之，事事可反思、反省“反诸身不诚”的问题。

3．至诚高境。

“诚”又是有层级的，最高境界就是“至诚”。所谓“至诚”就是诚的至极，这是儒家高悬的鹄的，永远召唤着人们前行。《中庸》还展示了美妙的“至诚”的瑰丽，如“故至诚无息。不息则久，久则征，征则悠远，悠远则博厚，博厚则高明”（26 章）。《中庸》还多处论及“至诚”，下文再作详论。

综上简略的分析，或可以归纳出这样一些道理：

“诚”是人生的根本，而不是枝叶，应当不懈地去滋养，因为本立而道生；

而一个不诚的人、一个不真不实的虚妄之人，终究是不能成功地站立在人世的。

"诚"也是一种心态，有诚心、诚意的诚实人，必定充满阳光，洋溢朝气，能微笑地对待坎坷，亦能莞尔地看待成功。真诚地从坎坷中获取教训，也从成功里享受美醪。

"诚"是生命之鹄的与动力，不断地召唤、鞭策、激励你日新、又新、日日新。"至诚"是永无止境的，人当止于至善，也应止于至诚。

"诚"是一宗功夫，功夫深才能铁杵磨成针，由此细线密针，便能绣成事业的鸳鸯。确实，人能诚心诚意去行诚，那么诚则得理，得理则明，能明则能变，能变则能化，化出人生的神奇来。

"至诚"的哲学思考

《中庸》还让人们思考这样的问题：人作为天地间的万物之灵，人生的意义、生命的价值究竟应该怎样？

《中庸》指出，人的最高价值的最后指向就是：人与天、地并立为三，赞助天、地而促成万物的生长，天、地、人和谐地共处在这个世界上。这就是人的辉煌的使命，然而只有"至诚"，才能完成这一伟大的使命，达到这样瑰丽的境界。

当然，我想这"人"如果不仅仅是看做少而又少的个别的圣人、少量的贤人，而是大而化之，看做"人"的总集合，把整体"人类"看做"圣人"，那么《中庸》的这种哲学思考及其教育意义就更加广泛深刻了。《中庸》是要让整个人类臻于"至诚"，从而与天、地成为"参"。且看《中庸》之论：

一、至诚：神秘且玄妙的至境之诚

"诚"，王夫之曾说："说到一个'诚'字，是极顶字，更无一字可以代释，更无一语可以反形。"（《王船山全书》第一册）但是《中庸》却还在此极顶字上再加个"至"的"极顶字"，那就成了"至诚"。"至诚"则是"诚"的极顶了。"诚"一旦臻于"至诚"、"天下至诚"，一旦到达这种至境，便是神而秘之、玄而妙之了。

《中庸》："唯天下至诚，为能尽其性。"（22 章）

《中庸》："唯天下至诚为能化。"（23 章）

《中庸》:“至诚之道,可以前知。”(24 章)

《中庸》:“故至诚如神。”(24 章)

《中庸》:“故至诚无息。”(26 章)

《中庸》:“唯天下至诚,为能经纶天下之大经,立天下之大本,知天地之化育。”(32 章)

《中庸》频频出现的这些“至诚”,以及对“至诚”的那种表述、描绘与颂赞,给人们一种朦胧的、神秘的、美妙的诗性感觉。

二、“至诚”展开的逻辑链

《中庸》展示了“至诚”的一条逻辑链,环环相扣:(1)“无息”。——至诚无息。(2)“久”。——不息则久。(3)“征”。——久则征。(4)“悠远”。——征则悠远;悠远所以成物也;悠久无疆。(5)“博厚”。——悠远则博厚;博厚所以载物也;博厚配地。(6)“高明”。——博厚则高明;高明所以覆物也;高明配天。(7)如此者,“不见而章,不动而变,无为而成”。(26 章)

三、“天下至诚”功用的逻辑

《中庸》:“唯天下至诚,为能经纶天下之大经,立天下之大本,知天地之化育。”(32 章)这是何等美妙的逻辑!“唯天下至诚”,此为最高境界的“诚”,由此一个“天下”的“至诚”便可以产生出三个与“天下”有关的结果:

1. 经纶大经:“唯天下至诚”,“为能经纶天下之大经”。

只有天下至诚的人,才能治理制定天下的重大法规。张居正说,实理之在天下,散于人伦,原于性命,非可容尽者,独有天下至诚的圣人,德极其实,而无一毫之私伪,故于君臣、父子、夫妇、兄弟、朋友之伦,为能各尽其道,分别其理而不乱,联合其性而不离,足以为天下后世之法,就如治丝一般,既理其绪而分之,又比其类而合之,所以说“经纶天下之大经”。而且于人伦之间,一皆恩意之浃洽,慈爱之周流,何其肫肫然而恳切至也。此所谓“肫肫其仁”(32 章)!(《张居正讲评 < 中庸 >》)

2. 立大本:“唯天下至诚”,“立天下之大本”。

只有天下至诚的人,才能树立天下的根本大德。张居正说,于所性中仁义理智之德,浑然全体,无少亏欠,而凡所以应事接物千变万化者,其理莫不包括于其中,就如树木一斑,根本牢固而不动,枝叶发生而不穷,所以说“立天下之大本”。而且性真澄彻,而万理空函,就与那渊泉之不竭一样,何其渊渊然而静

深也。此其所谓“渊渊其渊”(32章)!(《张居正讲评<中庸>》)

3．知化育:“唯天下至诚”,“知天地之化育”。

只有天下至诚的人,才能懂得天地化育万物的道理。张居正说,至于天地之所以化生长育,只是元亨利贞这四件实理至诚之仁义礼智,既与之契合而无间,故能融会贯通,知之洞达而无疑,盖不但闻见之知而已。而且阴阳并运,而上下同流,就与那天之无穷一般,又何其浩浩然而广大也。此所谓“浩浩其天”(32章)!(《张居正讲评<中庸>》)

4．反问的含义。

此一反问是“夫焉有所依”?如张居正说,经纶大经,立大本,知化育,这都是至诚自然之能事,不思而自得,不勉而自中者也,何尝倚着于物而后能哉?

第二反问是“苟不固聪明圣知达天德者,其孰能知之”?张居正又说,至诚之功用,其盛如此,则其妙未易知也。若不是有圣知之资,通达仁义礼智之天德的圣人,则见犹滞于凡近,而知不免于推测,其欲所谓经纶、立本而知化者,何足以知之者?此可见唯圣人然后知圣人也。

四、至诚与天地参:尽性·成性

“至诚”,“可以赞天地之化育”,“可以与天地参矣”;这是因为“至诚”,可以“三尽其性”、“三成其性”。

1．“唯天下至诚,为能尽其性”。(22章)

什么叫“尽性”?成中英说,人是宇宙间渺小的生命,但也充满整个宇宙,因为宇宙的生命要在人的生命中体现出来。人要求自己的善在生命现实中完成,能满足这要求,这就是“仁”,也就是“尽性”。(成中英《从中西互释中挺立》)

《中庸》说,只有天下的至诚者,才能竭尽自己天赋的本性。为什么?因为人的本性本是来自天赋,本是真实而无虚妄的,但是被种种私欲遮蔽起来,所以见得不明,行得不到,故不能极尽其天性。至诚者,则“纯乎天理而不杂于人欲,故于所性之理,察之极其精,行之极其至,而无毫发之不尽也”。(《张居正讲评<中庸>》)

2．“能尽其性,则能尽人之性”。(22章)

《中庸》说,由尽自己之性,则再能极尽他人的本性。这是为什么?至诚者之我与他人的天性本是一样的,“圣人既然能尽己之性,由此推之于人,便能设立政教,以整齐化导之,使人人能复其性之本然,而能尽人之性矣”。(《张居正讲评<中庸>》)

3. “能尽人之性，则能尽物之性”。(22 章)

《中庸》说，既尽自己之本性，又尽他人之本性，然后就能极尽万物的本性。这又是为什么？天下万物各有其性，“圣人既能尽人之性，由是推之于物，便能修立法制，以撙节爱养之，使得物物各遂其性之自然，而能尽物之性矣”。(《张居正讲评<中庸>》)

《周易·系辞》：“一阴一阳之谓道，继之者善也，成之者性也。”至诚者便能“三尽”其性：尽己之性、尽他人之性、尽物之性；此也即“三成”其性：成己之性、成他人之性、成物之性。如此生命，则浩然沛然矣！

最后，至诚便能赞天地化育，可以与天地参矣。

1. “能尽物之性，则可以赞天地之化育”。(22 章)

“赞”，助。“化育”，变化、生育。《中庸》说，能够极尽人与物之性，则可以赞助天地的化育了。——这是什么意思？张居正曰：“夫人物皆天地之所生，而不能使之各尽其性，是化育也有不到的。今圣人能尽人物之性，则是能裁成辅相，补助天地之所不及矣，岂不可以赞天地之化育乎！”

2. “可以赞天地之化育，则可以与天地参矣”。(22 章)

“参”，三，此指并立为三的意思。《中庸》说，可以赞助天地的化育，则可以与天地并立为三了。——这又是什么意思？张居正曰：“既能赞天地之化育，则是有天地不可无圣人，天位乎上而覆物，地位乎下而载物，圣人位乎中而成物，以一人之身，与天地并立而为三矣，岂不可与天地参乎！”(《张居正讲评<中庸>》)

《中庸》哲思的深邃，于此可见一隅，然而从“诚”、“至诚”再往下一层深入，则可悟彻此“诚”、“至诚”又出自“性”、“人性”。由此再思考，那么《中庸》如此反复讲究人性的问题，不就是希望从这一根本问题上来唤醒世人?！所以古人执著于人性善恶的辩论，哲学家又竭尽全力地建构性理之学、性命之学。他们在性、人性问题上反复深究辩驳，是有其深刻的道理的。写到这里又记起了张居正的话：“至诚之功用，其大如此，然天地万物之理，皆具于性之中，参赞位育之功，不出于尽性之外，学圣人者，但当于吾性中求之。”

最后，我还想说的是，人类应该有“至诚”的圣人，那是必要的，不可或缺的。但是，我们还要从“至诚”那里再拉回到不仅是个别人的“至诚”而是人类的“至诚”的视域里。因为真正意义上的“圣人”，也许就是整个“人类”的“人”！如果整个人类“至诚”了，人的本性变得“至诚”了，那么地球也许也就会变个样了。

如果人们不去无限地扩张，无限地侵夺，无限地破坏，无限地在私欲、物欲、贪欲的落网中挣扎，或许会少了很多的生态破坏，少了很多的战争，少了很多的犯罪，少了很多的尔虞我诈……

如果人心、人性在追求“至诚”之途上不断地洗汰污垢，清除尘埃，那么也许就虚室生白，而终至返回“至诚”的本性去了。如果既能成就自己的人性，也能成就他人的人性，还成就万物的物性，而后栖居于天地之中，就能更好地发挥“人”，即是人类的伟大的作用，建构一个天、地、人和谐共处的美好世界。

但是人们会反问：这一切可能吗？——那就让已经漫漫的并还将漫漫的历史去回答吧！

诚：讲真话的季羡林

说到《中庸》的“至诚”、《大学》的“诚意”之论，我们又想起了季羡林讲真话的事情，讲真话也就是一种“诚”。

季羡林（1911—2009），山东临清市康庄镇人。在2009年的7月的一天，季老走完了他的长达98年的一生。

他19岁考入清华大学西洋系，从师过吴宓、叶公超、陈寅恪、朱光潜、俞平伯、朱自清等人。他担任过中学教师。24岁时，进德国哥廷根大学，学习梵文、巴利文、佛学和吐火罗语，并获博士学位。35岁回国任教，曾任北京大学教授、东方语言文学系主任。1956年，45岁时任中国科学院哲学社会科学部委员。1978年，67岁复出，任北大东方语言文学系主任，又被任命为北大副校长、北大南亚研究所所长。1984年，任北大南亚东南亚研究所所长。2003年开始，住进北京301医院，在那里度过了他生命的最后一段时光。

我们从有关的资料上，看到他留学德国时的风度翩翩的西装领带的相片，也看到报道说“在北大，季羡林永远是一身洗得发白的中山装，圆口布鞋，出门时提着一个20世纪50年代生产的人造革旧书包。从外貌看，他像工友，又像老农，就是不像学者”。

有人还这样描写他的家：水泥地，大白墙，没有任何装修，完全是20世纪50年代普通家居的样子。家具都是学校发的，既旧且破。没有客厅，待客就在大间的卧室里。卧室南面并排放着两张单人床，是季羡林的婶母和妻子睡的，占去了半间房间。北面放一张旧八仙桌和三把破旧的椅子，既是餐桌，又是客人坐的地方。季羡林自己住在较小的房间里，里面除了一床、一桌、一椅外，便是书，从地面一直堆到天花板。（夏榆文，《南方周末》2009 年 7 月 16 日）

季羡林曾被评为2006 年“感动中国”人物，有这样的评语：“智者乐，仁者寿，长者随心所欲。一介布衣，言有物，行有格，贫贱不移，宠辱不惊。学问铸成大地的风景，他把心汇入传统，把心留在东方。”不过此评语并不十分精准，比如他做过北京大学副校长，似乎不能说是“一介布衣”了吧，又如只是说“贫贱”，还要说说他的“富贵”；但是“行有格”的闪光点却确实抓得很准。

季羡林“行有格”的表现之一，便是做人之诚。著名民俗学家钟敬文曾说：“文学的最高境界是朴素，季先生的作品就达到了这个境界。他朴素，是因为他真诚。”其实，季羡林本身就是杰出的大器晚成的“作品”，此境界的达到，也正是因为他真诚。我们可以读读他的一些经典的语录，细细体悟之。这里我把自己的一点思考与评论，用按语的方式写了出来。

1. 季羡林说：“要说真话，不讲假话。假话全不讲，真话不全讲。”

【按】季羡林写过一本书《讲真话：人生箴言录》，主题就是“讲真话”。但是，我们读了此言，觉得前一句好懂，后一句有点玄乎。其实后一句是他的“真诚”言说中的又一种智慧。为什么“真话不全讲”？因为若要真话全讲，还得看看听话者的几个情况，如果不能睿智地把握时、地、事、人这几个要素，全讲真话恐怕不仅不当，还会招来祸从口出，甚至会有杀身之祸了。历史的教训不要太多！

2. 季羡林说：“我说过不少谎话，因为非此不能生存。但是我还是敢于讲真话的，我的真话总是大大超过谎话，因此我是一个好人。”

【按】季羡林在《我写我》中说过这样的话。表面上看“我说过不少谎话”，此话似乎和上句有矛盾，但是上句一个“要”字点明的是愿景；在复杂现实生活里，却逼得他“说过不少谎话”，这是为了生存。看来“生存”对人生的重大价值是不可低估的！想想吧，司马迁受到宫刑，最后屈辱地生存，不是为了苟活，而是为了实现自己的生命价值，写出巨著《史记》。季羡林经过量化比较方法，“真话总是大大超过谎话”，说明自己是个好人。他也确实是个好人！

3. 季羡林说："学者们常说：'真理愈辩愈明。'我也曾长期虔诚地相信这一句话。但是，最近我忽然大彻大悟，觉得事情正好相反，真理是愈辩愈糊涂。"

【按】此话初看似不能信服，细想起来又确是他的大彻大悟的真诚之言。因为他的一生大约经历了太多的运动、太多的所谓的"真理"的辩论了，最后大约也确实是"愈辩愈糊涂"。这又是因为他在经历了太多的辩论之后，人们又往往校正了、否定了前面所谓的"真理"了。

4. 季羡林说："现在人们有时候骂人为'畜生'，我觉得这是对畜生的污蔑。畜生吃人，因为它饿。它不会说谎，不会耍刁，决不会先讲上一大篇必须吃人的道理，旁征博引，洋洋洒洒，然后再张嘴吃人。而人则不然。"

【按】这也是饶有趣味的季羡林的实话实说、真话不假说。确实在生活中，人比畜生高明得多，举例如那些高科技的东西就永远不是任何畜生所能达到的，但很多时间里人又确实不如畜生，甚至远远不如。比如现代人利用高科技来作伪、来盗窃、来犯罪、来发动战争、来杀人、来破坏生态，那是畜生永远都干不出来的伤天害理的事。

5. 季羡林说："好多年来，我曾有过一个'良好'的愿望：我对每个人都好，也希望每个人都对我好。只望有誉，不能有毁。最近我恍然大悟，那是根本不可能的。"

【按】看来人生的阅历，是阅久历远才会于习见之中恍然大悟、豁然省悟的。季羡林阅历既久远，然后悟得深彻，不就是对人们的启示？这里告诉人们，人心是复杂的，人情是难测的，但有一点是可以断定的，虽然对他人都好，但是"只望有誉，不能有毁"的回报，大约是不可能存在的。

6. 季羡林说："每个人都争取一个完满的人生。然而，自古及今，海内海外，一个百分之百的人生是没有的。所以我说，不完满才是人生。"

【按】这是千真万确的真话，谁见过一个真正完满的人生？事实是，或者人们以为他完美了，但他自己还觉得不完满；或者他自己认为完满了，但人们觉得他不完满；或者是当时人都觉得他完满了，但留给后人来看却是不完满的。追求完满的人，是自强不息者，但是若能用"不完满才是人生"的智慧来校正自我，那么或许可以臻于老子所说的"知足不辱，知止不殆"的洒脱境地了。

7. 季羡林说："在伦理道德方面，我的基础也不雄厚和巩固。我绝没有现在社会上认为的那样好，那样清高。在这方面我有我的一套'理论'。我认为，人从动物群体中脱颖而出，变成了人。除了人的本质外，动物的本质也还保留了不少。一切生物的本能，即所谓‘性’，都是一样的，即一要生存，二要温饱，三要发展。在这条路上，倘有障碍，必将本能地下死力排除之。根据我的观察，生物还有争胜或求胜的本能，总想压倒别的东西，一枝独秀。这种本能人当然也有。”

【按】人性，其中还留有一些动物之性、之本质，我想此话也确实是真话。为什么天天在讲提高人的素质，不停地灌输、教诲、引导，常常见效不大，甚至有时候还会出现“大滑坡”？季羡林所说的这段话，也许可以供人们思考吧。

8. 季羡林说：“自从五十多年前所谓的解放以来，第一阵兴奋一过，立即陷入苦恼和灾难中，什么事情都要搞运动。什么叫运动呢？就是让一部分人（老知识分子除外）为所欲为，丢掉法律和道德，强凌弱，众暴寡。我不是空口说白话，我有现身的经历。”

【按】有报道说，“文革”中季羡林被批斗得晕头转向，头破血流，当过门房，甚至还曾下定决心自己结束自己的生命，把积攒的安眠药装在自己的口袋里。但是他最后还是顽强地活了下来，还偷偷地翻译出《罗摩衍那》。“文革”还间接催生出他的《牛棚杂忆》。写《牛棚杂忆》，本为了期待“文革”中受难的人有人会把自己亲身经历的苦难写出来，又期待那些折磨人甚至把人折磨致死的人，能够把自己折磨人的心理状态和折磨人的过程写出来。当两个期待都落空时，他就自己来，至少完成一个：“不说谎话，把事情的原委和盘托出。”《牛棚杂忆》出版后，引起巨大反响，读者感谢作者“用血换来”、“和泪写成”的著作，“说出了千百万人想说而又未说的话”。该书的风行，使季羡林成为央视的“东方之子”。（夏榆《南方周末》文）

9. 季羡林说：“我喜欢的人约略是这样的：质朴、淳厚、诚恳、平易；骨头硬，心肠软；怀真情，讲真话；不阿谀奉承，不背后议论；不人前一面，人后一面，无哗众取宠之意，有实事求是之心；不是丝毫不考虑个人利益，而是多为别人考虑；关键是一个‘真’字，是性情中人。”

【按】这是在说他人，但也可以此反观季羡林。其实，他就是这样的人，这就是他的自况，而其中聚焦为一点，“关键是一个‘真’字”，真则诚，真诚者总是让人喜欢的。

10. 季羡林说：“环顾左右，朋友中国学基础胜于自己者，大有人在。在这样的情况下，我竟独占‘国学大师’的尊号，岂不折煞老身！为此，我在这里昭告天下：请从我头顶上把‘国学大师’的桂冠摘下来。”

“这样的人，滔滔者天下皆是也。但是，现在却偏偏把我‘打’成泰斗。我这个泰斗又从哪里讲起呢？为此，我在这里昭告天下：请从我头顶上把‘学界(术)泰斗’的桂冠摘下来。”

“是不是因为中国只有一个季羡林，所以他就成为‘宝’。但是，中国的赵一钱二孙三李四等等，等等，也都只有一个，难道中国能有13亿‘国宝’吗？为此，我在这里昭告天下：请从我头顶上把‘国宝’的桂冠摘下来。”

“三项桂冠一摘，还了我一个自由自在身。身上的泡沫洗掉了，露出了真面目，皆大欢喜。”(转引自《光明日报》纪念文)

【按】季羡林的话也是实话实说、真话真说，他要摘下“三项桂冠”，重新“露出了真面目”，此即是真实的诚意的季羡林，也是真实的季羡林的诚意。

季羡林走了，但留下了正在陆续出版的《季羡林全集》，此共有30卷，近1200万字，堪称著作等身，而就在这等身著作里，人们可以永远聆听到他絮絮讲述的学术的真话、文化的真话，还有他讲的人生的真话！季羡林的真诚、坦诚、诚意，或者可以成为解读《中庸》“诚”之说的一个现代例证。

神秘之域：《中庸》鬼神说

《中庸》对“诚”的一维，即鬼神之诚的叙述与议论，表现出神秘性与宗教性。为了更加全面与深刻地阅读《中庸》这一经典，我们不妨再来作一些解读。

首先什么是鬼神？鬼，是迷信者以为人死后魂灵不灭，而称之为鬼。如《礼记·祭义》：“众生必死，死必归土，此之谓鬼。”神，是宗教以及神话中所说的那种超自然体，如所说的神灵、神仙等。《礼记·祭法》：“山林川谷丘陵，能出云为风雨，见鬼物，皆曰神。”神，也指人死后的魂灵。

汉语中关于鬼、神的词语特别多，亦见其文化层积之厚。比如成语“鬼斧神工”、“鬼刻神劖(chán 用锐利的器具凿或铲)”、“鬼使神差”、“鬼泣神嚎”、“惊天地，泣鬼神”，就有丰富的意蕴。再来看《中庸》的鬼神之说。

一、鬼神之恍惚与其德之盛大

《中庸》描述了鬼神恍惚存在之状况与情境。这便是看不见、听不到、嗅不觉、摸不着,但却是“洋洋乎”无处不在、无时不在、无事不在,“如在其上”,“如在其左右”。《中庸》描述了人的世界和鬼神的世界好像是分开的两个世界,但好像又是密不可分、混之、杂之、融之、通之的一个世界了。

再说人与鬼神之间还有一层关系,那就是鬼神所具有的“德”是盛大的,其“能量”是巨大的,其“效应”是宏大的,因此人们绝不可忽视这些方面。《中庸》明确揭示:“鬼神之为德,其盛大矣乎!”

当然现代人一定要撇开鬼神的报应、保佑、作祟等迷信的东西,这是不可信的。但是要注意的是,那些数千年的鬼神观念所层积下来的文化、文化心理对人的影响是巨大的,也是不可低估的。如果从这一角度来解读这一问题,那么会对孔子所说的“鬼神之为德,其盛大矣乎”,有另外一种深切的启示了!试想在21世纪高科技时代的今天,人们却还每年虔诚地用重大的礼仪,焚香、洒酒、献牺、鞠躬、跪拜、歌舞、颂赞去祭祀黄帝陵、炎帝陵、太昊陵墓、孔庙等等,又如清明家家祭扫祖坟等,这不能看做是迷信活动,相反,其中储存着、蕴藏着的丰厚文化积淀,却可以对今人发挥极盛、极大的作用!我想,《中庸》所载孔子赞扬“鬼神之为德,其盛大矣乎”,大约就是建立在对此深层奥秘的洞察上的。

二、“君子”与“鬼神”

《中庸》说,“君子之道”得以确立,有一道程序是必定要的,那就是必须经过“质诸鬼神而无疑”。(29章)

《中庸》说“君子之道”的确立程序,一是“本诸身”;二是要“征(验证)诸(之于,下同)庶民”;三是又要“考(查、核)诸三王而不缪(谬误)”;四是还要“建(立)诸天地而不悖”;五是特别揭示了不要忘记与“鬼神”的沟通,“质诸鬼神而无疑”。这就是要对质、质证于鬼神而没有疑问。进层又说,“质诸鬼神而无疑,知天也”。如果“质诸鬼神而无疑”,这就是知晓天道了。此可见“君子”与“鬼神”的又一层关系。

三、《中庸》:孝·祭祀·鬼神·治国

孝、祭祀与鬼神、治国均有关,《中庸》特别给予了大段的论述。

1. 说孝。《中庸》:“夫孝者,善继人之志;善述人之事者也。”“事死如事生,事亡如事存,孝之至也。”(19章)《中庸》举出历史上行孝道的典范：一是“至孝”，那是舜的“大孝”；他不仅功成名就，还得到了“宗庙飨之，子孙保之”。（17章）二是“达孝”，比如武王、周公的“达孝”。（19章）

2. 祭祀鬼神。《中庸》还描述了祭祀鬼神的情况：“春秋修其祖庙，陈其宗器，设其裳衣，荐其时食。宗庙之礼，所以序昭穆也；序爵，所以辨贵贱也；序事，所以辨贤也；旅酬下为上，所以逮贱也；燕毛，所以序齿也。践其位，行其礼，奏其乐，敬其所尊，爱其所亲，事死如事生，事亡如事存，孝之至也。”（19章）

3. 特别指出祭祀天地“事上帝”与祭祀宗庙“祀其先”的重要。《中庸》：“郊社之礼，所以事上帝也；宗庙之礼，所以祀乎其先也。”还着重指出，这样来对待上帝、祖先之鬼神，那么治国就变得十分容易了：“明乎郊社之礼，禘尝之义，治国其如示诸掌乎！”（19章）

五、诚敬鬼神与中庸之道

《中庸》记载了孔子的鬼神观，再对照《论语》作一会观，从而可知道《中庸》对孔子鬼神观的继承与再发挥。

1. 诚敬对待祭祀鬼神。《论语·八佾》：“祭如在，祭神如神在。子曰：‘吾不与祭，如不祭。’”孔子祭祀祖先的时候，就好像祖先真在那里；祭神的时候，就好像神真在那里一样。孔子说，我不亲自参加祭祀，就不请别人代祭。孔子对鬼神祭祀的诚敬，于此可见一斑了。

2. 敬鬼神而远之。《论语·雍也》：“樊迟问知。子曰：‘务民之义，敬鬼神而远之，可谓知矣。’”要让民众专注在道义上，要诚敬鬼神，但又要远离鬼神，这可以说是有智慧了。——这不是矛盾了吗？没有！其实这就是孔子对待鬼神的高明的中庸之道：一是诚敬，且理智；一是该亲密接触时就近距离地接触，该距离远些时就疏远一下。试想，如果一天到晚专注在祭祀上、鬼神上，还搞得好正常的事业和生活吗？因此，这就需要个“度”，能敬重鬼神但又要适当地保持距离，否则滥祭淫祀，那岂不是乱了套了？其实智慧者都会这样来处理的，《晏子春秋·谏上十二》：“上帝神，则不可欺；上帝不神（灵验），祝（祝祷）亦无益。”此也是明智。

3. 事人与事鬼。《论语·先进》：“子曰：‘未能事人，焉能事鬼？’”此可见“事人”又重于“事鬼”，两个都要“事”，但是权度之，先人后鬼。这是从现实出发的高明智慧。

4. “不语”的智慧。《论语·述而》：“子不语怪、力、乱、神。”其实从文献记载来看，孔子不是不语，而是不多语，更不乱语。孔子是该说就说，不该说就不说，该说多少就说多少，但是尽量少说或不说。这又再次看到，孔子既诚敬鬼神又理智地用中庸之道对待鬼神的智慧。

六、《中庸》鬼神说的来源

有学者认为，《中庸》鬼神说来源于《墨子》，如金德建说：“《中庸》的思想受到墨家学派的影响原很深切。《中庸》里所涉及的尊天、明鬼、尚贤、崇孝的种种言论，显然是出于墨家学说的。《史记·孔子世家》说子思是‘尝困于宋，而作《中庸》’。但墨翟学说产生渊源又和宋地的关系异常密切（墨学是宋学，据清人俞正燮说）。子思亲身到过宋地，容易接触到当时墨学的根源所在，怎么会不受影响呢？”（金德建《先秦诸子杂考》，中州书画社1982年版）此一说也可供参考之。

有学者，如冯友兰认为《中庸》鬼神说与《易传》有相通处。比如《周易·文言》：“夫大人者，与天地合其德，与日月合其明，与四时合其序，与鬼神合其吉凶。”——比较《中庸》：“君子之道”，“建诸天地而不悖，质诸鬼神而无疑”。（29章）“辟如天地之无不持载，无不覆帱。辟如四时之错行，如日月之代明。”（30章）此中有某种联系。再举例如《周易·系辞传》：“精气为物，游魂为变。是故知鬼神之情状，与天地相似。”若对照《中庸》文句：“鬼神之为德其盛矣乎！”“洋洋乎，如在其上，如在其左右。”（16章）此亦然有某些联系。

当然还有人指出，不管《中庸》鬼神观跟《墨子》、跟《易传》有多大关系，主要渊源却是孔子那高度隐蔽、矛盾的宗教观。（萧兵《中庸的文化省察——一个字的思想史》）不过孔子的宗教观是否该冠上“高度隐蔽、矛盾”之词，还可以再探讨的。

至诚：神话·鬼话·鬼城

世界上有没有鬼与神？这个问题就不准备费笔墨去讨论了。笔者和绝大多数人一样是个无鬼神论者。然而中国有许多的神话，也有许多的鬼话，当鬼与神不是一种迷信，而是从一种“文化”来看待，那么这一“文化空间”亦然是寥廓且深邃的。《中庸》里面有点神秘化、宗教化的鬼神之说，若透视其深里，便有一种“至诚”的精神流贯其间。为了让读者更有感觉地把握理解这些内容,不妨再来看看流贯于神话、鬼话中的“至诚”话题,体悟“至诚”的魅力。

《山海经》是我国最早的一部地理书,作者已不可考。它成书大约在战国时代,秦汉时又有增删。其中的神话故事,曲折地反映出远古人民的生活和思想状态,虽然叙述比较简单,但广为传播,脍炙人口。

“精卫填海”就是一则“至诚”的故事,是颇具教育意义的神话。《山海经·北山经》:

又北二百里,曰发鸠之山(据说山在山西长子县西),其上多柘木,有鸟焉。其状如乌(乌鸦),文首(鸟首有花纹),白喙(huì,嘴),赤足,名曰精卫,其鸣自詨(xiào,呼叫)。是炎帝之少女,名曰女娃。女娃游于东海,溺(nì,淹没、淹死)而不返,故为精卫。常衔西山之木石,以堙(yīn,填塞)于东海。漳水出焉,东流注于河(黄河)。

女娃因游东海而被淹死了,于是变成了小鸟精卫,决心衔山之木石,去填塞大海。此一小一大,小鸟与大海完全不对称,一石一木与大海浩瀚完全不可比拟,但是精卫敢于填海,这是一种不自量力的做法?照常人来看也许是这样。但是神话的“至诚”却为世代的人所认可!《中庸》说:“至诚无息,不息则久。”(26章)这个神话因为其“至诚”而真的“无息”,又真的“不息则久”,久远地感人,悠久地化人!

《山海经》的“夸父追日”又是一种“至诚”的感动。《山海经·海外北经》:

夸父追日(引自《山海经校注》)

夸父与日逐走。入日，渴，欲得饮。饮于河、渭，河、渭不足，北饮大泽。未至，道渴而死。弃其杖，化为邓林。

夸父是神话中的英雄，敢于与太阳竞走。就在他追赶上太阳的时候，口渴难忍，结果黄河和渭水不够他饮用，想到北方饮大泽之水。但是还没有到达，就在路途上干渴致死。他抛弃的手杖，化为了桃树林。这里折射出来的是夸父的"至诚"，而内含的是人们征服自然的决心。当然他也为自己的"至诚"付出了大代价。

此一则亦然是"至诚不息"，人们不息地传诵着夸父的英雄故事。据说夸父倒下时，还变成了一座山，称为夸父山，就在今天河南灵宝市区西，湖峪与池峪之间。夸父山边上还有夸父营村。人们传诵，上古时候，夸父是一个部落的头领，身高无比，力大无穷，每天跟洪水猛兽搏斗，为部落立下了不朽功劳。一年太阳施虐，烤焦了庄稼，夸父决心捉住太阳，就迈开大步追赶。他腹中饥渴难忍，也不停步，晕眩而跌倒在地。醒来时，太阳已经落山。夸父为了解口渴，先饮干了黄河水，又喝干了渭河水，打算再去山西雁门山一带的大泽里饮水。当行至华山以东、现在的灵宝境内时，精疲力尽，倒地而死。他的身体变成了一座山，人称夸父山。（见《中国风景名胜故事词典》）《中庸》："故至诚如神。"（24 章）这里看到了另一种"至诚"的"如神"，就像山一样屹立不摧，如桃林一样盛开不败！

再说《列子·汤问篇》里面有个故事"愚公移山"，家喻户晓。毛泽东还有一篇名文就叫《愚公移山》（1945 年），鼓舞了无数的革命志士。《愚公移山》这篇不到四百字的"至诚如神"的哲理美文，值得一录，当垂之传之久之：

太行、王屋二山，方七百里，高万仞。本在冀州之南，河阳之北。北山愚公者，年且九十，面山而居。惩山北之塞，出入之迂也，聚室而谋曰："吾与汝毕力平险，指通豫南，达于汉阴，可乎？"杂然相许。其妻献疑曰："以君之力，曾不能损魁父之丘，如太行、王屋何？且焉置土石？"杂曰："投诸渤海之尾，隐土之北。"遂率子孙荷担者三夫，叩石垦壤，箕畚运于渤海之尾。邻人京城氏之孀妻，有遗男，始龀，跳往助之。寒暑易节，始一反焉。河曲智叟笑而止之，曰："甚矣汝之不惠！以残年余力，曾不能毁山之一毛，其如土石何？"北山愚公长息曰："汝心之固，固不可彻，曾不若孀妻弱子。虽我之死，有子存焉；子又生孙，孙又生子；子又有子，子又有孙；子子孙孙，无穷匮也，而山不加增，何苦而不平？”河曲智叟亡以应。操蛇之神闻之，惧其不已也。告之于帝。帝感其诚，命夸娥氏二子负二山，一厝朔东，一厝雍南。自此冀之南，汉之阴，无陇断焉。

愚公之“诚”、“真诚”、“精诚”、“至诚”，感悟了家人，感动了众人，感化了智叟，感应了天帝。于是天帝命令大力神夸蛾氏的两个儿子背走了两座大山。《中庸》：“唯天下至诚为能化。”（23章）这里可以体味一番别样的“至诚”而“能化”的滋味。《列子》的《愚公移山》真是感化了好多的后来者。清代黄宗羲说：“愚公移山，精卫填海，常人藐为说铃，贤圣指为血路也。”（《张苍水墓志铭》）邹韬奋曾说：“昔人称‘愚公移山’等于神话，现在以‘人力移地’，竟成事实。”（邹韬奋《抗战以来·沦陷区同胞的艰苦奋斗》）这里虽是举例点滴，却可以看到一种鼓舞人心的“至诚如神”的精神力量。

写到这里又想起了蒲松龄和《聊斋志异》，一直到前两年才终于有机会成行临淄，一睹蒲松龄的故居。在蒲松龄当年的庭院里流连之际，我亦然想起了《中庸》里面的鬼神之说，再次体味《聊斋志异》中的鬼神世界的况味。

蒲松龄说自己，“喜人谈鬼，闻则命笔”。他从“喜人谈鬼”，而至于命笔录鬼，再至于创作描述鬼怪、鬼事、鬼样、鬼情、鬼趣、鬼话，真所谓“鬼头鬼脑”、“鬼话连篇”了。然而此书却成为一部不朽的名著，而蒲松龄也被誉为我国古代短篇小说之王。

思考其中的道理就是《中庸》里所说的：“可一言而尽也。”（26章）所尽者，即是一个“诚”、“至诚”。蒲松龄“至诚”于鬼神之世界，又“至诚”地创造了一个鬼神之世界。这里如妖媚惑人的狐狸精辛十四娘、奇香沁骨的香樟精花姑子等等，这些正面的是竭诚地颂赞，而反面的则是“至诚”地鞭挞，揭露鬼怪的丑陋，如《席方平》篇中所绘。其书鬼神、狐妖、山木、促织、精灵，真可谓鬼话连篇，然而无论正面还是反面，蒲松龄均以“至诚”对待。《中庸》说：“其为物不贰，则其生物不测。”（26章）蒲松龄以其“至诚”的专心不二，创作出鬼神世界的另类的变化莫测！

最后，我又想起了那丰都，称为“鬼城”。虽早就闻名三峡那里的“鬼城”，但是一直无缘前去，也是在前几年终于成行。那天晴空万里，乾坤朗朗，然而在这里的路上、庙里、树林里处处见到“鬼”，事事遇到“鬼”，时时面对着“鬼”。当然那是人造的“鬼”，大都是用泥巴、水泥等塑出来的。走过“奈何桥”、“鬼庙”、“鬼宫”、“鬼殿”，还有那鬼森森的“地狱”，人们都会恍然大悟，这里只不过用换位思考的方式，即是让每个人从死后来思考生前。如果撇开那些迷信的荒谬的东西而不顾的话，那么鬼城就在教育、规劝人们，人在生前该怎样活着，“一言而尽之”：真诚地做人！

《中庸》：神学家的神学维度之思

我因要写《中庸智慧》一书，便留心这方面的出版物，一次偶然在南京一小书店淘到一本《中庸系统神学》。从中看到一位神学家对《中庸》以及“中庸”的一些看法，读了觉得也有意趣，这里也略为之说。

《中庸系统神学》，2000 年由中国基督教协会出版。此书的作者是加拿大籍的陈慰中博士，他 1930 年出生在厦门鼓浪屿，1945 年随家出国，后定居在加拿大维多利亚。在美国获得生物化学博士后，继往英国学习神学，得神学硕士学位，被按立为英国国家教会圣公会牧师。1973 年应邀至加拿大维多利亚参与创办国际学院，任生物化学教授多年。1974 年被选为英国牛津皇家显微学终生院士。1984 年创办加拿大中华学院，任院长。1990 年创办李约瑟中国古代科技博物馆，任馆长。有多种著作介绍中国文化及古代科技发明成果。曾多次应邀来华，在多所大学讲学，并被聘为名誉教授。

他以这样的学历和经历去研究《中庸》，特别是从神学的角度去研究，就有很多独到的见解。他很重视《中庸》，也有很深的体悟，曾经多次出版有关“中庸”的著作，如《中庸辩证法简择》（1895 年出版，中国社会科学院哲学译丛）、《中庸辩证法》（学苑出版社 1989 年版）、《中庸系统神学》（1996 年加拿大出版、2000 年中国基督教协会出版）等，可见他对“中庸”的情感之深厚以及研讨之勤。这里仅据《中庸系统神学》简单介绍一下他从神学角度对《中庸》研究的观点与心得。

一、“道不远人”理念的诠释

《中庸》：“道不远人。”关于这个著名的理念，陈慰中有深刻的理解。在《前言》里，他讲了两点：

1．真道是“道不远人”的。

他的研究方法是“引用主前中国经典和圣经的话，来构成神学上各种重要题目的内容。采用主前经典，目的在于证明上帝早已将真道赐给中国古代的圣贤。如果读者们继续从宏观上和微观上研究中国的古代经典，就可以更多发现其内容含有取之不尽的真道。中国的经典，不但和圣经的启示没有矛盾，而且可以加强和启示圣经的奥秘，还可以解决西方神学的逻辑危机和过度的理论化。所谓真道，应该是'道不远人'"（该书《序言》）。

2. 中国经典的神学思想的价值。

他又说："中国经典的神学思想是中国的宝贵历史遗产，是世界人类的共同财产，可以有利于人类道德行程的方向，使上帝的国降临，上帝的旨意成全，在地上如同在天上。地上的国家可以施行仁义之政。中国从古到今就是提倡仁义之政，从修身、齐家、治国，直到平天下。中国传统经典之'道'，已经在神学上荣耀上帝的名。"

二、《中庸》与"死亡复活"的话题

《中庸》："唯天下至诚为能化。"（23 章）陈慰中对此进行解读：此句话的意思是，只有天下最极峰的真实才能使事物变质。从复活的立场来说，真理能出死入生，使死亡的变成复活的。至诚能化，杀身成仁，可以加强了解，"耶稣由他的死，能够毁灭那掌握死亡权势的魔鬼"。所以《中庸》书接下去又说，"故至诚如神"。决心是神圣的胜利。（《中庸系统神学》）——陈慰中从神学角度解读了《中庸》"唯天下至诚为能化"以及"故至诚如神"，这是独特视角的理解。

三、《中庸》与"祭祀牺牲"的话题

《中庸》："郊社之礼，所以事上帝也；宗庙之礼，所以祀乎其先也。明乎郊社之礼、禘尝之义，治国其如示诸掌乎！"（19 章）这是《中庸》引用的一段孔子的话。

《中庸系统神学》里陈慰中说：孔子的话很难明白。祭祀上帝以配祖宗，和治国有何关。这都与个人修身，把自身当活祭献给上帝有关。祭祀上帝求天国降临，在地如同在天。天国在地上的实现需要有一批人有献身的牺牲精神。祭祀宗祖的最好祭品是齐家。所以，自从基督一次完成了永远的献祭以后，我们现在的祭祀上帝是以献身为活祭，我们现在的祭祖是以齐家来荣祖耀宗。齐家的另一意义是经济。经济不景气最大原因乃因从上到下，全国的人民没有牺牲的精神和实践。人类的过分自私应该被牺牲掉，用行善和助人为祭品来喜悦上帝。明白祭天和祭祖的意义，就是牺牲。没有牺牲精神不能治国，不能齐家，不能入天国。

四、《中庸》与“中国经典礼义与圣餐神学”的话题

《中庸》16章有关鬼神的问题,陈慰中解读说,现在我们看《中庸》一书祭祀概念,这一段话,最适合形容何为“同在”,虽然看不见,听不到,但是能体会到,并且不会忘记的。这个“同在”使众人都穿起礼服,参加祭祀的礼仪。这个“同在”到处都能感觉到,好像在祭祀场所的上面或者在左在右。《诗经》有句话,上天的“同在”降临的时候,是人的智力无法预测的。

他又解读说,上面这段话可以应用到圣餐的祝谢圣文。主祭人读祝谢圣文时,上面“同在”的降临,不但是在饼和酒,还在会场,充满了“同在”。他又说:《中庸》一书还提到诚心。有诚心相信,必有主的“同在”。故曰:“诚者物之终始,不诚无物。”(25章)“故至诚如神。”(24章)“诚者,天之道也;诚之者,人之道也。”(20章)

五、《中庸》与“爱”的话题

陈慰中说了《中庸》一书里的“爱”。他说:《中庸》一书也很短,只提“爱”一次。不过《中庸》本身也是一种爱。书中谈中和、忠恕、至诚、尽人性、至圣这些内容。“践其位,行其礼,奏其乐,敬其所尊,爱其所亲,事死如事生,事亡如事存,孝之至也。”(19章)这是描写周武王和周公怎样遵行孝道。祖宗们虽去世了,但是他们还是爱祖宗们,好像祖宗们还活着。孔子认为这是尽孝。

再说“故为政在人,取人以身,修身以道,修道以仁。仁者,人也”(20章)。陈慰中认为,我们可以简单地总结说,“道不远人”。道理无论多高深,一脱离爱人就变成空谈。所以保罗在《罗马书》第13章说,“因为爱人的就完全了律法”。“或有别的诫命,都包在‘爱人如己’这一句话之内了。爱是不加害与人的,所以爱就完全了律法。”仁乃爱人,知乃知人,重心强调在人。一切脱不了人。所以道不远人,最后道还要成肉身,住在我们中间,道在人间。上帝爱世人也。上帝是爱,人也是爱,天人的合一在爱里。

六、《中庸》与“灵魂和肉体的相辅相成”话题

陈慰中解读说,《论语》内也有身的提起,如“吾日三省吾身”。《大学》则明显提出,“修身,齐家,治国,平天下”。《中庸》一书有“反求诸其身”,“身不失天下之显名”。身心相辅相成的例子很多。

他又说,中国传统哲理没有用科学的逻辑来分析分裂,使身心二元化,然后否定心或否定身。中国的辩证法,有阴阳的相辅相成,这才是真正的科学,如李约瑟博士说,阴阳的学说是中国科学的起源,其重要性在于辩证法。西方的逻辑性辩证法有危机，因为脱离了人性和大自然而走上极端。中国的辩证法有，“至诚之道”，“动乎四体”，“则能尽人之性；能尽人之性，则能尽物之性；能尽物之性，则可以赞天地之化育；可以赞天地之化育，则可以与天地参矣”。（《中庸》）在身心修养过程中，即精神与物质的交感情况景地，要“能尽物之性”后，才“可以与天地参矣”。则尘土的人，可以天人合一；道成肉身之天人合一。

七、《中庸》与“道”的话题

陈慰中在其书中，罗列了《中庸》关于论“道”的语录：

1. 道也者，不可须臾离也，可离非道也。（1章）
2. 君子之道，造端乎夫妇，及其至也，察乎天地。（12章）
3. 道不远人。人之为道而远人，不可以为道。（13章）
4. 忠恕违道不远，施诸己而不愿，亦勿施于人。（13章）
5. 君子之道，辟如行远必自迩，辟如登高必自卑。（15章）
6. 修身以道，修道以仁。仁者，人也。（20章）
7. 天下之达道五，所以行之者三。（20章）
8. 修身则道立。（20章）
9. 诚者，天之道也；诚之者，人之道也。（20章）
10. 诚者自成也，而道自道也。（25章）
11. 合外内之道也，故时措之宜也。（25章）
12. 天地之道，可一言而尽也。（26章）
13. 天地之道：博也，厚也，高也，明也，悠也，久也。（26章）
14. 极高明而道中庸。（27章）

最后，陈慰中归纳说：“道成肉身，道的人格化和人间化都不可离开人。人是天地之间的中庸之道。”——此句话值得体味之。

陈慰中多次引用《中庸》所载的孔子的“郊社之礼，所以事上帝也”（19章）那段话，并解读这段话说，在郊外天子祭祀天地之上帝，在宗庙祭祀祖先以配上帝。明白了祭天的礼，和四季祭祀的意义，就能掌握治国的方法。祭祀上帝以配祖先，祭祀祖先以配上帝，是礼与义之最高表达。上帝喜欢德行的馨香，祖先们希望子孙以德行来表示孝心，不然地上的祭祀不会被接纳。所以祭祀是礼，德行是义，礼是义的表示，德行是祭祀和孝心的馨香。这是春秋的礼义，治国的根基，中庸之道也。

他还顺便说到了《孟子·离娄篇》也提到上帝：“西子蒙不洁，则人皆掩鼻而过之。虽有恶人，齐戒沐浴，则可以祀上帝。”意思是，假如西施头上蒙着很污秽的东西，大家都会掩鼻从她身边跑过。但是有一个罪人，肯改过修身，就有资格祭祀上帝。上帝接受悔改的浪子回家。上帝是爱。

八、《中庸》与“上帝的国”的话题

陈慰中说到了《中庸》，还说到了《大学》。《大学》载，“未有上好仁，而下不好义者也”；“未有好义，其事不终者也”。“此谓国不以利为利，以义为利。”陈慰中有论：耶稣说：“你们要先求他的国和他的义，这些东西都要加给你们了。”陈慰中认为，“你们要先求他的国和他的义”和“国不以利为利，以义为利”是一致的。“这些东西都要加给你们了”和“未有好义，其事不终者也”也是一致的。马太和《大学》所记载的都有国和义的直接联系。

他又再次说到了《中庸》所载的“郊社”、“宗庙”、“禘尝”之礼，陈慰中认为，从这些话来看，治国要有礼义，这礼义是至孝的实践。至孝的礼义是祭祀，没有至孝的礼义就不容易治国。国与祭祀礼义有直接关系。祭祀之礼、至孝之心、治国之义，礼、义、孝乃治国之本也，都出于孝心，天国在人的心里。

读完陈慰中的这本书，我觉得华人后裔的血液依然在他的血管里浓浓地流着，中华文化经典的血脉也依然同在。他热爱祖国，推崇中国经典，认为“上帝老早把真道赐给中国的圣贤”，其中有“取之不尽的真道”，而且“还可以解决西方神学的逻辑危机和过度的理论化”。他的神学角度的《中庸》解读也可以供研究者、读者参考一番。

《中庸》永远如是说：“道不远人！”那么我想，中庸之道也不远离任何信仰的人吧？

篇六

《中庸》学问思辨行

人一能之，己百之；人十能之，己千之。果能此道矣，虽愚必明，虽柔必强。

——《中庸》

别人一次能做到的，我用百倍的工夫；别人十次能做到的，我用千倍的工夫。如果真能这样做，即使愚笨也会变得聪明，即使柔弱也会变得刚强。

理想人格：逻辑·进程·历练

人活着就要有“格”，所以有“人格”之说，“格”就是法式、标准、规格。《礼记·缁衣》有句话说得好：“言有物而行有格也，是以生则不可夺志，死则不可夺名。”郑玄注：“格，旧法也。”孙希旦《集解》：“有格则无踰矩之行。”

人活着就要有“品”，所以有“人品”之说，“品”有种类、等级、质量、标准等意思。如果从品味去解读，那么人要耐得住被他人“品味”，那就必须有规矩、标准、格调、味道，然后不管他人怎样品头论足，怎样品评、品论、品衡、品鉴、品裁，都是越品越有味，越品味越浓。

有意思的是，今人说“人格”，古代还有“格人”一说，那就是指有识之人、至道之人了。《尚书·西伯戡黎》：“天既讫我殷命，格人元龟，罔敢知吉。”孔颖达疏：“格训为至，至人谓至道之人，有所识解者也。”今人说“人品”，古代还有“品人”一说，就是品评人才，也另指众人、常人的意思。

《中庸》则向世人揭示了一种理想人格，以及其中的逻辑、进程与建构。此中又聚焦在三个方面：一是道德品格，一是学问水平，一是实行的路径。

《中庸》：“故君子尊德性而道问学，致广大而尽精微，极高明而道中庸。温故而知新，敦厚以崇礼。”（27 章）这是千古传诵的名言！值得我们细细品味一番。

一、君子尊德性而道问学

1．尊德性。

“尊”，不仅有尊重、尊贵的意思，且还有一层意义，如张居正所说：“尊，是恭敬奉持的意思。德性，是人所受于天的正理。”这是说，对于“德性”要尊重它，贵重它，还要恭恭敬敬地奉持、守持、坚持它。关于“德性”，《中庸》郑玄注：“德性，谓性至诚者也。”孔颖达疏：“‘君子尊德性’者，谓君子贤人尊敬此圣人道德之性，自然至诚也。”从根本上来说，德性是人从天地之间接受来的正理，就是那种自然至诚。

细思量，《中庸》这一句话够深刻的，君子就要“尊”那种自然至诚的德性。为什么呢？张居正解读：“至道必待至德而后凝，是以君子为学，知这道理至大,凝道的工夫至难;胸次浅陋的,固做不得,识见粗略的,也做不得,必于所受于天的正理,恭敬奉持,保守之而不至于失坠,其尊德性如此。”(《张居正讲评<中庸>》)有此德性才能至诚,而唯至诚才能遵行道,且臻于至道。

《中庸》就是教诲人们先要确立做人的德性,确立做人的道德、品行、品格,此为根本和关键。确实一个人即使有才有貌,所谓才貌双全;即使又富又贵,所谓富贵齐全,但是举止未必端庄,言谈未必有味,仪表未必雅致,德性未必纯正。德性须要明理,须要遵道,须要涵养。

王守仁《传习录》:“孔子所定‘三百篇’”,“皆所以宣畅和平,涵泳德性,移风易俗”。这就是孔子的做法。当一个人内在的德性粹正了,那么其德性之真、善、美必定自然而然地流露在外了。这又如汉语“德行”一词的深义了,郑玄说:“德行,内外之称,在心为德,施之为行。”(见《周礼·地官·师氏》注)德,是内在的,行,是外在的;一内一外,由内而外,由内主外。相反,一个小人内德匮乏,而在外表上再伪装做作,那么正如《大学》之妙说:小人“见君子而后厌(yā,躲藏)然,掩其不善,而著其善。人之视己,如见肺肝然,则何益矣”!

2. 道问学。

“道”,是动词,由、经由的意思。这是说“尊德性”,要经由问学之一道路。张居正说:“又于那古今的事变,审问博学,务有以穷其理而无遗,而率由夫问学之功焉。这是修德凝道的纲领。”一个人一定要问与学,所以中国人既称为“问学”,又称为“学问”。

“尊德性而道问学”,有其重要的作用,这是修炼德性德行而能臻于大道的纲领。如张居正所说:“这是修德凝道的纲领。”

二、致广大而尽精微

1. 致广大。

虽然上面已经提出了“修德凝道的纲领”,但是仅有纲领还是不够的,还得“致广大”。人必须心胸、心体、心量宽广博大,而一切又在于自我之修炼,如果一己之我经常被偏见、私欲、愚昧遮蔽,心胸如何能广大?张居正又说:“然非可以一端尽也。心体本自广大,有以蔽之,则狭小矣,必扩充其广大,而不以一毫私意自蔽。”

2. 尽精微。

进层再说仅仅广大还不够,还要尽其精尽其微;否则虽广而空荡荡,虽大而大老粗。若不能尽精微,则广大有何用?张居正说:“然于事物之理,又必析其精微，不使有毫厘之差，而广大者不流于空疏也。”

三、极高明而道中庸

1. 极高明。

由“尽精微”而后达到“极高明”。张居正有说：“心体本自高明，有以累之，则卑污矣。必穷极其高明，而不以一毫私欲自累。”

2. 道中庸。

在完成上面的进程中，一切要经由中庸之道，然后才能达到目标。张居正说：“然于处事之际，又必依乎中庸，不使有过之不及之谬，而高明者不入于虚远也。”

确实，人虽有天性之德，但只有通过询问和学习，认识才能提高和扩大，而达到精微的程度。“极高明而道中庸”，是说人的认识和德性要达到极高明的程度，也必须通过实行中庸之道。

四、温故知新·敦厚以崇礼

1. 温故而知新。

“温故而知新”，是说温习已知的旧知识而又有新的认识，学习新的知识。这一句话，《论语》有之，《中庸》加以运用，说的是学习方法。一方面温故，一方面知新，这是一种中庸之道。张居正说：“于旧日所已知者，则时加温习，不使其遗忘。然义理无穷，又必求有新得，而日知其所未知焉。”

2. 敦厚以崇礼。

这是从道德修养方面来说的，使得厚的更加厚重笃实，用来崇尚礼仪。张居正说：“于旧日所已能者，则益加敦笃，不使其放逸。然节文无限，又必崇尚礼度，而日谨其所未谨焉。”

五、行文脉络

朱熹说：“故此五句，大小相资，首尾相应，圣人所示入德之方莫详于此，学者宜尽心焉。”此段文字仅仅 34 字，却行文极其精密，思辨极其缜密，堪称缀在《中庸》上的一颗钻石，光芒灼灼。

首句“故君子尊德性而道问学”为纲要。其次分释为两条线索：一是“尊德性”一线贯串，如“致广大”、“极高明”、“温故”、“敦厚”；一是“道学问”一线贯串，如“尽精微”、“道中庸”、“知新”、“崇礼”。不仅如此，还将两条线索分而合，合而分，有对而相对，相对而无对，极尽行文与思辨之巧妙。

张居正分析得好：“夫致广大、极高明、温故、敦厚，皆是尊德性的事。

尽精微、道中庸、知新、崇礼，皆是道问学的事。君子能尽乎此，则德无不修，而道无不凝矣。”这里还要说的是，这段文字本身就是“广大而尽精微”、“极高明而道中庸”的一个写文章与思考问题的范例。

典范：极高明·道中庸

读了《中庸》：“故君子尊德性而道问学，致广大而尽精微，极高明而道中庸。温故而知新，敦厚以崇礼。”（27 章）大家都会感觉到好，但是可能马上会想到一个问题，人能否做到这样？能否出示几个榜样和典范来？从而能近距离地切实地感受其智慧的魅力。

为了印证这一段重要的话，这里不妨就用《中庸》的例子，用内证来说明此中的道理。此选择三例诠释之：一是舜，“大知”的典范；一是孔子，“圣人”的典范；一是颜回，“择乎中庸”的典范。

一、舜之典范

《中庸》记载，子曰：“舜其大知也与！舜好问而好察迩言，隐恶而扬善，执其两端，用其中于民，其斯以为舜乎！”（6 章）孔子赞扬“舜其大知也与”！“知”，就是“智”。孔子说，舜可以是一个大智者了吧！他还精辟地分析了舜的之所以“大知”的原因。

1. 大知。——孔子赞扬舜是大知者，也即是大智者。世上有无知者，有小知者，还有大知者；无知者不知天下之理，小知者仅知天下之小理论，唯有大知者才会知道天下的大道理。舜的大知，又在于不以自己的知为知，而是以天下人的知为知，这是真正的大知，也是他之所以成为大知的原因。

2. 好问。——孔子说：“舜好问。”说“学问”也罢，“问学”也罢，总之一个是“学”，一个是“问”，要学而问、问而学，而且前面还得冠以一个“好”字。唯“好”者，才会喜好、爱好、真好，如此可窥其深层也即是一个“诚”字。舜就是一个“好问”的人。

3. 好察迩言。——孔子说：舜“好察迩言”。好辨察浅近的话语，这不是说高深的话不辨察，而是说连浅近的话都不放过辨察，更何况是对高深之话的辨察了。其用意便在于自远至于近，自高至于浅，都遍听遍察，而不遗漏善言。

4. 隐恶而扬善。——孔子说：舜“隐恶而扬善”。他人之短处，或言而不善的能包涵；他人之长处，或言而善者能宣扬。既然如此，人人都愿意来向他倾诉了，且能无所隐瞒，无所顾虑，放言无忌了。舜也就因此而能最广泛地汇集众人的智慧，兼听则明了，最后也终于融通且凝聚成自己的“大知”了。这是何等高明的智慧！此值得今人，特别是当领导者好好学习的！

5. 执其两端，用其中于民。——舜善于在民众议论或行动的两端、两极之中精细地度量，精切取中，然后精心用中，无过无不及，此就是中庸之道的推行。这又是何等的“大知”！

我们接着再分析舜“大知”的深层原因：

1. 善于不“好自用”。——《中庸》曰：“愚而好自用。”（28章）舜之“大知”就能不好“自用”。因此善于向他人学与问，善于辨察他人的意见。

2. 善于“自用”。——在善于用人、用他人的智慧基础上，舜又善“自用”，那便是集中众人的意见、智慧加以自己的思考裁决，否则只是一台录下所有话语的“录音机”而已了。舜特别是在“执其两端，用其中于民”上，便是一种真正“大知”的“自用”，若不能用自己的聪明才智去权度、衡量、决断，如何“用中”，那还不是庸人一个？

3. 一条路径。——《中庸》曰：“道不远人。”（13章）又曰：“故君子以人治人。”（13章）舜所用的方法不就是这样？舜给人们的启示就是“道”加“人”式的“治人”。由此可见这样的路径：用人——自用——用中——中庸之道——以人治人。舜自己这样去做，此为一层，另一层是，舜反过来能教化并引导民众怎样由他们的“自用”变为“不自用”，再遵循中庸之道之“用中”。如此两层智慧，这是多么高明的“以人治人”！

4. 最深层便是“诚”。——舜内心最深层的还是一个“诚”，且是“至诚”。《中庸》曰：“唯天下至诚，为能经纶天下之大经，立天下之大本，知天地之化育。”（32章）

舜之“大知”如斯哉！孔子为大舜的“知音”也如斯哉！舜可以作为解读《中庸》这一段名言的范例亦然如斯哉！

二、孔子之典范

《中庸》：“仲尼祖述尧舜，宪章文武。”（30章）如果用孔子来评论舜的几条来对照孔子自己，那么也就如“夫子自道”了，进而可以发现两者的关系，原来在孔子的心中，舜就是他的一个精神导师。

1. 每事问。——孔子亦然“好问”。《论语·八佾》：“子入太庙，每事问。”当时人们或讽刺他“孰谓鄹人之子知礼乎”，孔子不但不恼怒，且坦然回答：“是礼也。”孔子提倡“不耻下问”，《论语·公冶长》：“子贡问曰：‘孔文子何以谓之‘文’也？’子曰：‘敏而好学，不耻下问，是以谓之‘文’也。’”

2. 好学好思好察。——孔子年幼即立志学习，“吾十有五而志于学”（《论语·为政》）。孔子终生学习，“加我数年，五十以学《易》，可以无大过矣”（《论语·述而》）；“其为人也，发愤忘食，乐以忘忧，不知老之将至云尔”（《论语·述而》）。孔子学、思沟通，“学而不思则罔，思而不学则殆”（《论语·为政》）。孔子又学、思、习多元结合，“学而时习之，不亦说乎”（《论语·学而》）。孔子睿智于学，《中庸》：“子曰：好学近乎知，力行近乎仁，知耻近乎勇。”（20章）比如他曾对子路说：“好仁不好学，其蔽也愚；好知不好学，其蔽也荡；好信不好学，其蔽也贼；好直不好学，其蔽也绞；好勇不好学，其蔽也乱；好刚不好学，其蔽也狂。”（《论语·阳货》）此可见孔子于人事人世的洞察。

3. 叩其两端而竭焉。——《论语·子罕》：“吾有知乎哉？无知也。有鄙夫问于我，空空如也。我叩其两端而竭焉。”这“叩其两端而竭焉”，也就类似舜的“执其两端”的方法了。

4. 无适无莫。——“无适（dí）无莫”，这是说没有规定该如何，没有规定不该如何。多指在坚持一定目标下，善用灵活权宜手段。这就是中庸的“时中”。《论语》：“子曰：‘君子之于天下也，无适也，无莫也，义之与比。’”这是说，君子对于天下的事情，没有规定要这样干，也没有规定不要这样干，而是得其“时中”。如孟子对孔子的赞扬，“圣之时者也”。

三、颜回之典范

《中庸》：“子曰：‘回之为人也，择乎中庸，得一善，则拳拳服膺，而弗失之矣。’”（8章）

《论语》里赞扬颜回的内容更加不少。比如《论语·公冶长》记载，孔子问子贡：你和颜回比较谁强一些？子贡回答说：“赐也何敢望回？回也闻一以知十，赐也闻一以知二。”孔子曰：“弗如也，吾与女弗如也。”此可见颜回在孔子心中的地位。当然孔子也批评颜回，比如《论语·先进》：“回也，非助我者也，于吾言无所不说。”这就是孔子的又一种“中庸”了，既赞扬之，又批评之。

写到这里也很有感慨，后人往往觉得舜、孔子、颜回等等这些人物离我们太遥远了、太模糊了，其代沟已成不可逾越的鸿沟了。其实未必如此，比如这些智慧就能鲜活地“活”着，且会永远地“活”着！记得钱穆曾说过这样的话：“古来大伟人，其身虽死，其骨虽朽，其魂气当已散失于天壤之间，不再能抟聚凝结。然其生前之志气德行，事业文章，依然在此世间发生广大之作用。则其人虽死如未死，其魂虽散如未散。”（钱穆《灵魂与心》）此言良多哲理。

如果后人如此去理解舜的“大知”、孔子“圣人”、颜回的“精神”，那么那种虚无缥缈的形象，数千年的距离感或许会消失，反而会感到很真切，很警动，而且还能鞭策今人！如此解读，我们或可以真切地体会到舜、孔子、颜回就是“尊德性而道问学，致广大而尽精微，极高明而道中庸”的典型了。

知与行：中庸·体用·合体

《中庸》里面多次谈到知与行的关系，如：

> 子曰：“舜其大知也与！舜好问而好察迩言，隐恶而扬善，执其两端，用其中于民，其斯以为舜乎！”（6章）
>
> 子曰：“人皆曰予知，驱而纳诸罟擭陷阱之中，而莫之知辟也。人皆曰予知，择乎中庸，而不能期月守也。”（7章）
>
> 子曰：“回之为人也，择乎中庸，得一善，则拳拳服膺，而弗失之矣。”（8章）

李石岑认为“中庸”，就是“用中”，“中”是体，“庸”是用，因此就是体用达到中和的问题。他论《中庸》之“知”，就是从他的“体用”之说来着手的，读来也有启发。

1. 为什么《中庸》要多次谈“知（智）”？李石岑说，“中庸之道”就是“体用之道”，也即是“中和之道”，这关系到宇宙和人生的全体，非智慧超绝的人，便不容易把握住其中的关系，所以上面几段记载，都讲到智慧的问题。

2. 舜何以称为“大知”？李石岑说，因为他能深明体用的关系。我们现在无论历史上有没有舜这个人，姑且照原来的文句加以理解。舜以好问察言的资质，当然容易透彻“执两用中”之理。

3. 什么叫做“执两用中”？什么叫做“叩其两端而竭焉”？李石岑说，“两”，便是体与用；“用中”，便是把握体与用的关系。关于知识和中庸的关系，《论语》也有同样的记载。孔子说：“吾有知乎哉，无知也，有鄙夫问于我，空空如也。我叩其两端而竭焉。”孔子自己说没有知识，实际上是故作此语，以激励那些以知识自炫的。因为富有知识的人，才会了解体与用的关系。所谓“叩两端而竭焉”，和“执两用中”的道理并没有两样。“叩两端而竭”，即是说明体用，把握体用关系。

4. “择乎中庸，而不能期月守”是什么意思？李石岑说，那些以知识自炫的，自以为知道体用的关系，实际上是“择乎中庸，而不能期月守”。又以为深明体用的关系，不必“戒慎乎其所不睹，恐惧乎其所不闻”，但实际上是“驱而纳诸罟擭陷阱之中，而莫之知辟”。可见以知识自炫的，未必真有知识。所以孔子有“空空如也”之言。只有颜回才能体会这层道理。颜回是“闻一知十”的。颜回的知识过人，所以能守，所以拳拳弗失。以上都是论知识与中庸的关系。

5. 为什么《中庸》说能“知天”、“知人”，甚至于“前知”？李石岑又说，富有知识的人能把握中庸的道理，已如上述；但能够把握中庸的道理的人，他的知识也益发完备，所以能“知天”、“知人”，甚至于“可以前知”。二者是互影响的。

李石岑从中庸的体用角度来解读《中庸》的知与行，也颇能圆说，也让我们很实在地从中体会到很实用的智慧，并汲而取之运用于现实生活的知与行。

再来看成中英的解读也对我们有所启发。

1. “诚”——“明”——“知”的关系怎样？成中英说：“诚”是实现及创造真实的力量，它的发用及扩展需要智慧的指引与规范，使其不流于混乱与糜费。表明智慧的心态是“明”，因“明”而能洞察真理与实际乃是“知”。“知”与“明”为一物，但“明”是一般性的“知”的状态，“知”却是一般心智对特殊事理的“明”。“明”能启发创造真实的“诚”，“知”却能把“诚”的动能实现到人的行为上，使“知”的理想变成行的实际。（成中英《从中庸互释中挺立化》，下同）——由此他提出了“诚明合能”的命题。

2. 由“诚明合能”至于“知行一体”。成中英说：故“诚明合能”亦必导向知行之一致。这种对知行一体的认识也是一种“知”、一种“明”。因这种“知”、这种“明”而做的“行”的功夫，也就是“行”的最好表现。

这是中国文化所孕育的另一重要的思想元素，使中国文化变成在宇宙中最能实现生命，在群体中最能完成个人的文化。王阳明由他自己的体验中肯定了“知行合一”，但这个思想却在早期儒家经典中隐约地透露出来。《易经》的“天行健，君子以自强不息”的圣人观，就是以“知以成行，行以见知”为基础的。宇宙本体是动是行，“明”与“知”也不能不以动与行为本体，为依归。

王阳明像

（清乾隆版《晚笑堂画传》）

3.《中庸》为什么说“知”之来源与对象是“君子之道”？成中英说：“知”之来源不外于对“行”之密察，“知”之对象也不外于具有普遍性的“行”。故《中庸》所说的“知”的来源与对象就是所谓“君子之道”，而所谓“君子之道”则是“造端乎夫妇，及其至也，察乎天地”。孔子论“君子之道”亦强调“遵道而行”。但“遵道而行”却又离不开“文理密察”，对君子之道有全体认识，于是才能做到《中庸》所说的“君子动而世为天下道，行而世为天下法，言而世为天下则”。孔子说：“庸德之行，庸言之谨，有所不足，不敢不勉，有余不敢尽。言顾行，行顾言，君子胡不慥慥尔。”行显然是人生的目的，言却代表知的活动。行可成己，言可以成人。故两者均要谨慎为之，使其相互一致，才能收到成己成人的效果。《中庸》：“博学之，审问之，慎思之，明辨之，笃行之。”也是把“行”当做“知”的展开，把“知”当做“行”的基础。

4. 如何理解王阳明的知行之说？成中英说，透过天人合德的本体观，诚明合能的修养论，我们不难体悟到知行本为一体，内外本无隔阂，人我亦无阻障。王阳明说：“知行如何分得开，此便是知行的本体。”又说：“知是行的主意，行是知的功夫，知是行之始，行是知之成。”这都不是偶然的事。由于知行合体，而此体即为人之本性，则说“行是知之始，知是行之成，行是知的主意，知是行的功能”，亦属可通。

5. 为什么说成己以成人、成人亦为成己，这是代表中国文化中所含中国哲学之精义？成中英说：知行合体完成于个人在社会中道德的实践。成己以成人，但成人亦为成己。这是代表中国文化中所含中国哲学之精义。人不可能离群索居来实现其潜能。人必须在人群中发展自己，磨炼自己，完成自己。因之，人之所有的行都应有社会的意义，亦即都是应针对一种人际关系与人际情况而发生的。前述内外合用时即已指明此点。此处就知行合体说，人之知必运用于增进社会和谐之行上，人之行就表露在对人的德性上。这种德性不外于仁、义、礼、智、信等，但其为达到维持及充实社会和谐，价值则一。故《中庸》有“五达道”、“三达德”之说。

6. 为什么说知与行最后的目的都是一样的？成中英说：知与行最后的目的都是一样，都是在充实社会和谐的价值，使基本的人际关系得以舒展，因而使人之潜能得以高度发挥。这就是成己成物，成物成己，个人的完美与社会的完美相辅而成了。中国文化中之正统思想强调这种社会实践，乃是把全体的人所有性能之发挥与实现定为最高之善。就这点来说，“天人合德”、“内外合用”、“诚明合能”、“知行合体”是同体而相互为用了。这是中国文化高度有机性的另一最好说明。

说到“知”与“行”，最后我又想起了前两年去浙江余姚参观王阳明故居的情况，不禁为其一生“知行合一”的践行与功业而感动。参观完毕，我坐在故居前的新建伯牌坊下，沐浴着冬日午后的和煦阳光歇息，思绪却与历代“知行之辩”相接。此说彼说，横说竖说，若不作理论上的辩驳的话，那么王阳明之所以受到许多人的推崇，其中之一便是他的“知行合一”的励志勉行。

记得王阳明说：“古人所以既说一个‘知’，又说一个‘行’者，只为世间有一种人懵懵懂懂的任意去做，全不解思惟省察，也只是个冥行妄作，所以必须说个‘知’，方才‘行’得是。又有一种人茫茫荡荡，悬空去思索，全不肯着实躬行，也只是个揣摸影响，所以必须说个‘行’，方才‘知’得真。此是古人不得已补偏救弊的说话。”（《传习录》）

又记得王阳明在《答友人问》中说：“行之明觉精察处便是‘知’，‘知’之真切笃实处便是‘行’，若‘行’而不能精觉明察，便是冥行，便是学而不思则罔，所以必须说个‘知’。‘知’而不能真切笃实，便是妄想，便是思而不学则殆，所以必须说个‘行’。元(同‘原’字)来只是一个工夫。”

王阳明是这样说了，王阳明又是这样做了！这或许就是后人的一个榜样吧？这或许也是我们研读《中庸》的一个范例吧？

五诀：最重要的学习智慧

学问、知识，这和中庸之道有着密切的关联，无知无识者绝不能中庸。如果不知己、也不知人，不知天、也不知地，不知古、也不知今，如何去实行中庸之道？因此《中庸》明示："道问学。"既然如此，《中庸》对"问学"的方法也极其重视，便又有名言揭橥。

《中庸》："博学之，审问之，慎思之，明辨之，笃行之。"（20章）

此为千百年传诵之经典名言，流传不废，人们无不为其中的精蕴而击节赞叹。此论学五层次，真可谓每一层次皆可抚节而赞之，又赏环环紧扣连绵而叹之。博学、审问、慎思、明辨、笃行，前面是"学"与"问"，中间是"思"与"辨"，最后是"行"，这是一种进境。为学五层次进境。

这又可看为"五诀"，浓缩一下便是"博学"、"审问"、"慎思"、"明辨"、"笃行"；再结晶一下便是"学"、"问"、"思"、"辨"、"行"，或可谓"五字诀"了。此略为之解读。

1．学——博学之。

这是说，人要广博地学习知识，要学，且要博学。如张居正所说："择善而固执之，固诚之者之事。然其用工之节目，又不止一端。第一要博学，天下之理无穷，必学而后能知。然学而不博，则亦无以尽事物之理，故必旁搜远览，凡古今事物之变，无不考求，庶乎可以广吾之闻见也。这是博学之。"（《张居正讲评<中庸>》）

2．问——审问之。

这是说，学了以后，还要详密地探问审究它。如张居正所说："所学之中有未知者，必须问之于人，然问而不审，则苟且粗略，而无以解中心之惑，故必与明师好友，尽情讲论，仔细穷究，庶乎可以释吾之疑惑也。这是审问之。"

3．思——慎思之。

这是说，学了、思了，还要谨慎地思考它。如张居正所说："虽是问的明白了，又必经自家思索一番，然后有得，然思而不慎，又恐失之泛滥，过于穿凿，虽思无益矣。故必本之以平易之心，求之于真切之处，而慎以思之，庶乎潜玩之久而无不通也。”

记得关于学、问、思等，东汉王充有段名言：“故夫可知之事者，思虑所能见也；不可知之事，不学不问，不能知也。不学自知，不问自晓，古今行事，未之有也。夫可知之事，惟精思之，虽大无难；不可知之事，厉（磨炼）心学问，虽小无易。故智能之士，不学不成，不问不知。”（《论衡·实知》）这段话也可研读之。

4. 辨——明辨之。

这是说，学、问、思之后，还要明晰地辨析它。如张居正所说：“既思索了，又以义理精微，其义利公私之间，必加辨别，然辨而不明，则毫厘之差，谬以千里，虽辨无益矣。故必条分缕析，辨其何者为是，何者为非，何者似是实非，何者似非而实是，一一都明以辨之，庶乎尽其精微而不差也。”

关于“辨”，我又记起王夫之的精论：“推其所以然之由，辨其不尽然之实。”（《读通鉴论·叙论二》）推求、推测、推断那些所以会这样的缘由，辨析、辨别、辨证那些不尽是这样的事实。他又说：“故论鉴（镜子，此指历史之借鉴）者，于其得也，而必推其所以得；于其失也，而必推其所以失。其得也，必思易其迹，而何以亦得；其失也，必思就其偏，而何以救失，乃可为治之资。而不仅如鉴之徒于悬室，无与照之者也。”（《读通鉴论·叙论四》）这里“思”与“辨”又结合、互动起来了。

5. 行——笃行之。

这是说，学、问、思、辨之后，最后就是要切实地执行它。如张居正所说：“夫既学而又问之、思之、辨之，则于天下之义理，皆已明白洞达而无所疑，可以见之于行矣。然行而不笃，则所行者徒为虚文，而终无所成就，又必真心实意，敦笃而行，无一时之间断，无一念之懈怠，则所知者皆见于实事，而不徒为空言矣，所以又说笃行之。”

关于知与行，又想起了王夫之的话：“学以求知之。非知之者，因将以力行之也。能力行焉，而后见闻讲习非虚，乃学之实也。”（《四书训义》）魏源也有一段名言：“‘及之而后知，履之而后艰’，乌有不行而能知者乎！披五岳之图，以为知山，不如樵夫之一足；谈沧溟之广，以为知海，不如估客（指从事海外贸易之商人）之一瞥；疏八珍之谱，以为知味，不如庖丁之一啜。”（魏源《默觚·学篇》）这些比喻生动深刻，足资启发读者思考。

如果再将上文综合起来看，那么又如张居正所说：“夫博学、审问、慎思、明辨，所以择善也。笃行，所以固执也。五者皆诚之者的工夫，学知利行之事也。”

关于《中庸》的这段话，李石岑曾说：这段话是做学问最吃紧的方法，在儒家的著作里面，是颇值得贵重的文句，可以说是做学问的五个步骤。前四个步骤讲知，最后一个步骤讲行。以图说明如下：

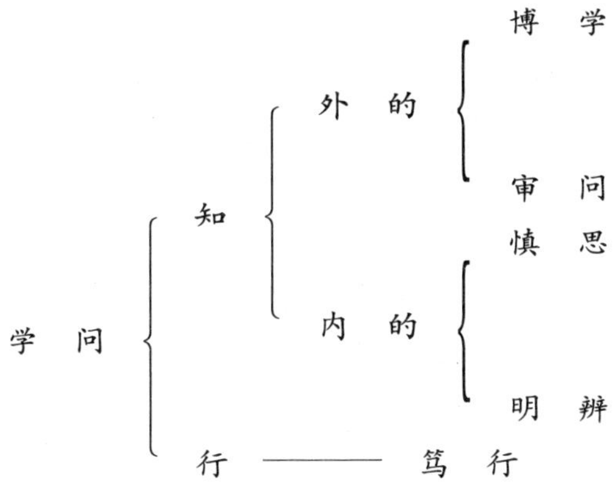

李石岑还说，《论语》上只有“博学于文”的话，至于审问、慎思、明辨这几点，都很少讲论到，不像《中庸》把这种做学问的步骤分得很明白。（《哲学十讲》）

总之，《中庸》不仅强调学习的重要，并且指出了学—问—思—辨—行的网络式的“五诀”。《中庸》这几句话，千百年传诵不息，为人们所击节赞赏。我们又想到，《中庸》的“学问思辨行”的智慧，古人用在那时候的学问与修身上，今天我们可以运用于宏阔的科学探索之路上。

励志：弗能弗措·人一己百

人须立志，还须励志，立志、励志都要有智慧，都应求智慧。且看《中庸》励志慧言，代代泽被来者，世世流播传诵：

> 有弗学，学之弗能弗措也；有弗问，问之弗知弗措也；有弗思，思之弗得弗措也；有弗辨，辨之弗明弗措也；有弗行，行之弗笃弗措也。人一能之，己百之；人十能之，己千之。果能此道矣，虽愚必明，虽柔必强。(20 章)

一、弗能弗措

《中庸》:“博学之,审问之,慎思之,明辨之,笃行之。”(20章)这里就接着说,连续从学、问、思、辨、行五个方面加以反复教诲。

1. 有弗学,学之弗能弗措也。

“弗”等于“不”字,“措”就是停止的意思。这是说,有不学习也就罢了,如果学习了还不能掌握,那就不要停止学习。如张居正解读:此承上文说,学、问、思、辨、笃行,固是求诚之事,然有一样资禀庸下的,未能便成,必须专心致志着实用功,乃能有成。如古今事物之理,不学则已,但去学时,便要博闻强记,件件都理会得过才罢。若有不能,不止也。(《张居正讲评<中庸>》)

记得清代张潮《幽梦影》有云:“凡事不宜刻,若读书则不可不刻。凡事不宜贪,若买书则不可不贪。凡事不宜痴,若行善则不可不痴。”明乎此,亦然可知为学一事,就须要“刻”,要刻板,要刻苦,要锲而不舍地切磋琢磨。若能做到《中庸》所说的“学之”而“弗能弗措”,便会大有长进。

2. 有弗问,问之弗知弗措也。

这是说,有不问也就罢了,如果问了还不能明白,那就不要停止追问。张居正也说:有疑惑的,不问则已,但去问时,便反复讲究,件件都要知道才罢,若有不知,不止也。(《张居正讲评<中庸>》)

记得曾国藩说:“凡读书笔记,贵于得问。戴东原(戴震,字东原)谓阎百诗(阎若璩,字百诗)善看书,亦以其蹈瑕抵隙,能环攻古人之经也。近世如高邮王氏(王念孙、王引之父子),凡读一书,于正文注文,一一求其至是,其疑者非者,不敢苟同,以乱古人之真,而欺方寸之知。若专校异同,而某字某本作某,则谓之考异,谓之校对,不得精核大义,参稽疑误者,同日而语。”(《曾国藩全集·书信》)这些大学问家读书就能从有疑问入手,发现疑问,研究疑问,剖析疑问,解决疑问,从而更上层楼。其实不仅于读书如此,于其他方方面面也无不如此。确实如此,若能做到《中庸》所说的“问之”而“弗知弗措”,便会大有进步。

3. 有弗思,思之弗得弗措也。

有的不思考也就罢了,如果思考了还不能有所得,那就不要停止思考。张居正说:有该思考的,不思则已,但去寻思,则必定再三筹度,务要融会贯通才罢,若有不得,不止也。(《张居正讲评<中庸>》)

记得朱熹说:“为学读书,须是耐烦细意去理会,切不可粗心。若曰何必读书,自有个捷径法,便是误人底深坑也。未见道理时,恰如数重物色包裹在里许，无缘可以便见得。须是今日去了一重，又见得一重；明日又去了一重，又见得一重。去尽皮，方见肉；去尽肉，方见骨；去尽骨，方见髓。使粗大气不得。”（朱熹《朱子语类》卷十）这种去皮见肉，去肉见骨，去骨见髓的进层，不就是不断思考的过程吗？确实如此，若能做到《中庸》所说的“思之”而“弗得弗措”，便会大有收获。

4．有弗辨，辨之弗明弗措也。

有的不辨析也就罢了，如果辨析了还不能明晰，那就不要停止辨析。张居正说：有该辨别的，不辨则已，但去分辨，则必细细剖析，务要明白不差才罢，若有不明，不止也。（《张居正讲评<中庸>》）

记得朱熹还说过这样的话：“大凡读书，须是熟读。熟读了，自精熟；精熟后，理自见得。如吃果子一般，劈头方咬开，未见滋味，便吃了。须是细嚼教烂，则滋味自出，方始识得这个是甜是苦是甘是辛，始为知味。”（《朱子语类》卷十）朱熹有比喻：皮——肉——骨——髓，或可看做“思”之喻，这里又看到如吃果子的比喻：方咬开——未见滋味——细嚼教烂——滋味自出——识得甜、苦、甘、辛——始为知味。这段话可以体会什么叫辨滋味，此也可以用来体味《中庸》之说“辨”。确实如此，若能做到《中庸》所说的“辨之”而“弗明弗措”，便会茅塞顿开。

5．有弗行，行之弗笃弗措也。

有不实行也就罢了，如果实行了还不能贯彻到底，那就不要停止实行。张居正说：及其见诸躬行，不行则已，但行的时节，务要践履笃实，底（旧读zhǐ，今读dǐ，至、终止的意思）于有成才罢，若有不笃，不止也。（《张居正讲评<中庸>》）

记得朱熹说：“学之之博，未若知之之要；知之之要，未若行之之实。”（《朱子语类》）行之之实，那就是要“弗笃弗措”。又清代颜元说：“心中醒，口中说，纸上作，不从身上习过，皆无用也。”（颜元《存学篇》）又清代张潮说：“藏书不难，能看为难。看书不难，能读为难。读书不难，能记为难。能记不难，能用为难。”（张潮《幽梦影》）一切都要去用，去行，去实行之！确实如此，若能做到《中庸》所说的“行之”而“弗笃弗措”，便会大有成功。

二、人一己百·人十己千

1．人一能之，己百之；人十能之，己千之。

这是说，别人一次能做到的，我做上百次也一定能做到；别人十次能做到的，我做上千次也一定能做到。张居正说：他人一遍就会了，自己必下百遍的

工夫；他人十遍就会了，自己必下千遍的工夫。务求其能而后已，这是困知勉行者之事也。（《张居正讲评<中庸>》）

2．果能此道矣，虽愚必明，虽柔必强。

这是说，果真能够按照这样的道理去做了，即使是愚笨的人也必定会变得聪明；即使是柔弱的人也必定会变得刚强。张居正又有说：常人有志者少，无志者多。未有能实用其力者，若果能于那学问思辨笃行，用了百倍的工夫，则义理自然浑融，气质自然变化，虽是生来愚昧的，久之亦将豁然贯通，而进于明矣。虽是生来柔弱的，久之亦能毅然自守，而进于强矣。况本是聪明强毅的，而又能加勤励不息之功，有不为大智大勇者乎？（《张居正讲评<中庸>》）

我又想起了明代张岱《四书遇·不及章》所言："他人息，吾则不敢息；他人休，吾则不敢休。宁戚力学三十年，而为王者师。"虽然目的"为王者师"有点庸俗，但是那种"不敢息"、"不敢休"，宁愿励志三十年如一日地痛下功夫，是可赞可佩的。

我想起了郑板桥评论孔子之说："千古过目成诵，孰有如孔子者乎？读《易》至韦编三绝，不知翻阅过几千百遍来，微言精义，愈探愈出，愈研愈入，愈往而不知其所穷。虽生知安行之圣，不废困勉下学之功也。"（郑燮《潍县署中寄舍弟墨第一书》）孔子研究《易经》的那种数以百计、数以千计的精神，曾感动了无数人，也感动了郑板桥。孔子不知道多少遍地去读《易经》了，也正因为翻阅竹简的次数太多了，竟然将编联竹简的熟牛皮绳子也磨断了好多次。"韦编三绝"，说的不是愚笨的人，而是一个圣人"己百之"、"己千之"之做法，这怎能不让人醍醐灌顶呢！

最后我们从《中庸》出发，又连类而及的一些谆谆劝勉人立志、励志的经典语录，可以一并参照。

荀子曰："君子博学而日参省乎己，则知明而行无过矣！"（《劝学》）

陶渊明曰："盛年不重来，一日难再晨。及时当勉励，岁月不待人。"（《杂诗》）

韩愈曰："业精于勤而荒于嬉，行成于思而毁于随。"（《进学解》）

欧阳修曰："君子之学也，其可一日而息乎？"（《杂说三首》）

苏轼曰："古之立大事者，不惟有超世之才，亦必有坚忍不拔之志。"（《晁错论》）

这些都是中国人所说的"金玉良言"了！当然"良言"只是似金如玉罢了，还不是真金实玉，而世间一些人还是喜欢真的金玉而不是良言。因此虽有

"金玉良言"于斯,却就是不听,不学,不问,不思,不辨,不行,却一心一意去追逐现实的金玉,至于人财两空的报道不绝于耳。此是智者耶,还是非智者耶?

《中庸》:愚昧的"聪明"人

《中庸》记载了孔子一段名言,向世人揭示出了愚昧的"聪明"人的真相。

一、"予知"者的"不知"

1. 第一种"予知"。

孔子曰:"人皆曰予知,驱而纳诸罟擭陷阱之中,而莫之知辟也。""罟(gǔ)",指网。"擭(huò)",装有机关的捕兽木笼。"辟",通"避"。意思是,人们都说:"我是明智的。"但是在利欲、贪欲的驱使下,他们就都像禽兽那样被赶到罗网陷阱中去,却不知道躲避。

张居正有解读:"如今的人,与他论利害,个个都说我聪明有知,既是有知,则祸机在前自然晓得避了,却乃见利而不见害,知安而不知危,被人驱逐在祸败之地,如禽兽落在网罟陷阱里一般,尚自恬然不知避去,岂得为知?"(《张居正讲评<中庸>》)

回顾以往的历史,再看今天的现实,这样自以为是的"聪明"人,真是屡见不鲜。不知道有多少的"予知"者,自以为"聪明"、"明智",但是却被"驱而纳诸罟擭陷阱之中"。改革开放以来那些落马的官员、企业家,不就是这样的一批人?

人不可不聪明,但是不可自作聪明,更不可卖弄自己的聪明,尤其不可以不聪明而自以为聪明。所以人们有警告之语"聪明误"、"聪明自误"、"聪明一世,懵懂一时"、"弄巧成拙"等等。

又有谚语曰:"聪明反被聪明误。"此本出自苏东坡的《洗衣》诗:"人皆养子望聪明,我被聪明误一生。"此中对自己的人生遭际,可谓深长感喟!《西湖二集》卷四有个解读说:"苏东坡晓得一生吃亏在'聪明'二字,所以有感作这首诗,然与其聪明反被聪明误,不如做个愚蠢之人,一生无灾无难,安安稳稳,做到九棘三槐、极品垂朝,何等快活,何等自在!"苏东坡又有"大智若愚"之说:"大勇若怯,大智若愚,至贵无轩冕而荣,至仁不导引而寿。"

（《贺欧阳少师致仕启》）

再说，作为明代的一位聪明人，李贽的命运也坎坷，自然对聪明也有深刻感悟。他说："盖众川合流，务欲成其大；土石并砌，务欲以实其坚。是故大智若愚耳。"（《焚书·李中溪先生告文》）

自以为是者，自作聪明者，往往就是自投罗网，甚至于自掘坟墓了。

2. 第二种"予知"者。

孔子又曰："人皆曰予知，择乎中庸，而不能期月守也。""期(jī)月"，一整月。意思是，人人都说："我是明智的。"虽然选择了中庸的道路，但连一个月也不能坚持下去的。

张居正解读说："就如而今的人，与他论道理，也都说我聪明有知，既是有知，便有定见，有定见便有定守，今于处事之时，才能辨别出个中庸的道理来，却又持守不定，到不得一月之间，那前面的意思就都遗失了。如此，便与不能择的一般，岂得为知？惟其知之不明，是以守之不固，此道之所以不明也。"（《张居正讲评<中庸>》）能行"中庸之道"固然难，而始终坚守"中庸之道"更是难。

我们记起《尚书·蔡仲之命》之言："康(安)济(成、就)小民(百姓)，率(遵循)自(用)中(中道)，无作聪敏，乱旧章。"这里就严肃地指出，要使得百姓安居乐业，要遵循推用中道，不要自作聪明扰乱旧章。虽时隔千百年，但是仍然值得思考。

我们又想起《老子》的智慧："大巧若拙。"白居易对《老子》研究有很深的造诣，曾说：《黄老术》"其道在乎尚宽简，务俭素，不眩聪察，不役智能而已"。那些张口"予知"、闭口"予知"之人，就老是在那里炫其聪察，役其智能了，况且还没有真正的"聪察"与"智能"，则其可悲可哀处也可想而知了！

二、自用自专：灾及其身的警示

《中庸》："子曰：愚而好自用，贱而好自专，生乎今之世，反古之道。如此者，烖(灾)及其身者也。"(28章)这是醒世箴言。

1. "愚而好自用"，"灾及其身"。

这是说，愚蠢的人却喜好自作主张，那么就会给自身招来灾祸。张居正解读说：昏愚无德的人，不可自用，他却强作聪明而执己见以妄作。（《张居正讲评<中庸>》）"自用"，即自行其是，不接受别人的意见。

对于“自用”的危害，自古及今人们都有深刻的认识。《尚书·仲虺之诰》：“能自得师者王，谓人莫己若者亡。好问则裕，自用则小。”此话寓意深邃，闻者足戒。再看《史记·秦始皇本纪》：“始皇为人，天性刚戾自用，起诸侯，并天下，意得欲从，以为自古莫及也。”秦始皇刚戾自用，刚愎自用，师心自用，其“自用”的结果又如何，则众人皆知了。明代余继登《典故纪闻》：“大抵自贤者必自用，自用则上不畏天命，下不恤人言，不亡何待?”此话也深刻！再如严复《道学外传》：“愚而自用，贱而自专，灾必及之矣。”此则是把《中庸》的这段话套用了。

2.“贱而好自专”，“灾及其身”。

这是说，卑贱的人却喜好独断专行，那么就会给自身招来灾祸。张居正解读说：卑贱无位的人，不可自专，他却不安分守己，而逞私智以僭为。（《张居正讲评<中庸>》）“自专”，是一任己意，独断独行。《史记·周本纪》：“武王自称太子发，言奉文王以伐，不敢自专。”确实人生处世处事，“不敢自专”，才能兼听则明，才有可能遵行“中庸之道”。

3.“生乎今之世，反古之道”，“灾及其身”。

这是说，虽然生活在当今的时代，却要恢复古代的那一套道理与做法，那么就会给自身招来灾祸。张居正解读说：生乎今之世，只当遵守当今的法度，他却要复行前代的古道。这等的人，越理犯分，王法之所不容，灾祸必及其身矣。（《张居正讲评<中庸>》）《中庸》在这里再次向人们揭示“中庸之道”的重要。

此条最值得体会。诸位可以想一想：比如今天的政策、法令、法规等不断在修改、完善，你是现代人却还要按照古代的条例来办事，你是当下人却还是按照先前的条例来办事，这不是让人笑掉大牙了吗?这不就会处处碰壁，而自己招来灾祸了吗?时移、境迁、势变、事易，却还要作刻舟求剑式之蠢举，则危乎殆哉！其实，此理不辩可自明，然而此理也越辩越明。

以上三条，如张居正解读：“这是子思引孔子之言，以明为下不倍(背叛，下文同)的意思”，“即夫子此言观之，然则为下者，焉可倍上也哉”！当然这是从反对犯上作乱，要人们安分守己来说的，即是要人们上下有序、尊卑有别，不在其位，不谋其政。有位而无德之愚者，不要好用己见；无位而低下之贱者，不要好行自专。

然而，我们也可以转换视角，从更广阔的视野去看，那么一切的“愚者”、“贱者”、“生乎今之世”者，还有一切的“好自用”者、“好自专”者、“生乎今之世，反古之道”者，都会“灾及其身者也”。因此一切人都可以用《中庸》的这一段话来个自我觉醒、自我警惕、自我鞭策的。

学问思辨行：诸葛亮的卓越智慧

我在写《大学智慧》时，有幸得游南阳，一睹庄严肃穆、美轮美奂的武侯祠，为之心波掀动，感慨不已，并将一己心得写入了该书中，即《修齐治平：在南阳武侯祠感悟》一文。机缘相承，在写《中庸智慧》之时，又再次有幸，获襄樊古隆中之行，瞻仰了诸葛亮的胜迹，踯躅流连，仰止深且久之，再将此番悟得之一二，写入本书中。

2010 年 2 月末，当置身于古隆中，我便被其山水之形势气象所熏染。山峦葱茏，回峰迤逦，灵气为之抟聚；水清冽明鉴，池塘方圆，波光潋滟，春色为之初萌。群木拱列，蔚然深秀，凝为翠屏；石磴萦纡，山道蜿蜒，长廊曲折通幽。一路前行，目不暇接：古牌坊、隆中书院、三顾堂、武侯祠、龙卧处、抱膝亭、六角井、诸葛茅庐、老龙洞、小虹桥、躬耕田。

诸葛亮在此地十年磨炼，然后卧龙腾飞，扶摇直上，风云叱咤。我不禁遥想诸葛亮躬耕于此，学问于此，思辨于此，笃行于此的情景；又联想到诸葛亮给我们树立了《中庸》“学问思辨行”智慧的杰出典范。

1. 诸葛亮之“学”，即如《中庸》所说的“博学之”。

诸葛亮学识广博，学者认为他兼有儒家、法家、道家、兵家、阴阳家、纵横家等学问于一身。东汉末年，荆州首府襄阳，向北经过新野、南阳，可直抵京城洛阳。向南经过宜城至于江陵，再过长江可以抵达交、广两州。向西经过老河口、郧县，可抵达汉中；又经过宜昌，可以抵达益州。向东由江夏入长江，至于秣陵（今南京），抵达扬州。这里交通发达，经济繁荣，由于战乱，

古隆中（引自《隆中志》）

到此避难者甚多,信息汇集,人才济济。这为好学的诸葛亮提供了一个寻师访友,交友士林的好机会。他虚心而真诚地向司马徽、庞德公、黄承彦等前辈学习请教,深得其真传。

《仙鉴》还有这样的传说,司马徽对诸葛亮说:“以君之才当访名师,益加学问。汝南灵山有酆公玖熟谙韬略,余尝过而请教,如蠡测海,盍(hé,何不)往求之?”于是引荐诸葛亮拜酆公玖为师。据说酆公玖居年不教,但诸葛亮奉事其师唯谨。酆公玖终知诸葛亮求学之虔诚,这才拿出《三才密策》、《兵法阵图》、《孤虚相望》诸书,令其揣摩研究。百日,酆公玖略审所学,皆致其奥妙,就叫他下山,以其所学拯救斯民。——此虽传说,但是中间可以折射出许多消息:一是,诸葛亮为了学就一身学问本领,在拜师求学上是煞费苦心的。二是,诸葛亮为了以后的大事业,在学问上尽量做了充分的准备,如此刻苦地学习兵学即其一端。三是,有许多人引荐他向名师学习,司马徽就是一例。四是,诸葛亮学习是很虔诚的,因此老师也愿意传授给他真本领。五是,诸葛亮又是一个极其聪明的人,不仅勤奋努力,且好学深思,故往往一教一学就会。

2. 诸葛亮之“问”,亦如《中庸》所说的“审问之”。

他不仅问学于水镜先生司马徽、庞德公、黄承彦等前辈,还结交了一批同学与好友,如崔州平、徐庶、石韬、孟建、庞统、杨颙、杨仪、马良、马谡、陈震、廖化、向郎等。诸葛亮在与“鸿生巨儒”的朝夕相处、谈论、请教、论辩中,在这种“学问”与“问学”的氛围熏陶中,自然得益匪浅,成长尤快。

3. 诸葛亮之“思”,正如《中庸》所说的“慎思之”。

诸葛亮在学问、政治、经济、军事、外交、民族问题上,无不殚思竭虑,且无不慎思之。比如经济上,他就一直在思考最佳的政策。怎样才能“务农殖谷”,“无夺农时,唯薄赋敛”?怎样设置“堰官”,维修堤堰,便利灌溉?怎样设置司金中郎将,典作农战之器?怎样设置司盐校尉,管理盐业生产?怎样鼓励养蚕织锦,增加财政收入?怎样实行盐铁官营,获利甚多?怎样铸造值百钱,平稳物价?怎样会出现蜀汉的“田畴辟,仓廪实,器械利,蓄积饶”的繁荣景象?诸葛亮或者就可以说是一个卓越的经济学家。

关于“思”,诸葛亮有段哲思美文值得推介:

思虑之政,谓思近虑远也。夫人无远虑,必有近忧,故君子思不出其位。思者,正谋也;虑者,思事之计也。非其位不谋其政,非其事不虑其

> 计。大事起于难,小事起于易。故欲思其利,必虑其害;欲思其成,必虑其败。是以九重之台,虽高必坏。故仰高者不可忽其下,瞻前者不可忽其后。是以秦穆公伐郑,二子知其害;吴王受越女,子胥知其败;虞受晋璧马,宫之奇知其害;宋襄公练兵车,目夷知其负。凡此之智,思虑之至,可谓明矣。夫随覆陈之轨,追陷溺之后,以赴其前,何及之有?故秦承霸业,不及尧、舜之道。夫危生于安,亡生于存,乱生于治。君子视微知著,见始知终,祸无从起。此思虑之政也。

读一读这样的文字,不仅可以体会诸葛亮"慎思"之心态,且看到他的"慎思"之智慧。

4. 诸葛亮之"辨",真如《中庸》所说的"明辨之"。

诸葛亮善于"辨",且能"明辨"。比如"辨"学者之大不同,他说:"儒有君子小人之别,君子之儒,忠君爱国,守正恶邪,务使泽及当时,名留后世。而小人之儒,则惟务雕虫,专攻翰墨,青春作赋,白首穷经,笔下虽有千言,胸中实无一策。"

再比如"辨"别各家之不同,他说:"老子长于养性,不可以临危难。商鞅长于理法,不可以从教化。苏(苏秦)、张(张仪)长于驰辞,不可以结盟誓。白起长于攻取,不可以广众。子胥(伍员)长于图敌,不可以谋身。尾生(尾生高)长于守信,不可以应变。王嘉(字公仲,西汉人)长于遇明君,不可以事暗主。许子将(许劭,东汉人)长于明臧否(zāng pǐ 指评论人物好坏),不可以养人物。此任长之术者也。"(《诸葛亮文集·论诸子》)这些人各有长处与不足,但是可以用其所长。

诸葛亮长于辨别、辨析、思辨,因此年纪轻轻就对天下形势看得这样清楚,《隆中对》仅有296个字,却放眼天下,纵横评论,高瞻远瞩,洞如观火,透彻之"辨",即是一个典范。再如他的《出师表》亦然目光犀利、入木三分地剖视形势大事,千载之下读之,还是那样地令人赞叹不绝,

5. 诸葛亮之"行",尤其如《中庸》所说的"笃行之"。

诸葛亮的学习、学问,目的很明确,不是炫耀知识,不搞雕虫小技,而是务必能用,且运用到广阔的社会实践中去,干出一番惊天动地的事业来。这就是他的睿智的"行之"、动真格的"笃行之"。

诸葛亮是一位杰出的政治家,他学了诸家学说,就能用其所长,避其所短,

运用于管理中去。他自己能臻于“主不疑逼,下不忌倾”的地步,这是何等智慧?他严于律己,政治清明,执法严明,任人唯贤,“尽时人之器用”,这又是何等的境界?

再说他是杰出的军事家,不作纸上谈兵,而是纯熟地活学活用兵法,屡屡出奇制胜。他发展孙吴兵法,强调“居安思危”,“有备无患”,“知己知彼,百战不殆”,“奇正相生”,“出其不意”,“攻其不备”。他研究成“八阵图”,不论行军驻军,随时可战可守。他学了天文地理就能运用到军事中去,学了技巧就会制作木牛流马。他“帅数万之众,其所兴造,若数十万之功”,甚至被他的对手司马懿称赞为“天下之奇才”。(参见方家常《诸葛亮文集全译》、丁宝斋等编《隆中志》)

陈寿《诸葛亮传》曰:诸葛亮治蜀,“外连东吴,内平南越,立法施度,整理戎旅,工械技巧,物究其极,科教严明,赏罚必信,无恶不惩,无善不显,至使吏不容奸,人怀自励,道不拾遗,强不侵弱,风化肃然也”。“诸葛亮之为相国也,抚百姓,示仪轨,约官职,从权制,开诚心,布公道;尽忠益时者虽仇必赏,犯法怠慢者虽亲必罚;服罪输情者虽重必释,游辞巧饰者虽轻必戮;善无微而不赏,恶无纤而不贬;庶事精练,物理其本,循名责实,虚伪不齿;终于邦域之内,咸畏而爱之,刑政虽峻而无怨者,以其用心平而劝戒明也。可谓识治之良才,管(仲)、萧(何)之亚匹矣。”

这是一种由衷的记述与赞扬。我又想起苏轼的《诸葛武侯画像赞》:“密如神鬼,疾如风雷。进不可当,退不可追。昼不可攻,夜不可袭。多不可敌,少不可欺。前后应会,左右指挥。移五行之性,变四时之合。人也,神也,仙也,吾不知之,真卧龙也。”这又是一种深刻的颂赞!我也想起民间曾有这样一副对联赞扬诸葛亮:“鹿门学道,跪床下,不耻下问,方得一身聪慧;西蜀施政,坐府中,非慎不断,才使八方肃静。”我读后也赞叹写得真好!

此时,余晖将收,暮霭四合,我又特地从古隆中诸葛亮的“躬耕田”处绕行而归,心绪为之再续:不就因为诸葛亮在这里十年耕耘田地,又辛勤地耕耘学问,还精进地耕耘心田,这才换来了后来的人生与事业的丰硕成果吗?

我们可以从诸葛亮那里知晓其智慧之深广,就在博学之、审问之、慎思之、明辨之、笃行之的人生跋涉、事业攀登中,这位哲人愈行愈远,愈入愈深,愈登愈高,由隆中之卧龙,而一跃为中国文化天空的翔龙!

钱学森："学问思辨行"的境界

钱学森(1911—2009)，这位大科学家，享誉海内外的杰出科学家和我国航天事业的奠基人，于2009年走完了自己光辉的历程，享年98岁。他留下了丰硕的科学财富和精神遗产，但是他也留下一个难题，拷问今人与来者。钱学森去世之际，我在上海交通大学看到整整一个长廊的纪念他的珍贵照片，不禁为之感慨而敬仰！此时也萌发了从《中庸》"学问思辨行"这一角度去解读钱学森的想法。

《中庸》："博学之，审问之，慎思之，明辨之，笃行之。"在钱学森的身上，我们就可以看到这一系统运作的深厚功力与炉火纯青的境界。钱学森主持完成了"喷气和火箭技术的建立"规划，参与了近程导弹、中近程导弹和中国第一颗人造地球卫星的研制，直接领导了用中近程导弹运载原子弹"两弹结合"试验，参与制订了中国第一个星际航空的发展规划，发展建立了工程控制论和系统学等。揣摩如此丰功伟绩，其必有一套"格物致知"的本领在，必有一套卓越的"学、问、思、辨、行"功夫在焉！

1. 广、博、泛地学习。

钱学森本来是航空系的研究生，老师鼓励他学习各种有用的知识。钱学森经常到物理系去听课，了解物理学的前沿，如原子、原子核理论、核技术，当时连原子弹都提到了；他还到生物系去听摩根讲遗传学；听化学系系主任L·鲍林(诺贝尔化学奖得主)讲结构化学。这些大师对航空系的学生去听课，毫不排斥，他们后来还成为好朋友。

2. 学问思辨的重要作用。

来到加州理工学院的钱学森感受到了这所著名大学的民主学风和创新氛围，他说："在这里，你必须想别人没有想到的东西，说别人没有说过的话。拔尖的人才很多，我想和他们竞赛，才能跑在前面。这里的创新还不能是一般地迈小步，那不行，你很快就会被别人超过。你所想的、做的要比别人高出一大截才行。"钱学森很快显示出"比别人高出一大截"的能力。——学、问、思、辨、行，作为一个系统来运作，来学习，搞科研。

冯·卡门每周主持一次研究讨论会和一次学术研讨会，给钱学森提供了锻炼创造性思维的良好机会。钱学森后来称在这里的学习使他“一下子脑子就开了窍”，以前从来没想到的事这里全讲到了，内容都是科学发展最前沿的问题，让人大开眼界。钱学森多次回忆说：“在讨论班里，不仅仅是获得知识，简直是享受。”后来回国后钱学森举办了一个“系统学讨论班”，就是将早年师从冯·卡门的学术讨论形式移植于此。诸多学科在这里交叉集成，跨度大，视野宽，话题广泛，启迪作用特强。注重讨论是钱学森一生倡导的重要学术思想方法。

又有一位美国专栏作家曾这样评论钱学森的《工程控制论》：“工程师偏重于实践，解决具体问题，不善于上升到理论高度；数学家则擅长理论分析，却不善于从一般到个别去解决实际问题。钱学森则集中两个优势于一身，高超地将两只轮子装到一辆战车上，碾出了工程控制论研究的一条新途径……”这又使得我们想起了传统的“中庸”的思维方法。

3．至诚地笃行。

到加州理工学院的第二年，即1937年秋，钱学森就和其他同学组成了研究火箭的技术小组，他担当起了理论设计师的角色。而火箭在当时还属于幻想中的东西，大家把小组称为“自杀俱乐部”，因为火箭和火箭燃料的研究，实在充满了危险性和不确定性。然而，正是钱学森完成了美国首个军用远程火箭的设计。

钱学森转学加州理工学院3年后获得了航空、数学博士学位。钱学森开展了高速飞机的气动力学、固体力学、火箭和导弹的研究，参与了大量工程实践，并和同事一道为美国设计、研制出可以用于作战的第一代导弹，为世界航空工业的建立奠定了可靠的理论基础。

钱学森声名鹊起，成为和冯·卡门齐名的著名科学家。美国军队邀请他讲授火箭和喷气技术，美国空军以他的《喷气推进》为内部教材。1945年，钱学森已经成为当时有名望的优秀科学家。

到后来，钱学森越走越广，越走越远，有人评价说：他没有把自己的思维仅仅囿于航天技术领域，而是用系统的眼光去研究社会、军事、信息、农业、人才、经济、环境、法治和哲学，把自然科学和社会科学，物质世界和精神世界，客观和主观，全部有机地囊括于他的研究视野。（参见《科技日报》，2009年11月2日纪念文；《百年人生》等。）

最后说到其成功最深层的核心，便是“至诚”贯穿他的成功人生。我思考钱学森人生成功的关键,是在于其道德人格的“至诚”,还有其学术人格的“至诚”。从而他达到的境界,也如《中庸》所说的“至诚无息,不息则久,久则征,征则悠远,悠远则博厚,博厚则高明”。这又如《中庸》所说的“至诚如神”了。他的一生真的“至诚如神”一般地完成了就像“神话”似的辉煌的成就。有人评价道:“作为一名科学家,他不仅有学科领域的深度,还有跨学科跨领域的广度,同时有跨工程、跨技术、跨科学直至哲学的思想高度,是名副其实的科学领袖和科学泰斗。”这样的“三维科学家”在科学大师稀缺的年代,更成为难以复制的孤本。我写到这里还想到,不仅是他本人的神话般奇迹,而且他对国家的贡献也是“神话”一般。有人评价说,由于钱学森的回国效力,中国导弹、原子弹的研制进程至少缩短了20年。这大约就是钱学森的“至诚如神”了!

篇七

《中庸》天人之际智慧

唯天下至诚，为能尽其性；能尽其性，则能尽人之性；能尽人之性，则能尽物之性；能尽物之性，则可以赞天地之化育；可以赞天地之化育，则可以与天地参矣。

——《中庸》

只有天下最真诚的人，才能充分发挥天赋的本性；能充分发挥天赋的本性，就能充分发挥天下众人的本性；能充分发挥天下众人的本性，就能充分发挥万物的本性；能充分发挥万物的本性，就能赞助天地养育万物；能赞助天地养育万物，就能与天地并立为三了。

《中庸》说天道之“诚”

“天人合一”，是中国哲学中关于天人关系的一种观点。此说认为“天”有意志，人事是天意的“体”，天意能支配人事，人事能感动天意，由此两者合为一体。或认为子思、孟子首先明确提出这种理论，《中庸》就多见其“天人合一”的论说。汉代董仲舒继承此说，又发展为“天人感应”论，指天意与人事的交感相应，认为天能干预人事，预示灾祥，人的行为也能感应上天。董仲舒在《春秋繁露·深察名号》以及在答汉武帝策问中作了具体阐述。

要说《中庸》的“天人合一”，先从“天道”之“诚”说起。《中庸》说天道是“诚”的，天道哪有什么“诚”？其实，这也是人们的视线从人世之“诚”再投射到上天去了，赋予了上天“诚”的理念。

一、诚者：天之道

《中庸》曰：“诚者，天之道也。”（20章）诚是天之道；反过来说，天之道是诚的。“诚”，由本是人的品德之一元，又化出了另一元的天道之“诚”。当然在《中庸》里，“天之道”有时是兼言天与地的，则是“天地之道”。

那么天道之诚，又“诚”在哪里呢？《中庸》对此有许多的描述与论述，作为天道之诚的例证。比如：

1. 天时不停地自然运行。（20章）
2. 水土遵循一定的道理。（20章）
3. 上天无所不覆盖。（20章）
4. 大地无所不承载。（20章）
5. 四时即四季在有序轮换。（20章）
6. 日月在互相交替光明。（20章）
7. 天地间万物并育而不相害。（20章）
8. 天生万物，必定因顺其本来的材质加以不同的对待，比如该栽培的就栽培，该倾覆的就倾覆。（17章）

二、再进层：天道至诚

《中庸》经过对天、地之道的深层思辨，认为其中必有其内在的“道”与“德”，并发现“道并行而不相悖，小德川流，大德敦化”（30章）。然而其核心则可以归纳为“诚”，这就是天之“诚”、地之“诚”，也是天之“实”、地之“实”；因为非此“诚”、“实”、“诚实”，天地就不会这样永久地、不息地运行着。

如此悟通“诚者，天之道也”，如此晓明“诚”就是“此天地之所以为大也”(30章)的深层原因。再进层，那么天道不仅是“诚”的，而且是“至诚”的。《中庸》又对天道“至诚”所具有的特点加以剖视：

1. 不息永久——天道永不停息且永久。《中庸》曰：“故至诚无息，不息则久。”

2. 外可征验——天道是有外在效应，可以验证的。《中庸》曰：“久则征。”

3. 悠远无穷——天道是悠远无穷的。《中庸》曰：“征则悠远。”

4. 博大宽厚——天道是博大宽厚的。《中庸》曰：“悠远则博厚。”

5. 崇高光明——天道是崇高光明的。《中庸》曰：“博厚则高明。”

因此，《中庸》有曰：“天地之道：博也，厚也，高也，明也，悠也，久也。”

6. 为物不贰——天地之为物、生成万物纯真而无掺杂。《中庸》曰：“其为物不贰。”

7. 生物不测——生育万物妙不可测。《中庸》曰：“其生物不测。”

8. 不见而章——不表现却能彰显。《中庸》：“如此者，不见而章。”

9. 不动而变——不行动却能变化。《中庸》：“不动而变。”

10. 无为而成——无为而能成就。《中庸》：“无为而成。”(以上均见26章)

此由诸多的“诚”凝聚起来达到了至极，那就是“至诚”。

三、颂赞：天地至诚

《中庸》26章又有大段文字颂扬天、地、山、水，赞颂天地之道的至诚：

上天，它是由许多星星点点的光明积聚成的，却能至于无穷，日月星辰悬系在上面，万物都覆盖在里面。

大地，它是由许多一撮撮泥土积聚成的，却能至于广博深厚，承载华山而不觉得沉重，收容河海而不泄漏，万物都可以承载在大地上。

高山，这是由许多一堆堆小石积聚成的，却能至于广大，草木生长在上面，禽兽栖居在里面，宝藏也由山中发掘出来。

水，这是由许多一勺勺水积聚成的，却能至于深不可测，鼋、鼍、蛟、龙、鱼、鳖生长在那里,货财也从海里产生出来。

我们读一读《中庸》的这些话语,也许会被其诗性的语言、意象所吸引,而感慨,而深思,而赞叹。用诗的思维来思辨天道之“诚”,用诗一般的语言来阐述天道之“诚”,也许就是契合了孔子所说的“诗无邪”,“无邪”便是“真”,便是“诚”。此不就是以诗心之“诚”来解天道之“诚”吗?

确实如此,《中庸》热情、激情地颂赞了天地万物、天地之道,而最后指向的主旨,是用《诗》句“维天之命,於穆不已”来点醒的,“盖曰天之所以为天也”。《诗》说:“只有天命,庄严肃穆且运行不息。”这大约是说天之所以成为天的道理吧。

《中庸》又巧妙地转入主题,将天地之道与周文王联系在一起,“啊,太光明显赫了,文王的德行多么纯正!”这大约是说文王之所以被尊谥为“文”,是纯正的品德常行不止的缘故吧。——这不就是天与人合一了?!《中庸》不就是树立了一个“圣人”周文王与天合一的经典榜样?

“天人合一”的智慧思辨

宋代哲学家张载有一句流传不息的名言:“为天地立心,为生民立命,为往圣继绝学,为万世开太平。”儒家就类似这样,要提升人的生命境界。

人活在世上不单是吃饭、生孩子、挣钱、玩乐,自然界里的动物也无不知道找食生存,寻偶繁殖。人绝不能像猪、狗一样活着,否则就是猪之“性”、狗之“命”、畜生之“性命”了。《中庸》教诲人们:人“可以与天地参矣”,人是可以并且应该与天、地并列,成为并立的三者的!

《中庸》关于人与天的关系作出了积极的探索,影响深远。这里略说几端。

1. 天、命、性、教、道、中庸,联缀合一。

《中庸》就把这些联缀为一,人之命、性是由天出,因此其归宿也应该“天人合一”。虽然还没有明确提出“天人合一”之词语,但是内蕴之思,则昭然若揭。《中庸》的这种理念被后来的儒家高度重视,并且不断地得到弘扬。

2. “道不远人”与“人能弘道”。

道与人的关系怎样?此有三层可说:一是如《中庸》所说:“子曰:‘道不远人。人之为道而远人,不可以为道。’”(13 章)道与人是近距离的,不仅是近距离的，而且可以是零距离的。二是，《论语·卫灵公》："子曰：'人能弘道，非道弘人。'"道是人之道，哪怕天道也是人的天道，只有人才能弘扬道。三是，天与人均有道：天有道，是为天道、天之道；人有道，是为人道、人之道。这两者又是可以联缀起来的。王船山说："道者，天与人所同也，天所与立而人必由之者也。德者，已所有也，天授之人而人用以行也。"（《读四书大全说》）人的一"由"一"行"，便能使得人与天沟通合一。

3．"知人知天"与"天人合一"。

《中庸》20章有"三思"之说：一要"思修身"，二要"思事亲"，三要"思知人"，进而要"知天"。我想，这也是"天人合一"的必要条件与步骤。比如不修身、不修道，怎样能"知人"、"知物"。如果不"知人"，又如何去"化人"，如何能尽他人之性，再去尽物之性？尤其重要的是不"知天"，怎能"与天参"？

4．人要与天地同用。

这里的内涵也就是《中庸》所说的"成己成物"（25章）。《中庸》认为人要发挥自己的天然的本性，要先尽自己之性，然后发挥他人的、众人之性；能够尽了人之性，那么由人及物，由众人及万物，就能尽天下物之性了。再说天地之道，也就在于尽人之性、尽物之性，人能做到这种境界，那不就是与天地同用了？此正如《中庸》所说："唯天下至诚，为能尽其性；能尽其性，则能尽人之性；能尽人之性，则能尽物之性。"（22章）当然这里的"人"，首先是指"天下至诚"者。

5．人与天地同体。

人从天地间来，禀受了天地之灵气而生，最后一个个人又回归到天地里去了。这是一种同体。人活着还有另一种同体，如《中庸》之言："赞天地之化育"，"与天地参"。（22章）人的崇高使命是辅助天地去进行对万物的演进变化，因此人与上天、下地并立为"三"，此即是人与天地同体。此又正如《中庸》22章所说的最后"与天地参矣"，人可以与天、地并立为三了！

6．人与天合一：境界博厚高明悠久。

人要至诚，就该效法上天那样的博厚、高明、悠久；如能与天合一，也就达到了那种与天地之博厚、高明、悠久的同一境界了。《中庸》："博厚，所以载物也；高明，所以覆物也；悠久，所以成物也。"（26章）张居正曰："这一节是说圣人与天地同用"，我们进而可说不仅是"同用"，而且又是达到同一后的瑰丽境界。此也正如张居正所说："至诚之功用，所积者既广博而深厚，则天下之物无不在其包括承受之中,而咸被其泽,是固所以载物也。所发者既高大而光明,则天下之物,无不在其丕冒照临之下,而咸仰其光,是固所以覆物也。其博厚高明者,又皆悠长而久远,则天下之物,常为其所覆载,而得以各遂其生,各复其性,是固所以成物也。”

7. 诚 · 至诚: 天人合一的枢纽。

“天人合一”的连接点与枢纽在哪里呢?就是《中庸》反反复复所说的“诚”与“至诚”。《中庸》说天道是“诚”、“至诚”的,人道也要达到“诚之”,即是使之“诚”与“至诚”。在此根基上,一是均在“道”上,二是均在“诚”上,然后“天道”与“人道”相合而为一了,此即是“天人合一”了。此正如《中庸》曰:“诚者,天之道也;诚之者,人之道也。”(20 章)

王船山曾说:“‘诚’为仁义礼之枢,‘诚之’为智仁勇之枢,而后分言‘诚者天之道’、‘诚之者人之道’。须知天道者,在人之天道,要皆敏政之人道。”(《读四书大全说》)“诚”是“天道”与“人道”相连接的枢纽。

那么什么叫“枢”?“枢”,是指门的转轴,或承纳转轴的臼。门的开闭均由这个“枢”才能转动,因此“枢”的作用被看重为中心、关键。《庄子 · 齐物论》:“彼是莫得其偶,谓之道枢。枢始得其环中,以应无穷。”陆德明《释文》:“枢,要也。”因此有“枢要”之说,即是指关键、纲领。又有“枢纽”之说,此指两个东西,一是指主门户开合的“枢”,一是指提系器物的“纽”;合此两者来比喻事物的关键或相互联系的中心环节。

王船山这里解析得很好:人要去行仁、行义、行礼,最为关键的是一个“诚”;虚心假意,如何行得?人要为智、为仁、为勇,最为关键的也就是一个“诚”,欺而有妄,如何为得?“诚”不就是得其环中的“枢”了吗?再从深层来说,那么“须知天道者,在人之天道,要皆敏政之人道”。天道就在于人道,且是人的天道,要言之都是“人道敏政”(20 章)之“人道”。这也就是《中庸》说的,“道不远人”(13 章)。

陈荣捷又从另一角度来分析“诚”作为“天人合一”中的枢纽。他说,诚不仅仅是“一种精神状态,而且还是一种能动的力量,它始终在转化事物和完成事物,使天(自然)和人在流行过程中一致起来”。(转见杜维明《论儒学的宗教性——对<中庸>的现代诠释》,武汉大学出版社出版)我们此刻也想起了孟子说诚的话。《孟子 · 离娄篇》:“诚者,天之道也;思诚者,人之道也。至诚而不动者,未之有也;不诚,未有能动者也。”这是说,诚是上天的道,其表现出来的就是真实不欺,对应人来说思求真实不欺,就是做人的道。

天与人要由诚而动,由动而至于沟通、一致、合一。既然在“流行过程”之中一致起来,那不就是“天人合一”了吗?

8.“天人合一”的道统·祖述·宪章。

《中庸》说“天人合一”,又揭示了典范,勾勒了道统,勉励来者当祖述之,宪章之。

《中庸》揭示出这一道统便是:

尧、舜——周文王、周武王、周公——孔子

孔子则是“祖述尧舜,宪章文武”,后来者则又当于孔子等祖述之、宪章之了。《中庸》里对这些“圣人”竭诚地颂赞。比如对舜的赞扬:舜之“大知”、“好问而好察迩言”,“隐恶而扬善”,“执其两端,用其中于民”。(6章)舜“大孝”、“大德”,“德为圣人,尊为天子,富有四海之内”。(17章)又如对孔子的赞颂:孔子“上律天时,下袭水土”。(30章)这些便是“至诚”、“与天地参”的那种“圣人”与天地合一的典范。

虽然“天人合一”这一四字成语并没有出现在《中庸》里,那是一直到宋代时才由哲学家张载提出来的,但是《中庸》的丰富而深刻的“天人合一”理念,却于此可见其消息与理路了,且《中庸》之所论对后世的影响是久远的。

《中庸》:“天人合一”之路径

人们或许还要追问:怎样能做到天人合一呢?

《中庸》已经指出了其中的路径,那就是由“诚”而臻于“至诚”,这是“天人合一”的关键。再略加申说之,如《中庸》曰:“天地之道,可一言而尽也。”(26章)试问,究竟哪“一言”可“尽”天地之道?张居正的注释说得好:“天地之道虽大,要之可以一言包括得尽,只是个‘诚’而已!”诚哉,天之道也,也即是天地之道也!

冯友兰又曾说:“天地之道”的特点是“不贰”和“悠久”,总起来说,就是“诚”。“不贰”就是专一,专一是“诚”。“悠久”就是“无息”,“无息”也是诚。他把“诚”看做是“天地之道”的一个总的特征,分析开来就是“不贰”和“悠久”。“诚”是“天道”的本然,所以“不勉而中,不思而得”。冯友兰又说:“圣人”也可以达到此境界。但就一般人说,则需要“勉”而后“中”,“思”而后“得”;这样努力地为“诚”,即所谓“成之”,这是“人道”。(《三松堂全集》第九卷)

那么“诚”、“至诚”又怎么会“天人合一”呢?

因为“至诚”就能“参天地之化育”。《中庸》曰:“唯天下至诚,为能经纶天下之大经,立天下之大本,知天地之化育。”(32章)又曰:“凡为天下国家有九经。”(20章)又有曰:“中也者,天下之大本也。”(1章)

冯友兰有很好的解读,说:此所谓“大经”、“大本”,就是指此说。知天地之化育,就是赞天地之化育。“鸢飞戾天,鱼跃于渊”,这都是天地之化育。人的生活中一举一动,亦都是天地之化育。人若了解其一举一动都是天地之化育,则他的一举一动,就都是赞天地之化育。能赞天地之化育,即可以与天地参。若不了解其一举一动都是天地之化育,则他的一举一动,都是为天地所化育。为天地所化育,即只是天地中之一物,不能与天地参。道家常说:“物物而不物于物。”(《庄子·山木》。此句的意思是,按照物之本性去与物相处,而不为物所役使)《中庸》所说的“赞天地之化育”,跟道家的意思有相同之处。为天地所化育者,就是“物于物”。赞天地之化育者,则能“物物而不物于物”。

冯友兰又说,所以照《中庸》的说法,至诚的人并不必须做与众不同的事。就他的行为说,他可以只是“庸德之行,庸言之谨”(13章)。但就他的主观境界说,他可以自己觉得与宇宙同其广大,同其悠久。他可以自己觉得,如《中庸》所说的,“博厚配地,高明配天,悠久无疆”(26章)。

《中庸》:“极高明而道中庸。”(27章)关于这一点冯友兰又有说:《中庸》的主题是“极高明而道中庸”。它的最后目的是要达到“合内外之道”(25章)的精神境界。在其中主观、客观的界限消失了,个体与天地合一了,万物都一体了,这是“极高明”。但是这种极高明就在极平凡的生活之中。(《三松堂全集》第九卷)这是一种在日常生活中却能“天人合一”的境界。

我们觉得冯友兰所说的很有理,但是这仅仅是一种主观上的“天人合一”,是一种主观的精神上的心灵方面的“天人合一”。“天人合一”还应该有更深广的内容。

“天人合一”的更深广的内容,我们觉得还应该去探索客观上的“天人合一”。此有两个问题可略论:

一、人类客观上的“天人合一”

这就是人们主动地、能动地去参与到天地万物运行的大逻辑中去。人不违背天地之道，能遵循万物之物性，那就是能顺合自然的规律，顺合万物的规律，从而“天人合一”地去改造自然。这便是知天地之化育，而至于赞天地之化育了，如此也与天地为“参”了。

顺应天道，则如《中庸》所说：“故天之生物，必因其材而笃焉。故栽者培之，倾者覆之。”(17 章)试想大禹治水就是这样，以疏通为主，但是该疏通的就疏通，当然也有该堵塞的就堵塞，这就是一种“栽者培之，倾者覆之”。周灭商就是该灭的就灭，该兴起的就兴起。这也就是一种“栽者培之，倾者覆之”。相反，人们如果破坏天之道去干主观上的一厢情愿的“战天斗地”，去围海夺地，围湖造田，到处造水坝，又乱砍又乱伐，那么就不是“天人合一”了，而是天人相悖了。天人相悖，则往往遭到天道的报复，即是自然规律的报复。

再说天地之间的万物，也各有性，经济也是万物之一物，若不懂得经济之物之性之规律而乱搞，则物必报复人。试看席卷全球的经济危机，便不仅是不知其性，且悖逆了经济规律，故全球遭到了报复。因此，若“天人合一”，则人还要知道万物之性，顺乎其性，与万物之性合一。

二、“圣人”在“天人合一”中的作用

《中庸》特别注意到“至诚者”的作用，“圣人”与“至圣”的作用，这并不仅仅是歌颂，而是深寓智慧。《中庸》认为，圣人才会“至诚”，才会坚定不移地遵行中庸之道，才能够“天人合一”。《中庸》说舜、周文王、武王、周公等，是在说明他们就是“天人合一”的榜样，是卓越的领导者，他们发挥了极大的作用。

其实这个道理也很容易想通，民众确实是真正的“英雄”、“圣人”，但是还得有先导者。历史上以舜、周文王、武王、周公为先导，则开创了所谓能够“天人合一”的好局面；相反，同样是善良的民众，由夏桀、商纣为先导，则天怨、地怨、人怨，哪能“天人合一”？

如此假如重温《中庸》31 章对圣人的由衷的赞扬，就更能看到这是具有深刻警示之要言了！这样的领导才能不仅自己参与了“天人合一”，而且又会带领民众去参与“天人合一”。

三、再说不同人的与天合一

《中庸》把人又分为两类：一类是圣人，一类是一般人。“圣人”是与天道相符合的，因此他们能直接地天人合一了，其合一的基础与连接点就是“至诚”。圣人因为“至诚”而能知天道，能合天道，因此彼此合一。一般的人要天人合一，要有个过程，那就是要修炼、修道，要由“明”而至于“诚”、“至诚”，然后再能做到天人合一。这里不细说了。

前知：神秘的至诚如神

这里来谈谈《中庸》里面的带有神秘色彩的言论，当然今人不应该再去轻信、迷信这些内容了，但是此中内含的“天人合一”理念与理路倒是可以了解一下，因为此于中国文化的影响很大、很久远。

首先，我想起陈荣捷曾说过先秦典籍中的“诚”的问题，有以下要点。

1. 先秦典籍皆言“诚”，而最重要者为《中庸》、《大学》与《易》。

2. 《大学》专言“诚意”。《易·乾·小象辞》：说“闲(防止)邪存诚”与“立诚”，皆有关道德修养。《中庸》说“诚”则也有关于道德修养，见诸20章、21章、22章等，如“诚者，天之道也；诚之者，人之道也”。

3. 《中庸》说“诚”还由道德修养进入形而上学境界。如：“诚者物之终始，不诚无物。”(25章)“诚者，非自成己而已也，所以成物也……合外内之道也。”(25章)“至诚无息……所以覆物也……所以成物也。”(26章)

4. 甚至还“富有神秘性矣”，如：“至诚之道，可以前知……故至诚如神。”(24章)(陈荣捷《中国哲学文献选编》)

《中庸》24章就是说神秘的“至诚如神”的“至诚之道”。

至诚之道，就可以“前知”，即预先知道未来的事情：一是国家的命运，二是个人的命运。比如国家将要兴盛，必定会出现吉祥的预兆；国家即将灭亡，必定会有妖孽出来作怪。那么靠什么来“前知”呢？

其一，从蓍草、龟甲的占卜中先知。

蓍(shī)草是一种多年生草本植物，一本多茎，可入药。古人常用它的茎占卜。《周易·系辞上》：“是故蓍之德，圆而神；卦之德，方以知。”此可见历史以及传统的久远。《关尹子·八筹》：“古之善揲蓍灼龟者，能于今中示古，古中示今。”明代李时珍《本草纲目》：“蓍乃蒿属，神草也。”此就因为能用来占卜而称为神草。

笔者曾去淮阳游览太昊陵遗迹，导游引我们看了太昊陵后的一方蓍草地。

这里的蓍草很是奇特,说是其他地方长不出这样的蓍草,很有些神秘兮兮。古人把用蓍草占卜也称为"蓍策"、"蓍筮(shì)"。《儿女英雄传》中有段蓍筮的描写:安老爷"亲自上书架子上把《周易》蓍草拿下来,桌子擦得干净,布起位来,必诚必敬,揲(shé,揲蓍、揲蓍草,数蓍草的意思)了回蓍草卜,卜公子究竟名列第几"。

乌龟,古人也用来占卜。殷墟考古的发现,让今人看到商朝用龟甲占卜的实物以及卜辞。"蓍龟",就是指用蓍草与龟甲占卜凶吉。《周易·系辞上》:"探赜索隐,钩深致远,以定天下之吉凶,成天下之亹亹(wěi wěi,勤勉的样子)者,莫大于蓍龟。"《史记·龟策列传》:"王者决定诸疑,参以卜筮,断以蓍龟,不易之道也。"在这方面先人还有丰富的典籍,比如章太炎《国故论衡·原经》在谈到蓍龟家,也即是卜筮家等时,有说:"《数术略》:'蓍龟家有《龟书》、《夏龟》、《南龟书》、《巨龟》、《杂龟》,杂占家有《黄帝》、《长柳》、《占梦》、《甘德》。'"此可见占卜历史与传统之漫长,影响之深远,文化积淀之丰厚。从这一背景去读《中庸》,也许就不会有突兀的感觉了。

孟子是相信"前知"的,并还预测过国家与个人的运命。比如其说:"五百年必有王者兴,其间必有名世者。"(《孟子·公孙丑下》)又曰:"由尧、舜至于汤,五百有余岁","由汤至于文王,五百有余岁","由文王至于孔子,五百有余岁"。(《孟子·尽心下》)李石岑说:"孟子相信运会之说,以为'名世者'之出,可以'前知',虽不像《中庸》说得那样逼真,然而也是说明'前知'是可能的。"(《中国哲学十讲》)

其二,从人们的举止仪容中察觉。

这是所谓"前知"的又一种方法。《孟子·离娄上》:"存乎人者,莫良于眸(móu,眼睛)子。眸子不能掩其恶。胸中正,则眸子瞭(明亮)焉;胸中不正,则眸子眊(mào,昏暗)焉。听其言也,观其眸子,人焉廋(sōu,隐蔽)哉?"孟子以为在个人身上的,也可"前知",就是从个人身上的眸子去观察。这便是《中庸》所谓的"动乎四体"。《中庸》指出国家和个人两方面都可以"前知",而一归本于"至诚之道"。不过《中庸》又增加些古代阴阳家的思想,而有"见乎蓍龟"之说,也许是《中庸》撰成时阴阳家思想正盛行的缘故。

当然,《中庸》虽说祸福将要来临,那就会出现凶兆或吉兆,从而必能预先知道，所以掌握了“至诚之道”就像神灵一样，“至诚如神”。但是“至诚之道”，不是一般人所能达到的，这种“前知”也不会行得通的。正如朱熹《中庸》注：“至诚之道，非至圣不能知；至圣之德，非至诚不能为。”

最后，我们还可以略为追溯《中庸》之前的那种神秘之说的源头，那也就是“天人合一”、“天人感应”之说的渊源了。此有几点可说：

1．远古生活与原始崇拜。

远古先民日出而作，日落而归，其与大自然事事相伴，处处相通，切切相连，息息相关，再加上蒙昧时代的对自然的原始崇拜，便产生了最初的朦胧的但是诚挚的“天人合一”、“天人感应”的想法。

2．文献中的信息。

“天人合一”的思想来源，可以从先秦的一些著作中窥探到消息。举例一，如《尚书·吕刑》记载，“乃命重、黎，绝地天通，罔有降格”。重、黎，是颛顼时代的两位官员，重是主管天神的，黎是主管臣民的。这是说，颛顼乃命令他俩去断绝地民与天神的相互感通，神和民再不能升降来往了。此或认为是禁绝巫术，但这里正可以看出远古先民的“天人相通”、“天人合一”、“天人感应”的情况来。举例二，如《诗·大雅·生民》记载，姜嫄是怎样生下后稷的？是因为有一次将自己的脚踩在了上帝脚印的大脚趾上而怀孕的。此便是“履（践踏）帝（上帝）武（足迹）敏（指足拇指）歆（xīn 忻然之意）”。这是很神秘的“天人感应”了，而其实是远古知母不知父时代的神秘投射而已。举例三，如《诗·大雅·烝民》：“天生烝（众）民，有物有则（法则）。民之秉（守持）彝（常理、常道），好是懿（美好）德。”天给予众民法则、常道、美德。这是又一种天人关系了。孟子于此诗句有赞说：“孔子曰：为此诗者其知道乎！故有物必有则，民之秉彝也，故好是懿德。”（《孟子·告子上》）

我们还可以从《左传》读到这样的信息，比如周室贵族刘康公说：“吾闻之：民受天地之中以生，所谓命也。是以有动作礼义威仪之则，以定命也。”（《左传》成公十三年）又如郑子太叔（游吉）的一番言论：吉（游吉）也闻诸先大夫子产曰：“‘夫礼，天之经也，地之义也，民之行也’。天地之经，而民实则之。则天之明，因地之性，生其六气，用其五行。”“为君臣上下，以则地义；为夫妇外内，以经二物；为父子、兄弟、姑姊、甥舅、昏媾、姻亚，以象天明。”“哀有哭泣，乐有歌舞”，“哀乐不失，乃能协于天地之性，是以长久”。“礼，上下之纪、天地之经纬也，民之所以生也，是以先王尚之。”

(《左传》昭公二十五年)天经、地义、人事,三者勾连在一起了;人要则天、则地,即是取法效法天地,这不就是朴素的“天人合一”思想吗?

3. 再看其他的思想家。

比如《老子》:“人法地,地法天,天法道,道法自然。”《庄子》:“与天为徒。”如此等等,都含有“天人合一”的理念。儒家的孟子谈天与人的心性相联,提出“知性”即“知天”的理念。孟子说:“尽其心者,知其性也,知其性,则知天矣。”(《孟子·尽心上》)荀子则不讲“天人合一”,而主张“天人之分”。如此等等,不一一细说。

中国古代大多数哲学家都宣扬“天人合一”,这是中国传统哲学的一个独特的基本观点。后来学者一般认为“天人合一”的主要思想渊源或有两个:(1)渊源于《易传》。《易传》提出了关于天人关系的许多精深的见解。如《周易·乾卦·文言》:“夫大人者,与天地合其德,与日月合其明,与四时合其序,与鬼神合其吉凶,先天(天之先导)而天弗违,后天而奉天时。天且弗违,而况于人乎?”又如《周易·乾卦传》之“与天地合其德”。(2)另一个渊源便是《中庸》之“与天地参”以及这一段关于“前知”的论说。从这一维度也看到《中庸》的价值与地位不轻,以及影响的悠远。

董仲舒的“天人感应”说

董仲舒(前197—前104),是西汉的哲学家,今文经学大师。他是广川(今河北景县,或说枣强东)人,曾任博士、江都相、胶西王相。董仲舒专治《公羊春秋》,“始推阴阳,为儒者宗”。他的著作有《春秋繁露》,此有可能是经过后人附益修改的,还有《董子文集》。董仲舒在当时影响很大,比如《汉书·董仲舒传》:“州郡举茂才、孝廉,皆自仲舒发之。”就此细节即可见其声势之盛。

汉武帝诏举贤良方正,他对以“天人三策”,建议“罢黜百家,独尊儒术”,比如他对策建议,“诸不在六艺之科、孔子之术者,皆绝其道,勿使并进”(《举贤良对策》)。董仲舒所论为汉武帝采纳,从而确立了儒学在中国两千余年封建社会中的正统地位。

董仲舒以儒家为中心,杂以阴阳五行说,贯穿神权、君权、父权、夫权,建构了封建神学体系,而其中心是“天人感应”说,其来源则与《中庸》等有密切的关系。

一、“天人感应”说的先导

《中庸》24 章的内容显示了国家命运的或兴或亡，同天降的或“祯祥”或“妖孽”成为一种“感应”关系了，如此理念以及神秘色彩成了董仲舒“天人感应”说的先导。

董仲舒像（《历代名臣像解》）

另一个先导该是战国后期的邹衍了。邹衍（约前 305—前 240），也作驺衍，战国末齐国人，学问宏博，人称“谈天衍”，是阴阳家代表人物，曾为燕昭王师。他发挥当时流行的“阴阳五行”说，提出了“五德转移，治各有宜”的“五德终始”说。五德，是五行，也即是金、木、水、火、土的属性。“五德终始”，指出五德是相生相克的。他认为天道、人事均受此“五德终始”支配。每一朝代代表一“德”，其服色制度皆受此“德”的支配。比如他认为黄帝至虞舜代表土德，色尚黄；夏代表木德，色尚青；殷代表金德，色尚白；周代表火德，色尚赤；继周而起的必将为水德，色尚黑。（《吕氏春秋·应同》）这里朝代的更替，便是木胜土，故代舜而兴的是“以木德王”的夏；金胜木，故代夏而兴的是“以金德王”的殷；火胜金，故代殷而兴的是“以火德王”的周。按照五行相胜来推论，邹衍预言“代火者必将水”，即取代周朝而统治天下的将是“以水德王”的朝代。邹衍的“五德终始说”是他的阴阳五行神学的重要内容。它的思想基础，则是建筑在“天人感应”思想上的。

董仲舒继承和发展了先秦儒家的“天命论”，并吸取了邹衍等阴阳家的神秘主义的阴阳五行学说，建构了一套以“天人感应”说为基础的神学体系，对当时以及后世产生了极大的影响。

二、董仲舒的“天人感应”之说

1. 天与人的关系。

董仲舒认为，“天者，为神之大君也”，是“群物之祖也”。这种关系一经定位，那么世界上的一切都是“天”有目的地安排的。天也按照自己的意志和样子来创造人，因此人从形体到精神都是天的副本。

2. 人与人的关系。

人世间的人与人的关系，董仲舒也认为是由上天安排的，是天定的秩序。他说，“物莫无合，而合各有阴阳”。比如先看天地为一合，天为阳，地为阴。

由此再类推至于人世间，那就是：君臣为一合，君为阳，臣为阴；父子为一合，父为阳，子为阴；夫妻为一合，夫为阳，妻为阴。这就构成了君臣、父子、夫妻的秩序，而成为"王道之三纲"，而"王道之三纲，可求于天"（《春秋繁露》）。

3．"天人感应"之说。

董仲舒认为"天人之际，合而为一"，故也能"天人感应"。

其一，"人副天数"说。他认为人体的结构、生理以及心理等，与天之数相应合。如人有三百六十节，"偶（相配）天之数"。再如有的"副（相称、符合）日数"，有的"副月数"，有的"副五行数"，有的"副四时数"等等，此谓"于其可数也副数"。至于那些"不可数者副类"：如耳目聪明，日月之象；乍刚乍柔，副冬夏；乍哀乍乐，副阴阳等。

其二，"天人一也"之说。他认为，"天亦有喜怒之气、哀乐之心，与人相副，以类合之，天人一也"。

其三，"天人感应"之说。他认为，"天地之阴气起，而人之阴气应之而起；人之阴气起，而天地之阴气亦宜应之而起：其道一也"。董仲舒还说："国家之失乃始萌芽，而天出灾害以谴告之；谴告之而不知变，乃见怪异以惊骇之；惊骇之尚不知畏恐，其殃咎乃至。"当然这些都是为他的神学体系奠定基础的，今人是不可盲从的。

三、董仲舒的其他论说

除了这些之外，董仲舒还有许多的论述，此也可一提。

1．"大一统"说。"大一统"一语源出《公羊传·隐公元年》，是重视（"大"）天下诸侯统一于天子（"一统"）的意思。董仲舒赋予新解读，简单地说那就是天下的大统一，一是中央集权，二是皇帝具有至高权力；同时思想上也要大一统，那就是独尊儒术，罢黜百家。

2．"三统"、"三正"说。此为董仲舒的历史循环论。所谓"三统"，比如夏朝因崇尚黑色，就属于"黑统"；商朝因崇尚白色，就属于"白统"；周朝因崇尚赤色，就属于"赤统"，而王朝的更换历史就在黑、白、赤三统中循环。他又认为，改朝换代，只需改变国都、称号、正朔、服色。此又有所谓的"三正"说，即是夏、商、周"三代"的正朔。"正"是一年之开始，即农历的正月。"朔"是一月的开始，即是初一。他认为，只可以用寅月、丑月、子月（也即是农历的正月、十二月、十一月）作为正月。另外他以为黑、白、赤为上色，改朝了，那么衣服、旗帜的颜色亦要作相应的改变。这就是"新王必改制"，但是社会经济政治制度的"道"则不变，"故王者有改制之名，无易道之实”(《春秋繁露·楚庄王》),“道之大原出于天,天不变,道亦不变”(《对策三》)。另外他还提出人性“三品”说,我们在前文已有所述。

最后要说一下,对“天人感应”思想的评价,到目前为止,学术界尚有争论,归结起来,大致有以下几种观点:

第一种观点:认为“天人感应”是“天人合一”思想发展的一个中间阶段。先秦时期的天命论是它的第一阶段,宋明理学则是其完成形态。“天人感应”在汉代已经形成一股时代的潮流,不是董仲舒个人的发明。虽然其中一些比附是很荒谬的,但也有其合理的一面。有的人还从中医医理上说明了天对人感应的合理性,认为“天人感应”是当时时代精神的精华。

第二种观点:认为董仲舒的“天人感应”并不是什么宗教迷信和神学,而是建立在逻辑思维乃至具体事物的科学知识基础上进行的“以物类推”的唯心主义目的论。其思维的模式是:从自然之天具有政治道德属性:人本于天,即人类社会的政治道德规范与天之阴阳五行的生胜相统一,表明天人同理:同者相益,异者相损。于是得出了天人的互感。尽管在这里深深地笼罩着神秘主义的迷雾,但其方法和途径却不乏合理因素。这一“天人感应”理论的建立,标志着从重点探究人与自然的关系,转向社会内部的人际关系。它的核心是人君与天的合一,它所论证的中心内容是“三纲”、“五常”、“忠孝”、“重道义而反功利”等原则和封建的等级制。由于当时封建社会处在上升时期,这是符合历史发展要求的,而随着历史的发展便丧失了其进步性。

第三种观点:认为董仲舒的“天人感应”完全是一种神学目的论,是先秦荀子唯物主义观点的倒退。在他那里,神学意志之天、道德之天和自然之天是完全合一的,“天人感应”在本质上是唯心主义的虚构。(夏乃儒《哲学三百题》)这些内容,可帮助我们进一步思考。

今人读到董仲舒的这些言论与理念,马上会发觉有许多格格不入的地方,觉得该批判的东西还很多,这方面学者已多有论说。但是在历史上董仲舒的影响是巨大的,比如对于汉王朝的统一、强大、发展就起过不小的作用。

宋明理学的“天人合一”说

《中庸》以及董仲舒的“天人感应”说对后人影响深远。这里略为叙述宋明理学的“天人合一”说。

程颐像(南薰殿旧藏《至圣先贤解》)

一、宋张载有关“天人合一”之说

1.“天人合一”成语的出现。“天人合一”的那种理念与思想,渊源久远,但是“天人合一”这个成语,或称之为命题、范畴,是由宋代哲学家张载首先提出来并正式使用的。张载说:“儒者则因明致诚,因诚致明,故天人合一,致学而可以成圣,得天而未始遗人。”(《正蒙·乾称》)

2.张载还认为,天和人都是实在的,“天人”之“用”是统一的。天和人都以“变易”为本性。

二、宋程朱“天人合一”之说

1.程颢之说。他认为,“天人本无二,不必言合”。程颢有“一天人”说,认为“须是合内外之道,一天人,齐上下”。他又说:“若如或者别立一天,谓人不可以包天,则有方矣,是二本也。”

2.程颐之说。他认为,“天地人只一道也”,“在天为命,在人为性,论其所主为心,其实只是一个道”。又在他的体系里,天就是理,性也即是理,而以“理”把性、天贯通起来。

3.朱熹之说。他追随“二程”之说,比如朱熹曰:“天人本只一理,若会得此意,则天何尝大,人何尝小也?”门人问朱子之言“天未始不为人,而人未始不为天”。朱子答之曰:“天即人,人即天。人之始生,得于天也。既生此人,则天又在人矣,凡语言动作视听,皆天也。”

三、明王阳明之说

论者或谓及王阳明之《大学问》,“天人一体”之说乃达到高峰。他说:“大人者,以天地万物为一体者也。大人之能以天地万物为一体也,非意之也,其心之仁本若是。明明德者,立天地万物一体之体也。亲民者,达天地万物一体之用也。”

四、当代学者的有关评论

陈荣捷曾有深刻评论,其要旨:(1)他认为,关于“天人合一”,最著名者为程明道,彼云:“学者须先识仁,仁者浑然与物同体。”又云:“仁者以天地万物为一体,莫非己也。”此思想影响甚大,程氏门人杨时以天地一体言仁,其一例也。及至王阳明之《大学问》,“天人一体”之说乃达高峰(此参见上文)。(2)他又说,所谓亲民,即是亲亲而仁民,仁民而爱物之谓。以至不特亲吾之父兄以及天下人之父兄而为一体,而且与鸟兽草木瓦石皆为一体。故由明明德以至齐家治国而平天下,其一体乃步步实现,逐渐圆成。“此是理学家天人合一之正传,与汉儒之天人感应或道家之以天为大宇宙,人为小宇宙,故能相类等说,大大不同。应感相类皆以天人为二。理学家则谓天人为一”。(3)他还指出,若学者汲汲求仁,大其心,变化气质,存天理而去人欲,由是而格致诚正修齐治平,自与天地合其德,日月同其明,不是与另一外物联合,而乃由尽己之心性经尽人之心性,以至尽物之心性,则人与天同一。如是并非丧失个性,多为一所灭,而乃个人之全德表现,其感化与天地同流也。(见陈荣捷编著《中国哲学文献选编》)

再来看张岱年之评说“天人合一”,其有说:(1)中国哲学中的“天人合一”观念,发源于周代,经过孟子的“性天相通”观点与董仲舒的“人副天数”说,到宋代的张载、二程而达到成熟。张载、二程发展了孟子学说,扬弃了董仲舒的粗陋形式,达到了新的理论水平。(2)张载、二程的“天人合一”思想,包括几个命题。排列如下:①人是自然界的一部分。②自然界有普遍规律,人也服从这普遍规律。③人性即是天道,道德原则和自然规律是一致的。④人生的理想是天人的调谐。他认为,这四个命题之中,第一和第二命题是基本正确的,第三命题是基本错误的,第四命题包含着有价值的重要思想。总之,中国传统哲学中的“天人合一”思想包括复杂的内容,其中既有正确的观点,也有错误的观点,应该如实地加以分析。(邓九平编《张岱年哲学文选》上)

我们匆匆地粗粗地巡行了《中庸》以及在此前的渊源,又由邹衍至于董仲舒等,再至于宋明的“天人合一”的历史轨迹,也许会在每个读者心里留下不一样的回声或回应。不过我们也看到,关于“天人合一”的各种学说、理念,都力图在追索天与人的相通之处,以求天人之协调、和谐与一致,此实为中国古代哲学的特色之一,也实为中华民族智慧的特色之一。

现代思考:《中庸》天人之际智慧

今天我们如何把《中庸》有关的“天人合一”的智慧延伸到现代来?这里也粗浅地略说几点感想。

1. 人与天地为参。

人怎样定位?《中庸》或许能提醒今人：人不应该是上天的主人，上天没有天帝，但也不能让上天成为奴仆；不应该是大地的主人，也不应该让大地作为奴隶；不应该是万物的主人，也不应该让万物屈从于人。人是与天地并立为三的，要遵顺天地之道，且资助天地之道，成己之性，且尽人之性，还要成万物之性，且尽物之性，然后一切处在和谐之中。如此就不会把地球搞得伤痕累累，惨不忍睹了。

再看杜维明之论：在后现代话语中，许多主要的宏大叙事诸如历史、国家、文化、社群和自我都被解构了。但是，正如贝睿敏锐指出的，地球的含义正在发生变化，从作为人类生存的一个重要的单一参照，正在转变为一个审美、伦理和宇宙论思维的共同基础。显然，启蒙时期人文主义的看法，所谓“人是万物的尺度”，过于狭隘因而无法说明人类境况的丰富性和复杂性。随着有关环境知识的快速进展，我们了解到，对于我们建立一种新的地球与人类的关系的迫切需要来说，一种关于我们在宇宙中角色和功能的非人类中心主义的观点是必要的。虽然我们无法放弃我们“人”的视角，但我们必须超越人类中心主义，以便能够公正地对待我们人性的全部标准。诚然，宇宙的视野可以在实际上帮助我们扩展我们本真的人类视域，这种视域无论在理论上还是实践上必定不会为人类中心主义的缺点所限。委实，生态意识也正在将我们联为一体，去发展一种“天人合一”的视域。(杜维明《儒家传统与文明对话》，河北人民出版社出版)我觉得杜维明说的这一“非人类中心主义的观点”是值得我们讨论的，然而在《中庸》里已经说到人不是“中心主义”了，是“与天地为参”的角色了。

2. 尊重与敬畏自然。

《中庸》“天人合一”智慧的现代延伸，首先现代人应该与自然合一，这其实就是人和自然的和谐相处。我们不仅要尊重，且要敬畏；与尊重相较，敬畏则更上一层级。有此敬畏之心，才会时刻警惕大自然对人类的报复；有此敬畏之心，才能更好地尊重自然。孔子说：“君子有三畏。”其中第一条就是“畏天命”。(《论语·季氏》)人类如果对大自然无法无天，肆无忌惮，那么必定自食其恶果；只要稍微检点一下历史与现实，由于人类的不尊重与不敬畏大自然，大自然给我们的灾难还少吗?

记得杜维明还曾说过这样的话：自从 1972 年斯德哥尔摩环境会议以来，空气和水污染、土壤流失、臭氧层损耗、全球变暖、采伐森林以及最近的北极冰融，引起了全球各行各业人士的关注。随着空间开发的进展，我们对于蓝色星球的知识获得了充分的拓展。人类从超越的外层空间观察自身习性的能力，向我们提供了关于地球的一幅美丽炫人然而却又悲凉脆弱的画面——所有的自然资源，包括矿产、水、空气，是如此的有限和珍稀，以至于自然具有取用不竭的富饶资源这种启蒙信仰及其人类有权征服、开发自然的人类中心主义的主张完全站不住脚。（杜维明《儒家传统与文明对话》）2010 年，又随着这样的保护地球的世界会议的召开，全球都知道要“低排”、“低碳”了。大自然在严峻地迫使人们一次次召开这样的会议，呼唤人们回到正常的轨道上来。想到这里，人类能不敬畏大自然吗？“人类中心主义”的主张能站得住脚吗？

3. 尊重与敬畏科学。

科学是人发明的，不尊重科学就不能发展，但是不敬畏科学，那么也会给人类带来巨大的灾难。贪欲、愚昧、野蛮经常会利用人类科学技术进步的成果制造出人世的悲剧，科学成果有可能被毒化，被用到邪路上去。比如制造原子弹用来屠杀，那就是对科学的不敬畏；用现代的科技来制造冰毒等等就是不敬畏的恶果。现实生活中利用先进科学、技术给人们带来灾难的也是实在可见的。

1945 年 8 月 6 日，美国在日本广岛投下了第一颗原子弹，两天以后，第二颗原子弹又在长崎爆炸，仅两天，两座城市被摧毁，近五十万人丧命！被一些人称为“原子弹之父”的爱因斯坦无比痛苦，因此在晚年尽自己的一切努力呼唤和平，呼唤人类社会的自由与和谐。1955 年 4 月 11 日，也就是爱因斯坦去世的前一个星期，他同著名的学者罗素一道，签署了反对使用核武器的宣言《爱因斯坦—罗素宣言》。宣言说：“作为人，我们向全人类呼吁：记住你们的人性而忘掉其余。倘若你们能够做到这一点，展现在人类面前的将是通向乐园的道路；反之，人类面临的只能是死亡和毁灭。”（牛晓彦《爱因斯坦传》，中国社会出版社出版）科学当敬畏，因为人性更当敬畏。

4. 尊重与敬畏人性。

现代社会如果不尊重人性，践踏人性，则丧失了人心；丧失了人心，则恶果满盈。尊重还不够，只有敬畏人性，才会更好地尊重人性，才会让人性光明，此谓尽人性。尽了人性，才能由此尽物性，然后才可以走上“天人合一”之道。

我喜欢听小提琴协奏曲《梁祝》，一次看到这样的文字，是作者写的《梁祝》诞生的大致经过：

《梁祝》写作的年代是1959年，是火红的大跃进年代，主旋律是“大炼钢铁、三面红旗”，而梁祝的主题是才子佳人。所以当时写作的时候提出过三个题目：大炼钢铁，女民兵，还有一个是梁山伯与祝英台。当时的决策者是我们的党委书记，他选择了第三个题目。假如他是一个不懂艺术规律的人，为了符合潮流，为了保险，为了乌纱帽，他一定会选择第一个“大炼钢铁”。我们试想一下，小提琴协奏曲如果去表现“大炼钢铁”，会变成什么样子？但是他选择的却是第三个，他知道小提琴表现的是什么，《梁祝》表现的是什么。《梁祝》就像我上文提到的上海老歌一样，它表现的是人性的美。人对人性美的追求是超越了地域、超越了民族、超越了国家的，它是人类永恒的主题，所以可以跨越这么多年代，到今天已有45年。特别是最后的《化蝶》，梁祝他们就是不死，死也要到天上变成蝴蝶。所以有日本的小提琴家将之改名为《蝴蝶情侣》，蝴蝶就变成了梁祝的代号；国外把《化蝶》改成冰上芭蕾舞，因为蝴蝶歌颂人性美，歌颂了人的最好的理性。（陈钢《无主题变奏曲》，见王方华、徐飞主编《大象无形——在交大安泰听讲座》）

试想，如果当时写了“大跃进”、“大炼钢铁”的主题，那么能成为流传到今天的经典吗？正是因为选择了“歌颂人性美，歌颂了人的最好的理性”，选择了“人类永恒的主题”，便使得《梁祝》为人们如此真正地喜爱。《中庸》说的“尽人性”、“尽物性”，此中的认知空间好寥廓！后来《梁祝》在“文革”中的命运则是“顺理成章”地受到“尖锐的批判”，“打到牛棚里”了。这是一段痛苦的不堪回首的对人性践踏的岁月。《梁祝》作者在反思之后的痛定思痛，便是认为一定要尊重并要敬畏人性。

这些使我再次想起《中庸》一再强调的要“成己成人”，这就要“诚”、“至诚”，如此才会“至诚不息”、“至诚如神”。重温《中庸》的许多谆谆教诲，或许对现代人来说也绝非虚言！

说“天人合一”：钱穆最后的遗稿

国学大师钱穆（1895—1990）在生命最后的一段时间里，考虑最多的大概就是“天人合一”的问题了。他写的最后一篇文章便是关于“天人合一”的，此可见一位大师生前最后之心声。

1989 年 9 月末，钱穆由台湾去香港，应邀参加香港新亚书院创校四十周年。他和夫人在香港停留五天，有一天他突然对夫人说：“这几天我一直在思考一个大问题，我发明了一个从未想到的大发现，真高兴，等下我要讲给你听。”他告诉夫人说：“我今天发明了中国古人‘天人合一观’的伟大。回家后，我要写篇大文章了。”又说：“这将是我晚年最后的成就了。”由港返台时，在飞机上，钱穆又提起他的天人合一观。并说：“这一趟去香港真好，想不到我竟在这趟旅行中，发明了我自己从来没想到的大理论。我已经九十五岁了，还能有此澈悟，此生也足以自慰。”

1990 年钱穆逝世一周后，台湾的报刊刊登出他生前的最后一篇文章，即是《中国文化对人类未来可有的贡献》（此文载于 1990 年 9 月 26 日台北《联合报》）。此转录之，以飨各位读者。

中国文化中，“天人合一”观，虽是我早年已屡次讲到，惟到最近始澈悟此一观念实是整个中国传统文化思想之归宿处。去年九月，我赴港参加新亚书院创校四十周年庆典，因行动不便，在港数日，常留旅社中，因有所感而思及此。数日中，专一玩味此一观念，而有澈悟，心中快慰，难以言述。我深信中国文化对世界人类未来求生存之贡献，主要亦即在此。惜余已年老体衰，思维迟钝，无力对此大体悟再作阐发，惟待后来者之继起努力。今逢中华书局建立八十周年庆，索稿于余，姑将此感写出，以为祝贺。

中国文化过去最伟大的贡献，在于对“天”“人”关系的研究。中国人喜欢把“天”与“人”配合著讲。我曾说“天人合一”论，是中国文化对人类最大的贡献。

从来世界人类最初碰到的困难问题，便是有关天的问题。我曾读过几本西方欧洲古人所讲有关“天”的学术性的书，真不知从何讲起。西方人喜欢把“天”与“人”离开分别来讲。换句话说，他们是离开了人来讲天。这一观念的发展，在今天，科学愈发达，愈易显出它对人类生存的不良影响。

中国人是把“天”与“人”和合起来看。中国人认为“天命”就表露在“人生”上。离开“人生”，也就无从来讲“天命”。离开“天命”，也就无从来讲“人生”。所以中国古人认为“人生”与“天命”最高贵最伟大处，便在能把他们两者和合为一。离开了人，又从何处来证明有天。所以中国古人，认为一切人文演进都顺从天道来。违背了天命，即无人文可言。“天命”“人生”和合为一，这一观念，中国古人早有认识。我以为“天人合一”观，是中国古代文化最古老最有贡献的一种主张。

西方人常把“天命”与“人生”划分为二，他们认为人生之外别有天命，显然是把“天命”与“人生”分作两个层次，两次场面来讲。如此乃是天命，如此乃是人生。“天命”与“人生”分别各有所归。此一观念影响所及，则天命不知其所命，人生亦不知其所生，两截分开，便各失却其本义。决不如古代中国人之“天人合一”论，能得宇宙人生会通合一之真相。

所以西方文化显然需要另有天命的宗教信仰，来作他们讨论人生的前提。而中国文化，既认为“天命”“人生”同归一贯，并不再有分别，所以中国古代文化起源，亦不再需有像西方古代人的宗教信仰。在中国思想中，“天”“人”两者间，并无“隐”“现”分别。除却“人生”，你又何处来讲“天命”。这种观念，除中国古人外，亦为全世界其他人类所少有。

我常想，现代人如果要想写一部讨论中国古代文化思想的书，莫如先写一本中国古代人的天文观，或写一部中国古代人的天文学，或人文学。总之，中国古代人，可称为抱有一种“天即是人，人即是天，一切人生尽是天命的天人合一观”。这一观念，亦可说即是古代中国人生的一种宗教信仰，这同时也即是古代中国人主要的人文观，亦即是其天文观。如果我们今天亦要效法西方人，强要把“天文”与“人生”分别来看，那就无从去了解中国古代人的思想了。

即如孔子的一生，便全由天命，细读《论语》便知。子曰：“五十而知天命”，“天生德于予”。又曰：“知我者，其天乎！”“获罪于天，无所祷也。”倘孔子一生全可由孔子自己一人作主宰，不关天命，则孔子的天命和他的人生便分为二。离开天命，专论孔子个人的私生活，则孔子一生的意义与价值就减少了。就此而言，孔子的人生即是天命，天命也即是人生，双方意义价值无穷。换言之，亦可说，人生离去了天命，便全无意义价值可言。但孔子的私生活可以这样讲，别人不能。这一观念，在中国乃由孔子以后战国时代的诸子百家所阐扬。

读《庄子·齐物论》，便知天之所生谓之物。人生亦为万物之一。人生之所以异于万物者，即在其能独近于天命，能与天命最相合一，所以说“天人合一”。此义宏深，又岂是人生于天命相离远者所能知。果使人生离于天命远，则人生亦同于万物与万物无大相异，亦无足贵矣。故就人生论之，人生最大目标、最高宗旨，即在能发明天命。孔子为儒家所奉称最知天命者，其他自颜渊以下，其人品德性之高下，即各以其离于天命远近为分别。这是中国古代论人生之最高宗旨，后代人亦与此不远。这可说是我中华民族论学分别之大体所在。

近百年来，世界人类文化所宗，可说全在欧洲。最近五十年，欧洲文化近于衰落，此下不能再为世界人类文化向往之宗主。所以可说，最近乃是人类文化之衰落期。此下世界文化又将何所归往？这是今天我们人类最值得重视的现实问题。

以过去世界文化之兴衰大略言之，西方文化一衰则不易再兴，而中国文化则屡仆屡起，故能绵延数千年不断。这可说，因于中国传统文化精神，自古以来即能注意到不违背天，不违背自然，且又能与天命自然融合一体。我以为此下世界文化之归趋，恐必将以中国传统文化为宗主。此事涵义广大，非本篇短文所能及，暂不深论。

今仅举“天下”二字来说，中国人最喜言“天下”。“天下”二字，包容广大，其涵义即有，使全世界人类文化融合为一，各民族和平并存，人文自然相互调适之义。其他亦可据此推想。

五月端午节钱穆在迁出素书楼之前三日完成于
外双溪之素书楼时年九十六岁。

我两次参观过台北外双溪的钱穆故居素书楼，在那绿荫密匝的弯弯小山道上，在洋溢温馨的客厅、书香袭人的书房里仿佛都能看到这位大师的背影。当歇息在楼上的过道式的阳台上，我眺望着满园的花树，听着呖呖之鸟鸣、飒飒之天籁，“天人合一”不就在这园子里面吗？

我又想起，当初钱穆还曾对夫人胡美琦不能理解其理念而颇感失望，长叹一声说：“学术是不能乡愿的。我从前所讲的和现在所想讲，大不相同。我从前虽讲到天人合一观的重要性，我现在才澈悟到这是中国文化思想的总根源，我认为一切中国文化思想都可归宿到这一个观念上。两者怎能相提并论。这是我对学术的大贡献啊！你懂吗？”

我想，这个问题也许大家都可以思考一番，人们真懂得了“天人合一”的道理吗？如果真的懂了的话，也许人们就不会这样肆意地蔑视自然，不会无所忌惮地破坏生态，便会有一串的“不会”、“不会”了！如果再回头看《中庸》的“天人”之道，或许对其中的意蕴又有一番新的会心处了！

篇八

《中庸》修养与教化智慧

其次致曲，曲能有诚，诚则形，形则著，著则明，明则动，动则变，变则化，唯天下至诚为能化。

——《中庸》

那些次于圣人的贤人，从细微处入手推究道理，细微之处也能达到真诚的境界。达到真诚就会表现出来，表现出来了就会日益显著，日益显著就会光辉明亮，光辉明亮就会感动万物，感动万物就会变革人心，变革人心就会感化人群，只有天下至诚的人才能做到感化人群。

两修:《中庸》凸现的主题

"修身"与"修道",这是《中庸》反复强调的"修养"主题,并以重视与实践自身品性德行的修炼作为做人的第一根本原则。

《中庸》有关修养的内容很丰富,此略为诠释:

1. 君子不可以不修身。

《中庸》:"故君子不可以不修身。"(20章)小人或可以不修身,但是作为君子却不可以不修身。小人或在胡作非为,但是君子就必须得一本正经地修身。因为君子是社会的梁柱,所以必须坚挺;如果君子的梁柱歪斜了,大厦岂不危乎殆哉?

2. 修身是"九经"第一"经"。

《中庸》说到治天下国家有"九经",而第一"经"便是"修身"(20章),此可见其重要,乃至于成为首要。其余"八经",为"尊贤"、"亲亲"、"敬大臣"、"体群臣"、"子庶民"、"来百工"、"柔远人"、"怀诸侯"。《中庸》云:"故为政在人,取人以身。"(20章)《中庸》又云:"知所以修身,则知所以治人。知所以治人,则知所以治天下国家矣。"(20章)此都可以显见"修身"的分量,以及《中庸》极其重视修身修道的深层原因。

3. 修身必须修道。

《中庸》:"修身以道,修道以仁。"(20章)一是必须修身,而且修身必须修道;修道就是修炼而明道,修炼而得道。二是必须要以仁修道,也就是修身一定要落实到仁上。《中庸》:"修道之谓教。"(1章)修道还要由己及人地加以推广,这就是教化。

4. 修身则道立。

《中庸》:"道也者,不可须臾离也。"(1章)"修身则道立。"(20章)修身是根本,本立而道生,根本深且固,才会枝叶繁且茂。一切人都要从修身开始,不管是最高地位的天子,还是普通的庶人,均应如此。此正如《大学》所说:"自天子以至于庶人,壹是皆以修身为本。其本乱而末治者,否矣。其所厚者薄,而其所薄者厚,未之有也。此谓知本,此谓知之至也。"李贽在《四书评·大学》中说:“盖《大学》之本在‘修身’,而‘修身’之要在‘诚意’,‘诚意’又须‘格’、‘致’,方能‘明明德于天下’”,“此《大学》之真血脉也,读者味之”。《中庸》、《大学》两书是彼此沟通的,“两修”也是它们共同的真血脉。

5. 修道的真谛。

《中庸》:“君子之道费而隐。”(12章)君子之道,是用途大的、普遍的(称为“费”),又是精微的(称为“隐”)。《中庸》13章:“君子之道”,当重视四方面的修炼:一是孝,二是悌,三是忠,四是信。又《中庸》:“君子之道,造端乎夫妇,及其至也,察乎天地。”(12章)君子之道,要从夫妇之间开始修炼,等到了极致,那么对天地都可以审察了。《中庸》:“君子之道,辟如行远必自迩,辟如登高必自卑。”(15章)君子之道的修炼,就像行远一样必须从近处开始,就像登高一样必须从低处开始。

6. 修身修道必须诚。

《中庸》:“诚之者,人之道也。”(20章)“诚身有道:不明乎善,不诚乎身矣。”(20章)这是说,使得自己能诚,这是人之道。要使自身诚而有道,那么不明白善,就不能使得自己身诚。

7. 修身必须“三知”。

修身要“三知”:一是知“知(智)”,那便是要好学不倦;二是知“仁”,那便是要勉力行仁;三是知“勇”,那便是要行己知耻。《中庸》:“子曰:好学近乎知,力行近乎仁,知耻近乎勇。知斯三者,则知所以修身。”(20章)

8. 修身的“思”与“知”。

此如《中庸》所说:“故君子不可以不修身。思修身,不可以不事亲;思事亲,不可以不知人;思知人,不可以不知天。”(20章)

9. 修身、修道的修养之法。

修身有法,修道也有法,《中庸》除了指出的如诚之、慎独、博学、审问、慎思、明辨、笃行等修养法外,还譬如“齐(通‘斋’)明盛服,非礼不动,所以修身也”(20章)。沐浴斋戒,身心明净,遵循其礼,这也是修身之法。关于修养之法,后文还会再说,可互见。

10. 修养的回报。

修身是美妙的,也是有回报的。《中庸》有言,大德有“五必”。《中庸》载孔子曰:“故大德必得其位,必得其禄,必得其名,必得其寿”,“故大德者必受命”。(17章)修炼至于“大德”便会有“五必”之妙。

11. 不修身的危害。

再从负面来看,不修身给人带来的危害与恶果是不小的。在《中庸》里也给予了揭示。《中庸》载孔子曰:“愚而好自用,贱而好自专,生乎今之世,反古之道。如此者,烖及其身者也。”(28 章)古今中外不少的人都应验了此言。

12. 修养的典范。

在《中庸》里面出现了不少的修养典范,并给予了评述与歌颂,如尧、舜、周文王、周武王、周公、孔子、颜回等。典范的作用是无穷的,在孔子的心里就有典范在不断鞭策自己往“成圣”之路上前行。《中庸》:“仲尼祖述尧舜,宪章文武;上律天时,下袭水土。”(30 章)这就是一个圣人的修炼之路。

有意思的是,在《中庸》里面,还有孔子的一份深刻的“自我检查”材料。《中庸》13 章载孔子评价自己:君子之道四个方面,如“事父”、“事君”、“事兄”、“求友”方面自己做得还不到位,“丘未能一焉”。《中庸》记下了一个修身、修道的孔子形象,也留下了孔子的“检讨书”。这里留下的是诚,而不是伪;唯其如此修身、修道,孔子才会成为历史上的圣人,一直到今天还在生气勃勃地走向世界。

致曲:修身修道智慧

《中庸》里讲到一种“致曲”的修养、修炼之道,对于今人来说,很值得推介。《中庸》曰:“其次致曲,曲能有诚,诚则形,形则著,著则明,明则动,动则变,变则化。唯天下至诚为能化。”(23 章)

这里讲述了一个美妙的道理与智慧,人世间的圣贤毕竟是少数,但是众生芸芸,那些等次在下的人,其实也可以通过修身、修道,变而化之,进而提升自己的境界。其要点有几点:

一、提升境界的途径就是能“致曲”

什么是“致曲”?“致”就是使达到之义,这里是推及的意思。“曲”,细小的事情。郑玄注:“曲,犹小小之事也。”这里指善事、善举中的小事情。张居正说:“盖人之心,虽为物欲所蔽,然良心未曾泯灭,必有一端发见的去处,这叫做曲。若能就此扩充之,到那至极的去处,叫做致曲。”

他又进一步说:“其次若贤人以下,诚有未至者,却当何如用功?盖必由那善端发见之一偏处,悉推致之以各造其极,如一念恻隐之发,则推至于无所不仁。一念羞恶之发,则推之以至于无所不义,而曰礼曰智,莫不皆然,这便是能致曲了。”这就是说,一般的人都可以从良心,甚至虽已经被物欲所遮蔽,但只要从还存留的那点滴良心处出发,去做细曲的善事善举,并推行至于极致的地步,此就是能“致曲”,这就可以作为改变自身的一个逻辑起点。

二、提升境界的演进路线与层次跃进

我们可以归纳出这样一条线索,并略说之:

曲——诚——形——著——明——动——变——化

1.“曲能有诚”——能够把这样的细小的善事、善举推至其极,那么就有了“诚”。如张居正说:“夫一偏之曲,既无不致,则有以通贯乎全体,而无不实矣,所以说‘曲能有诚’。”由点滴功夫,渐渐累积起来,终至于通观全体,那么就无不诚实了。

2.“诚则形”——“诚”在心胸中的累积越来越多,那么必定显形于外。如张居正说:“诚既积于中,则必发于外,将见动作威仪之间,莫非此德之形见矣。”

3.“形则著”——内心诚实不仅会表现出来,而且还会表现得日益显著。张居正说:“既形,则自然日新月盛,而愈显著矣。”

4.“著则明”——日益显著就会更加光明磊落。张居正又说:“既著,则自然赫煊(xuān)盛大,而有光明矣。”

5.“明则动”——光明磊落就会使别人感动。张居正又说:“盖实德之积于中者日盛,故德容之见于外者愈光,内外相符之机,有不容掩者如此。”

6.“动则变”——使别人感动就会使人发生转变。张居正又说:“诚既发于外而有光明,则人之望其德容者,自然感动,而兴起其好善之心矣。既动,则必改过自新,变其不善以从吾之善矣。”

7.“变则化”——使人发生转变就会使社会产生好的教化。张居正又说:“既变,则久之皆相忘于善,浑化而无迹矣。”

三、提升境界的核心就在于“诚”。

一是,在“致曲”里面首先是“曲能有诚”,既由“致曲”而至于“诚”,还要由“诚”而再“致曲”,如此方能进步,才有效果。若“致曲”

而无诚心、无诚意、无真诚,那么未必能真正"致曲",也未必能深入地"致曲"而至于变而化之。

二是,"致曲"便会使得原先的那点从良心中触发出来的诚意变得更加"诚",且不断地在"致曲"中积储着、层积着、扩充起来,完成"诚"的量变与质变的变化,完成人生境界的量变与质变的变化。

三是,只有天下至诚的人,才能做到化育万物,才是能教化人从善的人。此之谓"唯天下至诚为能化"。这里提出又高悬"至诚"的鹄的,鞭策人们前行,也赞美那些"至诚"的"至圣"者。如张居正所说:"盖诚之动乎物者既久,则人之被其化者愈深,人己相符之机,有莫知所以然者如此。夫感人而至于化,岂是容易到得的?惟是天下至诚的圣人,才能感人到那化的去处。今致曲者积而至于能化,则亦天下至诚而已矣。"

四是,张居正又说:"夫由诚而形、而著、而明,所谓能尽其性者也。由动而变、而化,所谓能尽人物之性也,而参赞在其中矣。虽由致曲而入,及其成功则一也。""参赞",协助谋划的意思。

最后我们还要说的是,世间还有一种"小廉曲谨"当区而别之。这是指小施廉洁,委曲谨慎,是形容那种表面上廉洁谨慎,实际上只是虚伪的一套行为,以行小廉曲谨来苟合而已。宋陆九渊《语录》:"后生自立最难,一人力抵挡流俗不去,须是高着眼看破流俗方可。要之,此岂小廉曲谨所能为哉?"朱熹《答或人书》之十:"乡原是一种小廉曲谨、阿世徇俗之人。"此种"致曲"之人当时时提防之、处处警惕之,做人办事虚伪,哪有真诚、诚实在呢?

顺便也提及一下,老子也讲究"曲"、"屈"的智慧,而且也讲究将"曲"推及极致,但是他的那种"致曲"与这里的"致曲"不一样。老子说:"曲则全。"(《老子》22章)又曰:"古之所谓曲则全者,岂虚言哉?"(22章)老子说的是,人生处世处事要善于委曲求全,由曲至全,非曲不全。老子又曰:"大直若屈。"(45章)这是说,大境界的正直就像屈着的一样,品行端直之人在表面上是屈而不露的。

学者论《中庸》修养法

关于《中庸》的修养及其方法,著名哲学家李石岑有深入的研究,值得一读。李石岑(1892—1934),湖南醴陵人。日本留学生。曾任上海商务印书馆《教育杂志》、《民铎杂志》等主任编辑。又曾为大夏大学、光华大学、中山大学、暨南大学等哲学、心理学教授。他在《<中庸>的哲理》(见《中国哲学十讲》,中国致公出版社出版)里,设有专门一节讨论《中庸》的修养法,这里选要说之。

一、《中庸》揭示两类人的修养

1.人为什么要修养?

李石岑说:《中庸》认为人的本性是"诚"的,万物的本性亦是"诚"的,所谓"诚者天道",人可但依其本性行之,实无修养或教育之必要。然所以需要修养,有一番道理。人的本性虽是"诚",但人有三阶级。《中庸》说:"或生而知之,或学而知之,或困而知之,及其知之一也。或安而行之,或利而行之,或勉强而行之,及其成功一也。"(20章)从这段话里面,可知道人类显明地分成三阶级,从"知"的方面看:第一级是"生而知之",第二级是"学而知之",第三级是"困而知之"。从"行"的方面看:第一级是"安而行之",第二级是"利而行之",第三级是"勉强而行之"。《中庸》以为在这三阶级的人类中,各人表现各人的"诚",结果都能达到成功的地步。在"生知安行"的人,本用不着怎样去修养,而所谓修养,主要的是"学知利行",或"困知勉强而行"的人。

2.不同人的不同修养方法。

(1)第一类人的修养方法,这是指"生而知之"者。李石岑论析,这种"生而知之"的人,"安而行之",他们的修养法是"自诚明"的功夫。这就是一种"温故"的功夫,即是一种"敦厚"的修养法,所以贵"慎独"。

关于"慎独",《中庸》里面发挥得很多。李石岑说,关于"慎独"一点儒家是特别注重的。孟子认为"仰不愧于天,俯不怍于人"是三乐之一,都是着重"慎独"的思想的。在"生知安行"的人,"天事"已足,只需把固有的"天事"保持得好好的,所以最重要的是"慎独",是"不愧于天"。

(2)另外一类人的修养方法,李石岑认为,这是需要修养的主体人群。这里面又可分为两种人:一是"学而知之"之人,是"利而行之";一是"困而知之"之人,是"勉强而行之"。他们的修养法,是"自明诚"。

什么是"自明诚"的修养法?李石岑说,这是就"学知利行"或"困知勉强而行"的人立言的。这种人"天事"既不甚足,不得不专恃"人事"。所以应该注重问学的功夫,应该使知识造到极精微的地步。李石岑说,中庸的主旨在发而中节,在着重“庸”的德,即是专为“学知利行”或“困知勉强而行”的人说法的。所以又应该实践中庸之道。

关于这些内容,李石岑是这样说的:《中庸》的修养法,分作二部分,即“自诚明”的功夫和“自明诚”的功夫。《中庸》最重要的一段话:“故君子尊德性而道问学,致广大而尽精微,极高明而道中庸,温故而知新,敦厚以崇礼。”(27章)这段话里面就告诉了我们两种修养法:一种是自诚明的修养法,一种是自明诚的修养法。前者关于“天事”,故为“天之道”;后者关于“人事”,故为“人之道”。什么是“自诚明”的修养法?这是就“生知安行”的人立言的。这种人虽然“天事”已足,但也须辅以“人事”。“天事”已足的人,他的性情,他的识见,乃至他的胸怀,都要比平常人高一等,所以应该尊重固有的德性,就固有的德性求其扩充,期达于广大高明之域。这是一种“温故”的功夫,即是一种“敦厚”的修养法,所以贵“慎独”。

3.修养中的致知、致明之道。

李石岑说:知识和中庸有不可离的关系。既富有知识便能把握中庸的道理,所以这种人要问学与中庸并进。就知识说,务在“知新”,就《中庸》说,务在“崇礼”,不过最重要的关键,还在“道问学”。因为这样,所以《中庸》对问学的方法,阐述至为详明:“博学之,审问之,慎思之,明辨之,笃行之。”(20章)

4.修养中的致诚之道。

致诚之道是修养的要道,且沟通了致明、致强之道。李石岑说:在《中庸》的修养法里面注重“诚之”,所谓“诚之”,便是“执善而固执”。所谓“固执”?便是“弗能弗措”(20章)。“弗能弗措”是一切治学处事、立身行己的总法门。“弗能弗措”,也就是“人一己百,人十己千”,这又便是致明之道,也便是致“诚”之道。

5.修养的致强之道。

《中庸》又注重解释致“强”之道。《中庸》10章有关于“子路问强”的一段内容,这段话颇难解释。李石岑以为都是说明中庸之道,即说明“庸”的德,而须用“弗能弗措”的方法贯彻之。李石岑说:所谓“北方之强与?抑而强与?”实指一事,并非二事。即是说“北方之强与?或强者与?”所以下面说:“北方之强也,而强者居之。”所谓南方之强,或系就老子一派言;所谓北方之强,或系就墨子一派言,但俱未达到发而中节的地步,即俱未达到“庸”的德。“和”与“中立”,近乎南方之强;“不变”则近乎北方之强,但俱非《中庸》之强。《中庸》之强,乃“和而不流”,“中立而不倚”,乃“国有道,不变塞”,“国无道,至死不变”。这非有“弗能弗措”,“人一己百,人十己千”的修养功夫是不容易达到的。在“学知利行”或“困知勉强而行”的人,天事既不甚足,非有“弗能弗措”,“人一己百,人十己千”的决心,就不容易达到“明”与“强”的地步。因此《中庸》说:“子曰:……君子遵道而行,半涂而废,吾弗能已矣。君子依乎中庸,遁世不见知而不悔,唯圣者能之。”(11 章)具有“弗能弗措”的决心,才能“不见知而不悔”,才不至“遵道而行,半涂而废”。这些议论,本很平常,但为“学知利行”或“困知勉强而行”的人说法,不得不如此。

二、《中庸》的知、仁、勇的修养方法

《中庸》:“知、仁、勇三者,天下之达德也。”(20 章)《中庸》:“子曰:好学近乎知,力行近乎仁,知耻近乎勇。”(20 章)这些话也引起了李石岑的注意。他说,《中庸》上关于修养的尚有一段很可注意的议论,便是对于知、仁、勇的说明。此中虽标明“子曰”,虽不一定是孔子说的,却很能发挥孔子的原意。《论语》上关于知、仁、勇,曾有过两段记载,见诸《子罕》、《宪问》,但是《论语》只说明了知、仁、勇三者的归结,但何以达到知、仁、勇,却没有系统的说明,这就不能不使人联想到《中庸》了。

1. 知的修养。

何以说“好学近乎知”呢?李石岑认为,这是很容易明白的。因为好学可以去蔽,凡事必有所蔽,有所蔽则知不真切,去蔽即所以去知的蔽。不好学所招致种种蔽,知有所蔽,则非真知,求知之道,首在好学。所以说“好学近乎知”。既做到知者则一切蔽都去掉了,所以“知者不惑”。

2. 仁的修养。

李石岑又分析:何以说“力行近乎仁”呢?这句话他认为是孔门的“仁”的正解。孔子说:“饱食终日,无所用心,难矣哉!不有博弈者乎,为之犹贤乎已。”孔子只恨那些坐着不动的。无论做什么事,只要你向前做去,总是对的。向前做去便是仁,饱食终日,无所用心,便是不仁。仁是表现生活的努力的。孔子提出一个忠恕之道,忠是尽己,恕是推己及人。所谓忠恕。也就是“己立立人,己达达人”的意思,即是表现对己、对人一种生活上的努力。所以说“力行近乎仁”。既做了一个仁者,他的生活必充满着生意,必一味向前做去,而无退后反顾之忧。所谓“有生之乐,无死之心”。

《论语》上记载孔子的生活,有这么一段:“叶公问孔子于子路,子路不对。子曰：“女奚不曰，其为人也。发愤忘食，乐以忘忧，不知老之将至云尔。”（《论语·述而》）这是描写孔子的生活之乐的。在这里也就知道所谓“仁者不忧”的意义了。

3. 勇的修养。

何以说“知耻近乎勇”呢？李石岑又分析：这句话比上两句更来得重要，只是不容易说明罢了。一般人认为勇是属于体育方面的，以为身体不强，必不能勇。这是一种很肤浅而且错误的说法。勇并不是体力角逐，也并不是“抚剑疾视”的意思，质言之，勇并不是一味蛮勇，乃是知耻，是人格修养上最重要的一段功夫。孟子讲养勇，讲得很起劲。他讲到养勇，就连带地讲到养志养气。养志养气，才是养勇的根本功夫。否则所养的只是小勇，只是敌一人的匹夫之勇。我们养勇，要养大勇。大勇是要与我们的生命发生危害的。我们处在生死存亡之际，要能够立定脚跟，不随风转舵，这样便可以造到大勇的地步。这样便非养志养气不可。关于这种大勇修养的方法，要在平日能认清目标。譬如孔子的目标是仁，他便说：“毋求生以害仁，有杀身以成仁。”孟子的目标是义，他便说：“生我所欲也，义亦我所欲也，二者不可得兼，舍生而取义者也。”“杀身成仁”，“舍生取义”，这是何等的大勇。所以孔子说：“勇者不惧。”而《中庸》更明白地说：“知耻近乎勇。”不从知耻说明勇，是不能抉出勇的真正意义的。

4. 三达德。

《中庸》20章将知、仁、勇三者谓之“三达德”，这是为什么？李石岑剖析：“达德”谓日用常行，人人共由，不可须臾离之德。《中庸》中有所谓“达道”、“达孝”，均作如此解释。知、仁、勇三者是紧相联系的，有知而不仁，或有仁而无勇，都不足以为德之全。用现代的话说明，知是研究学术的精神，仁是服务社会的精神，勇是砥砺人格的精神，三者缺一不可。譬如研究学术，不去服务社会，不求社会的实践，是无法证明学术的价值的。又如服务社会，不顾到自己的人格，不能知耻，也徒然做了他人的工具。所以三者是紧相联系的。《论语》上有相类似的议论，大体上也可以看做说明知、仁、勇三者的联系。譬如《卫灵公》章说：“子曰：知及之，仁不能守之，虽得之，必失之。知及之，仁能守之，不庄以莅之，则民不敬。知及之，仁能守之，庄以莅之，动之不以礼，未善也。”所谓“庄以莅之”，是就外表之庄严说，所谓“动之以礼”，是就人格之庄严说，这都是养勇的功夫，可见知、仁、勇三者缺一不可。

三、《中庸》大谈修养的原因

《中庸》关于修养的内容特别多,这是什么原因呢?李石岑说:“儒家的书大部分是关于伦理问题的说明的,所以特别注重修养法。《中庸》是儒家的体大思精之作,当然对于修养法说得更透彻些,而且《中庸》是有它的明确的世界观的,当然对于修养法说得更有系统。譬如关于知、仁、勇的修养法,《中庸》便能够提出所以达到知、仁、勇的下手功夫,这便比《论语》强远了。”当然我们还可以接着说,《大学》也有很多深刻的关于修养的论说,那是因为要指导学子去造就社会栋梁的需要,因有此需要而需要有具体的路径与方法。在修养论上,《中庸》与《大学》是可以互补的、互成的,是交相辉映的儒家要典。

读完李石岑的论说,我们会对《中庸》有关修养的内容多了些视角,加深了某些认识;同时也可以触发我们自己的再思考,比如以上所说的两类人,又分为三种人的修养方法,果真如他分析的哪样绝对吗?我个人觉得似未必妥当,或还可以讨论。此俟机会再论说,这里不再赘言了。

大师之慧:心与境的修炼

《中庸》说性,说命,也说心。《中庸》:“诚者,非自成己而已也,所以成物也。成己,仁也;成物,知也。性之德也,合外内之道也,故时措之宜也。”(25 章)这是说,诚不仅是完成自身的品德修养而已,并且又用来化成万物。完成自身的品德修养,这是仁;使万物都能化成,这是智。仁和智是人们天性中的美德,符合“成己”、“成物”的内外规律,所以时常实行就没有不适宜的地方了。熊十力对其中“合外内之道也,故时措之宜也”尤其有得于心,把这句话从心与境的角度进行新的开掘,解读得饶有意趣。

熊十力(1885—1968),湖北黄冈人,著名哲学家、国学大师,培养了弟子如唐君毅、牟宗山、徐复观等学者,并成了现代儒学的中坚。他自己一生由释转向儒,归于大易,曾竭十年之力构造其“新唯识论”的思想体系,受到高度赞誉。

熊十力曾在《新唯识论》中说:“吾国先哲对于境和心的看法,总认为是浑融而不可分的。如《中庸》一书,是儒家哲学的大典,这书里面有一句名言。它说,明白合内外的道理,随时应物无有不宜的(原文云:‘合内外之道也，故时措之宜也。’姚按，此引文‘内外’有误，当为‘外内’）。”

熊十力有深论，我这里试作分节解析：

1．“这句话的意思是怎样呢？世间以为心是内在的，一切物是外界独存的，因此，将自家整个的生命无端划分内外，并且将心力全向外倾，追求种种的境。愈追求愈无餍足，其心日习于逐物，卒至完全物化，而无所谓心。这样，便消失了本来的生命，真是人生的悲哀咧。”——熊十力认为，世人分生命为内之心、外之境，从而驱使内之心不断地追逐外之境，最后把内在的心淹没了。我想，这说的是事实，从古至今许多人生的悲哀、悲剧，就是放纵自己的心去无休止地追逐物欲，终至被物所化，而丧失了本来的纯洁、恬静的心灵。

2．“如果知道，境和心是浑然不可分的整体，那就把世间所计为内外分离的合而为一了。由此，物我无间，一多相融。（此中一谓小己，多谓万物。）虽肇始万变，不可为首（言虽万变不穷，而实无有人格的神，为首出的创造者。此本《大易·乾卦》篇中的意思。），而因应随时，自非无主。（此心随时应物，自然不乱。可见这个心，就是一种主宰力。）用物而不滞于物，所以说无不宜。《中庸》这句话的意思很深远，从来只少人识得。”——熊十力认为，外在之境和内在之心，是不应该分离的，从而才能够做到物我无间，一多相融，因应随时，虽用物而不滞于物。在这里内在的心就是一种主宰力，主宰内外的融合。这便是《中庸》所说“合外内之道也，故时措之宜也”的深旨。我想，这也正是修身、修道的重要一端。

3．“孟子也说道：‘万物皆备于我矣。’孟子盖以为万物都不是离我的心而独在的。因此，所谓我者，并不是微小的、孤立的、和万物对待着，而确是赅备万物，成为一体的。这种自我观念的扩大，至于无对，才是人生最高理想的实现。如果把万物看做是自心以外独存的境，那就有了外的万物和内的小我相对待，却将整个的生命无端加以割裂。这是极不合理的。孟子这句话，至可玩味。程明道说：‘仁者浑然与万物同体’，也和孟子的意思相通。”——熊十力又用孟子、程颢（人称明道先生）之言来佐证《中庸》之说。我们在这里暂不去讨论孟子所说的“万物皆备于我矣”，是不是唯心论的问题，但是一定要重视这里揭示出来的修养的关键，即是不要“将整个的生命无端加以割裂”。若追逐纷纭之外物，也必将把自己的生命四分五裂地割裂了。

4．“陆象山说：‘宇宙不在我的心之外的。’（此中宇宙一词，是万物的总称。）他自谓参透此理时，不觉手舞足蹈。他的弟子杨慈湖曾作一短文（题名《己易》），很能发明师说，虽文字极少（或不到一千字），而理境甚高。后来王阳明学问的路向和陆象山相近，王阳明也是昌言‘心外无物’的。他的弟子，记录他的谈话，有一则云：先生游南镇。一友指岩中花树问曰：‘先生说天下无心外之物。现在就这花树来说，他花树在深山中自开自落，于我的心有何相关呢？’先生曰：‘汝于此花不曾起了别的时候，汝的心是寂寂地，没有动相的。此花也随着汝心同是寂寂地，没有色相显现的。（此时的花，非无色相，只是不显现。）汝于此花起了别的时候，汝心便有粗动相。此花的色相，也随着汝心，同时显现起来。可见此花是与汝心相随属的，决不在汝心之外。’阳明这段话，可谓言近而旨远，实则这种意趣，也是孔孟以来一脉相承的。”——陆象山与王阳明的“心学”，是个专门的话题，这里不再评论了。但是其中所说的理趣确实是可以参悟的，笔者在前一书《大学智慧》里已作了一些分析，可互见。

熊十力说：“我们须知道，一切一切的物都是心量所涵摄的。”他的学生徐复观说：“中国文化认为人生价值的根源即是在人自己的‘心’。”照此说来，修身、修道，其实就是一个修心的问题，关键是用心去主宰心，再用心去主宰外边的境，达到心与境的融摄。——当然，中国文化中的“心”与西方哲学中的唯心论的“心”的内涵是不同的。我们在前文说到的历史上“心”、“性”、“命”之说就可以体会到这一点了。

最后，关于心与境的问题我又想起了国学大师章太炎（1869—1936）的名言。章太炎说：“境缘心生，心仗境起，若无境在，心亦不生。”（《建立宗教论》）此即是所谓的“心境更互缘生”之说。这里暂不去讨论哲学家批评他的认识论上的主观唯心主义，而是从修身修道的角度谈些体悟与触发。如若“境缘（凭借、依靠）心生”，那么修心自有其境界了，则对外境的体察也必豁然。如若“心仗（依靠、凭借）境起”，那么提醒我们不管外面之境的变化莫测，而一己之“心”可以自我掌控之。“若无境在，心亦不生”，那么虽有熙熙攘攘的物欲之外境在，但是我眼内、胸中、心里“若无境在”，那么“心亦不生”，诸多的杂念与非分之想就不会丛生，心田也就不会荒芜不堪了。

反思修身：一份“年终报表”

说到《中庸》修身、修道的问题，我们也来解读一下一份“反腐”的“年终报表”。2010 年 1 月初，媒体根据新华社电纷纷登出了一条关于 2009

年有十多名省部级高官落马的消息,引发人们再次的深思与反思。

《中庸》:“君子素其位而行,不愿乎其外。”当下的一些高级官员大约可以称为“君子”了,本来应该处在自己的位子上好好推行本职所奉行的道义职责,而不该去羡慕本位以外的欲求了;从而做到“君子无入而不自得焉”(14章)。但是有这么一批高官拼命地、不惜一切代价地去谋取位子以外的贪欲,结果不是“君子无入而不自得焉”,而是反其道而行地来了个“无孔不入”。

据报道的2009年省部级高官落马者,这里不妨照样录下,作为历史的一份真实材料,可以久远留存给一代代人参考。

1月,刘志华,北京市副市长,受贿终审被判死缓。

2月,王益,国家开发银行副行长,严重违纪违法被开除党籍和公职。

3月,米凤君,吉林人大常委会副主任,严重违纪违法被开除党籍和公职。

4月,王华元,浙江省委常委、省纪委书记,严重违纪违法被开除党籍和公职。

陈绍基,广东省政协主席,严重违纪违法被开除党籍和公职。

6月,郑少东,公安部部长助理,严重违纪违法被开除党籍和公职。

许宗衡,深圳市委副书记、市长,涉嫌严重违纪接受调查。

7月,陈同海,中国石化董事长,受贿案一审判处死缓。

8月,康日新,中国核工业集团公司党组书记、总经理,涉嫌严重违纪受调查。

9月,孙瑜,广西壮族自治区副主席,贪污受贿一审获刑18年。

宋勇,辽宁省人大常委会副主任,涉嫌严重违纪接受调查并被免职。

10月,李堂堂,宁夏回族自治区主席,涉嫌严重违纪接受组织调查并被免职。

黄瑶,贵州省政协原主席,涉嫌严重违纪接受组织调查并被免职。

11月,何洪达,铁道部党组成员,因受贿罪和巨额财产来源不明罪获刑14年。

12月,张春江,中移动党组书记、副总裁,涉嫌严重经济问题被免职,正接受调查。

另外2009年1月至11月,全国纪检监察机关共处分县处级干部3743人,移送司法机关的县处级以上干部764人,为国家挽回经济损失44.4亿元。

我读完此报道,第一感想就是,呜呼!《中庸》:“故君子不可以不修身。"(20 章)作为高级官员更是不可以不修身,不可以不修道!呜呼,这就是一些现代高官因不修身、不修道而酿成的累累恶果与沉沉罪恶的一份警示录!

我又想起《说苑》的一段告诫:"存亡祸福,其要在身。圣人重诫,敬慎所忽。《中庸》曰:'莫见夫隐,莫显乎微,故君子能慎其独也。'谚曰:'诫无垢,思无辱。'夫不诫不思,而以存身全国者,亦难矣。《诗》曰:'战战兢兢,如临深渊,如履薄冰。'此之谓也。"一个人,特别是高官,听听这样的告诫就像警钟长鸣,绝对有益的。

然而遗憾的是,年复一年都读到这样的"年终报表",令人引发出一年又一年内的呜呼!《中庸》:"故为政在人,取人以身。"(20 章)治理政治在于人才,取人又在于以身,不修身何以取人?何以治政?

我想,面对这份"年终报表",多数人会感触良多的。当然也可能有一些人已经司空见惯,见怪而不怪了。确实也许人们已经淡忘了前几年查出来的陈良宇、侯伍杰、徐国健、李宝金、杜世成、何闽旭等高级领导干部严重违纪违法案件了。但是,试想如果真正心波不惊的话,那么把不该麻木的麻木了,真是一种可怕的麻木了。

再往下走着瞧,瞧瞧那些等级其次的官员情况。新华网 1 月公布了文强在"双规"期间写的检讨书,其中"后悔没有听领导话"作为自己犯错误的主要原因,引发了公众的议论。有评论者说,这句话几乎成了贪官反省的共同结论。比如安徽省厅级女贪官尚军、原山东省盐务局局长沈志强、鞍山市原国税局局长刘光明、原安徽省能源集团党委书记张绍仓等等,都如是说过这样或类似这样的话。但是有人举出这样的例子:河北省建委干部郭光允,没有听原河北省委书记程维高的话,始终与其腐败行为作斗争,不但没有深陷囹圄,反被人们誉为"反腐败斗士"。然而原重庆市公安局经侦总队总队长陈光明、原重庆市垫江县公安局局长徐强,反倒是因为听了老领导文强的话才受到了应有的惩罚。(《江南晚报》2010 年 1 月 15 日,李志军文)再到别处看看,足球场上的腐败也是不断曝出黑幕,当然还有金融、房地产、商界、教育界等等"反腐"情况,大家也看得多了,司空见惯了,似乎不必一一细说了。

最后,我们又想起了《中庸》的谆谆教诲,孔子曰:"愚而好自用,贱而好自专","如此者,裁及其身者也"。(28 章)这些人本"不愚",但是因其不修身、不修道而变得"愚"了;这些人本"不贱",但是因其不修身、不修道而变得"贱"了。由此"愚"而好刚愎"自用",由此"贱"而好贪欲"自专",那么必定会"裁及其身者也"。《中庸》谆谆教诲的修身、修道之论，绝非空言，过时了吗？老掉牙了吗？此值得一代代人深思！

致曲修道：香港大学荣誉院士

2010年1月，我读到了《中国青年报》的一篇报道，说的是香港的一位一生只识5个字、为学生做饭扫地44年的82岁老太太获得了香港大学的荣誉院士称号，读后令人感动与感悟！

我想，她就是《中庸》所说的“致曲”典范之一，尤其与天天从媒体上看到的腐败案件相比较后，更是感慨万千！一个或许本算不上“君子”式、“精英”式的“小人物”，却成为一个感动无数人的光辉的修身榜样！

她叫袁苏妹，没上过大学，却被香港大学授予“荣誉院士”称号。她从29岁进香港大学至73岁退休，44年如一日地为学生先是做饭，后来做清洁工扫地。她没有做什么惊天动地的伟业，也不知道什么是“院士”，但是香港大学记住了她。2009年，香港大学给这位82岁的普通老太太颁奖，誉为“对高等教育界作出独特的贡献，以自己的生命影响大学堂仔的生命”，是“香港大学之宝”，被授予荣誉院士称号。

读《中庸》修身之论，我们往往会感到一种庄严与肃穆，好像是有文化的人和社会上有头有脸的人的崇高的事情。这位香港老太太告诉人们，没有文化、学历的普通人都可修身，人人都应修身，而且都能修好身，为社会作出贡献，实现自我的生命价值。我这里联系《中庸》“致曲”谈几点触悟：

1．“致曲”是修身途径之一。

袁苏妹就如《中庸》所说的，她就是从“一曲”出发去修炼的。这“一曲”就是香港大学里的极为细小的做饭、打扫卫生之类的事情，比起政府高级官员、大学里的科研教学、那些大教授们的事儿，这就算是“一曲”了。

但是，她虽由此“一曲”入手，而能“致曲”。她从自己的良心出发，把这些细曲的事情做好，并推行到极致的地步，此就是“致曲”。她“曲能有诚”，以诚致曲，致曲达诚，同时也在一步一步地改变自身，改变着他人。

让我们听听，很多宿舍旧生都会满怀深情地说：“三嫂就像我们的妈妈一样！”她的丈夫在兄弟中排行第三，“三嫂”这个称谓被“港大”人称呼了半个多世纪。确实，她用一颗“母亲的心”来照顾这群读书的孩子。直到今天，每次受邀参加旧生聚会，就算有人已经移民十几年刚刚回港，她也能马上叫出那人的名字。

再看看她的平凡而又崇高的琐事。当时,时常有学生专门跑到饭堂找她聊天。男孩子会向她倾诉苦闷,诸如不知道如何讨女友欢心之类。女孩子也会找到她,抱怨男孩子"只顾读书,对她不够好"。多数时候,三嫂只是耐心地听完故事,说一些再朴素不过的道理,如"珍惜眼前人"等;或是请他们喝瓶可乐,"将不开心的事忘掉"等等。她甚至还说得出男生历任女友的名字,这也是她的人格魅力的又一缕闪光。

每年毕业时分,都会有很多穿着学士袍的学生特意跑来与她合影留念。就连大学堂球队的比赛结果,三嫂也常常是第一个知道消息的人。"输赢都好",她乐呵呵地说。迎接球队的总是她最拿手的菜"远牛河"或"马豆糕"。她的"致曲"之诚,不仅有诚心、诚信、诚挚,还能把手中的活干得最好。

自从20世纪70年代安装心脏起搏器以来,三嫂再也无法继续在厨房工作了,这位已经是五个孩子的母亲从此转做清洁工。那个在凌晨的饭堂里独自拖地的驼背老人的背影,让许多学生"不敢忘记"。这更加亮出了她"致曲"之诚的深度与广度了。

2."曲能有诚"的种种诚及其衍化。

今年70岁的香港电视广播有限公司副行政主席梁乃鹏还记得当年考试前"半夜刨书",三嫂会给他煲一罐莲子鸡汤补脑。

已经毕业15年的律师陈向荣则想起,期末考试前夕高烧不退,三嫂用几个小时煎了一碗凉茶给他,"茶到病除"。

很少有人知道,为了将那些"大西米"煮软,三嫂要在灶台前站上两个多小时。为了让红豆沙达到完美,她只在其中放新鲜的椰汁。而蒸"马豆糕"时,为了让它"有嚼劲",她必须用慢火煲1小时,"不停地用汤勺搅拌"。

男生们历来喜欢在饭堂开派对,每每狂欢到凌晨两三点,尽管这早就过了三嫂的下班时间,但她总是等到派对结束,再独自进去清理地板上的啤酒、零食和污渍。

直到今天,小女儿卫锦璧还记得妈妈"见学生比见家人的时间还多"。尽管竭尽全力工作,三嫂一家当时的生活仍然十分拮据。她因不舍得花钱坐巴士,有时竟会提着40只鸡从街市一路走回山上的大学堂。

虽然父母都在食堂工作,但卫锦璧兄妹自小很少沾光。有时,三嫂会带回家一包切三明治剩下的面包皮,全家人的晚饭就是用热糖水泡面包皮。偶尔,猪油拌白米饭也能当一顿晚餐。

如今她早已经退休了,但她其实从来没有真正离开过大学堂。每年,她会回来制作“宿舍之血”。这种由生抽、老抽、番茄酱、豉汁、胡椒粉、辣椒酱制成的“饮料”,除了三嫂,“没有人调得出那么正宗的味道”。

每遇迎新会或开放日,她总要在自家狭小的厨房,制作学生们最喜欢的马豆糕和大西米红豆沙,再由学生们带回去。她的那种大诚、至诚,令人钦佩!

3.“致曲”修身的崇高与价值。

“致曲有诚”让她变得高大,备受尊崇。与政商名流相比,这位老人的履历显得异常单薄;然而在“港大”人眼里,这个矮小的女人形象很高大。

这位从没摸过教材的老人,压根儿不曾想到,自己会成为大学堂“迎新教材”的一部分。在名为“宿舍历史”的课程中,每年新生都要学习宿舍之歌:“大学堂有三宝,旋转铜梯、四不像雕塑和三嫂。”三嫂成为了香港大学的诸宝之一宝了。

香港大学给她授予荣誉院士称号时,她被安排压轴出场。这一天与她同台领奖的,有不少达官贵人等,这场历年完全以英语进行的典礼,此刻因她破天荒地使用了中文。香港大学主持人先用英语宣读了写给这位老人的赞辞,接着又以广东话再次致辞。直到此时,从未受过教育的袁苏妹才听懂。

如果不是那一身黑绒红边的院士袍,她看上去实在是个再普通不过的老太太。她走路很慢,弓着背,一副典型的老态龙钟的模样。然而在“港大”人眼里,这个矮小的女人形象“高大”得近乎“一个传奇”。

此后三嫂被《苹果日报》头版以整版报道。此后,她登上了美食节目介绍自己拿手甜品“马豆糕”的做法,在娱乐节目“东张西望”中被专访,香港各大报章几乎都能找得到三嫂的照片。授衔赞词中的一段也被各大媒体反复引用:“很多人知道,大学堂有三宝:铜梯、四不像和三嫂。三个宝贝搬不动,移不走,三嫂永远是大学堂之宝,亦是香港大学之宝。”

从这一近乎“传奇”的真人真事中,我们会猛醒,《中庸》所说也果真是诚言不欺人的。袁苏妹不就是“其次致曲,曲能有诚,诚则形,形则著,著则明,明则动,动则变,变则化”吗?“唯天下至诚为能化”,袁苏妹的事迹,不就是一个明证吗?这真是“致曲”修身的一个典范了!

慎独：任继愈修身风范

《大学》讲“慎独”，《中庸》也讲“慎独”，此愈见“慎独”之为人们所关注。

《中庸》曰：“莫见乎隐，莫显乎微，故君子慎其独也。”（1章）《中庸》又曰：“《诗》云：‘潜虽伏矣，亦孔之昭。’故君子内省不疚，无恶于志。君子之所不可及者，其唯人之所不见乎？”（33章）这些关于慎独的名言可以和《大学》的有关论说同观并研。

笔者在写《大学智慧》、《中庸智慧》时，正遇到两位学术大师季羡林、任继愈在2009年7月11日同一天驾鹤逝去，于是萌发了从《中庸》之“诚意”来解读季羡林，从《中庸》之“慎独”来解读任继愈的想法。

任继愈（1916—2009），享年93岁，山东平原县人，出生于一个四世同堂的大家族。1934年18岁，从北平大学附中毕业后，考入北京大学哲学系。1937年“七七事变”，北平沦陷，北大、清华、南开成立西南联合大学，他随校西迁，参加“湘黔滇旅行团”，从长沙步行奔赴昆明，途中看到了农村的贫困和败落，深受刺激。他学哲学原本是希望对世界和宇宙的终极性问题“寻根究底”，此行使得他有了更明确的向度。在《我的追求》里，任继愈说：“从此，我带着一种沉重的心情来探究中国传统文化和传统哲学。”1938年，毕业后继续读研究生，师从汤用彤与贺麟。1942年毕业后在北京大学任教。1959年毛泽东找其谈话，强调要重视研究宗教问题。1964年任继愈受命筹建中国科学院世界宗教研究所，同时出任所长至1985年。1987年被任命为国家图书馆馆长。任继愈曾说，他喜欢斯宾诺莎的一句话：“为真理而死不容易，为真理而活着就更难！”他一生就贯彻了这样的理念。总结任继愈的一生，或就可以用“慎独”来揭橥之。

一、一生“慎独”的大师

“慎独”者，能慎于独处也；既能“慎独”，也就必能谨慎地审视自己、估量自己，严格地要求自己，正确地对待他人，“慎独”地处事、处世。任继愈可谓一生“慎独”。

他为中国文化的建设作出了巨大的贡献，取得了丰硕的成果。但是，他始终谦虚谨慎，慎独终生。任继愈曾说：“如果没有社会的培养，就没有个人的成才。我从不觉得自己有什么了不起,不能把功劳记在我自己的名下。我四十多岁的时候编《中国哲学史》,当时恰好找到我,如果找到别人,也一样能编出来。如果我就此忘乎所以,以为我就是了不起的哲学家了,这和我的实际情况不符。"

谦谦君子固然是"慎独"的一面,但是"当仁不让于师"、"朝闻道,夕死可矣"也是"慎独"的又一面。媒体曾报道说,任继愈虽是冯友兰的学生、侄婿,但他能与冯友兰展开面对面的学术争论。他又曾致信给熊十力这位自己的老师,表示自己已相信马列主义,不再相信老师佛学研究的方向:"相信马列主义是真理,'所信虽有不同,师生之谊长在'。"(参见《光明日报》2009年7月17日,邢宇皓等纪念文)

任继愈的"慎独",还表现在担当起中国文化复兴的重担的一部分,并坚毅地在任重道远的路上,精进不已。他主持了许多重大文化研究项目,如编撰了《中国哲学史》、《中华大藏经》、《道藏提要》、《中华大典》、《宗教大词典》、《佛教大辞典》、《中国佛教史》、《中国道教史》、《国家图书馆藏敦煌遗书》,又有其他许多重大的项目还在进行中。正如国家图书馆馆长詹福瑞说:"很多人的学术研究,往往成就的是自己的名声事业。纵观任先生一生的学术研究,尽管跨越多个领域,但我们却能真切地感到传承中华文化,把国家和民族的兴衰系于心头,始终是他学术研究的主线。如此强烈的文化担当意识,是很多人所不具备的。"(参见《光明日报》2009年7月17日,邢宇皓等纪念文)任继愈曾想写出自己个人的《中国哲学史》,但是一拖再拖,终于未能成就,而成为一桩憾事。

从这些方面或许就能让我们看到他的"慎独"的心态、光明磊落的心胸、宏阔的气度。

二、"慎独"地治学、看待学术文章

任继愈说过:"学术文章,先有'学术',再谈'文章',因为文章的支柱是它的学术内容,而不是词藻、结构、章法。有的文章连一两年的寿命也没有维持下来,一点也不奇怪,理应如此,因为这些文章缺少科学性。"他自己就"慎独"地对待自己的著作。

在1956年至2006年的50年间,他曾撰写过《老子》四个译本:《老子今译》、《老子新译》、《老子全译》和《老子绎读》。这是一个学术史上特别有启发意义的案例。

1959年,毛泽东接见任继愈时曾表示,不赞同他将老子的思想视为唯物主义，但是任继愈却仍然坚持自己的观点，并写进了他 1963 年主编的《中国哲学史》教材。但是，在 1973 年，又根据自己的深入研究，改变了自己的看法，转而认为老子的思想当属于唯心主义，并写进了《中国哲学史简编》。但是在 1981 年，他自己又再度推翻了自己的观点。在《老子绎读》里，说："主张前说时，没有充分的证据把主张老子属于唯心主义者的观点驳倒；主张后说时（《简编》的观点），也没有充分证据把主张老子属于唯物主义者的观点驳倒。好像攻一个坚城，从正面攻，背面攻，都没有攻下来。这就迫使我停下来考虑这个方法对不对。正面和背面两方面都试验过，都没有做出令人信服的结论来，如果说方法不对，问题出在哪里？我重新检查了关于老子辩论的文章，实际上是检查自己，如果双方观点都错了，首先是我自己的方法错了。"

那么方法上错在哪里呢？任继愈说："回顾 20 年来关于老子的研究文章、著作，没有讲透的地方固然不少，但更多的失误，不是没有讲透，而是讲得太'透'，以至超出了《老子》本书及其时代所能达到的认识水平。因而讲得越清楚，离开《老子》本来面目越远。我们替古人讲了他们还没有认识到的一些观念，这就造成了方法上的失误。"

任继愈曾这样教育自己的孩子，说："学问是很严谨的，写一本书要看对社会有没有用，经不经得起时间的检验。人生是万米长跑，不要只看眼前的一百米，不要只顾眼前的利益。"

从这些方面也许也就可以看到他在治学、学术文章方面"慎独"的修养与功夫了。

三、任继愈"慎独"地对待自己的生命

国家图书馆副馆长陈力说过这样的事情："去年（2008 年）5 月，任继愈先生因癌症再次动手术。出院不久，他就坚持回到工作岗位。我们劝他多在家休养一段时间。老人说，生命就像银行里的存款——如果说你们还有 100 块钱，而我只剩下最后的五毛了。我要用好它。"（参见《光明日报》2009 年 7 月 17 日，邢宇皓等纪念文）

再看看任继愈的生命奋斗的状态，他的好友杨宪邦说，20 世纪 60 年代在中央党校编《中国哲学史》的那段日子里，任公（任继愈）总是很早起床工作，一直干到晚上 11 时才休息。据其所知，老一辈学者中，季老（季羡林）和任公都是凌晨 4 时就起床看书、研究、写作。当多数人 8 时上班，他们两位已工作 3 个多小时了。有些人可能还没注意到，任公晚年右眼视网膜脱落，几近失明，只得靠左眼看书，但他仍以坚强的毅力，坚持每天照常学习、研究或工

作。(《光明日报》2009 年 7 月 28 日,方立天文)

白化文说:“中国现当代的大学者中,学问道德文章与任先生相埒者不少,但是,为什么时代只选中了任先生担当多种重任,这是个比较复杂的问题,不是一两句话能说清楚的。单纯埋头搞学术的学者缺乏领袖群伦的能力,学术上没有卓越成就的人大家又不服气。环顾国内,学术上卓有建树、为人冲和恬淡但又极有主见的任先生堪此重任。”(白化文《深切悼念任又之先生》,《光明日报》2009 年 7 月 13 日)

我也思考了这一问题,或许任继愈一生搞学术能求尽心,做图书馆馆长为读者能求尽力,做人能向往尽善,让人生追求尽美,其一生“慎独”就是其中的一个重要的原因吧。《中庸》曰:“《诗》云:‘相在尔室,尚不愧于屋漏。’故君子不动而敬,不言而信。”(33 章)此可诠释“慎独”。《孟子·尽心上》又说君子有“三乐”,其中一乐便是“仰不愧于天,俯不怍于人”。任继愈的一生践行了并达到了这一境地。他的这种谨慎、严谨、慎重、慎独,而又不失快乐,或许就可以成为解读《中庸》的又一个现代例证吧。

篇九

《中庸》管理智慧

凡为天下国家有九经，曰：修身也；尊贤也；亲亲也；敬大臣也；体群臣也；子庶民也；来百工也；柔远人也；怀诸侯也。

——《中庸》

大凡国君治理天下国家有九条准则，这就是说：第一要修养品德，第二要尊重贤人，第三要亲爱亲族，第四要敬重大臣，第五要体贴众臣，第六要爱民如子，第七要招雇百工，第八要优待边远异族，第九要安抚四方诸侯。

“为政在人”的管理之道

政治的管理、企业的管理以及其他的诸多的管理，其关键就在于人的问题。《中庸》有许多教诲可以让我们咀嚼其中深刻的管理智慧。

1. 为政在人。

《中庸》20 章记载，鲁哀公问孔子怎样管理政治。孔子回答说，关于周文王、周武王管理天下国家的道理都已经明白地记述在方版和竹简的典籍上。但是虽有了记载下来的经验可以作为借鉴，并不是就等于能治理好政治，由此孔子转入了一个极其关键的问题，即是人的问题：为政在人！

周文王、周武王是古代的圣贤之王，他们创立了周朝，其政治成功的经验就是“为政在人”：一是从最高领导者来说，文王、武王首先自己立志做圣明之人、圣贤之王；二是从辅助者来说，他们手下有姜太公、周公、召公等一批贤臣辅佐。上焉者，有如此明君；下焉者，有如此贤臣，所以会取得治政的成功。孔子所列举的周文王、周武王治政的成功典范来阐述“为政在人”的道理与智慧，也可以类推至于今天的管理。一个企业也是如此，如果上有励精图治者，下有实心认真者，有这样两种人来管理，那么必定可以兴旺发达了。

2. “人存政举”与“人亡政息”。

这是立政非难、得人为贵的深刻智慧。孔子明确地说：“其人存，则其政举；其人亡，则其政息。”意思是，有像文王、武王以及那样一批贤臣存在，则治政就能成功实施；那样的人不存在了，则那种治政就歇息了。——我们再次看到管理的关键即在此。哪怕有最好的经验典范在那里，然而还是要人去学习、实践、推行的。人的关键作用又在于两方面：一是在于最高管理者的贤明与才能，一是在于最高管理者的下面是不是大有人才。有这两种人在，管理与事业就兴旺；反之，没有这两种人存在，那么就衰退，就覆灭。古谚言“得人心者得天下”，又言“得人才者得天下。”这是纵观天下古往历史所结晶出来的要则，衡之于古，核之于今，绝非虚言；验之于

周文王像

中土,证之于外域,也绝非空论。

3. 以人治人。

《中庸》还揭示一种管理智慧:“以人治人”(13章)。《中庸》载孔子曰:“道不远人。人之为道而远人,不可以为道。”(13章)这是说,道是不能远离人的,假若离开了人来行道,道就推行不了了。孔子又曰:“故君子以人治人,改而止。忠恕违道不远。施诸己而不愿,亦勿施于人。”这是说,君子以人本来具有的人道来治人,能让对方改正了、停止了,就行了。能够做到忠与恕,那就离道也不远了。别人施加给自己却又不愿意接受的,也不要去施加给别人。

这里将“以人治人”的内涵略说三点:一是,用原本起码的做人的道理来治人,教导他人与引导他人,但是不要过分地要求与苛责他人。此如张居正说:“盖为人的道理就在各人身上,是天赋他原有的,所以君子就用人身上原有的道理,去责成人。如责人之不孝,只使之尽他本身上所有的孝道。责人之不弟(悌),只使之尽他本身上所有的弟(悌)道。其人改而能孝能弟(悌),君子便就罢了,更不去分外过求他。推之凡事,莫不如此。这是责之以其所能知能行,非欲其远人以为道也。”二是,“以人治人”而能够做到忠和恕,那就离道也不远了。《论语》中孔子反复强调“忠恕”的问题,曾经对曾子说“吾道一以贯之”,曾子很了解自己的老师,明确地揭示出:“夫子之道,忠恕而已矣。”(《论语·里仁》)三是,别人施加给自己,又不愿意接受的,也不要去施加给别人。这是“以人治人”的换位思考,将自己的心来比他人的心。孔子又曰:“己所不欲,勿施于人。”(《论语·颜渊》)又曰:“己欲立而立人,己欲达而达人。”(《论语·雍也》)

4. “人道敏政”与“地道敏树”。

《中庸》又载孔子曰:“人道敏政,地道敏树。夫政也者,蒲卢也。”(20章)这是说,君臣这两种人相得相处之道,就能使得政治敏捷地推行。这就像那土地的道理一样,土地肥沃滋润了,那么种植的东西就会快速生长。孔子还打了个比方,政治就像蒲苇一样,与其他的草木相比较,它生长得特别快速。其中的“敏”字是说快速,此尤其该警醒。我们看到在滚滚商潮中不少企业迅速崛起,但不多久又快速败亡。一个企业、一个团体、一地方,乃至一个朝代,“其兴也浡焉,其亡也忽焉”的例子真是太多了。我们可以深入琢磨其中的道理,而其“浡焉”、“忽焉”,都是讲的一个“速”字,也就是《中庸》这里所说的“敏”的问题。“人道敏政”与“地道敏树”,能不引起管理者的高度警觉吗？其中可作正反思维，此既有可以快捷地浡兴的“敏”，也可以有快捷地灭亡那样的“敏”。所以对于此种“敏”，管理者当特别地敏感其“敏”，敏悟其“敏”，灵敏其“敏”，敏慧其“敏”，敏行其“敏”了。

最后要说的是，为什么管理的关键在人？因为管理之道，是要人去探索的，是要人去执行的，是要人去光大的。孔子又有名言：“人能弘道，非道弘人。”（《论语·卫灵公》）只有人才能弘扬道，不是道来弘扬人。此在管理中也是应该汲取的智慧。

管理智慧：五·三·九·一

《中庸》管理的智慧很丰富，关于治理天下就有许多的重要论说，如果能批判地汲取其合理的内核，那么依然可以为现代管理者提供智慧的借鉴。这里解读《中庸》所说的治理天下国家的“五”、“三”、“九”、“一”。此即是：“达道五”，也称为“五达道”；“行之者三”，也称为“三达德”；“九经”，或可称为“九条原则”；“行之者一”，“一”就是指“诚”。

一、五达道

《中庸》说：“天下之达道五。”（20章）所谓“达道”，就是通达、普遍共行的大道、道理。此有五种：（1）君臣之道，（2）父子之道，（3）夫妇之道，（4）昆弟之道，（5）朋友之交之道。其实此“五达道”。这也就是所谓的“五伦”，君臣、父子、夫妇、昆弟、朋友之间的伦理关系。古人还有与之相近的“五常”、“五典”之说，此为五种伦常道德，即是父义、母慈、兄友、弟恭、子孝。《尚书·泰誓下》：“今商王受，狎侮五常。”孔颖达疏：“五常即五典，谓父义、母慈、兄友、弟恭、子孝，五者人之常行。”

张居正有说：“在君臣则主于义，在父子则主于亲，在夫妇则主于别，在兄弟则主于序，在朋友则主于信。这五件是人之大伦，从古及今，天下人所共由的道理，不外乎此。就如人所通行的大路一般，所以说是天下的达道。”（《张居正讲评<中庸>》）

二、三达德

《中庸》曰：“天下之达道五，所以行之者三。”天下之达道有五种，而用来实行这些达道的方法有三种，这就是所谓的“三达德”。“达德”，就是通达不变的德行。《中庸》曰：“知、仁、勇，三者，天下之达德也。”“三达德”就是知、仁、勇。

一是“知”，是知识，也指智慧；有知识则不愚昧，有智慧则深远。所以《中庸》又曰：“能为聪明睿知(智)。”“睿”，就是明智、通达、看得深远的意思。二是“仁”，是爱，对人的亲善仁爱。有“仁”，则能爱人，能利物。如《庄子·天地》对“仁”的解读：“爱人利物之谓仁。”三是“勇”，果敢、决断。《论语·为政》：“见义不为，无勇也。”如果有此“三达德”，又能真实无伪即是诚，那么有“知”则能明睿地行达道，有“仁”则能爱人利物地行达道，有“勇”则能果敢坚毅地行达道。《中庸》又载孔子曰：“好学近乎知，力行近乎仁，知耻近乎勇。”此三“近乎”又指出了该怎样去走近、就近、接近、靠近这“三达德”。

这里又记起张居正之说：“知则明睿，所以知此道者。仁则无私，所以体此道者。勇则果确，所以强此道者。这三件是天命之性，从古至今，天下所同得的，无少欠缺，所以说是天下之达德也。”(《张居正讲评<中庸>》)

三、九经

《中庸》除了提出“五达道”、“三达德”外，还提出了“九经”，即是治理天下国家的九条原则、准则、常规。《中庸》：“凡为天下国家有九经。”(20章)此中又可以体悟管理学的智慧。我们分条细说这“九经”。

1. 修身。《中庸》：“修身则道立”，“齐明盛服，非礼不动，所以修身也”。修身是根本，本立则道也立。至于斋戒沐浴，身心明洁，身穿盛服，非礼不动，这是古人用来修身的方法。——今天的管理者，要懂得修身是根本，修身才能确立正确的管理之道、成功之道；当然修身之法，则不必斤斤拘泥于古人的做法了。

2. 尊贤。《中庸》：“尊贤则不惑”，“去谗远色，贱货而贵德，所以劝贤也”。尊重贤者，则由于贤者的指点而不惑。要除去谗言小人，远离女色，看贱货物，贵重品德，这是用来劝勉贤人的方法。——对照今天一些管理者的失误、失足、失败的原因，原来就在于悖逆了这一条啊！而且人们可以马上找到很多案例来证明之。

3. 亲亲。《中庸》：“亲亲则诸父昆弟不怨”，“尊其位，重其禄，同其好恶，所以劝亲亲也”。亲爱亲人，则诸叔伯、兄弟不会怨恨，尊崇其位，重赐其禄，同其好恶，这是勉励亲爱亲人的方法。——今天商界有好多的家族企业，怎样管理好家族企业？此条智慧也许特别有用。

4. 敬大臣。《中庸》：“敬大臣则不眩”，“官盛任使，所以劝大臣也”。敬重大臣,则不会迷惑；官员众多,但能听任使用,这就是勉励大臣的方法。——今天可以活用此条智慧。比如企业里,高层领导对于中层、基层的领导怎样来管理与使用？此条值得重视。

5. 体群臣。《中庸》:“体群臣则士之报礼重”,“忠信重禄,所以劝士也”。能体恤群臣,那么士人的报答就会厚重；对他们能够忠和信,并重赐利禄,这就是用来勉励士人的方法。——今天在企业管理中怎样来对待研究人员、科技人员、职员等工作人员,此条的智慧很睿智,足可深入揣摩之。

6. 子庶民。《中庸》:“子庶民则百姓劝”,“时使薄敛,所以劝百姓也”。像对待子女一样来对待众民,且不误农时地使用民力,能赋税轻薄。这就是勉励百姓的方法。——今天此条智慧,亦然可以借鉴。管理者要全心全意地亲民,要能动地减少税收,国家富了,还要让百姓也真富裕起来。

7. 来百工。《中庸》:“来百工则财用足”,“日省月试,既禀称事,所以劝百工也”。招来各种工匠,那么财用就丰足。每日省察,每月考查,发给的薪金与粮食等报酬与作出的绩效相称。“既(xì)禀(lǐn)”即是“饩廪”,指薪金、粮食等报酬。这就是勉励百工的方法。——今天对待企业的员工,怎样考核,又怎样付给相称的报酬,此条管理智慧足可参考之。

8. 柔远人。《中庸》:“柔远人则四方归之”,“送往迎来,嘉善而矜不能,所以柔远人也”。安抚怀柔,即优待远方来的客人,则四方趋归之。送往迎来,嘉奖善者而同情能力低下者,这是“柔远人”的方法。——今天此条也可用于人际关系的处理上,比如对于远方来客、经商者等等,此条智慧很有用。

9. 怀诸侯。《中庸》:“怀诸侯则天下畏之”,“继绝世,举废国,治乱持危,朝聘以时,厚往而薄来,所以怀诸侯也”。“怀诸侯”即是安抚诸侯,其效果是使得天下都畏惧。其做法便是“继(延续)绝(已经断绝)世(世家),举(复兴)废(废亡)国,治乱持危,朝聘(诸侯定期朝见天子聘问)以时,厚往而薄来”。——今天虽然早没有天子与诸侯一类的事情了,但是我们从这里不妨可以体悟,比如总部与分部、总公司与分公司、领导层与被领导层之间关系处理的智慧与技巧。

四、诚:行之者一

1.“五达道”的实行,要依靠深层的“三达德”来完成；而“三达德”的实行,关键又在于更深层的一个“诚”。《中庸》:“所以行之者一也。”用来实行“三达德”的,必须有一个“诚”。

张居正还说："然达道固必待达德而后行，而其所以行之者，又只在一个诚而已。盖诚则真实无伪，故知为实知，仁为实仁，勇为实勇，而达道自无不行。苟一有不诚，则虚诈矫伪，而德非其德矣，其如达道何哉？故曰所以行之者一也。"《中庸》之所以特别强调"诚"，于此又见其用心的深刻了。

2.《中庸》又曰："凡为天下国家有九经，所以行之者一也。"凡是治理天下国家有九大方法、准则、常规，但是用来实行"九经"就是一个，那就是"诚"。

3. 由此深入，《中庸》显示了这样的逻辑归宿："五达道——三达德——九经——行之者一"

一言蔽之，"行之者一"。实行这些"五达道"也罢，施行这些"三达德"也罢，推行这些"九经"也罢，其最深层、最核心的便是一个"诚"！

有时现代的学者或一般人会鄙薄自己历史上的经典，或认为陈腐说教，或认为不过如此，或认为远不及西方经典的思辨性，但是那或许是道听途说，或是片面的阅读，或是浮光掠影的浏览。其实深入其内核，如果联系中国的社会、国情、文化、心理的层积，或能恍然大悟，经典原来如此深刻，如此管用，甚至一直可以将古人的智慧延伸至今天与明天！

管理：思想·实践·中庸之道

管理里面有许多"中庸之道"可以体悟与践行的，这里也略为之说。

一、中庸理念与管理模式选用

《韩诗外传》（卷十）有这样一段耐人寻味的记载：

> 昔者太公望、周公旦受封而见。太公问周公何以治鲁。周公曰："尊尊亲亲。"太公曰："鲁从此弱矣。"周公问太公曰："何以治齐？"太公曰："举贤尚功。"周公曰："后世必有劫杀之君矣。"后齐日以大，至于霸，二十四世而田氏代之。鲁日以削，三十四世而亡。由此观之，圣人能知微矣。《诗》曰："惟此圣人，瞻言百里。"

此又见于《吕氏春秋·仲冬纪·长见》，可以互读。这里记述了周王朝的两大名臣的一段对话。其中一位是姜太公即吕望，他是周代齐国的始祖。

姜姓,吕氏,名望,一说字子牙,西周初年为“师”(武官名),也称师尚父。他辅助周文王、周武王灭商有功,封于齐。又有太公之称,通称为姜太公。兵书《六韬》,相传为他所作。其中的另外一位是周公旦,姬姓,周武王之弟,名旦,亦称叔旦。因为采邑在周(今陕西岐山东北),称为周公。他是鲁国的始祖。周公也是孔子心目中的偶像。

这是在接受周武王分封诸侯时,太公望、周公旦的一次历史性的会谈。这个历史场景很发人深省,他俩都询问对方如何去治理自己的诸侯国。周公回答自己治理鲁国之法是:“尊重尊长,亲和亲人。”太公却评论说:“鲁国从此会走向削弱了。”

太公回答自己治理齐国之法是:“推举贤人,崇尚有功者。”周公却评论说:“齐国后代必定有被臣子威逼和杀死的君主。”

那么最后的结果是怎样的呢?后来齐国日益强大,而终至于称霸,但传到二十四世时被田氏替代了。鲁国日益削弱,传到三十四世而灭亡了。“由此观之,圣人能知微矣。”如此可以观知,圣人能够察知几微了。

但是我想到的是,为什么不互相借鉴一下,通融一点,而能够把两种方法融合在一起呢?为什么不来个“中庸之道”呢?即是既能“推举贤人,崇尚有功者”,又能“尊重尊长,亲和亲人”。如果能这样行“中庸之道”,那么结果可能是另外一种情况了。

此文最后引用《诗》曰:“惟此圣人,瞻言百里。”这是说,只有这样的圣人,才能够看清楚遥远的未来。其实,我想这仅仅是说对了一半,或许他俩确实预言到了对方那种管理模式最后的结果,但是另一半却正说明他们又没有睿智与远见。如果真能“瞻言百里”,为什么不能就近汲取对方模式的长处,来调整与弥补自己模式的缺陷呢?这还是远见吗?恐怕要说“不”了吧!企业管理要关注管理模式的“中庸之道”,这是一种智慧。

二、中庸的动态平衡的管理智慧

华人商业领袖李嘉诚曾被香港传媒冠之以“超人”美称,意思是说他的想法、见识、胆略、志向等均超出一般人,所以能白手打拼,创造资产数千亿,且创立一个商业帝国,而能睥睨全球商豪。“超人”,在尼采的哲学里有“最强、最优、行为超出善恶,可以为所欲为”的特殊含义,我想说的是,李嘉诚这位“超人”,又是一位深通“中庸之道”的超越常人的“超人”。李嘉诚深知管理的中庸的动态平衡,这里略说两条。

1．进取与稳健的中庸平衡。

李嘉诚有一次答记者问，有这样的对话，值得体味其中的智慧。

记者问：李先生做生意的手法及宗旨比较稳健、保守。若有些业务需承受风险，你如何作出取舍？若你的工作伙伴很进取，喜欢冒险，在合作上是否会出现问题？

李嘉诚答：我本身是一个很进取的人，从我从事行业之多便可看得到。不过，我看重的是在进取中不忘稳健，原因是有不少人把积蓄投资于我们公司，我们要对他们负责，故在政策上讲求稳健，但并非不进取，相反在进取时，我们要考虑风险及公司的负担。我讲求的是于稳健与进取中取得平衡。船要行得快，但所面对的风浪一定要挨得住。我奉行的原则是保持现金储备多于负债，可以起到平衡作用。

2．中式管理与西式管理的平衡。

记者问：中国公司较看重感情，美国公司较看重科技化的管理。你在管理的过程中，两者之间如何取得平衡？

李嘉诚答：美国科学化的管理有它的优点，可以应付急速的经济转变，但没有感情，在业绩不好时进行大规模裁员，我们做不出，因为令员工没有安全感，及导致很多人突然失业。我们糅合两者的优点，以保存员工的干劲及热诚。我相信可以无往不胜。

李嘉诚还说："我看过很多富有哲理的书，儒家有一部分思想可以用，但不是全部。"他又说："我认为要像西方那样，订立制度，这样就比较进取，然后结合中西两种方式来做，而不是全盘西方或者是全盘儒家。儒家有它的好处，也有它的短处，儒家在进取方面是不够的。"他还多次声称，素来不主张古老的家庭性统治，而更看重西方公众公司的一套。公司首脑由董事股东选举产生，而非父传子承，这样方可以保持活力。

比如20世纪80年代内地改革开放后，不少潮州老家的侄辈亲友要求来李嘉诚的公司做事，都遭到他的委婉拒绝。他不是不重亲情，而是知道企业是靠能力发展的，裙带关系最终会毁掉企业。在他的公司里也有亲戚、老乡，但他们均没有因为与他的特殊关系而受到照顾。相反他唯才是举，不仅雇佣外国人，而且让他们参与高层总体决策，显示出很高的用人境界。（以上见《经商智慧全书》）

3．"中庸之道"与经济危机。

李嘉诚管理的"中庸之道"使得他在世界性的经济危机中不是倒下，而是又赢了。媒体说，早在2006年与2007年时候，李嘉诚就隐约觉察到经济危机将至，已经提醒了管理层，且先后在年报中披露，并向公众提醒。他也因此没有再收购其他资产，而是小心翼翼地在本行业内继续发展。他还马上做出了提前“过冬”的准备，就在2007年，他就大手笔地减持手中的中资股，回笼资金至少上百亿港元，另外在产业布局上也及早开始调整。有人统计，从2007年的李嘉诚旗下信托操盘记录来看，李嘉诚减持南方航空、中远控股以及中海集运。据说李嘉诚最后准备了1190亿现金“过冬”，此都可谓是神来之笔。

作为一个企业家，李嘉诚还更关心对经济层面的把握，以及对企业战略方向的管理与预测，正如他所说的，他经常想的是几年甚至几十年以后的事情，这也是他为何能在这次金融海啸中站稳的重要原因。

我们从中又可以体会到李嘉诚的卓越的“中庸之道”：（1）大胆与小心之间的“中庸之道”。（2）投资与回笼之间的“中庸之道”。（3）股市投资与实业之间的“中庸之道”。（4）平和时期与危机时期之间的“中庸之道”。（5）目前形势与将来形势之间的“中庸之道”。（6）企业之局部与全体经济层面的“中庸之道”。

最后，我想起了海尔集团的张瑞敏曾说过这样的话：“我始终认为，到现在为止，中国企业没有自己的管理思想，而学习外国管理经验的效果也不理想。因为我们热衷于追逐西方的管理工具，而不是基本的管理思想，显得急功近利且舍本求末。好比大家都热衷于减肥药，而忘记了减肥的本质是为了健康，不管是否健康，只要瘦下来，这就是本末倒置了。”（《苏商》总27期）确实，企业家必须有自己的管理思想，这是“本”；而不仅是追逐管理的工具，那是“末”。《论语·学而》有句名言：“君子务本，本立而道生。”企业家绝不能“舍本求末”、“本末倒置”。企业家在形成自己的管理思想时，中西确实可以兼容、中西完全可以合璧，而中国传统的“中庸之道”大概就是不可或缺的一个主要的或重要的元素吧？

中和：卓有成效的方法论

中和，是中庸之道的主要内涵。儒家认为能“致中和”，则天地万物均能各得其所，达于和谐境界。关于《中庸》里所说的“中”、“中和”，著名学者金景芳曾说：“‘中’与‘和’实际讲的是工作方法问题”，“讲到工作方法问题，可以说有千条万条，但是归纳起来只有两条，一条是‘中’，一条是‘和’。”“‘中’与‘和’是中国自古以来传统中卓有成效的两种工作方法。”（《论<中庸>的‘中’与‘和’及<大学>的‘格物’与‘致知’》）

这很有见地，不过我们觉得也许还可以再提升一下，不仅看做是“工作方法问题”，而且还是一个方法论的问题。所谓方法论，是指认识世界和改造世界的一般方法，亦指关于这种方法的理论。儒家是在对世界万物的理念里抽绎出“中和”之道来，产生了这种方法论，并又用“中和”去看待问题、分析问题和解决问题。确实，我们如果能将“中和”的道理与智慧汲取之，借鉴之，就能成为我们工作中卓有成效的方法。我们不妨琢磨一下其中的道理与智慧。

1.《中庸》说：“喜怒哀乐之未发，谓之中。”（1章）为什么这样说？如果一旦生发出喜、怒、哀、乐的情绪，那么心绪不就是有所偏颇了吗？能够不偏不倚于一方，这就是“中”。“中”也就是无过无不及。

2.《中庸》又说：“发而皆中节，谓之和。”（1章）这是说，虽然生发出喜、怒、哀、乐的情绪，这是不“中”；但是只要能“中(zhòng)节”，也就是能符合礼仪法度，便是“和”。例如“喜”虽不是“中”，但“喜”得合乎道理与礼仪，那便是由“不中”而为“中”了。

3.《中庸》：“中也者，天下之大本也。”（1章）“中”是天下的根本，是最重要的。什么事情都能做到“中”，那是最好的，所以说是“天下之大本”。

4.《中庸》：“和也者，天下之达道也。”（1章）“和”，就是“不中的中”。“达道”，就是通往“中”的其他道路。金景芳说，比如去北京可以坐火车，但也可以坐飞机去，这就是“达道”。

5.《中庸》：“致中和，天地位焉，万物育焉。”（1章）这可以与《论语·阳货》的话对照：“子曰：予欲无言。子贡曰：子如不言，则小子何述焉？子曰：天何言哉？四时行焉，百物生焉，天何言哉？”——金景芳认为，“致中和”，就是“四时行焉”，就是春、夏、秋、冬的运行。“天地位焉，万物育焉”，就是“百物生焉”。春、秋是“中”，冬、夏为“和”，天地万物只有经过春、夏、秋、冬才能发育成长，这就是“致中和”。

关于不偏不倚之“中”，以及“不中的中”之“和”，金景芳还举出许多例子来解读，也有助人们理解。

比如有一首诗说到人生的“四喜”：“久旱逢甘雨，他乡遇故知，洞房花烛夜，金榜题名时。”金景芳说：喜就不是“中”，但是这时候该喜，喜得对，那就是“中节”，就是“和”。其余的怒、哀、乐，也都是一样的。

又如，《孟子·离娄上》记载，淳于髡问孟子：“男女授受不亲，礼与?”孟子说这是礼。淳于髡追问：嫂子溺水了，是否要用手去拉她上来呢？这是一个两难的问题：如果用手拉她吧，这就违背了“男女授受不亲”之礼；如果不救助吧，她又有生命危险，这就不合仁道。孟子回答说：嫂溺不援之以手，那是豺狼，男女授受不亲是礼，嫂溺援之以手是权。——“男女授受不亲”之礼，这是“中”；而嫂溺援之以手是“权”，即是权变，这就是“和”，是“不中的中”。

又如，刘青山、张子善是老党员，但他们贪污，就要杀；傅作义是战犯，该杀，但北平和平解放，他立了大功，所以新中国成立后非但不杀他，还让他做了水利部长。杀人好像有点左，但有罪该杀就不是左；让傅作义做了水利部长，好像有点右，但他有功，让他做水利部长是对的，那就不是右，这样做就是“和”。

再如“中和”之道在军事上尤其重要。战国晚期，有一次长平（今山西高平西北）之战，秦军大败赵军，历史上很有名。公元前262年，秦攻取韩国的野王（今河南沁阳），切断韩国的上党（今山西长治一带）与韩国本土的联系。韩国上党郡守冯亭不愿意投降秦国，而将其地献给了赵国。赵国就派出廉颇驻守长平。这招来了秦昭王的愤怒，于是公元前260年派王龁（hé）去攻打。廉颇筑壁坚守不战，两军对峙三月之久，秦军无所获。但是赵孝成王不满廉颇的坚守不战策略，认为是怯战。此时秦国用计，散播流言：“秦之所恶，独畏马服君赵奢之子赵括为将耳。”赵国中了秦国的反间计，用赵括替换了廉颇。

赵括（？—公元前260年），是大将马服君赵奢之子，人称马服子。他少时学兵法，言兵法，以天下莫能当。曾经与其父言兵事，赵奢还难不倒他。但是他对赵括的评价是：“兵，死地也，而括易言之。使赵不将括即已，若必将之，破赵军者必括也。”蔺相如也有评价说：“括徒能读其父书传，不知合变也。”（《史记·廉颇蔺相如列传》）

赵括虽然很能纸上谈兵，但是缺乏实战经验，不能切合实战之用。他改变了廉颇的坚守策略，大举出兵与秦军作战。秦国则派出白起为上将军指挥作战。白起利用赵括只会纸上谈兵的弱点，使正面之军队佯装战败，而另出两支奇兵，等待机会袭击赵军。赵括果然上当，率军追赶败退的秦军，而来到秦军的壁垒，但秦军坚守，赵军奈何不得。这时白起出奇兵二万五千人断了赵军的退路，又派出五千人将赵军截为两段，使其进退为难。秦昭王得知此情况，亲赴河内，赐民爵一级，征发年十五岁以上壮丁都到长平，以阻挡断绝赵国的救兵和粮食。赵军被围困四十六日，饥饿乏食，分成四队轮番反攻，仍不能突围。赵括亲自率领精锐突围搏战，被秦军射死。赵军大败降秦，白起在长平活埋降卒四十万，仅仅释放二百四十名年幼者回赵报信。赵人闻信大为震惊，赵国从此一蹶不振。宋洪迈有评："赵括之不宜为将，其父以为不可，其母以为不可，大臣以为不可，秦王知之，相应侯知之，将白起知之，独赵王以为可以，故用之而败也。"（王明信等《史记研究集成》第七卷）后来"纸上谈兵"也用来比喻不合实际的空谈。

金景芳曾从"中和"的角度加以评说："'中和'之道在军事上尤其重要。赵括纸上谈兵，结果在长平之战被白起打败，四十万赵兵被活埋，他自己也被杀死。这是不懂得'中和'之道。孙子作战讲究'出其不意，攻其不备'，这是讲'中和'；毛主席打仗说'打得赢就打，打不赢就跑'，以小米加步枪消灭了国民党八百万美式装备的军队，也是讲'中和'。打仗有正有奇，有常有变，有经有权，在正常情况下怎么办，在特殊情况下怎么办，都要灵活处理，只知其一，不知其二是很危险的。"我们还有触发，再看赵孝文王，也是因不能"中和"而招来败国之祸。如果他能做到"中和"，比如虚心地听取各方面对赵括的评价，如果能识破秦国的反间之计，而不是偏颇、偏执地固执己见，也许赵国的这一段历史就完全不同了！（金景芳文，见《学术月刊》2000 年 6 期）

因"致中和"而致胜，因不"致中和"而败亡，历史的现实的教训很多，这些道理与智慧以及案例，如果能深入思考一番，一定会对大家有所裨益的。

碎金屑玉：七则管理智慧

《中庸》还有许多管理智慧，就在那鸿文之丛林中散落着，如碎金闪亮，似屑玉晶莹，这里采撷之、拾掇之，再述七则智慧。

一、人性化管理智慧

1. 人性是什么？

《中庸》："天命之谓性，率性之谓道，修道之谓教。"（1 章）这一关于人性问题的理念在管理学中就得好好琢磨。

什么是人性？人性，是人区别于其他生物的本性。首先，人性是在其生命、生存、生活过程中所表现出来的自然属性的集合。人有与生俱来的生理上本能欲望的人性显现，如食欲、性欲、享受欲、进攻欲、获取欲等。其次，人还有在特定的社会、经济、文化背景下在具体环境中所表现出来的人性。这些表现形态在现实中体现为种种心理和行为的需要，如人的交往、理解、爱、尊重以及自我实现中变现出来的善良、同情、正义、仇恨、妒忌、邪恶等善恶心理与情绪。因此《中庸》开篇首句的话，值得从管理维度上深切体会之。

2．管理中的人性的理解与抚慰。

我们来看看小孩子的哭泣，其中可以对人性的理解与抚慰有一定启发。哭是儿童的第一种自然语言，因为生来太柔弱与无助，体力的限制也太多，在有所需求而无法满足时，儿童就悲泣与啼哭。他们感到饥饿、口渴、冷热过度、疲倦等但又受到阻碍时，就只好以哭来表示。父母、大人或师长，应该了解儿童此刻的生理与心理需要，适时地给予满足，孩子就不会无端地哭泣。

明乎此，则亦然明白人性化的管理就要遵循“率性之谓道”，只有遵循人性而施行的管理，才是得其道。管理就是要有人性的理解与抚慰，当然还有积极的引导。管理中若反人性而动，就不得道矣。人们记忆犹新的“文革”，是一次人性扭曲的记忆，有人称之为“一场历史性的精神劫难”。此后便是“文革”后的“人性化”的回归，尽管十年动乱的“文革”渐渐远去，但是那种扭曲人性、践踏人性的众多事件与情景都深深地印在人们的心头，录进了人类的史册。就从文学艺术来说，人们还记得所谓的伤痕文学，比如卢新华的《伤痕》、刘心武的《班主任》、鲁彦周的《天云山传奇》、古华的《芙蓉镇》等，揭露没有人性化的可怕与可悲的社会管理。这给了今人以及后人在管理上的深刻教训。

3．人性化管理的“变”与“不变”。

细细观察，人性也是在悄悄地变化着，在社会、时代、经济、文化的合力的推动下，人性中的许多东西在变化。人性化管理既要以“不变”应“变”，又要以“变”应“变”。其一，以“不变”应“变”，即是无论怎样，人性化管理这一条要“不变”，忘记这一条是不行的，便会失去人心。其二，以“变”应“变”，即是面对人性之变化，管理者要敏感、敏察、敏变，及时研究调整方法、方式和策略，满足与引导人性的“变”。

一个企业家举出这样的例子,我觉得值得回味。部门经理常抱怨,一个职工来到企业时候,什么都不懂,干了两年辞职了,说没有良心。总裁跟他说:活该!为什么辞职?来的时候,一个月给他一千元,他还求你,为什么?什么都不懂,刚毕业。通过你手把手教他,教了两年,他学到了很多的知识,很多的技术。你还是给他一千元,他不走他是傻瓜。问题出在企业这里,而不是出在职工这里。——我听了觉得分析得很好。如果从人性化管理的理念来解读,便可从深层悟出很多道理。新来的员工其"人性"的关注点:一是能留下来,二是学点本领,三是拿点工资过日子。但是过了几年,他的"人性"关注点不同了:一是有了本领,待遇要上去;二是,此处不留我,自有留我处;三是这里待遇、感情好于他处,我便留下来,若不满足则跳槽了。因此,管理者要敏感此种变化,遵循人性之道而引导之,这就是合格的领导。

总之,企业管理要顺应人性、遵行人性之路径,否则违背人性的管理不是成功的管理,因为违背了人性也就背离了道。比如流传着这样管理的话:"把女人当男人来用,把男人当牲口来用。"我想,这就是没有考虑、顾及到"人性化"之道了。一是泯灭了男女之间的性别区别,一是泯灭了人与牲口的区别,这还是一种人性化的管理吗?

二、"诚"与"明"的管理智慧

《中庸》:"自诚明,谓之性;自明诚,谓之教。诚则明矣,明则诚矣。"(21章)这个道理,我已经在书中有阐发,可以翻阅。此处用例子来说明之。

听说过这样一个管理故事:第二次世界大战期间,美国军方需要大量的降落伞,然而商家生产的降落伞的合格率一直不能使军方满意。其中有一家厂家虽达到了99.9%,但是从宝贵的生命角度来考量,那么如果有1000个人跳伞的话,就会有一个人死于降落伞的不合格的质量上。军方终于想出一个高招,那就是在抽检降落伞质量的时候,由军方人员的试跳改为要求由厂家负责人试跳。这样一来,厂家再也不敢放松生产中的任何一道环节,合格率终于达到100%。这个案例可以从好多角度去解读,如果从《中庸》的角度去解读,那么做人、做事、管理、经商都要贯彻一个"诚"与"明"的理念。

我还听到一位企业家对诚信的深刻理解。比如很多人认为履行契约就是诚信,但是这位企业家认为,履行自己的契约是应该的,这还不能算是真正意义上的诚信,关键是在于信息不对称的时候,能不能做到诚信。例如一个人去看病,两副药方都能治好,一个是10元,一个是50元。这个时候看医生能不能做到诚信,就看医生到底开哪一副药方。10元钱能治好的,为什么要开50元的呢？这就是在信息不对称的时候，你能不能做到诚信。所以诚信的最高境界就是替对方着想，至少能通过合作达到双赢。这也包括企业与职工的关系、企业与消费者的关系、企业与合作单位的关系、产品与消费者的关系等。（《苏商》2007 年 2 期）这就是企业中的一种“诚”与“明”的理念，以“诚则明矣，明则诚矣”进行教育，这应当是企业文化的重要一环。

三、“强”的智慧与管理理念

现代管理到处在讲究“做大”，并讲究“做强”，“做大做强”似乎成为各级管理者的共识了。一个个企业也无不在追求“做大做强”。我们不妨来剖析一下孔子的智慧，体味这位圣人关于“强”的睿智。

《中庸》10 章有一段非常有意趣的师生对话，那是子路请教孔子关于“强”的问题。

> 子路问强。子曰：“南方之强与？北方之强与？抑而强与？宽柔以教，不报无道，南方之强也，君子居之。衽金革，死而不厌，北方之强也，而强者居之。故君子和而不流，强哉矫！中立而不倚，强哉矫！国有道，不变塞焉，强哉矫！国无道，至死不变，强哉矫！”

子路请教孔子，问要怎样才算刚强。孔子的回答说出了四种“强”：（1）南方之强。南方人之“强”，用宽恕柔和的态度教导人，对于别人的横暴无理，也不加以报复，这是南方人的刚强。但是，这种“强”还算不上中庸之道，因为太忍让了，有些“不及”。不过比较起来，君子还是近于这一类，因为较接近“强”的义理、君子的道义。（2）北方之强。北方人的“强”，是连睡觉都以刀枪盔甲为枕席，在战场上拼死也不后悔，这是北方人的刚强。强悍的人属于这一类。这种“强”也算不上中庸之道，因为有些“过”了，而“过犹不及”。（3）子路认为的那种强。子路自己所表现出来的就是一种戆头戆脑的强硬。（4）真正的君子之“强”。

关于真正的君子之“强”，是得到中庸之道的“强”，主要表现在四个方面：

1．“和而不流”——君子能与他人和谐相处，但是绝不无原则地随波逐流。用到管理上来，虽然今天处处讲竞争、时时谈拼搏，但是“和而不流”让我们有一种超拔的理念。虽在做强、争强、竞强，但是不流同一般，心胸自有准则，故而不作那种恶性竞争、倾轧式的争斗，而是能够和谐相处。

2．“中立而不倚”——君子中正独立，绝不偏倚一面。用到管理上来，是自己能卓然守正，屹立于原则，坚定不移，绝不向邪恶倾斜屈服，也绝不被一些势力左右，走自己选择的正确的路。

3. “国有道，不变塞焉”——孔子说，君子若处于国家政治清明、天下太平的有道之时，不改变当初穷困阻塞的操守。

4. “国无道，至死不变”——孔子说，君子若处于国家政治黑暗、天下纷乱的无道之时，至死也不变操守。

孔子说，能做到这四者，才是真正的“强”！此便是“强哉矫”。“矫”通“蟜（qiáo）”，强盛的样子。我们或许从中可以触发许多的灵感，作为政府官员、企业家、管理人员都可以深入思考孔子所说“强”的深理。确实，真正的“强”不是表现出一味的强权、强势、强硬、强横、强迫、强逼、强制、强暴，如此之逞强，必至刚愎自用，暴戾无常，终于没有个好结果。《老子》曰：“强梁者不得好死。”《荀子·劝学》曰：“强自取柱（断）。”物性过硬则反而容易折断。此真乃智者的深邃之论。看看历史上最典型的强秦，也是暴秦，就是一个短命的王朝。其中一条教训，就是只求强而暴，不晓宽而柔。孔子说：“宽柔以教，不报无道。”要言之，强中有柔，柔里寓宽，强柔互用，辩证中庸，这在管理中可以活而化之，化而用之。

四、“豫则立，不豫则废”的管理智慧

《中庸》：“凡事豫则立，不豫则废。”（20 章）“豫”，预先，事先有准备。此原文的意思是，无论做什么事情，如果预先有诚，就会成立；不预先有诚，就会废止。如张居正说：“凡天下之事，能素定乎诚，则凡事都有实地，便能成立；若不能素定乎诚，则凡事都是虚文，必致废坏。”管理者可以从此中汲取的第一层智慧，便是凡事预先要确立一个“诚”，有了“诚”，则事情就会踏踏实实地得以完成、成就、成立。

此中还可以汲取第二层智慧。这句话后来人们作为一个成语来运用，已经扩大了其意义范围，指凡事要早作谋划，早作谋划则成立，不早作谋划则不成立。管理也是这样，凡事都要预先谋划，赶早看清趋势，及早规划未来，尽早发现问题，趁早化解矛盾，要未雨绸缪，不可临渴而掘井。

《中庸》又具体列举出“豫则立”四条：

1. “言前定则不跲”——在说话之前预先立下诚，那么就不会失误。“跲（jiá）”，绊倒，此指失误。

2. “事前定则不困”——在做事之前预先立下诚，那么就不会困厄。

3. “行前定则不疚”——在行动之前预先立下诚，那么就不会内疚。

4. “道前定则不穷”——在行道之前预先立下诚，那么就不会窘迫。

至此，我们可以知晓，无诚则不立，至诚则大成，凡事先要预得此一“诚”；凡事又要预先谋划，如《荀子 · 大略》有言：“豫则祸不生。”此为中的之论。管理者于此条智慧也当深思熟虑之。

五、管理者“动、行、言”的智慧

《中庸》：“是故君子动而世为天下道，行而世为天下法，言而世为天下则。远之则有望；近之则不厌。”（29 章）

此则对领导者、管理者有警示作用。领导者、管理者，当然应该成为君子式的人物，绝不能做小人式、坏人式的人物，如此在自己的三个方面要树立出榜样来。

1. “动而世为天下道”——作为君子式的管理者凡有举动，必定能成为世世代代的人所遵行的道路。当然这是极高的标准，不是一般的领导所能做到的，但是这里可以启示我们，作为管理者，其举动必须成为他人的表率，而且位子越高的管理者越是要起到更广影响的表率作用。以下两个方面就可以类推之，而晓其旨意了。

2. “行而世为天下法”——凡是有举动而去行事，必定要为世世代代的人所效法。

3. “言而世为天下则”——凡是言说、发布号令之类的，必定要成为世世代代的人所遵守的准则。

这几条借鉴到管理上来，那么其核心理念就是说的管理者要严格要求自我，以身作则，在自身的动、行、言上不可苟且马虎，而是做出表率来。我们想起《论语》：“政者，正也。”管理就是搞正了，而且先要高层管理者正，才会使各层次的管理者正。若不然，则会如谚语所言：“上梁不正下梁弯。”

管理者能达到这样的境界，那么就会使得被管理者“远之则有望，近之则不厌”。距离管理者远的人，则都有仰望之心，向风慕义；距离管理者近的人，则都欢欣鼓舞，没有厌恶之意。这不就是建构了一个和谐的企业了吗？

六、管理者的“五足以”智慧

《中庸》：“唯天下至圣，为能聪明睿知，足以有临也；宽裕温柔，足以有容也；发强刚毅，足以有执也；齐庄中正，足以有敬也；文理密察，足以有别也。”（31 章）虽然这里讲的是“天下至圣”，但是管理者完全可以从中汲取自己的管理智慧。

1. “聪明睿知，足以有临也”——如果管理者能修炼到聪敏、洞达、明智的地步，那么就足以尊居上位，而临下管理。

2. “宽裕温柔，足以有容也”——如果管理者要修炼到宽厚、优裕、温柔的地步，那么就足以有容乃大。

3. “发强刚毅，足以有执也”——如果管理者要修炼到奋发、坚强、刚毅的地步，那么就足以执持决断。

4. “齐庄中正，足以有敬也”——如果管理者要修炼到肃敬、庄严、中正的地步，那么就足以得到人们的敬重。

5. “文理密察，足以有别也”——如果管理者要修炼到有条有理、详密细察的地步，那么就足以分辨是非邪恶。

试想，如果管理者达到这样的地步、境界，管理的水平也必定与日俱升了。

七、行远自迩·登高自卑

《中庸》：“君子之道，辟如行远必自迩，辟如登高必自卑。”（15章）此中的成语“行远自迩”、“登高自卑”，智慧深邃，千年流传不息。“行远自迩”，“迩”是近的意思，想要走到远处就要从近处开始。“登高自卑”，“卑”是低处的意思，想要登上高处就要从低处开始。这初看是生活中的常识，但是从中却可抽绎出哲学智慧。

1. 人生在世要成事、成功、有所成就，均要由近及远、由浅入深、由低至高，这是一个过程。好高骛远，而不脚踏实地，必定爬不高却摔得惨，走不远却跌得痛。

2. 人需要历练，不要躐等，欲速则不达，要一步一个脚印地前进与攀高。

3. 一个企业也罢，一个单位也罢，其成功、大成功就是一个漫漫长途探索与努力的过程。

睿智者是相通的，老子也有这样的教诲：“千里之行，始于足下；九层高台，起于累土；合抱之木，生于毫末。”这些睿智者的金玉良言，真知已不易，真行更不易，坚持真行到底的尤其不易。

篇十

《中庸》思辨智慧结晶

《诗》云:"鸢飞戾天,鱼跃于渊。"言其上下察也。

——《中庸》

《诗经》里说:"老鹰高飞上青天,鱼儿跳跃入深渊。"这两句诗比喻中庸之道,上能达于天空,下能及于深渊。

《中庸》的思辨智慧与艺术

若将《大学》与《中庸》作比较,一般都会有一个感觉:《大学》易懂,《中庸》难晓。《大学》"三纲八目",一路贯通下来,条理清晰;《中庸》山转水环,似在云里雾里,脉络难辨。这其中的原因之一,大概就因为《中庸》是"体大思精"谈哲学、谈思辨的书吧?然而《中庸》的思辨智慧处处在闪光,如能将心智沐浴浸润于这些光辉,必定也会有一番优渥的滋养。这里选择几个方面略为之说。

一、一个核心范畴的思辨智慧

《中庸》提出的一个核心范畴就是"中庸"。这是一个深涵思辨智慧的哲学范畴,而围绕"中庸"所展开的思辨就是又一种智慧。"中庸"是从生活、社会、思维之现实与历史的具象与抽象中䌷绎出来、升华起来、高扬开来的;而在《中庸》一书中得到充分的阐扬与张扬,这本身就需要思辨的智慧与艺术。

关于"中庸"范畴的思辨,本书在前面的许多章节已有具体论说,可体会其思辨的风采;在后面的《中庸》全书的译介中还会有论说,可再回味其思辨的深邃。法国的一位学者弗朗索瓦·于连曾经说:"《中庸》用很少的篇幅就让读者进入中国思想的核心,因为这篇古代的短论被当做文人传统的基础经典。同时,《中庸》让我们达到一种思想的核心,这种思想随着人们对它的理解吸收,显示为能够成为最普遍的、最易于赞同的:因为《中庸》反映的是没有任何教义的对象,脱离了任何特定理论工具。《中庸》并不思考一个特殊的对象,而是思想'中',即通过对世界和我们自己的不断的平衡,即'调节'。"(转见杜小真《远去与归来:希腊与中国的对话》之附录,中国人民大学出版社2004年版)——《中庸》里的"中庸"思辨就"让我们达到一种思想的核心",而且是"用很少的篇幅就让读者进入中国思想的核心"。这就有《中庸》展现的思辨的智慧、艺术和力量。在本书的"《中庸》的精蕴与价值"篇里已有说,读者不妨可从这一角度再回顾一下。

二、一个命题的思辨智慧

《中庸》在系统阐述"诚"这个范畴时候,同样深寓思辨智慧。譬如《中庸》说:“诚者物之终始,不诚无物。”(25 章)关于这一命题里的思辨智慧的发掘,可以听听哲学家贺麟的高论。

贺麟(1902—1992)曾说:“儒家所谓仁,道德意味比较多,而所谓诚,则哲学意味比较多。《论语》多言仁,而《中庸》则多言诚。所谓‘诚’,亦不仅是诚恳、诚实、诚信的道德意义。在儒家思想中,‘诚’的主要意思是指真实无妄之理或道而言。所谓‘诚’,即是指实理、实体、实在或本体而言。”

我想,贺麟此言可以让人体味:一是,因为《中庸》的哲学思辨较浓,所以也就比较难读了。二是,“诚”的含义很丰富,既有道德方面的意味,更有哲学方面的意味,甚至还含有宗教方面的意味。要了解道德方面的意味易明,了解哲学方面的意味难明,了解宗教方面的意味似乎更难明了。

贺麟又对“不诚无物”与“诚”的思辨展开深刻的论述:

> 《中庸》所谓“不诚无物”,《孟子》所谓“万物皆备于我矣,反身而诚”,皆寓有极深的哲学意蕴。诚不仅是说话不欺,复包含有真实无妄、行健不息之意。“逝者如斯夫,不舍昼夜”,就是孔子借川流之不息以指出宇宙之行健不息的诚,也就是指出道体的流行。其次,诚亦是儒家思想中最富于宗教意味的字眼。诚即是宗教上的信仰。所谓至诚可以动天地泣鬼神,精诚所至,金石为开,至诚可以通神,至诚可以前知。诚不仅可以感动人,而且可以感动物,可以祀神,乃是贯通天人物的宗教精神。就艺术方面言,思无邪或无邪思的诗教即是诚。诚亦即是诚挚纯真的感情。艺术天才无他长,即能保持其诚、发挥其诚而已。艺术家之忠于艺术而不外骛亦是诚。总之,诚亦是儒家诗教、礼教、理学中的基本概念,亦可从艺术、宗教、哲学三方面加以发挥之。(见《文化与人生》)

这一段分析很深刻,让人读后有豁然开朗之感。他还接着说了一段如何开拓这一儒家“诚”之向度的话,更显出其明智:“今后儒家思想的新开展,大抵必向此方向努力,可以断言也。儒家思想循艺术化、宗教化、哲学化的方向开展,则狭义的人伦道德方面的思想,均可扩充提高而深刻化。从艺术的陶养中去求具体美化的道德,所谓兴于诗,游于艺,成于乐是也。从宗教的精诚信仰中去充实道德实践的勇气与力量,由知人进而知天,由希贤、希圣进而希天,亦即是由道德进而为宗教,由宗教以充实道德。在哲学的探讨中,以为道德行为奠定理论基础，即所谓由学问思辨而笃行，由格物致知而诚正、修齐是也。而且经过艺术化、宗教化、哲学化的新儒家思想不唯可以减少狭义道德意义的束缚，且反可以提高科学兴趣，而奠定新科学思想的精神基础。”此又是这一位哲学家瑰丽理想的愿景了，人们可以倾听这样的富于魅力的声音。

三、一个片段的思辨智慧

《中庸》的第一章被朱熹称为全书的总纲，其中就有睿智的思辨在。这里不妨再简单剖视之。

1. 开篇便提出几个范畴，“天命”、“性”、“率性”、“道”、“修道”、“教”，并又将它们建构成一个系统：“天命之谓性，率性之谓道，修道之谓教。”这里具有深广的诠释空间，而这样的一个系统背后就储藏着《中庸》作者所具的富有且深邃的思辨智慧。

2. 在诸多的范畴中，又抓住“道”这一核心范畴，转入下一层的论说：“道也者，不可须臾离也；可离非道也。”在“不可离”与“可离”之“有对”里，突出“道”与“非道”的另一“有对”思辨。

3. 再转入“道”与“人”之“有对”思辨：“是故君子戒慎乎其所不睹，恐惧乎其所不闻。莫见乎隐，莫显乎微，故君子慎其独也。”

4. 再转入下一层“中和”之道与“人”之“有对”的再思辨：“喜怒哀乐之未发，谓之中；发而皆中节，谓之和。中也者，天下之大本也；和也者，天下之达道也。”最后为这一片段作了小结：“致中和，天地位焉，万物育焉。”

这种起承转合阐述的深层论说，便是思辨之流的曲折蜿蜒的流程，是思辨的智慧，也是思辨的艺术。

四、《中庸》整体的思辨脉络

我们再来看看《中庸》全篇的构思及其构思的智能，体会其中的思辨智能，从而也提供一份简要的阅读路径图。

1. 朱熹揭示的《中庸》脉络。

在反复阅读梳理《中庸》后，朱熹对全书的脉络作出这样的分析，将全书分为33章，划分为四个部分。

第一部分，第1章。朱熹认为这是《中庸》一书的总纲领。这是子思转述孔子的思想而确立的《中庸》之总纲。

第二部分，第2章至于第11章。朱熹认为，这十章是对总纲的诠释，是子思引用孔子的话来论述的。

第三部分,第 12 章至于第 20 章。其一,此中第 12 章,朱熹认为,这也是对总纲的解释,然而是子思用自己的论述来解释总纲中的“道不可离”的旨意。其二,第 13 章至于第 20 章共八章,朱熹认为,子思又杂引孔子的话来说明这一内容。

第四部分,第 21 章至于第 33 章。其一,朱熹认为,21 章是子思承接孔子的“天道、人道之意而立言”。其二,由第 22 章至于第 33 章,这十二章是反复推明第 21 章的意蕴。最后的第 33 章,朱熹认为是子思再举出一篇的要旨加以总结说明。

2. 陈荣捷揭示的《中庸》脉络。

关于《中庸》的脉络,陈荣捷依据朱熹的《中庸章句》按照不同的旨意,相对地分为几个专题,并提示所在的章节。这可供读者参考。

其一,天与人的内容。见诸《中庸章句》的第 13 章、第 20 章、第 22 章。

其二,伦理关系的内容。见诸《中庸章句》的第 13 章、第 17 章、第 19 章、第 20 章。

其三,知与行的内容。见诸《中庸章句》的第 14 章、第 20 章、第 27 章。

其四,中和的内容。见诸《中庸章句》的第 1 章至第 4 章、第 6 章至第 11 章、第 20 章、第 27 章。

其五,道德的内容。见诸《中庸章句》的第 13 章、第 17 章、第 19 章、第 20 章、第 25 章。

其六,性命的内容。见诸《中庸章句》的第 1 章、第 14 章、第 21 章、第 22 章、第 25 章、第 27 章。

其七,诚的内容。见诸《中庸章句》的第 16 章、第 20 章至第 26 章、第 32 章。

其八,宇宙的内容。见诸《中庸章句》的第 22 章、第 23 章、第 26 章、第 30 章。

其九,道与教育的内容。见诸《中庸章句》的第 1 章、第 5 章、第 12 章、第 13 章、第 20 章、第 21 章、第 23 章。

这样我们读《中庸》一书就有了两条线索、路径:纵向的脉络,如朱熹所分析的;横向的脉络,如陈荣捷所指出的。这就可以组合成为阅读、研究《中庸》的坐标系统了,或许可以便于比较系统地来研习《中庸》。在后面

《中庸》译介这一篇里,我们还会比较详细地分析其中的文理与逻辑。

最后要说的是,如果将上面这些思辨的智慧与艺术再扩而充之,渗而透之,联而缀之,那么我们会对《中庸》一书的思辨愈加清晰,或许就会感受到一种阅读经典的精神享受。

有对:《中庸》的智慧思辨

若论《中庸》的思辨智慧,这里再选择一个特定的视角,即从其"有对"的建构以及精细地连绵展开、深邃地渐进式论析来解读,则可以再显其熠熠闪光的智慧思辨。

一、"有对"的思辨

有此、有彼,便成为"有对";有我方、也有他方,也便成为"有对"。古代哲学家常从"有对"进行思考、思辨,古代的儒家也多从"有对"展开思辨,当然道家人物如老子、庄子也是如此的。

《中庸》:"喜怒哀乐之未发,谓之中;发而皆中节,谓之和。"(1 章)这里"未发"与"发"构成了"有对"。冯友兰说,孔子一方面注重人之性情之真的流露,一方面主张必须"以礼节之"。《中庸》也一方面主张"率性",一方面又主张以"教""修"之。喜怒哀乐,皆是天然的,当"听"其发;但是须以"教"修之,使其"发"无过不及而已。(冯友兰《中国哲学史》)

《中庸》记载,"仲尼曰:'君子中庸,小人反中庸。君子之中庸也,君子而时中;小人之[反]中庸也,小人而无忌惮也。'"(2 章)这也就是"有对"的思辨:"君子"与"小人"为"有对","中庸"与"反中庸"为"有对"。

再如孔子所提出的中庸之道也就是从"有对"中细绎出来的。比如一是"过",一是"不及",这是"有对"。如果从"有对"的两端来个"执其中"的思辨,那么既不要"过"、过头、过度,也不要"不及"、够不到、达不到,那么就做到了"无过、无不及",这就是中庸之道了。朱熹说得好:"中庸者,不偏不倚,无过不及。"此真是要言不烦了!

二、"有对"的关系

在"有对"的"此方"与"对方"、"我方"与"他方"关系上,《中庸》显现出许多的思辨智慧。

1. 先要管好“我方”。

在“我方”与“对方”中先要管好我方。如《中庸》记载,孔子曰:“道不远人。人之为道而远人,不可以为道。”(13 章)——这里“人”与“道”成为“有对”,便有了这样的关系:道原本是不远离人的,因为是要人去走这道;但是人在走这条道时,如果没有管好自己,乱走、乱闯、乱来,那么道也就会离人远了。因此先要修身管好“我方”,遵道而行,“道”与“人”和谐,然后“有对”变为“无对”了。

2. 又要顾及“他方”。

《中庸》记载,孔子曰:“忠恕违道不远,施诸己而不愿,亦勿施于人。”(13 章)叶秀山说:“有对”的观念就是要考虑到“对方”,考虑到“他者”。“己所不欲,勿施于人”这个道德原则,大概是最为基本的,最为远古的,它是建筑在“有对”这样一个基础上的。世间之所以有道德问题,乃在于世上总有“他者”。“恕”,就是将心比心,考虑到他人的情形,自己不愿意做或做不到的事,也不要求别人就一定要做或就一定做到。“己所不欲,勿施于人”出发点是“己”,但目标却是“人”,因为“自己”本就“有对”于“他人”而言,是“他人”中的“自己”,所以可以从“自己”“推及”“他人”,可以从“自己愿意不愿意”“推及”“他人”“愿意不愿意”。这里的“愿意不愿意—欲与不欲”就有客观的“应该不应该”的道德意义,而不仅是主观的“欲望”。(叶秀山《试读<中庸>》,《中国哲学史》2000 年第 3 期)

《中庸》:“君子之道四,丘未能一焉:所求乎子以事父,未能也;所求乎臣以事君,未能也;所求乎弟以事兄,未能也;所求乎朋友先施之,未能也。”(13 章)叶秀山又有说:“恕”,讲的是由己及人,所以孔子自谦说“君子之道四,丘未能一焉”。这里“四道”指的也是“有对”的关系,如父子、君臣、兄弟以及朋友,孔子说他作为儿子、臣子、弟弟都做得不太好(“有所不足”),这里的“事”,竟然也是相对而言的,“事父”、“事君”、“事兄”连对等的“事友”也都是“有对”的。扩大开来说,世间一切的“事”,都是“有对”的,都是“为他者”做的,或者都是“事关他者”的。世间没有抽象的、孤立的“事”,所以“事事”皆须有“道”,“事事”都要讲“中庸”。(叶秀山《试读<中庸>》,《中国哲学史》2000 年第 3 期)

其实“有对”的双方既然成为“对”,就是“相对”的。从小视野看或许是“绝对”的,但是从大视野去看都是“相对”的。如世人所说:没有永远的敌人,也没有永远的朋友。此语虽极其通俗浅显,却特别深含哲理。确实此中有彼,彼中有此,我中有他,他中有我,应该辩证思维,看其关系是辩证的,看其变化是辩证的,双方是会在一定的条件下转化的。如此去思辨,当然智慧便如泉流涌地了。

3.“有对”之环扣与脱出。

《中庸》既具“有对”思辨,而且还有组成“有对”的连环,又具在“有对”的连环中解脱出来的思辨智慧。

《中庸》:“在下位不获乎上,民不可得而治矣。获乎上有道:不信乎朋友,不获乎上矣。信乎朋友有道:不顺乎亲,不信乎朋友矣。顺乎亲有道:反诸身不诚,不顺乎亲矣。诚身有道:不明乎善,不诚乎身矣。”(20章)叶秀山曾分析这一段,说:“你看,是从‘有对’的一环一环里脱出来的。‘诚’也不是‘无对’的,‘诚’的根据在‘善’。‘善’不是康德意义上的‘纯形式’的、‘不可知’的,‘善’,也是‘有对’的。‘君’之‘善’在(对)‘臣民’中;‘子’之‘道’,在(对)‘父母’中。要把握住这种‘有对’的关系,才能说是做到了‘诚’。有些人的‘诚’是天生的,他们‘不勉而中,不思而得,从容中道’,这些是圣人;常人也能‘诚’,‘择善而固执之者也’,就是从‘有对’的关系中学习体会出来的‘善’(道),一旦认准了,就要坚持到底(《大学》说的‘止于至善’)。只要好学,则‘虽愚必明’。”(叶秀山《试读<大学>》,《中国哲学史》2000年第3期)

三、“有对”里的“执中”思辨

1.从“有对”之两端间“执中”。

既然是“有对”,那么不仅要顾及双方、两端,还要能叩其两端而执其“中”;这便是中庸之道,也是“执中”的思辨智慧。

《中庸》:“子曰:‘道之不行也,我知之矣:知者过之,愚者不及也。道之不明也,我知之矣:贤者过之,不肖者不及也。’”(4章)“道之不行”,孔子探索其道理就是叩其“有对”者之两端,从而得其中的思辨智慧。举例如“有对”者:“知者”与“愚者”,“贤者”与“不肖者”,“过之”与“不及”。然而在“知者”与“愚者”之“有对”里,“执中”者便是“君子”。在“过之”与“不及”之“有对”里,“执中”者便是“中庸”。

2.又或以为“中”不是“第三端”。

如叶秀山又有论:凡有“两端”的,都有“道”的问题。所谓“性命”、“人伦”,是指在各种“关系”中找到“自己”的恰当的“位置”,在

"两端"之"中",找到自己的"道路"来。然而,"中"不是"两端"之外的"另一端",不是"第三端",而是"两端"所"应"走(行动)的"道路",而每一端的"道(路)",都包含了"另一端"的"关系"在内。所以"性"、"命"、"自性"、"自命"——"自己",本就包含了"他性"、"他命"在内。譬如,君臣、父子、师生等等,其各自的"性命"(自己),都在这对关系之中。"对立的统一",非谓此"统一"亦为"一物",像氧加氢成为水那样,而是"统一"就在"对立"之"中"。故西洋哲学家常常用"同一"。儒家讲的"仁",也是"两端(二人)"的关系。所以儒家关于"性"、"命"、"道"、"仁"这些基本的概念,其意义是一贯的,都和"中庸"有关:"两端"都要按照"致中和"的原则来定各自的"性"。所以儒家的"性"就不仅是"自我",不是"私";也不是宽泛的"绝对",而是"有对""中"的"无对",是"他者""中"的"自己",因而也是"必然""中"的"自由"。比较而言,儒家这个思想,稍接近黑格尔,而与康德的道德"绝对命令"是不相同的。康德的"绝对命令"是完全形式的,原则上没有内容,因而不可知;儒家的德性——天命、天性,虽然难知,但原则上是有内容的、可知的。(叶秀山《试读<中庸>》,《中国哲学史》2000 年第 3 期)

照此解释,中庸就是"有对"之间、之中的一条"道路"。这也许没有问题,但是"中"是"第几端"呢?不是"第三端",是否就是没有"端"?这或许还可以再深入讨论的。因此学者的这些解释可以供读者参考,还可以作为自己再思考的"资粮",这也是成为又一"有对"的思辨智慧了。

《中庸》意象思维智慧

《中庸》在思考,在思辨,而其中又有许多的美妙的意象思维智慧。这是从身边的日常生活的具象的事件、现象的观察、体察中有所悟知、有所悟通,而进入思维,再跃入深层的哲思。此中智慧值得重视,此略述之。

一、射箭的意象思维

《中庸》:"子曰:'射有似乎君子,失诸正鹄,反求诸其身。'"(14 章)

孔子精通"六艺",其中之一便是射箭。他不仅精其射术,且通其哲理。这里,孔子就从射箭来启发人们对立身、处世、行事的思考。这是说,射箭就有似于君子的行事，射不中靶子，就反过来寻求自身的问题。试想，常见的情景是一旦射不中靶子，人们会抱怨这，抱怨那，却往往不从自身去寻找问题；其实还是要多从自己身上去发现原因，这才有利自己的进步，也有利于心态的平和。

孔子的学生曾子就说："吾日三省吾身：为人谋而不忠乎？与朋友交而不信乎？传不习乎？"（《论语·学而》）这就是"反求诸其身"，而且不是发生了问题才去"三省吾身"，是主动的，且是每日的"反求诸其身"，这真是难能可贵的地方。

孔子评论颜回："吾与回言终日，不违，如愚。退而省其私，亦足以发，回也不愚。"（《论语·为政》）颜回也是"反求诸其身"的典范；他"退而省其私"，退回去能自我思考，"亦足以发"，足能加以发挥。颜回的"退而省其私"，也是这一种睿智的"反求诸其身"。

孟子很重视孔子的"反求诸其身"这一智慧，且在《孟子》那里创造了新词"反求诸己"，并广为流传，成了一个成语。《孟子·离娄上》："行有不得，皆反求诸己，其身正而天下归之。"

从孔子的"反求诸其身"、曾子的"日三省吾身"、颜回的"退省其私"，再到孟子的"反求诸己"，人生在世"反求诸其身"是一种智慧，也是一种修养。此后又生发出"反躬自省"、"反躬自责"、"反躬自问"诸说，如朱熹《乐记动静说》："此一节正天理人欲之机间不容息处，惟其反躬自省，念念不忘，则天理益明，存养自固，而外诱不能夺矣。"这些均是要人们反思自己、反省自我、反责自身、反问自心。

罗素《西方哲学史》的导论中曾列举了哲学的若干问题，如：(1)世界是不是分为心与物呢？如果是，什么是心，什么是物呢？(2)宇宙是否有统一性或目的呢？宇宙是不是向一个目标演进呢？(3)自然界是不是真有法则，抑因为我们爱好秩序乃信其为有呢？(4)我们是不是有一种生活方式是高尚的，另一种生活方式是卑下的？抑或所有的生活方式都是废料呢？如果有一种高尚的生活方式，它所包含的又是什么呢？我们又怎样才能达到呢？这些问题，其中(1)(2)(3)显然不是中国哲学主要的问题，中国哲人也教人要有一种不确定感，那是道德范围的事，如要人常常"反求诸己"便是一例。（参见韦政通《中国思想史》）这里又提供另外一种视角，即是面对诸多的外界的不确定因素、不确定感时，要努力学会"反求诸己"，从内在、内因去寻求解决、适应外在、外因的环境与问题的途径和方法。

二、饮食的意象思维

《中庸》:“子曰:‘道之不行也,我知之矣:知者过之,愚者不及也。道之不明也,我知之矣:贤者过之,不肖者不及也。人莫不饮食也,鲜能知味也。’”(4章)

中庸之道为什么不能很好地实行?孔子还运用意象思维来说明之。人人都饮食,天天在饮食,孔子提出一个令人深思的问题:人们真知道味道了吗?

关于“味”,《中庸》又提到“君子之道:淡而不厌”(33章)。连类而及,在《大学》也有云:“心不在焉,视而不见,听而不闻,食而不知其味。”在《论语·述而》:“子在齐闻《韶》,三月不知肉味。”此可见“味”之意象中很有深广的内涵。

如果我们每人扪心自问的话,也许还真的不太知晓饮食之“味”、“道”、“味道”呢。饮食之味道,太丰富又太深刻了:从下层看是一菜一饭一饮的滋味,此中已经是琳琅得不能穷尽;往上至于宴席与各地帮派之菜系,更是奥妙难说。笔者近日看到的关于台湾的牛肉面的寻踪,以及安徽绩溪的徽菜、山西晋中的面食等电视片,竟然如此美不胜收,真个是叹为观止了!如果再提升到烹饪饮食之文化与哲学,以及由此哲学而至于政治之道的沟通,那么比如远古伊尹以饮食的“本味”说商汤王之执政,那更加玄之又玄了。

确实如此,人人为求生存,饮以解渴,食以解饥,进而美饮美食,然而饮食之中蕴含深邃而丰富的“道”。此亦然是人生之一“道”,故有“味道”之词。孔子之饭疏食饮水,颜回之一箪食一瓢饮,其中皆有道,故亦皆有味。因此中国人饮食审美,既从表面体会饮食中的美食之味道,又进而深层体会人生之味道;美食之味道本已颇难为常人体味,而人生之味道尤难参悟其底里。关于这方面,笔者著有《先秦饮食文化研究》(贵州人民出版社出版),有较详细的论述可参见。

这里想起钱穆的关于味道之说,在其《中国思想通俗讲话》里有妙论:

> 中国俗语中此一“味”字,真是大堪深味,亦可寻味无穷矣。能知其人其事之有味无味,此真中国人一番大道理,亦可称是一项大哲学。
>
> 中国人又称“五味”。咸乃常味,酸与辣多刺激,甜味则多得人爱好,苦味饮膳少用。忠言逆耳利于行,良药苦口利于病。苦劝苦谏,苦口婆心,亦见用心之苦。一片苦心,苦学苦读,苦修苦练,苦下工夫,苦行苦守,苦干苦撑,苦熬苦咽,坚苦卓绝,吃得苦中苦,方为人上人,人生中乃有此一

道苦味，苦尽甘来。对人赞美道谢，则连称辛苦。辛苦亦人生大道，此一道，乃为其它民族所不知。

中国人又称“品味”。如品茶品酒，茶酒皆有味，故可品。不入味，则不登品。凡物皆然，故称物品。斯知物亦各有其味矣。人之一身，及其面部，以及其所居之室，皆可加以装饰品。则凡所装饰，皆可玩味。就其人日常亲接之物，亦可见其人品味矣。

中国人又称“体味”，不仅口舌，还须心赏，始得此味，胃肠不消化，则口舌无味，可证物品物味皆从人之品味中来。即观其人所品味，可知其自身本体之品味。

中国人又连言“情味”，味淡乃见情深。故君子之交淡若水，小人之交甘如醴。今人则惟有浓味乃谓情深。

中国人又称“韵味”。韵者，声之余。中国人贵有余，亦贵余味。但又贵知足，又称够味。足指当下言，余指往后言。如唱歌，既须够味，又得有余味，须能回味无穷，回味不尽，不要不足。此是中国人生理想中一妙境，一佳味。故中国人言尽心尽力，实则心力永远用不尽。今人则求尽欢尽兴，尽了则不欢，没兴了。生之尽，则死亡随之。故人生必求有后，乃得有余而不尽。就其个人生命言，则生而至足，乃为一完人。完人者，乃完其天命之性。天命之性则虽死而不尽。如孔子，乃使后世人追味无穷。亦可谓人莫不有生，苟不知其生之有性，则亦鲜知其味矣。

钱穆从中国社会人人习用的普遍流行的几许观念与词语——味、五味、品味、体味、情味、韵味等等，由今上溯至先秦，由先秦远古返视当下，由一而多，由浅而深，由所共知共喻而至于人所鲜知鲜觉，揭出“味”观念内在涵义及其流变，细绎之下，妙义纷呈。

再反观孔子以饮食之意象来解释中庸之道实行之困难，那就像人们对饮食一样“鲜知味”也。此中的思辨很深刻，却因意象思维而变得通俗易懂了。

三、执柯伐柯的意象思维

《中庸》：“《诗》云：‘伐柯伐柯，其则不远。’执柯以伐柯，睨而视

之，犹以为远。故君子以人治人，改而止。”(13章)

这是孔子对《诗·伐柯》的创造性的解读。“柯”，指斧头柄。砍木做斧头的把柄，这是生活中常见之事，但在《中庸》的思辨里面却得到了巧妙的升华，显示出美妙的智慧。

一是先说“不远”。《诗》的意思是说，砍木砍木，做斧柄，那个准则并不远，因为准则就在手里的斧子上。

二是再说“远”。“执柯以伐柯，睨而视之，犹以为远”，手执斧头，去砍那将要做斧柄之木，斜视之，还以为远，这是为什么？因为在手中的斧柄虽是法则，但仅仅是一个样本，而要制成一把具体的斧柄，离开这个样本多少还有点不同，还有点远。做一把具体木材的、具体斧头的斧柄，还得具体问题具体分析，还须根据具体斧头作具体调整，不能完全照搬。这就是人们常说的准则是一个，但具体执行起来要根据不同的具体情况来调整。这就要行中庸之道。

三是，由此及彼地迁移到“人治”、“治人”的问题上来。那么，“执柯以伐柯”的一“不远”一“远”启示人们，要在两者之间行中庸之道：故君子“以人治人”，这是总则；但是还要根据具体的条件下的具体的人来治理，只要他人改了，有进步了，虽还没有完全达到应该达到的准则高度，也便可以止了。这是一种高度人性化的“人治”、“治人”的管理智慧，也就是高明的中庸之道的运用。

四、鸢飞鱼跃的意象思维

《中庸》：“《诗》云：‘鸢飞戾天，鱼跃于渊。’言其上下察也。君子之道，造端乎夫妇，及其至也，察乎天地。’”(12章)鹰高飞直上青天，鱼游动跳跃在深渊，这是生活中常见到的，但是到《中庸》那里便成为一种思辨式的意象思维。

《中庸》论说君子之中庸之道的“费而隐”，即作用广泛而普遍，但本体精妙。中庸之道的贯彻可以从小至于夫妇之间开始，由此向上而进阶，不断提升，那么等到臻于至极，就如“鸢飞戾天，鱼跃于渊”一样：“鸢飞戾天”，则可以天高任鸟飞；“鱼跃于渊”，则可以渊深任鱼跃。这就是“飞跃”，由“必然王国”向“自由王国”的“飞跃”，此是由上到下都能进行详细审察的。君子的中庸之道，就可以从平民夫妇之间开始，从而达到它的最高境界，就能洞察贯彻到天地之间。

五、溥博渊泉的意象智慧

《中庸》曰：“至圣”则如“溥博渊泉，而时出之。溥博如天，渊泉如

渊。”由此“见而民莫不敬”、“言而民莫不信”、“行而民莫不说”，最后可以“配天”。（31 章）

这里也采用了意象思维：上天是溥博的，“浩浩其天”；渊泉是幽深的，“渊渊其渊”。这些意象在《中庸》那里完成了又一种意象思维。那就是天下至圣，虽“溥博渊泉”般地涵蓄着，但是那种美德又是“时出之”，随时、时常会表现出来的。这就像上天之溥博，不是溥博得没有痕迹显露出来，而是时常有祥瑞现出；渊泉虽幽深，不是幽深得没有迹象显现出来，而是时常会外溢的。圣人虽溥博渊泉，但是时常会显现出形象、言说、行为来，使得民众没有不敬的，没有不信的，没有不悦的。圣人也会变得愈加“溥博渊泉”，更广而更加溥博，更深而更加渊泉了。

《中庸》里面还有如“罟擭陷阱”、“地道敏树”、政者“蒲卢也”、“衣锦尚絅”等诸多意象思维，也可以类推知之，不仅可以知其意象思维的内涵，还可以晓悟其意象思维之智慧。

《中庸》：《诗经》的创新诠释

《中庸》与《大学》都频频引用《诗》，即《诗经》的诗句，《大学》引用达 12 次，《中庸》更多，达 17 次。这不仅构成了一种行文的特色，其实也就是《大学》、《中庸》建构其理念的一种思辨的指向。因此可以观察到《中庸》许多对《诗》重新诠释的思辨智慧，也可以辨察出诠释者的心智光辉来。《中庸》引《诗》之诠释，我们略加分析。

1.《诗》云：“鸢飞戾天，鱼跃于渊。”（12 章引）

此出自《诗 · 大雅 · 旱麓》。这是歌颂周文王祭祖得福的诗。孔子于此诗句也有解读：“言其上下察也。”关于这些分析可以参见上文已作的诠释。

2.《诗》云：“伐柯伐柯，其则不远。”（13 章引）

此出自《诗 · 豳风 · 伐柯》。这是写婚姻的诗，指出婚姻必须通过媒人，必须遵循一定的法则。闻一多《类钞》：“女之为人求女者谓之媒，使媒求妇，执斧伐柯，皆以类求类也。”后来称媒人为“伐柯”，出典就是此诗。另外“伐柯”也比喻为遵循一定的准则。《中庸》记载孔子于此有一段评论，此可参见“《中庸》意象思维智慧”的解读。

3.《诗》曰:“妻子好合,如鼓瑟琴。兄弟既翕(xī ,聚会、融合),和乐且耽(安乐)。宜(安)尔室家,乐尔妻帑(nú ,通‘孥’,儿子)。”(15 章引)

此出自《诗·小雅·常棣》。“常棣”,是树木的名称,也称郁李。这首诗是周代贵族统治者宴请兄弟的诗。诗中申述了兄弟之间应当互相友爱,协调亲族内部的关系,维护宗法统治。此诗或以为周公所作,或以为周宣王时的大臣召穆公,即召虎所作。诗句说,妻子好合和睦,就如弹奏瑟琴一样。兄弟既聚会,和谐又安乐。和顺你的家室,安乐你的妻与子。《中庸》记载了孔子于此诗句的评论:“父母其顺矣乎!”能做到这样,父母就安顺舒畅了。

4.《诗》曰:“神之格(来)思(语助词,下同),不可度思,矧(shěn,况且)可射(yì ,厌弃)思!”(16 章引)

此出自《诗·大雅·抑》。《抑》,是周大夫卫武公所作的诗,用来自儆,并讥刺王室。后人还把此诗看做是箴铭之祖。诗句说,鬼神的降临,不能测度,怎么能厌弃它们呢!《中庸》记载了孔子于此的评论:“夫微之显,诚之不可掩如此夫。”这是说,鬼神之事既是隐蔽微妙,但是又是可将其祸福功德等显现出来的,这样的真诚却是如此不可掩盖的。

5.《诗》曰:“嘉乐君子,宪宪令德。宜民宜人,受禄于天。保佑命之,自天申(重复)之。”(17 章引)

此出自《诗·大雅·假乐》。《假(嘉,美)乐》这首诗是写周王(或说周成王)宴会众臣,群臣颂德祝福,赞颂周王能循旧章,善于安民,使用贤臣,被人爱戴。此诗句说,快乐的周成王,美德显明。善抚民众又善用人,享受天赐的福禄。上天保佑并任命他,重将福禄赐予他。孔子作出点评:“故大德者必受命。”所以有大德的人必禀受天命。

6.《诗》云:“维天之命,於(wū ,语气词)穆不已!”(26 章引)

此出自《诗·周颂·维天之命》。这首诗是周王祭祀周文王的乐歌。此诗句的意思是,上天之道,肃穆且永不停息。《中庸》作出了诠释:“盖曰天之所以为天也。”这大概就是天之所以成为天的道理吧。

7.《诗》:“於(wū ,语气词)乎不显,文王之德之纯。”(26 章引)。

此同上,也出自《诗·周颂·维天之命》。这诗句的意思是,多么显赫昭明,周文王的道德是这样的纯真!《中庸》:“盖曰文王之所以为文也,纯亦不已。”这大概是说周文王之所以称为文王的道理吧,他的纯真也是不会止息的。

8.《诗》曰:“既明且哲,以保其身。”(27 章引)

此出自《诗 · 大雅 · 烝民》。这首诗的旨意是,周代的卿士尹吉甫送仲山甫前往齐国去筑城,赞美周宣王使贤任能,以及仲山甫的才德出众。此诗句是说,既光明又明智,以此保全自身。《中庸》将此诗句放置于《中庸章句》27 章之尾,并于此诗句评点曰:“其此之谓与?”大概就是说的这个道理吧。这是对本章文义的再概括与点醒。

9.《诗》曰:“在彼无恶,在此无射(yì,嫌弃、厌弃)。庶几(差不多,几乎)夙(sù,早)夜,以永终(通‘众’)誉。”(29 章引)。

此出自《诗 · 周颂 · 振鹭》。这首诗是夏、殷二王的后裔来周朝助祭,周王设宴招待他们时所唱的乐歌。此诗句的意思是,在那里没有被人憎恶的,在这里没有被嫌弃的;差不多日夜操劳,以获众人永远的赞誉。《中庸》评论中将此精义再扩大化,推及所有的君子都应该如此。“君子未有不如此而蚤有誉于天下者也”,君子没有不如此去做,而能够早早地在天下获取荣誉的。

10.《诗》曰:“衣锦尚䌹。”(33 章引)

此出自《诗 · 卫风 · 硕人》。《硕人》描写齐庄公的女儿庄姜出嫁于卫庄公时的盛况,以及她的美貌与高贵,或认为还有同情她后来“美而无子”的处境的。“硕人”,就是高大而壮美之人。“衣锦尚䌹”,又作“衣锦褧衣”。“褧(jiǒng)”、“䌹(jiǒng)”相同,指用麻纱做的单罩衣。此诗句是说“衣锦”即穿上锦绣之服,又“尚䌹”,再在外面加穿上罩衣。为什么要加罩衣呢?《中庸》曰:“恶其文(花纹、文饰)之著(显著)也。”厌恶锦绣之衣太显露文饰了。汉代的郑玄《笺》也沿袭了这种说法:“尚之以禅(dān)衣,为其文之太著。”《中庸》便作出了由彼及此的创新式诠释:

(1)彼《诗》说的是硕人的“衣锦尚䌹”,此《中庸》却联想到君子之道的情况,进行了形而上的开掘,“故君子之道,暗然而日章(同‘彰’)”;相反,“小人之道,的(dì)然(鲜明的样子)而日亡”。在锦绣之衣的外面罩上衣服,就不再使得文饰显露,是一种“暗然”;君子之道就像这样,“文”是“暗然”的,但是“质”反而会“日章”,日益由内而外地彰显出光辉来。

(2)由此指出,“君子之道:淡而不厌,简而文,温而理”。这就是君子的“文质彬彬”的中庸之道。

(3)再由此及彼地深一层揭示出“三知”:“知远之近,知风之自,知微之显,可与入德矣。”此数层次的诠释,足见《中庸》作者思辨的高且明。

(4)再看朱熹《中庸章句》里也有很好的释读:“前章言圣人之德,极其盛矣。此复自下学立心之始言之,而下文又推之以至其极也。”“古之学者为己，故其立心如此。尚䌹故暗然，衣锦故有日章之实。淡、简、温，䌹之袭于外也；不厌而文且理焉，锦之美在中也。小人反是，则暴于外而无实以继之，是以的然而日亡也。远之近，见于彼者由于此也。风之自，著乎外者本乎内也。微之显，有诸内者形诸外也。有为己之心，而又知此三者，则知所谨而可入德矣。故下文引《诗》言谨独之事。”此揭示出文意，又点明了文脉。

11.《诗》云：“潜虽伏矣，亦孔之昭。”(33 章引)

此出自《诗·小雅·正月》。《正月》是讥刺周幽王宠爱褒姒，荒淫无道，而导致国家危亡。此诗句说，鱼儿虽是潜伏在水底，亦然被看得很清楚。《中庸》作出了重新解读：“故君子内省不疚(愧疚)，无恶于志(心志)。君子之所不可及者，其唯人之所不见乎?”

从君子修身来看，君子一定要在内心反省自己而无愧疚，不损害自己的心志，君子为他人所不可企及的地方，就是在他人所看不见的地方下工夫修炼自己。朱熹也有释读：“承上文言‘莫见乎隐，莫显乎微’也。疚，病也。无恶于志，犹言无愧于心。此君子谨独之事也。”

12.《诗》云：“相在尔室，尚不愧于屋漏。”(33 章引)

此出自《诗·大雅·抑》。“屋漏”，一说是屋子顶上的天窗，日光进来，称为屋漏；一说室内西北角，此为隐秘暗处。此诗句是说，在你的室内帮助祭祀神灵，面对暗处神灵所居住的地方也不愧疚。《中庸》引申诠释：“故君子不动而敬，不言而信。”君子还没有行动就已诚敬，还没有说话就已经诚信。诚、敬、信先行，不做亏心事，当然面对神灵也不愧疚，犹如俗语所云：“平时不做亏心事，不怕半夜鬼敲门。”朱熹有释读：“承上文又言君子之戒谨恐惧，无时不然，不待言动而后敬信，则其为己之功益加密矣。故下文引《诗》并言其效。”

13.《诗》曰：“奏假无言，时靡有争。”(33 章引)

此出自《诗·商颂·烈祖》。这是商人或宋人祭祀商成王、商汤王的乐歌，祭祀者自称“汤孙”。此诗句的意思是，祈祷(奏假)时候默默无言，此时肃穆没有争执。《中庸》于此诗句作出了引申诠释：如果充分运用、利用这种仪式、做法、力量、智慧来治政的话，那么就会出现“二不”：“是故君子不赏而民劝，不怒而民威于铁钺。”因此君子之道不必用赏赐而民众会互相勉励，不必发怒而民众对上面的畏惧胜过用铁钺的惩罚。朱熹有释读：“承上文而遂及其效，言进而感格于神明之际，极其诚敬，无有言说而人自化之也。”

14.《诗》曰:“不显惟德,百辟其刑之。”(33 章引)

此出自《诗·周颂·烈文》。这首诗是描写周成王即政,诸侯助祭的情况。此诗句的意思是,大大彰显你的道德,众多的诸侯就会来效法你。《中庸》于此诗句作出了引申诠释,把“不显惟德”的“德”凸出解释为君子要“笃恭”,然后会产生“天下平”的效果。此所谓“是故君子笃恭而天下平”。朱熹有释读:“此借引以为幽深玄远之意。承上文言天子有不显之德,而诸侯法之,则其德愈深而效愈远诸。笃,厚也。笃恭,言不显其敬也。笃恭而天下平,乃圣人至德渊微,自然之应,中庸之极功也。”

15.《诗》云:“予怀明德,不大声以色。”(33 章引)

此出自《诗·大雅·皇矣》。这首诗是周人陈述其祖先的德行以及文王讨伐密、崇所取得的克敌之胜。原文是,“帝谓文王:予怀明德,不大声以色”。天帝说,我怀有明德,而不大行声色俱厉。《中庸》记载了孔子于此的诠释,曰:“声色之于以化民,末也。”靠声色俱厉、威胁恐吓,甚至以死畏之等来训民治民,这都是些粗且暴的方法,那是末等的事了。此言下之意就是说,要舍此末,而要抓住道德这一根本来治政化民。朱熹有释读:“引之以明上文所谓不显之德者,正以其不大声与色也。又引孔子之言,以为声色乃化民之末务。今但言不大之而已,则犹有声色者存,是未足以形容不显之妙。”

16.《诗》曰:“德輶(yóu,轻)如毛。”(33 章引)

此出自《诗·大雅·烝民》。原诗句为:“人亦有言:德輶如毛,民鲜克举之。”人们有说,虽然德轻如羽毛,但是民众很少能举之。虽然所谓“德轻如毛”,比如说天道之德是感觉不到它的重量的,不就像鸿毛感觉不到重量一样吗?但是《中庸》于此进一层评论说:“毛犹有伦(比拟)。”然而毛是可以比拟的,但是道德却能于无声无息中默默地化育万物,是如此高妙而无与伦比。朱熹注:不大声色,“不若《烝民》之诗所言‘德輶如毛’,则庶可以形容矣”。

17.《诗》曰:“上天之载,无声无臭。”(33 章引)

此出自《诗·大雅·文王》。“载”,指事。上面说“不显惟德”,说“不大声以色”,说“德輶如毛”,但还没有尽其妙,这又如朱熹释读:“而又自以为谓之毛,则犹有可比者,是亦未尽其妙。不若《文王》之诗所言‘上天之载,无声无臭’。然后乃为‘不显’之至耳。盖声臭有气无形,在物最为微妙,而犹曰无之,故惟此可以形容‘不显’、‘笃恭’之妙。非此德之外,又别有是三等,然后为至也。”朱熹解读得很犀利,辨析入毫末,足见其功力之深!

综上所述,《中庸》里面对《诗》的解读,可以分为两类:一类是孔子对《诗》的阐述,一类是《中庸》作者对《诗》的阐述。后者是循孔子之前轨而勉力行之,不仅继承了孔子“诗言志”的目标,而且在诠释的方法也接续了先圣,或顺着《诗》的原来的旨意诠释,或是沿着自我思路向度作出“断章取义”式的创造性诠释,目的是为我所用、为达到我的论述目的而用。

思辨结晶:《中庸》与成语

《中庸》美妙的思维、深刻的思辨又结晶在成语和格言之中。这里仅将琳琅满目的四字成语作一汇观,为了方便查检,这里也按照朱熹《中庸章句》来标出所在章数。

中庸之道、中庸之德——这两个成语,就是从《论语》与《中庸》里概括出来的。比如《论语·雍也》:“中庸之为德也,其至矣乎。”成语运用,如鲁迅《彷徨·幸福的家庭》:“他一面想,这既无闭关自守之操切,也没有开放门户之不安:是很适合于中庸之道的。”

天命率性——出自《中庸》:“天命之谓性,率性之谓道。”(1章)朱熹说:“其曰‘天命率性’,则道心之谓也。”(《中庸章句序》)

中和位育——达到中和,天地就各得其位其所,万物就化育生长了。出自《中庸》:“致中和,天地位焉,万物育焉。”(1章)

君子时中——君子能随时而处中,遵行中庸之道,成语出自《中庸》:“君子之中庸也,君子而时中。”(2章)

隐恶扬善——包容人的缺点,宣扬人的长处。《中庸》:“舜好问而好察迩言,隐恶而扬善。”(6章)此成语运用,如苏轼《赵康靖公神道碑》:“专务掩恶扬善,以德报怨,出于至诚,并非勉强者,天下称之。”

执两用中——掌握住过与不及的两头,取用其中正。意思是对待、处理事物要不偏不倚,恪守中庸之道。成语“执两用中”出自《中庸》:“执其两端,用其中于民。”(6章)

拳拳服膺——指牢牢地记在心里。“拳拳”,牢牢抓住的意思。“服膺”,谨记在心。“服”,留存。“膺”,胸。《中庸》:“子曰:‘回之为人也,择乎中庸,得一善,则拳拳服膺,而弗失之矣。’”(8章)韩愈《省试颜子不二过论》里就引用了这段话:“回之为人也,择乎中庸,得一善,则拳拳服膺而不失之矣。’”又如梁启超《国家运命论》:“以诚达人,素位而行之义,而亦吾生平所常拳拳服膺者也。”

宽柔以教——用宽恕温柔去行教。《中庸》:“宽柔以教。”(10 章)

不报无道——不报复他人的横暴无理。《中庸》:“宽柔以教,不报无道,南方之强也。”(10 章)

和而不流——和睦相处而不随波逐流。《中庸》:“故君子和而不流,强哉矫!”(10 章)

中立不倚——中立而不偏不倚,指不偏袒任何一方。《中庸》:“中立而不倚,强哉矫!”(10 章)

素隐行怪、索隐行怪——“素隐行怪”成语,是探寻隐僻的道理,身居隐逸之地,行为怪异,以求取名声。此成语出自《中庸》:“子曰:‘素隐行怪,后世有述焉,吾弗为之矣。’”(11 章)或认为“素”当作“索”,所以此成语也作“索隐行怪”。《汉书·艺文志》曾引《中庸》此文:“孔子曰:‘索隐行怪,后世有述焉,吾不为之矣。’”颜师古注:“索隐,求索隐暗之事,而行怪迂之道。”

半涂而废、半途而废——这一人们熟知的成语原来就出自《中庸》。“涂”通“途”,后来就写作“半途而废”。《中庸》:“君子遵道而行,半涂而废,吾弗能已矣。”(11 章)此成语比喻做事中途停止,不能坚持到底。此成语也变化为“半涂而罢”等,如韩愈《论淮西事宜状》:“陛下持之不坚,半涂而罢,伤威损费,为弊必深。”

鸢飞戾天——老鹰能飞翔于高天,比喻能达到的广阔空间与境地。

鱼跃于渊——鱼儿能跃动于深渊,比喻能达到的深邃空间与境地。此两个成语本出自《诗》,又被运用于《中庸》。《中庸》:“《诗》云:‘鸢飞戾天,鱼跃于渊。’言其上下察也。”(12 章)

道不远人——道是不远离人的。此哲理深邃,出自《中庸》:“子曰:‘道不远人。人之为道而远人,不可以为道。’”(13 章)

执柯伐柯、操斧伐柯——上文已有详说。此也比喻取鉴前人。见诸《中庸》:“《诗》云:‘伐柯伐柯,其则不远。’”(13 章)

以人治人——用人之道去治人。《中庸》:“故君子以人治人,改而止。”(13 章)

庸德之行——平常的道德的实行。《中庸》:“庸德之行,庸言之谨。”(13 章)

庸言之谨——平常的言语要谨慎。(同上)

庸德庸言——指平常的道德与言行。庸德,指常德,一般的道德规范;庸言,指日常的言语。《中庸》记载,孔子谦虚地说自己是"庸德之行,庸言之谨,有所不足,不敢不勉,有余不敢尽。"(13 章)又如《周易·乾》:"庸言之信,庸行之谨。"《荀子·不苟》:"庸言必信之,庸行必慎之。"注:"庸,常也。谓言常信,行常谨。"

顾行顾言——这是说言语要顾及行动,行动要顾及言语。此出自《中庸》:"言顾行,行顾言。君子胡不慥慥尔?"(13 章)做人做事一定要言行一致,言行若一;绝不能言不顾行,行不顾言,言行不一,言行不符,言清行浊。后来《孟子·尽心下》也有说:"言不顾行,行不顾言。"

素位而行——在当下的位子上去做该位子上应该完成的任务与职责。《中庸》:"君子素其位而行,不愿乎其外。"(14 章)这就类似《论语·宪问》:"子曰:'不在其位不谋其政。'曾子曰:'君子思不出其位。'"

怨天尤人——成语意思是,对上则怨恨天,对下则责备人。《中庸》:"正己而不求于人则无怨。上不怨天,下不尤人。"(14 章)成语又见诸《论语·宪问》:"不怨天,不尤人,下学而上达,知我者其天乎!"鲁迅有句话令人印象深刻,《鲁迅书信集·致李秉中》:"结婚之后,也有大苦,有大累,怨天尤人,往往不免。"

反求诸身——反会过来从自身求取。《中庸》:"子曰:'射有似乎君子,失诸正鹄,反求诸其身。'"(14 章)

行远自迩——这是说,若要行远,必定要从近处开始。比喻办事等均要由近及远地循序进行。此成语出自《中庸》:"君子之道,辟如行远必自迩。"(15 章)"行远自迩",也作"陟(zhì)遐(远)自迩",见《尚书·太甲》。

登高自卑——这是说,若要登高,必定要从低处开始。比喻事情循序渐进地进行,并由浅入深。《中庸》:"辟如登高必自卑。"(15 章)"登高自卑",又作"升高自下",如《尚书·太甲》:"若升高必自下,若陟遐必自迩。"又有"行远登高"成语,即紧缩"行远自迩"、"登高自卑"而来。

栽培倾覆——此见诸《中庸》记载,孔子曰:"故天之生物,必因其材而笃焉。故栽者培之,倾者覆之。"(17 章)意思是,若能栽培的就栽培之,若该倾覆的就倾覆之。我们不禁想起了老子所说名言:"天地不仁,以万物为刍狗;圣人不仁,以百姓为刍狗。"此又遥及达尔文之进化论:适者生存,不适者淘汰。真有意思，没有想到三位智者的智慧在这里竟然来了一次密切的沟通！

父作子述——父亲创业，儿子继承。《中庸》："父作之，子述之。"（18章）"述"，继承。

继志述事——继承前人的遗志，完成他们未竟之事业。《中庸》："夫孝者，善继人之志，善述人之事者也。"（19章）

人存政举——指一个掌握政权的人，只要他活着便能贯彻他的政治主张。《中庸》："其人存，则其政举。"（20章）

人亡政息——指一个人死了，他所制定的政策也就停止执行了。《中庸》："其人亡，则其政息。"（20章）梁启超《外交软内政软》："就令当局者果然高尚纯洁，不过变名的圣君贤相，结果还会落得个'人亡政息'。"

生知安行——有的天生就知晓，就心安理得地去行事。

学知利行——有的通过学习才知晓，就为名利去行事。

困知勉行——有的经历了困惑才知晓，就被迫勉强去行事。

"生知安行"、"学知利行"、"困知勉行"，均出自《中庸》："或生而知之，或学而知之，或困而知之，及其知之一也。或安而行之，或利而行之，或勉强而行之，及其成功一也。"（20章）

好学近知——爱好学习就接近了智。《中庸》："子曰：'好学近乎知。'"（20章）

力行近仁——努力去实行就接近了仁。《中庸》："力行近乎仁。"（20章）

知耻近勇——知道羞耻就接近了勇。《中庸》："知耻近乎勇。"（20章）

厚往薄来——指对诸侯赏赐厚重，而对他们的贡礼薄收。《中庸》："朝聘以时，厚往而薄来，所以怀诸侯也。"（20章）

事豫则立——凡事预先做好准备就会成功。《中庸》："凡事豫则立。"（20章）

不豫则废——凡事不预先做好准备就不会成功。《中庸》："不豫则废。"（20章）

言定不跲——指说话之前先确定于诚，就不会跌倒。《中庸》："言前定则不跲。"（20章）

事定不困——指做事之前有准备就不会困窘。《中庸》："事前定则不困。"（20章）

行定不疚——指行为之前有准备就不会内疚。《中庸》："行前定则不疚。"(20 章)

道定不穷——指行道能事先确定就不会行不通。《中庸》："道前定则不穷。"(20 章)

诚身有道——使得自身真诚是有道的。《中庸》："诚身有道：不明乎善，不诚乎身矣。"(20 章)

不勉而中——真诚的人不必勉强就会合理。

从容中道——从容地符合中庸之道。《中庸》："诚者，不勉而中，不思而得，从容中道，圣人也。"(20 章)

择善固执——选择其善而坚执不失去。《中庸》："诚之者，择善而固执之者也。"(20 章)

弗能弗措、弗知弗措、弗得弗措、弗明弗措、弗笃弗措——"弗能弗措"是指不能做到，就永不停止下来；其余四条可类推之。此五条出自《中庸》："有弗学，学之弗能弗措也；有弗问，问之弗知弗措也；有弗思，思之弗得弗措也；有弗辨，辨之弗明弗措也；有弗行，行之弗笃弗措也。"(20 章)。李石岑曾说："弗能弗措"是一切治学处事、立身行己的总法门。

人一己百——他人一次能成功的，我努力一百次也能成功。

人十己千——他人十次能成功的，我努力一千次也能成功。以上两成语皆出自《中庸》："人一能之，己百之；人十能之，己千之。果能此道矣，虽愚必明，虽柔必强。"(20 章)

至诚前知——至诚可以预先知道未来。《中庸》："至诚之道，可以前知。"(24 章)

至诚如神——至诚就如神灵一样。《中庸》："故至诚如神。"(24 章)

诚者自成——诚是自我成就的。《中庸》："诚者自成也。"(25 章)

不诚无物——没有诚也就没有世上的万物。此出自《中庸》："诚者物之终始，不诚无物。"(25 章)

诚之为贵——诚是珍贵的。《中庸》："是故君子诚之为贵。"(25 章)

成己成物——不仅成就自己，还成就他物。《中庸》："诚者，非自成己而已也，所以成物也。"(25 章)

时措之宜——时常施行而无不合宜。《中庸》："性之德也，合外内之道也，故时措之宜也。"(25 章)

至诚无息——至诚之道永不停息。此出自《中庸》："至诚无息，不息则

久。”(26 章)

博厚配地、高明配天、悠久无疆——此三条出自《中庸》:“博厚配地,高明配天,悠久无疆。”(26 章)“博厚配地”,广博深厚可以与大地相配。“高明配天”,高远光明可以与上天相配。“悠久无疆”,悠长久远没有尽头。

不见而章、不动而变、无为而成——出自《中庸》:“不见而章,不动而变,无为而成。”(26 章)“不见而章”,不显现却彰明。“不动而变”,不行动却会变化。“无为而成”,无所作为却能成功。

一言而尽——一个字或一句话可以概括尽。出自《中庸》:“天地之道,可一言而尽也。”(26 章)有意思的是,一般《成语词典》收进“一言难尽”、“一言难罄”,但是把这“一言而尽”忽略了。

为物不贰——作为天地之物是诚一不二的。此出自《中庸》:“其为物不贰,则其生物不测。”(26 章)

於穆不已——庄严肃穆,永不停息。此出自《中庸》引用的《诗·周颂·维天之命》:“维天之命,於穆不已。”(26 章)

至道不凝——(如果没有至德,)至道是不会凝聚的,也就是说最高的道是不会成功的。《中庸》:“故曰苟不至德,至道不凝焉。”(27 章)

温故知新——温习旧知识,而得到新的认识与体会。《中庸》:“温故而知新,敦厚以崇礼。”(27 章)此成语已早见于《论语·为政》:“温故而知新,可以为师矣。”

明哲保身——既光明又明智,以此保全自身。此出自《中庸》:“《诗》曰:‘既明且哲,以保其身。’其此之谓与!”(27 章)

自用自专——只凭一己意图肆意行事,只凭一己意志独断专行。《中庸》:“子曰:‘愚而好自用,贱而好自专,生乎今之世,反古之道。如此者,烖及其身者也。’”(28 章)

无征不信——没有证据的事情不可信。《中庸》:“上焉者虽善无征,无征不信,不信民弗从。”(29 章)此成语运用,比如郭沫若《十批判书·孔墨的批判二》:“所谓夏礼、殷礼都已文献无征,‘无征不信’,故他所重视的是‘郁郁乎文哉’的周礼。”这里说的是孔子重视周礼,而不是夏礼与殷礼,因为它们缺乏必要的证明。

祖述宪章——效法、遵从、循行前人的行为或学说。《中庸》:“仲尼祖述尧舜,宪章文武。”(30 章)

四时错行、日月代明——一是指四季的交错运行。一是指日月交替发光。此均出自《中庸》:“辟如四时之错行,如日月之代明。”(30 章)

并育不害、并行不悖——一是指万物一起生长互相不妨害。一是指道并行不相悖逆。此均出自《中庸》:“万物并育而不相害,道并行而不相悖。”(30 章)

小德川流、大德敦化——一是指小的德行像河水川流不息。一是指大德行能用敦朴化育万物。此均出自《中庸》:“小德川流,大德敦化,此天地之所以为大也。”

聪明睿智——聪明而智慧深远的意思。《中庸》:“唯天下至圣,为能聪明睿知,足以有临也。”(31 章)

宽裕温柔——宽厚优裕、温和柔顺的意思。《中庸》:“宽裕温柔,足以有容也。”(31 章)

发强刚毅——奋发刚强坚毅的意思。《中庸》:“发强刚毅,足以有执也。”(31 章)

齐庄中正——齐整庄严中正的意思。《中庸》:“齐庄中正,足以有敬也。”(31 章)

文理密察——条理详密明察。《中庸》:“文理密察,足以有别也。”(31 章)

衣锦尚䌹——用麻纱做的罩衣加穿在锦衣之外,为了不显出文采来。《中庸》:“《诗》曰:‘衣锦尚䌹。’恶其文之著也。”(33 章)

暗然日章——外表虽是晦暗的样子,但内中的实质好,便会日益彰显出来。“章”,通“彰”,彰显。出自《中庸》:“故君子之道,暗然而日章。”(33 章)

的然日亡——外表虽是鲜明的样子,但内中没有好的实质,便会日益消亡。“的(dì)”,鲜明、明亮的样子。出自《中庸》:“小人之道,的然而日亡。”(33 章)

淡而不厌——虽素淡,但内中有旨趣,所以味之不厌。出自《中庸》:“君子之道,淡而不厌。”(33 章)

知远之近——知道在彼之远,是从在此之近出发的。出自《中庸》:“知远之近,知风之自。”(33 章)孔颖达疏:“言欲知远处,必先之适于近,乃后及远。”

知风之自——知道风是来自哪里的。出自《中庸》:“知远之近,知风之自。"(33 章)孔颖达疏:"自,谓所从来处。言见目前之风,则知之适所从来处。"

知微之显——知道隐微的会至于显明的。出自《中庸》:"知风之自,知微之显。"(33 章)孔颖达疏:"知微之显,此初时;所微之事,久乃适于显明;微是初端,显是纵绪。"以上三条都是说的探末以知本,或睹本而知末,以及察微知著、探端知绪、终始皆知的道理。

不愧屋漏——比喻不在暗中做坏事,起坏念头而有愧。《中庸》:"《诗》云:'相在尔室,尚不愧于屋漏。'"(33 章)又如《宋史·张载传》:"知化则善述其事,穷神则善继其志,不愧屋漏为无忝,存心养性为匪懈。"

内省不疚——内心省察没有心病与羞愧。《中庸》:"故君子内省不疚,无恶于志。"(33 章)此成语也见诸《论语·颜渊》:"子曰:'内省不疚,夫何忧何惧?'"

德輶如毛——德行轻如羽毛。《中庸》:"《诗》曰:'德輶如毛。'毛犹有伦。"(33 章)

无声无臭——没有声音没有气味。出自《中庸》引《诗》:"上天之载,无声无臭。"(33 章)

以上琳琅满目的成语,或本出自《中庸》,或本出自《诗经》而《中庸》引用之,或本出自《论语》而《中庸》加以灵活运用。这里特别要注意的是《中庸》原创的那些"成语",精炼警动,足启心智,有的已被《成语词典》、《中国成语大辞典》收录,而有的还被遗漏在外,未收录进去。

当然《中庸》还有许多的格言、名言与警句,也极富教育意义、启迪作用的。这已经在本书有了较详细的解读了,限于篇幅,此不再罗列了。篇末,我又想起了宋代司马光曾描述过先哲格言在秦代的命运:"周室衰,道德坏……重以暴秦害圣典,疾(厌恶、憎恨)格言,燔(fán,焚烧)诗书,屠术士。"(《河间献王赞》)朱自清说:"格言偏重个人的修养,名言的作用似乎广泛些。""格言也罢,名言也罢,作用其实都在指示人们行动,向着某一些目的。"(《论标语口号》)《中庸》的那些重要段落、格言、名言,真是值得我们后人好好传诵流播的,想来也一定不会"疾格言"而止之息之的。

篇十一

《中庸》历史之谜

如果用学习武功来比喻学习儒学，则《中庸》之地位好比内家心法。一个人即使招式、套路学得再多，若不得师父传授心法，仍不能说得其真传！

《中庸》与子思之谜

《中庸》的作者是谁,这是一个历史之谜,迄今为止仍是众说纷纭。不过,学者大都认为子思是《中庸》的作者。

一、孔林的子思墓

我多次去过孔林,必去观瞻孔子、孔鲤和孔伋之墓。孔子之墓位于中间,东边是其子孔鲤的墓,而南面是其孙孔伋的墓,这种墓葬的布局称为“携子带孙”。

子思之墓在孔子墓南面约 20 米处,其封土堆东西 18 米,南北 21 米,高 4 米。墓前有明代刻立的“沂国述圣公墓”石碑,为楷书。之所以这样题写,是因为子思死后曾被尊称为“述圣”,“述”是继续的意思,其祖父是圣人,其孙子继续了,便是“述圣”了。宋徽宗崇宁元年(1102 年)曾追封子思为“沂水侯”,元明宗至顺元年(1330 年)又追封为“沂国述圣公”。此大碑之后还有小碑,篆书“三世祖墓”。两碑前有明代制作的石供案。再前面有一对石翁仲,为北宋宣和年间的旧物。又有意思的是,虽然孔鲤没有什么大建树,但是正因为他是孔伋的父亲,因此宋徽宗在追封孔伋为“沂水侯”时候,也把其父孔鲤追封为“泗水侯”。孔子、孔鲤、孔伋三人被后来的孔氏子孙尊为三个世祖。

二、子思其人

子思何许人也?他与《中庸》有何关系呢?子思(前 491—前 431,或说约前 483—前 402),是战国初期的思想家。姓孔,名伋(jí)。《史记·孔子世家》:“孔子生鲤,字伯鱼。伯鱼生伋,字子思,年六十二。尝困于宋。子思作《中庸》。”孔子生了儿子孔鲤,字伯鱼。伯鱼又生了儿子孔伋,字子思,享年六十二岁。子思曾经困厄在宋国。他撰作了《中庸》。

子思像

子思的生平事迹已经不可详考。比如其中的“年六十二”,或认为当为“八十二”。再如子思真是《中庸》的作者吗？子思的老师又是谁？所谓的《子思子》又是怎样的？

有这样的传说：孔鲤出妻后，其“后妻贤，生下伋。未几，伯鱼卒，守节抚孤”。（郑晓如《阙里述闻》卷二《孔子世家考下》）又郑玄根据《礼记·檀弓上》子思哭嫂为位的记载，认为子思并非孔鲤嫡子。孔子69岁时，其子孔鲤去世，数年之后，孔子即逝世，因此来不及对孙子有更多的教育。孔伋早年是由他的母亲教育和培养的。

曲阜还流传着这样的故事：孔伋从小聪明伶俐，孔子很喜欢他。一天孔子独坐叹息，子思从外面回家，见祖父不快活，便上前深施一礼，问道：“祖父，您为什么长叹？是担心子孙不能承继祖业，有辱祖先；还是羡慕尧舜之道，而恨自己无力回天呢？”孔子有口无心地说：“小孩子，哪里知道我的志向！”子思回答：“我经常听您说，做父亲的劈柴，儿子不能将柴背回来，这就叫不肖。我每想到这里就惶恐不安，而不敢懈怠。”孔子高兴地说：“好啊！我再也不用发愁，祖业不废，大概可以昌盛了。”子思大约少年时期，祖父孔子就去世了。虽没有来得及接受孔子更多的教诲，他最后却也成了一个儒学的大家。（叶涛等《孔子与曲阜》，华语教学出版社出版）

不过有关子思的文献记载不是很多。据说，孔伋在未成冠礼之前，学识就已经相当渊博，他曾在鲁国收徒授业。后来他又周游列国，到过宋、齐、卫等诸侯国，以儒家的仁政德治游说诸侯。（《孔子家族全书·家族精英》）钱穆说：“知子思居卫当在中年壮岁。大抵子思先曾事卫，归老于鲁，乃当缪公世也。”（《先秦诸子系年》）

三、子思之师是谁

子思师从谁？这又是一个历史之谜。先秦文献中没有直接提及，《史记》也没有说明，一直到唐以前似乎均没有明确。

到了唐代，韩愈明确认为，子思的老师是曾子。其《送王秀才序》里说：“孟轲师子思，子思之学盖出于曾子。”到了宋代二程指出：“孔子没，曾子之道日益光大。孔子没，传孔子之道者，曾子而已。曾子传之子思，子思传之孟子，孟子死，不得其传，至孟子而圣人之道益尊。”（《二程集·河南程氏遗书》）又程颐说：“孔子言参也鲁。然颜子没后，终得圣人之道者，曾子也。观其启手足时之言，可以见矣。所传者子思、孟子，皆其学也。”（《四书集注·孟子序说》）这一派注重孝道礼仪之践履，讲求天人、性命、阴阳之说。

不过，近代学者康有为、梁启超以及郭沫若等人认为，孔伋的思想来源于子游。因为子游继承孔子的"大同"、"小康"以及《春秋》大义之说。子游与孔伋、孟子等属于孔子以后儒家之中的"弘道派"。这一学派重视君臣、君民关系，强调独立人格和主体精神，注重民众的社会地位和作用，在儒家之中是最为显著的。

当然，这两种说法都没有直接证据，也是假说而已，不过似乎赞同子思受业于曾子之说者多一些。因为大概就《礼记》中所表现出来的思想来看，子思与曾子比较接近些。然而我倒想起《论语·子张》记载，当有人问子贡："仲尼焉学？"子贡回答："夫子焉不学？而亦何常师之有？"孔子学无常师，想来子思也是"何常师之有"吧？

三、什么是思孟学派

子思作为一位思想家、哲学家，其核心理念：一是"诚"，他把儒家的道德范畴"诚"说成是世界的本原，认为"诚者，物之终始，不诚无物"（《中庸》）。二是"中庸"，他把"中庸"作为其学说的核心。他的著作便是《子思子》，而《中庸》便是其中一篇。《韩非子·显学》说孔子之后"儒分为八"，把"子思之儒"列为一个独立的学派。后来孟子的学术渊源正是通过子思而继承孔子，孟子也以孔子的继承人自居。孟子以"仁政"作为政治理想的核心，并提出性善论，强调发挥主观精神作用以及尽心、知性、知天等理念，把子思的学说发扬光大了，形成了所谓的"思孟学派"。

一般认为孟子本是师从子思的门人的，这就形成了这样的传递轨迹：孔子——曾子——子思——子思门人——孟子。不过也有人认为是这样的传递轨迹：孔子——子游——子思——子思门人——孟子。不管是此说还是彼说，孟子总之是传承了子思的学说，因此称为"思孟学派"。

有趣的是，宋代晁公武《郡斋读书记》和元代马端临《文献通考》引有《子思子》材料，其中还有子思和孟子的直接问答。孟子是受业于子思的门人，而不可能亲炙子思。这也许就是后人据《孔丛子·杂训》的内容而加以增添的了。孟子曾说过一句名言："尽信书，不如无书。"这里的"书"，指的是《尚书》，是说完全相信《尚书》，倒不如没有《尚书》。此智慧也可以推而广之，读一切之书都应该如此，当具有审视之眼光，明察之，深辨之，取舍之，不可全信之、盲从之，从而才能萃取其中的精华。

文献里的子思故事

文献上有一些记载子思的故事，为了再进一步走近子思，不妨说说这些故事。当然所谓故事，也许就不能全看做历史事实了，不过即使如此，其中未必没有历史事实的影子在吧？

一、子思与孔子的故事

孔子的儿子孔鲤似乎没有太大的作为，且先于孔子而死，因此孔子对孙子子思的期望就可想而知，他们祖孙的关系就很可以注意了。《孔丛子》有这样的一些记载，也可供参考。

1.《孔丛子·记问》："夫子闲居，喟然而叹。子思再拜请曰：'意子孙不修，将忝（tiǎn，辱）祖乎？羡尧舜之道恨不及乎？'夫子曰：'尔孺子，安知吾志？'子思对曰：'伋于进膳，亟闻夫子之教：其父析薪，其子弗克负荷，是谓不肖。伋每思之，所以大恐而不懈也。'夫子忻然笑曰：'然乎！吾无忧矣。世不废业，其克昌乎？'"——这不就是上文提及的曲阜民间流传的故事的来源了？

2.《孔丛子·记问》："子思问于夫子曰：'为人君者，莫不知任贤之逸（指卓越、出众）也，而不能用贤，何故？'子曰：'非不欲也，所以官人（以官职任用人）失能者，由于不明也。其君以誉为赏，以毁为罚，贤者不居焉。'"——孔子教导子思，任官授职之所以往往遗漏贤能之人才，是因为君主自已不够明智。那些君主根据人们的赞誉来给予奖赏，根据人们的诋毁来给予惩罚，而不是根据实际情况作出决定，因此贤能的人就不会任职了。

3.《孔丛子·记问》："子思问于夫子曰：'亟闻夫子之诏（指告诫），正俗化民之政莫善于礼乐也。管子任（指采用）法以治齐，而天下称仁焉，是法与礼乐异用而同功也，何必但（指只用）礼乐哉？'子曰：'尧舜之化，百世不辍，仁义之风远也。管仲任法，身死则法息，严而寡恩也。若管仲之知，足以定法，材非管仲而专任法，终必乱成矣。'"——孔子比较了法治与用礼乐治政的不同，突出后者的重要与必要。

4.《孔丛子·记问》："子思问于夫子曰：'物有形类，事有真伪，必审之，奚由（指用什么来分析）？'子曰：'由乎心。心之精神是谓圣（指通达事理），推数究理，不以物疑（指迷惑），周（指周密）其所察，圣人难诸（指以之为难)?’”——孔子教诲子思思考,一切用心去考察。不过这也是一桩很不容易的事情,就连圣人做起来还是觉得很难的。

二、子思与曾子等人的故事

1.《礼记·檀弓上》:“曾子曰:‘小功不为位也者,是委巷之礼也。子思之哭嫂也为位,妇人倡踊。’”这意思是说,丧礼中的小功不设亲疏序列的位次号哭,这是曲街小巷里平民们行的丧礼。子思哭嫂子就在规定的位次上,并由妇人先带头跳跃顿足的。此可见曾子表扬子思懂得丧礼。这里由哭嫂之事,或可推测子思还有不知其名的兄长,可能去世比较早,子思也便成了孔子唯一的孙子了。

2.《礼记·檀弓上》:“曾子谓子思曰:‘伋!吾执亲之丧也,水浆不入于口者七日。’子思曰:‘先王之制礼也,过之俯而就之;不至焉者,跂而及之。故君子之执亲丧也,水浆不入于口者三日,杖而后能起。’”这是曾子与子思之间讨论丧礼的问题,子思很有见地,认为先王的礼制是让做得太过分的减下来,让做得不够的增加些,因此为父亲守丧只要三天不喝水、米汤也就可以了。这是对曾子所为的婉转的校正。

3.《孔丛子·居卫》:“曾子谓子思曰:‘昔者吾从夫子游于诸侯,夫子未尝失人臣之礼,而犹圣道不行。今吾观子有傲世主之心,无乃不容乎?’子思曰:‘时移世异,各有宜也。当吾先君,周制虽毁,君臣固位,上下相持若一体然。夫欲行其道,不执礼以求之,则不能入也,今天下诸侯方欲力争,竞招英雄以自辅翼,此乃得士则昌,失士则凶之秋也。伋于此时不自高,人将下吾;不自贵,人将贱吾。舜禹揖让,汤武用师,非故相诡,乃各时也。’”这里可以看到子思的那种与时俱进的智慧,也进层知晓子思性格倔强、傲气后面深层的原因。这些材料也可以琢磨曾子与子思之间的某些关系。从文献上看子思还提到子夏、子游等,而要说到他师从谁,我倒想起了他或许像其祖父孔子那样,何处不学,亦何常师之吧?

三、子思与鲁缪公等人的故事

据传,子思曾被鲁缪公、费惠公尊为贤者,以师礼相待,但终未被见用。鲁缪公,名显,战国时期鲁国国君,在位三十三年。《孟子》、《礼记》有关于子思与鲁缪公等人的一些记载很生动,对子思其人又可有一番具体的了解。

1.《孟子·万章下》:“缪公亟见于子思,曰:‘古千乘之国以友士,何如?’子思不悦,曰:‘古之人有言曰,事之云乎,岂曰友之云乎?’子思之不悦也,岂不曰:‘以位,则子,君也;我臣也,何敢与君友也?以德,则子事我者

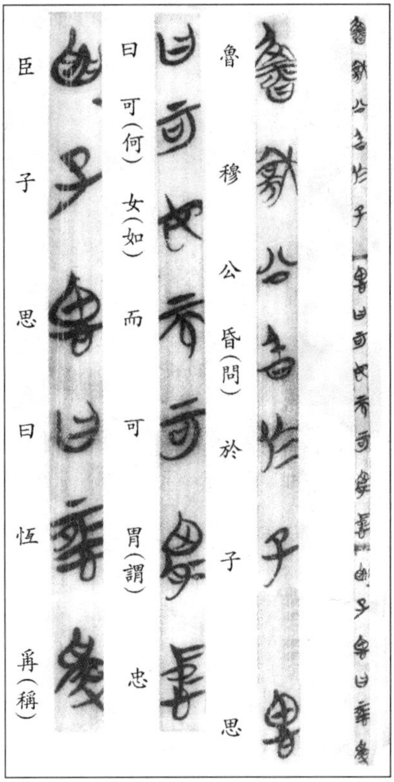

郭店竹简 · 鲁缪公问子思
(引自《郭店楚墓竹简》)

也，奚可以与我友?'”这意思是，鲁国缪公屡次去访见子思，说：“古代具有千乘兵车的国君如果同士人交友，是怎样的?”子思不高兴，说：“古人有这样的话，说国君师事士人吧，难道说是同士人交友吗?”子思的不高兴，难道不就是说：“以位来论，则你是君主，我是臣子，何敢与君交友呢? 以德来论，则你师事我，怎么可以与我为友呢?”这里我们可以体会到子思的性格以及思辨的智慧。

2.《孟子 · 万章下》：“缪公之于子思也，亟问，亟馈鼎肉。 子思不悦。 于卒也，摽使者出诸大门之外，北面稽首再拜而不受，曰：‘今而后知君之犬马畜伋。’”这意思是，鲁缪公对于子思，屡次慰问，屡次馈赠鼎煮之肉。 子思不高兴。 在最后一次的时候，子思还把派来的人赶出大门之外，自己朝北面先磕头而后行再拜之礼，不接受馈赠，说：“今天才知道国君把我当做犬马一样地畜养。”此则也凸显子思的鲜明个性。

3.《孟子 · 公孙丑下》：“昔者鲁缪公无人乎子思之侧，则不能安子思。”这意思是说，往昔鲁缪公如果没有人在子思身边，那么就不能够使子思安心。 因此鲁缪公屡次慰问，或屡次派人馈赠东西。

4.《礼记 · 檀弓下》：“穆公问于子思曰：‘为旧君反服，古与?’子思曰：‘古之君子，进人以礼，退人以礼，故有旧君反服之礼也。 今之君子，进人若将加诸膝，退人若将队诸渊。 毋为戎首，不亦善乎? 又何反服之有?’”鲁穆公，即鲁缪公问子思“反服”的问题，就是指已经脱离原来关系的臣子为过去的国君服丧的事情。 鲁穆公问：为旧君主服丧，是古代的礼仪吧? 子思回答说：古之君子，任用人是依礼进行，辞退人也是依礼进行，所以才有为旧君主服丧的事情。 如今的君主，任用人时就好像要将他抱到膝上似的，而辞退臣子时就好像要将他推下深渊似的。 被辞退的臣子不成为作乱之首，不已是很不错了吗? 又怎么会有为旧君主服丧的事情呢?”我们再一次看到子思的处事的性格是倔强的、强硬的、尖刻的,又是机惕的、富有智慧的。

5.《孟子·万章下》:“费惠公曰:‘吾于子思,则师之矣。’”这意思是,费国的惠公说,我对于子思,则师事他。此可见子思的地位了。这里也可以知道,子思在当时有很高的声誉,不仅鲁国的缪公尊重他、请教他,还有如费国的惠公等也尊他为师。

子思何许人也?或许从这些介绍中,读者已经有了一些自己的判断了。关于子思之谜,我还要在下文再作些介绍。

子思撰《中庸》传说

《史记·孔子世家》中说:“尝困于宋。子思作《中庸》。”这里指出子思曾经困厄于宋国,因此撰作了《中庸》。我们可以联想一番,司马迁在《史记》里从没有说起《大学》的作者是谁,而这里则明确地说是子思作《中庸》。一是于作者避而不说,一是于作者言之凿凿,两相比较或可以知道:一是司马迁是相当谨慎的人,二是司马迁认同了“子思作《中庸》”的观点。

赞同子思之说者甚多。东汉郑玄《目录》云:“孔子之孙子思伋作之,以昭明圣祖之德。”(《礼记正义》引文)这位大经学家和司马迁一样,对《大学》作者是谁一言不发,而对《中庸》作者则确定不移地说是“子思”。郑玄还进一步揭示撰作的目的是“以昭明圣祖之德”,即是昭明圣人孔子先祖的圣德。

赞同子思为《中庸》的作者的,又如《孔丛子》此书以及沈约、孔颖达、李翱、程颐、程颢、朱熹等都认同司马迁的看法,认为《中庸》的作者就是子思。

《孔丛子》明确说《中庸》为子思所撰,而且还有比较细致生动的描述。《孔丛子》旧传是秦末儒生孔鲋(fù)编著的。孔鲋(约前264—前208年),字甲,是孔子的后裔,居住在当时的魏国。陈胜、吴广领导农民起义,他也从军反秦,为博士。今天看到的《孔丛子》本子为七卷,里面有孔子以下的子思、子上、子高、子顺等的言论,还有孔鲋与孔臧的事迹和文章;其中还有《小尔雅》一篇,是语言文字研究的重要文献。但是,学者怀疑《孔丛子》为三国魏国的王肃所伪造,并伪托了孔鲋之名。不过也有学者认为《隋书·经籍志》

子思作《中庸》处碑，在今山东邹城孟庙内

著录此书，其中也多存汉魏旧说，也不可全盘否定其价值。

《孔丛子·居卫》有这样一段关于子思困于宋而作《中庸》的记载，这是最早提到子思著作的情况的：

子思年十六，适宋，宋大夫乐朔与之言学焉。朔曰：“《尚书》，《虞》、《夏》数四篇，善也；下此以讫于《秦》、《费》，效尧舜之言耳，殊不如也！”——这是说，子思十六岁时来到宋国，宋国大夫乐朔与他谈论学问。乐朔说：“《尚书》里面的《虞书》、《夏书》等四、五篇，都是很好的，然而自此以下的篇章到了《秦誓》、《费誓》等，那只不过是效法《尧典》、《舜典》里面的话罢了，远不如《虞书》、《夏书》。”

子思答曰：“事变有极，正自当耳！假令周公、尧舜更时异处，其书同矣！”——子思回答说，事物的变化是有极限的，只是看其适当罢了。假使让周公与尧舜更换一下时代、变异一下处境，那么《尧典》、《舜典》也就和《周书》相同了。

乐朔曰：“凡书之作，欲以喻民也，简易为上，而乃故作难知之辞，不亦繁乎？”——乐朔说，凡是著作，是要让民众明白道理，应该以简易为上，而这些故意作如此艰深难知之辞，不是很繁琐吗？

子思曰：“《书》之意兼复深奥，训诂成义，古人所以为典雅也。昔鲁委巷亦有似君之言者！伋答之曰：‘道为知者传，苟非其人，道不贵矣。！’今君何似之甚也？”——子思说，《尚书》的意蕴丰富且深奥，要训解才能知晓所写成的意义，古人以为是典雅而不浅陋。往昔鲁国身居陋巷里的人也有似你这样的言论的。我回答他们说：“道是为知者而传授的，如果不是传授给这样的人，道就不会尊贵了！”如今你怎么与他们这样相似呢？

乐朔不说而退，曰：“儒子辱吾！”——乐朔不高兴，退离后说，这个小孩子在侮辱我！

其徒曰：“此虽以宋为旧，然世有仇焉，请攻之！”遂围子思。——乐朔的门徒说，此人的祖先虽然原本在宋国，但是鲁国与宋国世代有仇，请允许我们围攻他。于是就围困了子思。

宋君闻之,驾而救子思。子思既免,曰:“文王厄于羑(yǒu)里,作《周易》。祖君屈于陈蔡,作《春秋》。吾困于宋,可无作乎?”于是,撰《中庸》之书四十九篇。——宋国国君听闻了这事,亲自赶去救子思。子思免除了围困后,说:“周文王囚禁在羑里,撰作了《周易》。祖君孔子屈辱于陈蔡之间,撰作了《春秋》。我困厄在宋国,能不撰作吗?”于是,撰作了《中庸》之书,共四十九篇。

这个传说故事很生动地介绍了子思作《中庸》的缘起,当然仅仅是一种传说而已。《孔丛子》的记载也确实使人们不得不生出许多的疑问。(1)孔鲋说:“子思年十六作《中庸》。”这个年龄的学识与认知水平能写出这样的著作来吗?此为一大疑窦了。不过也有人这样解读,“子思年十六”当是年龄为“十个六岁”,那便是六十岁了。(刘建国《先秦伪书辨正》)如果真是这样的话,那么六十岁的子思作《中庸》也许就比较合乎情理了。(2)子思说:“文王厄于羑(yǒu)里,作《周易》。祖君屈于陈蔡,作《春秋》。”有学者也提出疑问,“孔子作《春秋》在归鲁之后,不在困于陈、蔡时。子思于其祖不应谩言。”(蒋伯潜《诸子通考》)这也好圆通解释,即“屈于陈蔡”成为后来著作《春秋》的一种触发、契机或驱动力。(3)《孔丛子》说:子思困于宋,“于是撰《中庸》之书四十九篇”。这里又令人困惑,《中庸》篇幅极短,怎么会有四十九篇呢?蒋伯潜《诸子通考》说:或“谓此四十九篇即《子思子》谓之《中庸》者,盖以首篇之名为全书之名。犹邹衍所作有四十九篇,而《史记·孟荀列传》仅言作《主运》;《屈原赋》尚有《九歌》等,而《史记·屈贾列传》仅言作《离骚》也。其说甚是”。这就是把《中庸》当成子思所有著作的一个总名了。

《孔丛子》出现的年代比较晚,里面的内容多有误谬,应当慎重看待,不可以全信其中的材料,但是也不可全不信之。《孔丛子》曾被批为伪书,认为没有史料价值。今人重新审查,如李学勤就曾撰文认为,《孔丛子》此书乃汉魏间的孔氏家学。又如郭沂认为,此书旧题陈胜博士孔鲋所作,故其主体部分当成于孔鲋之手,后由孔氏家族陆续增补完善。“无论如何,《孔丛子》的这段记载与《史记》相合,当为信史。”(郭沂《郭店竹简与先秦学术思想》)

总之,《孔丛子》提供了子思作《中庸》的许多历史信息,其说或有不可信的地方,但也不能否定子思作《中庸》的可能性。

《中庸》：作者·本子·质疑

我们这里继续追究：《中庸》的作者真是子思吗？《中庸》是伪书吗？不妨慢慢道来。

一、宋欧阳修的怀疑

宋代的欧阳修大约是最早怀疑、质疑之人。他的《欧阳修文集·问士策》里说："礼乐之书散亡，而杂出于诸儒之说，独《中庸》出于子思。子思圣人之后也，其所传宜得其真，而其说有异乎圣人，何也？""有异乎圣人"就是《中庸》所说与孔子之说相矛盾。

比如其举出一例以明之，《论语》曰："吾十有五而志于学，三十而立，四十而不惑，五十而知天命。"欧阳修说："盖孔子年十五而学，学十五年而后有立其道，又须十年而一进。孔子之圣，必学而后至，久而后成，而《中庸》曰：'自诚明谓之性，自明诚谓之教；自诚明生而知之也，自明诚学而知之也。'若孔子者可谓学而知之者，孔子尚必须学，则《中庸》之所谓自诚而明、不学而知者，谁可以当之欤？"

再举例明之，如欧阳修说："尧用四凶，其初非不思也，盖思之不能无失耳。故曰惟帝其难之。舜之于事必问于人，而择执焉。故曰舜好问禹之于事，已所不能决人有告之言，则拜而从之。……则《中庸》所谓不勉而中、不思而得者，谁可以当之欤？此五君子不足当之，则自有天地以来无其人矣？岂所谓虚言高论，而无益者欤？"

欧阳修说："夫孔子必学而后至，尧之思虑或失，舜、禹必资于人，汤、孔不能无过，此皆勉人力行不怠有益之言也。若《中庸》之诚明不可及，则怠人而中止，无用之空言也。故予疑其传之谬也。"

欧阳修是从《中庸》的文义、理念与孔子等圣人的传统不太一致而怀疑之，"疑其传之谬也"。比如孔子强调"学而知之"、"力行不怠"，而《中庸》强调"生而知之"、"不勉而中"、"不思而得"，这不是构成矛盾了吗？因此欧阳修怀疑之。但是再深入细思量，这些疑问也不是关键性的，换个角度去解释《中庸》，那么它的文义、理念并没有背离孔子，而是传承且发扬了的，本书也已有解读。

二、举隅：后来学者的怀疑

后来学者如清代袁枚、叶酉、俞樾、吕东莱、崔述等人怀疑《中庸》是本晚出的伪书，非子思所作。如崔述在其《洙泗考信余录》明说《中庸》是伪书，明确断论："《中庸》非子思作。"

1.《中庸》"三疑"。

（1）言论之疑。崔述质疑："孔子、孟子之言，皆平实切于日用，无高深广远之言。《中庸》独探赜索隐，欲极微妙之致，与孔、孟之言皆不类。其可疑一也。"

（2）文风之疑。崔述质疑："《论语》之文简而明，《孟子》之文曲而尽。《论语》者，有子、曾子门人所记，正与子思同时；何以《中庸》之文独繁而晦，上去《论语》绝远，下犹不逮《孟子》？其可疑二也。"

（3）《孟子》引文之疑。崔述质疑："'在下位'以下十六句见于《孟子》，其文小异，说者谓子思传之孟子者，然孔子、子思之名言多矣，孟子何以独述此语？孟子述孔子之言皆称'孔子曰'，又不当掠之为己语也。其可疑三也。"这是说《中庸》16 章的"在下位"以下有十六句，也见于《孟子》一书，但是为什么不引用时候加上类似引用孔子的话那样的"孔子曰"，来表明出处呢？

2.《中庸》是宗子思者所作。

（1）《中庸》作者不是子思。崔述说："由是言之，《中庸》必非子思所作。盖子思以后，宗子思者之所为书，故托之于子思，或传之久而误以为子思也。"

（2）析其来源。崔述说："其中名言伟论盖皆孔子、子思相传之言，其或过于高深及语有可议（若'追王大王、王季'之类）者，则其所旁采而私益之者也。"

（3）从文句的增删看其伪。崔述说："又'哀公问政'以下，《家语》亦有之，至'择善而固执之者也'止，其中每隔数语即有'公曰'云云以发之。朱子以'博学'以下为子思所补，而'公曰'云云乃子思所删。余按《论语》所记孔子之言未有繁至数百言者，而继绝举废，朝聘以时，皆天子之事，孔子之告哀公何取焉？盖孔子之答哀公本不过十余言，其后则撰书者推演其说，是以'好学'之句又以'子曰'发之。近世所传《家语》，本后人所伪撰，彼盖不知孔子之言之于何止，故采其文逮于'择善固执'耳。其'公曰'云云者，词理浅陋，且增此数问，前后文义亦间隔不通，乃其所妄增无疑也。"

（4）《中庸》、《孟子》、《孔子家语》之间关系。崔述说：“嗟夫！《中庸》之文采之《孟子》，《家语》之文采之《中庸》，少究心于文义，显然而易见也；乃世之学者反以为《孟子》袭《中庸》，《中庸》袭《家语》，颠之倒之，岂不以其名哉！”

三、《中庸》真伪掺半说

《中庸》一书的真伪问题，历史上也颇有争论，有的人认为是真书，有的人认为是伪书，有的人认为真伪掺半，即是一部分出自子思，一部分出自后人。

比如认为《中庸》是真伪掺半的有武内义雄和冯友兰等人。

日本学者武内义雄认为《中庸》上半部分是子思的原作，下半部分是子思学派的传人所作。在其《先秦经籍考 · 子思子考》中认为：“《中庸》是《子思子》之首篇。次述《中庸》上半与下半之间（即是朱熹章句二十一章前和二十一章后），不特思想与内容不同，即文章亦迥然有异。所以推定上半尚余存子思之旧，大约作于战国初年；下半思想已起急激之变化，约作于秦之晚年。”（转见刘建国《先秦伪书辨正》）

冯友兰在其《中国哲学史》和《中庸之年代问题》一文中认为：“以《荀子 · 非十二子篇》以子思、孟轲为一派。今《小戴礼记》中，《中庸》所说义理，亦实与孟子之学说为一类。则似此篇实为子思所作。然《小戴礼记》中之《中庸》，有‘今天下车同轨，书同文，行同伦’之言，所说乃秦汉统一中国后之景象。《中庸》中又有‘载华岳而不重’之言，亦似非鲁人之语。且所论命、性、诚、明诸点，皆较孟子为详明，似就孟子之学说，加以发挥者。则此篇又似秦汉时孟子一派之儒者所作。”“首段自‘天命之谓性’至‘天地位焉，万物育焉’，末段自‘在下位不获乎上’至‘无声无臭至矣’，多言人与宇宙之关系，似就孟子哲学中之神秘主义之倾向加以发挥。其文体亦大概为论著体裁。中段自‘仲尼曰君子中庸’至‘道前定则不穷’多言人事，似就孔子之学说，加以发孽。其文体大概为记言体裁。由此异点推测，则此中段似为子思原来所作之《中庸》即《汉书 · 艺文志 · 儒家》中之《子思》二十三篇之类。首末二段，乃后来儒者所加，即《汉书 · 艺文志》‘凡《礼》十三家’中之《中庸说》二篇之类也。‘今天下车同轨’等言，皆在后段，更可见矣。”

张岱年在所著《中国哲学大纲》中认为，“战国末年，儒家学者在思想上主要工作之一，是综合孟、荀。这时期思想的最高成就，是《中庸》。《中庸》大体是综合孟、荀两家思想，而成立一个丰富博大的人生哲学系统”。

"《史记》曾说子思作《中庸》,或有所据;但今传《中庸》就内容看,当是战国末年的作品。今传《中庸》或者是就子思之《中庸》加以扩充改造而成的。但今本《中庸》中,何为子思原作,何为战国末年人增益,在今日实不易分别。然其中即有子思原作,也必为此增益者所承认,故将全书皆看做此增益者之思想,亦无不可。"

徐复观也认为,《中庸》部分出于子思,部分出于后人。"今日之《中庸》,原系分为两篇。上篇可以推定出于子思,其中或也杂有他门人的话。下篇则是上篇思想的发展,它系出于子思之门人。"(徐复观《<中庸>的地位问题》、《从命到性——<中庸>的性命思想》)

郭沂认为,今本《中庸》分为两部分,第一部分即是古本《中庸》遗留下来的,第二部分是子思的佚篇《天命》。汉初《礼记》的编者戴圣在整理《礼记》时,很可能面对已经散乱的子思书的文献,便将有关两部分的文献编在一起。(郭沂《郭店竹简与先秦学术思想》)这就是说都是子思之作,但是后人把原本不在一起的两篇编为一篇《中庸》。

杜维明在《<中庸>洞见》里有这样的综述:其一,有学者认为,《中庸》既然作为《礼记》中的一篇,而《礼记》是由西汉的戴圣编定的,于是联想到《中庸》的作者很可能就是戴圣本人。但是却没有什么文本上的证据可以用来证实这种说法。其二,清代学者俞正燮认为,在秦始皇焚书以后,汉代学者不得不重新著述大多数经典著作,《中庸》也不例外,很可能是汉王朝建立以后不久汉代博士们共同努力的结果。这些博士必定参考过这个题目上所有可资利用的材料,因而这部著作的基本结构必定基本上保持了子思文本的原貌。俞正燮得出结论说,尽管后来的窜改有一些明显的证据,司马迁认定子思为《中庸》的作者是正确的。其三,《中庸》不是一个人编定的,而是许多人经过长期努力编定的,而且只是到了西汉才完成了编写工作。清代学者崔述在《洙泗考信录》里就是这样认为的。

最后杜维明说,关于作者问题,他倾向于接受这样一种观点,"即该文本不是某一个作者为着一个确定的目的写出来的,而是许多学者经过很长一段时间的努力积累的结果。《中庸》很可能系集体创造,这个说法可以由下面这件事实得到证实"。这就是:根据文本可以分成三个不同的部分:第1章至19章,主要讨论君子的品格和责任。第20章,特别是其中的前十五节,主要讨论"政"的观念,包括圣王的道德责任和理想的制度。最后13章则主要讨论"诚"这个形而上学概念。然而,"尽管我不能担保孔子之孙子思(孔伋,公元前491—前431年）一定是《中庸》的作者之一，但是我倾向于设想这部著作是子思学派写出来的，因此在精神上同孟学传统的精神相符。当然，承认《中庸》为子思学派的著作，并不意味着我认为它的成书日期必然先于《孟子》。我只是认为，这一文本整个说来是一个关于人性（'仁'）的连贯的陈述，而不是互不相关的一些警句格言的集锦。因此，我的观点是：尽管《中庸》系集体创造，它还是可以分析成一个有关个人、社会和形而上学的连成一体的一系列反思”。

《中庸》的作者、本子、真伪等等，还是少不了仁者见仁、智者见智的辨析，这也是一个值得继续深入研究的课题，或许随着将来地下文物的逐渐出土，神秘的面纱会一层层揭开，真相也就一步步被逼现出来。

话说《子思子》之谜

《子思子》是子思名下的一部著作。这部书究竟是怎样的，也成了一个历史之谜。《汉书·艺文志·诸子略》载儒家有《子思子》二十三篇，自注：子思，“名伋，孔子孙，为鲁缪公师。”这个本子传至于梁时还存在。

《隋书·艺文志》、《唐书·艺文志》都记载有《子思子》七卷。至于北宋晁公武编成的目录学名著《郡斋读书志》里亦云七卷，且有摘引，此可见北宋时期其书尚存。后来散佚了，自元以后，《子思子》一书，史籍中不见著录。南宋汪晫（zhuó）、清儒洪颐煊、晚清黄以周等有辑本。如汪晫编辑的《子思子全书》，凡一卷，全书分为九篇，内篇为《天命》、《鸢鱼》、《诚明》，外篇为《无忧》、《胡母豹》、《丧服》、《鲁缪公》、《任贤》、《过齐》。此书一般认为采摘较详备，编排较得体，与《大学》、《中庸》互相印证，现有《四库全书》本等。当然郭店竹简除了《缁衣》外，尚有《五行》、《鲁缪公》竹书，也有人认为是子思的著作，这是时代惠予后人的眼福了。

刘建国有关于《子思子》真伪的分析：第一种意见，以宋濂为代表，认为“《子思子》七卷，亦后人缀辑而成，非子思之所自著也”。第二种意见，以沈约、梁启超为代表，认为《子思子》是真书。沈约在《隋书·音乐志》中说：《礼记》中的“《中庸》、《表记》、《坊记》、《缁衣》皆取《子思子》”。梁启超在其《汉书艺文志诸子略考释》中说：《太平御览》四百三引《子思子》曰：‘天下有道，则行有枝叶，天下无道，则言有枝叶。’即

《表记》文，沈约说当可信。”第三种意见，张心澂在其《伪书通考》中认为“《子思子》七卷，后人所辑”。刘建国认为，历史上确有《子思子》一书，是孔伋自撰。这个本子传至梁时还存在。所以长孙无忌在作《隋书·音乐志》中援引梁沈约的话说：“梁氏之初，乐缘齐旧，武帝思弘古乐。天监元年，遂下诏访百僚曰：夫声音之道与政通矣……于是散骑常侍、尚书仆射沈约奏答曰：……汉初典章灭绝，诸儒捃拾沟渠墙壁之间，得片简遗文，与礼事相关者，即编次以为礼，皆非圣人之言。《月令》取《吕氏春秋》，《中庸》、《表记》、《坊记》、《缁衣》皆取《子思子》，《乐记》取《公孙龙子》，《檀弓》残杂又非方幅典诰之书也。”这就是说，作为《子思子》一书是存在的。（刘建国《先秦伪书辨正》）

李学勤认为，《子思子》包括了《中庸》，还有在《礼记》里的《坊记》、《表记》、《缁衣》。在《礼记》里《坊记》、《中庸》、《表记》、《缁衣》，排列在一起，属于通论，体例又一致，篇首均有“子言之”一语，成于同时，殆无疑义。看来《坊记》、《表记》、《缁衣》颇可能也出于子思，至多是其门人所辑成。（李学勤《周易溯源》）

郭沂研究后对《中庸》、《子思》、《子思子》有这样的观点：从先秦至南宋，子思名下的这部书前后出现过三种传本，分别代表其演变的三个阶段。(1)第一个阶段，为前秦至刘向校书前的《中庸》四十九篇或四十七篇。在刘向校书前并无《子思》、《子思子》之名，时人只是称为《中庸》。这一点《孔丛子》、《史记》皆称为《中庸》可以为证。(2)第二个阶段，为《汉书·艺文志》著录的“《子思》二十三篇”，是为新编本。一是将《中庸》改名为《子思》，一是将过去的四十七篇或四十九篇编为二十三篇。(3)第三个阶段，为《隋志》和《唐志》所著录的《子思子》七卷，是为重辑本。（郭沂《郭店竹简与先秦学术思想》）这种新论也值得我们重视。

有人认为，先秦子书的形成往往经过了一个较长的过程。《子思子》亦非全部出自子思之手是可以肯定的，不过其思想的演绎、补充，当大体不脱离子思所创造的规范。必须区别的是，《子思子》其书与子思其人的作品，二者不是同一个概念。比如《礼记》中的《中庸》、《表记》、《坊记》、《缁衣》等四篇出自《子思子》，但并非必定为子思本人的创作。《子思子》一书大体不脱离子思思想的规范，所以此四篇看做子思思想的体现，亦不算为过。这样加上郭店简书的《鲁穆(缪)公问子思》，约有五篇文章可以反映子思的思想。（丁四新《郭店楚墓竹简思想研究》）

当然也有学者认为，郭店楚墓出土的竹简的儒家典籍里，其中如《唐虞之道》、《缁衣》、《五行》、《性自命出》、《穷达以时》、《成之闻之》的前半部分，《鲁穆公问子思》、《六德》诸篇，可能是属于《子思子》的内容，由孔伋所作。

学术还需要讨论、辩论，《子思子》之谜也会渐渐真相大白的。

郭店竹简·子思·《中庸》

1993年秋，郭店楚墓出土的竹简有十六篇先秦时期的文献，其中道家典籍两篇，儒家典籍十四篇。这是由孔子向孟子过渡时期的儒家学术资料。此中有关子思与《中庸》的，再略加阐述。

一、子思之风采

郭店竹简的儒家典籍中有一篇是《鲁穆公问子思》。这里的鲁穆公，就是其他文献中提到的鲁缪公。此中有记载，鲁缪公问子思何为忠臣？子思说，经常指出君主过错的人才是忠臣。读此文，再联系文献中多次提到鲁缪公问子思的记录，子思是鲁穆公之师之说，并非没有根据。其竹简文如下:

> 鲁穆公问于子思曰:“何如而可谓忠臣?”
>
> 子思曰:“恒称其君之恶者，可谓忠臣矣。”
>
> 公不悦，揖而退之。成孙弋见，公曰:“向者吾问忠臣于子思，子思曰:‘恒称其君之恶者，可谓忠臣矣。’寡人惑焉，而未之得也。”
>
> 成孙弋曰:“噫，善哉言乎！夫为其君之故杀其身者，尝有之矣；恒称其君之恶者，未之有也。夫为其君之故杀其身者，效禄爵者也；恒[称其君]之恶者，[远]禄爵者也。[为]义而远禄爵，非子思，吾恶闻之矣。”

这里再次看到子思面对最高统治者的那种依然能够居高临下的胆量、勇气，直谏、锐利的词锋，深刻的见解，至诚的真诚。这也和其他文献中看到的子思的性格特征相一贯。

子思所说的“恒称其君之恶者，可谓忠臣矣”，此真乃名言。纵观古今中外的历史，对于其君只会阿谀奉承的，绝非“忠臣”，他们只是忠于个人的一己之私利，他们只是“近爵禄者”。对于其君只会一时一事之批评“称其君之恶”者,也绝非真正的忠臣,绝非彻底的忠臣,他们也是“近爵禄者”。只有常常批评君主过失的,“恒称其君之恶者”,才是真正的、彻底的忠臣,他们是“远爵禄者”。

鲁穆公当然不会高兴这种傲慢与犀利的面折。其实世界上的最高统治者,又即便不是最高统治者,而就是一般的大大小小的头头,能有几个接受得了臣子、部下对自己的“恒称其君之恶”?

然而成孙弋(此人未见于传世文献)的评论说得极好。成孙弋说:啊,子思的这话说得太好了!那些为了君主的缘故而去卖命的人,是有的;但是经常指出君主缺点错误的,是没有的。为了君主的缘故而去卖命的人,是企图死后让自己的子孙得到君主的封赏禄爵;经常指出君主缺点错误的,是远离封赏禄爵的。为了道义而远离封赏禄爵,不是子思,我哪里能听闻这样的话啊!

这段文字,让我们看到子思的人格风采真是大放光芒!他的深邃的思想同样光芒闪烁!

二、竹简与《中庸》

郭店竹简有《性自命出》一篇,是重要的儒家心性说理论著作,也是研究先秦人性论的重要材料。简文继承并发展了孔子的“性相近,习相远”的观点,提出了“性自命出,命自天降。道始于情,情生于性”的观点。“性”是指人的本性,“命”指人的生命,“天”指自然界,“情”指人的真情流露,“道”指行为规范。这意思是,人有生命,就有性,人的生命是自然界给予的。人的真情流露,来源于人的本性,人的行为规范又是从人的真情开始的。

此文详细分析“性”。认为性,不仅人有,而且动物也有,人的性表现出来便是好恶,是善、怒、哀、乐之气,这种气发于外,便是情。简文还陈述了“性”的七种类别及其相应的含义和外界作用于“性”的七种方式。

简文阐述了心性之间的关系。认为人都有性,而且都是相同的,因为它受命于同一个天,但人心各异,因为它受教于不同的对象。这里的心指道德意识水平,这个心是没有既定的方向的。所以“心”要接受教育,使人心如一,不受外物所诱。这是统治阶级的一种愿望,希望天下臣民一心一意都拥戴他们,并臣服于他们的统治。

简文还讲了如何让心受教,认为要以乐养心,要在心之德性上下工夫,使德与行合一。这样有情、有德的君子,即使地位低下,众人也会认为他高贵。

简文通篇未涉及治国之道,虽提到了“道”,但其论道的内容,主要是讲“礼”、“乐”,特别是“乐”对喜、怒、哀、乐之情的调节、修养,是修身

之道而非治国之道。（以上参见荆门市博物馆编著《郭店楚墓竹简·性自命出》）

读此竹简，我们会联想起《中庸》。《中庸》一开头是：“天命之谓性，率性之谓道，修道之谓教。”此与简文就有某种联系，两者相一致的较多，当然既有同亦然有异，可进而辨析一番的。

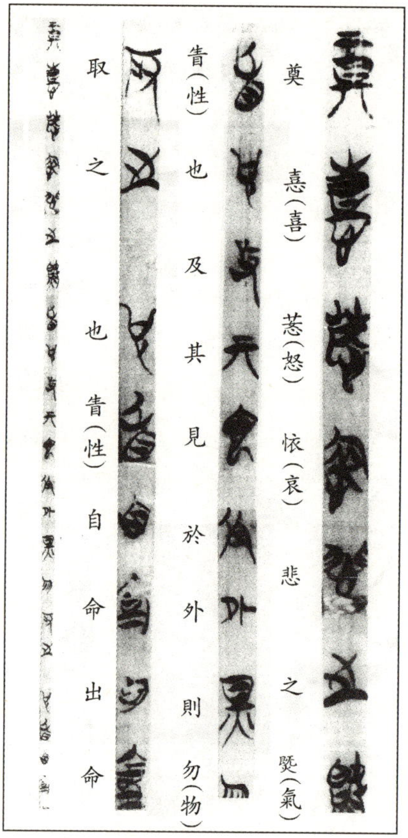

郭店竹简·性自命出

（引自《郭店楚墓竹简》）

《中庸》所说的“喜怒哀乐之未发，谓之中；发皆中节，谓之和”，此与简文《性自命出》所说的“喜怒哀乐”、“心性情”也有沟通处，同样也有异处。

《中庸》说“道不离人”以及谈修身立教，简文说“惟人道为可道”以及让心受教，如此等等，两者之联系或可见可寻。

不过《中庸》谈中庸、中和等内容，《性自命出》强调音乐之教化等，又是有不同处的。有论者说，虽然不能断言《中庸》晚出于《性自命出》，但却可以说《中庸》的思想比《性自命出》更丰富。权衡子思与《性自命出》思想相近或相异的两种情况，似《性自命出》出自子思之手的可能性还是比较大的。（丁四新《郭店楚墓竹简思想研究》）当然竹简与子思、《中庸》对照研究的内容很多，这里不一一细说了。

《中庸》：新儒学·韩愈·李翱

《中庸》本是《礼记》中的一篇，它是怎样被重视起来的？这也是一个历史之谜。

一、《中庸》在唐以前的一些情况

《中庸》收入《礼记》，也收入《子思子》，而《汉书·艺文志》之《六艺略》礼家有《中庸》说二篇，这应当是专门对《中庸》进行解释引申的。

(杨树达《汉书窥管》卷三)这说明《中庸》很早就受到特殊重视,而且可能有单行之本。(李学勤《周易溯源》)

有论者也认为,在汉之初期《中庸》已经单独刊行了,而且在汉、梁时代,都已经有人把此篇看为独立的著作,还加以注释,比如梁武帝《中庸讲疏》就是如此,但是这些注释现在已经散佚了。

刘师培在《经学教科书》里说:"三国以后,说《大学》、《中庸》者,皆附《礼记》解释。唐孔颖达作《礼记正义》,并疏《大学》、《中庸》二篇。惟梁武帝《中庸讲疏》裁篇别出,已开宋儒之先。"

杜维明也有说:《中庸》很可能从汉代起,就不时地被看做是一部独立的论著。《汉书》中的《艺文志》列出《中庸说》两卷,而《隋书》中的《经籍志》也由刘宋的戴颙(yóng)(581—619)列出《中庸传》两卷,其中一卷为梁武帝所作的《中庸讲疏》,另一卷是由无名氏写作的《私记制旨中庸义》。远在朱熹汇编"四书"之前,《中庸》就已普遍地被视为《礼记》的第31篇了。然而,毛奇龄却说,到5世纪梁代时,《中庸》和《大学》这两卷就已经同《论语》和《孟子》合到一起来了。而"四书"因此常常是作为"小经"提到的。(《<中庸>洞见》)

尽管如此,但是同时也能看到,绝大多数人还没有那种把《大学》、《中庸》从《礼记》中独立出来的理念。这都说明还没有形成对《中庸》的特别的与普遍的重视。

二、历史在唐代拐了弯

历史演进至于唐代,《中庸》与《大学》的命运都有了历史性的转折。唐代的韩愈与李翱对于宋明理学来说是先驱式的人物,或说是新儒学的开端式的前驱,在对《大学》与《中庸》的弘扬上是其功甚伟的。

陈荣捷曾说:韩愈与李翱"在从中古中国之儒家过渡到新儒家这一段时期,却是关键人物。尤其是韩愈,在从公元前2世纪至10世纪儒学历史中,屹立有如巨人,他是中国文学家中最大宗师之一。就有关中国思想方面而论,他与李翱的最伟大处,在于他们把儒家从可能被道佛两家吞灭的情况之下拯救起来,以及他们限定了儒学复兴之取向与性质"。

韩愈较早宣扬《大学》、《中庸》思想,特别于《大学》有更多的倡导与发挥,比如在《原道》里就引用《大学》:"《传》曰:'古之欲明明德于天下者,先治其国。欲治其国者,先齐其家。欲齐其家者,先修其身。欲修其身者,先正其心。欲正其心者,先诚其意。'"他指出"古之所谓正心而诚意者，将以有为也，今也治其心而外天下国家”。所以他强调治心要有所作为。自韩愈之后至于宋明，《大学》渐成为宋明理学家所根据的重要典籍。

三、李翱与《中庸》

这里再说李翱与《中庸》的关系。李翱(772—841)，唐代的思想家、文学家，字习之。唐陇西成纪(今甘肃秦安西北)人。一说赵郡人(治在今河北赵县)。其著作有《李文公集》、《论语笔解》等。

李翱贞元十四年考中进士，历任校书郎、国子博士、史官修撰、谏议大夫、中书舍人、刑部侍郎、山南东道节度使等职位。为修撰时，建言史官据私人行状，多虚美不实，请诏令行状需要据事直书，经过考功郎中审核后始送史馆。李翱刻苦学习儒学，博雅好古，是韩愈的门人和侄女婿。他曾师从韩愈学古文，“辞致浑厚，见推以当时”(《新唐书·李翱传》)。因此有说，“其学皆出于韩”。在当时的古文运动中他自成一家，后人也常以韩、李并称。他在哲学上受佛教的影响很深，但是，他又追随韩愈参加反佛运动。

李翱著《复性书》，提出复性说，糅合儒、佛，以《中庸》为理论基础，袭取佛教观点，“见性成佛”、“以佛理证心”，用佛教的方法来修养儒家的心性。自李翱推崇《中庸》一书，此书也成了宋明理学所根据的重要典籍。此略说之。

1. 说性。李翱认为，“性者，天之命也”。这不就是《中庸》所说的“天命之谓性”？他又认为，“人之性皆善”，“百姓之性与圣人之性弗差”。但是其本性又会受到“接物而生”的情，即如喜、怒、哀、惧、爱、恶、欲的迷惑，“情既昏，性斯匿矣”。

有论者评论说：“西汉发展出性善情恶两层分说的理论之后，数百年中，儒家的人性论就没有新的发展了。在此一时期中，佛道二家的人性论都有高度发展，就在佛教的刺激和挑战之下，李翱提出了调停之说，将西汉儒者的理论结合孟子的性善说、《易经》的性静之说，以及孟子与《中庸》的尽性论；他要恢复的即此本善之性。”(陈荣捷《中国哲学文献选编》)此中可见其与《中庸》的密切联系。

2. “复性论”。李翱又认为，人性皆善，但由于因情所惑，故有凡、圣之分。他提出“性善情恶”的“复性论”，认为“性”是第一性的，“无性则情无所生”。“人之所以为圣人者，性也；人之所以惑其性者，情也。”人之所以能成为圣人，因为有那样的人性之善；而人之所以本性被迷惑，是因为情的问题。因此，他提倡加强道德修养，主张“正思”，去情以复性，绝情以复性，即是排除情欲的干扰，回复本来的性，便可以成为“圣人”。

3. 复性之道。李翱又认为，这种复性之道，在于“视听言行，循礼而动”，“忘嗜欲而归性命之道”。他又说，“能尽其性，则能尽人之性”，然后“能尽物之性”。

他说：“弗虑弗思，情则不生。情既不生，乃为正思。”此只为“斋戒其心者也，犹未离于静。有静必有动，动静不息，是乃情也”。这还不能“复其性”。

然后，他又说：“方静之时，知心无思者，是斋戒也。知本无有思，动静皆离，寂然不动者，是至诚也。《中庸》曰：‘诚则明矣。’”

最后达到“至诚”的圣人境界，“寂然不动，广大清明，照乎天地，感而遂通天下”，“不往而到，不言而神，不耀而光，制作参乎天地，变化合乎阴阳”。——这里都可以看到《中庸》对于他的影响。

4. 认识论。在认识论上，他反对人的正常认识过程，把“致知”解释为“不应于物”的至知，取消人在认识过程中对外界事物的反映。他说：格者，来也，至也。物至之时，其心昭昭然明辨焉，而不应于物者，是致知也，是知之至也。知至故意诚、心正、修身、家齐而国理、天下平，此所以能参天地者也。这里我们也会想起《大学》的修、齐、治、平，《中庸》所说的“生而知之”、“可以与天地参”的理念。

5. 政治理念。李翱以守卫孔孟之道为已任，认为“列天地，立君位，亲父子，别夫妇，明长幼，浃朋友，《六经》之旨矣”。（《李文公集·答朱载言》）。他还反对过分榨取劳动者：“人皆知重敛之为可以得财，而不知轻敛之得财愈多也。”（《平赋书》）

6. 传承与开拓。李翱之说与《孟子》、《中庸》相关联。他的这种“复性说”源自孟子的性善论，另外来自《中庸》的神秘主义思想，也受到佛教“见性成佛”唯心论的影响。有论者说：李翱为宋明理学准备了哲学理论和方法，实为宋明理学的先驱。（《哲学大辞典·中国哲学史卷》）这话是不错的。

记得陈荣捷又说过：韩愈、李翱“俱能瘁其心力于儒学史中的中心问题，亦即人性论，因而得以保持人性论在后来儒学中的中心地位。新儒家被称为性命之学，正突显了这一事实。新儒家的研究工作，特别是为李翱所引发的”。陈荣捷还说：“他们常引述《大学》、《中庸》与《易经》诸书，并发觉这些经典的重要性，新儒学思想乃大部分建基于这些经典之上。”这些分析可以帮助我们认识宋儒对唐代儒学之继承，以及《中庸》、《大学》在新儒学中所掀起的历史波澜。

宋代：《中庸》的趣闻

宋代传说的子思、《中庸》之趣闻不少，有皇帝们的推崇与追封，还有宋代官员与宋儒的尊崇。

一、皇帝们的推崇

先说宋真宗(968—1022)赵恒，这是宋代的第三位皇帝，此前是宋太祖、宋太宗。他是宋太宗之子。他曾谒曲阜孔庙，也去亳州太清宫，并扩建宫观。他是尊孔的皇帝。

再说宋仁宗(1010—1063)，即赵祯，为宋真宗之子。他在位四十二年，其中经历了宋与西夏的战事，如"三川口之战"、"好水川之战"、"定川砦(zhài)之战"，然而宋军皆大败。庆历三年(1043年)以"岁赐"银、绢、茶等与西夏议和。辽也乘机屯兵边境，索得关南地，于是宋朝被逼增纳岁币，再加上官员、士兵之大增，形成冗费、冗官、冗兵的积贫、积弱的局面。虽曾起用范仲淹任参知政事，进行所谓的庆历新政，但在反对派的攻击下，不久就废罢了。

这位皇帝喜好《中庸》与书法，曾经亲自抄写了《中庸》赠送给著名宰相王尧臣。杜维明就说过：据权威史料记载，1027年，当皇帝接见科举考试成功的考生时，这位皇帝曾把自己的诗集和一本《中庸》作为礼品赠送给了王尧臣。宫廷文书事先准备好许多本《中庸》。王尧臣作为当年的头名状元可能得到了一本按照皇帝本人书法风格写出来的《中庸》。王尧臣(1003—1058)，在皇祐三年(1051年)，充枢密副使，得到仁宗信任；至和三年(1056年)，拜参知政事。他编有《崇文书目》二十卷。据说从此以后的几十年里，《中庸》就常常成为帝王赠送给会试出色考生的礼品。可见至于北宋，《中庸》在儒学传统中已经获得了很高的声誉。

北宋皇帝宋徽宗(1082—1135)赵佶，在位二十六年。崇宁元年(1102年)，宋徽宗追封子思为"沂水侯"，还在大观二年(1108年)被许从祀孔庙两庑。

南宋皇帝宋理宗(1205—1264)赵昀，在位四十年。在位期间表彰《四书》，崇奖理学，确立了理学的统治地位。端平二年（1235 年），子思被升祀大成殿内列入“十哲”之间。

南宋皇帝宋度宗（1240—1274）赵禥，在位十一年。即位后耽于酒色，而权臣贾似道专制国命，朝政日坏，边事日急。咸淳九年（1273 年），襄阳与襄城相继为元兵攻陷，朝野震动，乃至局势不可收拾。然而就在咸淳三年（1267 年），宋度宗还将子思追封为“沂国公”。

二、官员与宋儒们的兴趣

宋初三先生胡瑗、孙复、石介都推崇扬雄、董仲舒、韩愈的继圣道之功劳。他们于《中庸》、《大学》也颇留心。比如胡瑗、乔执中就曾写过关于《中庸》的评论。再如石介（1005—1045）就讨论到《中庸》里面的“致中和”的方法，说：“喜怒哀乐之未发，谓之中。喜怒哀乐之将生，必先几动焉。几者，动之微也，事之未兆也。当其几动之时，喜也、怒也、哀也、乐也，皆可观焉。是喜怒哀乐合于中也，则就之；是喜怒哀乐不合于中也，则去之。有不善，知之于未兆之前而绝之。故发而皆中节也。”（《徂徕先生集 · 上颍州蔡侍郎书》）

司马光（1019—1086）为《中庸》、《大学》作注以及评论，如著《大学广义》、《中庸广义》等，使得人们更加关注重视之。司马光又曾说：“君子从学贵于博，求道贵于安，道之要在治方寸之地而已。《大禹谟》曰：‘人心惟危，道心惟微，惟精惟一，允执厥中。’危则难安，微则难明，精之所以明其微，一之所以安其危也。要在执中而已矣。《中庸》曰：‘喜怒哀乐之未发谓之中，发而皆中节谓之和。’君子之心，于喜怒哀乐之未发，未始不存乎中，故谓之中庸。庸，常也，以中为常也。及其既发，必制之以中，则无不中节。中节则和矣。是中、和一物也，养之为中，发之为和。”（《司马文正公集 · 中和论》）

张载（1020—1077），少时喜欢谈兵，曾上书范仲淹。范仲淹觉得此人合乎儒家的气质，曾经劝勉他致力于体验名教，指示年轻的张载研究《中庸》一书，而不是去研究军事谋略。

《宋史 · 道学》：二程“表章《大学》、《中庸》二篇，与《语》、《孟》并行，于是上自帝王传心之奥，下至初学入德之门，融会贯通，无复余蕴”。其中程颐“以《大学》、《语》、《孟》、《中庸》为标指，而达于《六经》”。程颐也为《中庸》作注，这些都提高了《中庸》、《大学》的声望。

再如南宋石𡼖，绍兴十五年进士，官至太常主簿。自从宋儒提倡并研究性

朱熹像（南薰殿旧藏《至圣先贤像》）

道之后，大家相继认为《中庸》是“心传之要”，论说者亦日见增加，石憝乃编成《中庸辑略》二卷。此书主要收集了周敦颐、张载、二程等近十人之说，初名《中庸集解》，朱熹为之作序，“极称其谨密详审”。石憝编辑《中庸集解》后，其门人又改编为《中庸辑略》。

然而《中庸》此书，由关注而变为显赫，那还有待于朱熹的作用。朱熹将《中庸》校订章句，作注释，并对《中庸》作出了高度的评价。朱熹的功劳是不可磨灭的，陈荣捷曾这样评论朱熹：“他的最根本的创新，是选辑《论语》、《孟子》、《大学》与《中庸》（后两部为《礼记》书中之两篇）为《四书》，自作《四书集注》，以新眼光注疏《四书》，并使之成为他的社会与伦理哲学之基石。从1313年至1905年，《四书》成为国家考试取才之基本典籍。其结果，最近六百年来，《四书》在中国人之生活与思想方面，较之其他经典，产生了更大的影响。经由朱熹对《四书》之注疏，使得新儒学剥除了前此新儒家所深受释老两家的影响，而成为粹然儒者。一般言之，当朱子重新诠释儒家的基本教义之时，他使得数世纪以来的儒学，尤其是在有宋一代，发展为一和谐的整体，并给予一种新气象。”（《中国哲学文献选编》）

今人去看那一段历史，似乎有点云里雾里了，但是如果真有兴趣去观看一番，那也许是身在庐山之外去看庐山了。这或许与“不识庐山真面目，只缘身在此山中”不一样了，也许还能看出另一种心得与新得来。

宋儒重视《中庸》之谜

宋儒为什么特别看重《大学》、《中庸》？这里略为之说。

一、宋儒面对一个儒学的转型期

宋代是中国文化的转型与拓新的时期。从儒学这一维度来看，宋儒由对章句训诂之学有所厌倦，而转而向义理的求索。宋庆历年间，范仲淹就标尚儒家义理，而学者如胡瑗、孙复、石介、欧阳修、刘敞等群起响应。宋儒还面对着如何应对来自道家与佛家的挑战的问题，还有如何来弥补儒学本身的不足与缺陷等问题。

有论者说：如何开掘圣学宝藏，述圣人之道，绍圣人之统，以抵制老、佛之“道”的影响，这曾是北宋儒者的重大课题。理学家要开辟一块思想的圣地，建立宏伟的精神殿堂，以陈展他们所发现的圣学宝藏。这是一项重建儒家人文精神的伟大的思想工程。最后经过几代人的努力，其中出现了濂学（居于湖南道州濂溪的周敦颐为代表的学派）、洛学（二程为代表的学派）、关学（陕西张载为代表的学派）、闽学（讲学于福建的朱熹为代表的学派）、青田学、姚江学。此成为博大精深的宋明理学了。（参见《中国儒学文化大观》）《大学》与《中庸》就是宋明理学中被开发出来的熠熠生辉的圣学宝藏。

二、觅宝：大通之肆·阿房宫

《中庸》、《大学》原本都是《礼记》中之文，然而理学家程颐于《礼记》有这样的评论，说：“《礼记》四十九篇，杂出诸儒传记，不能悉得圣人之旨。考其文义，时有抵牾。然而其文繁，其义博。学者观之，如适大通之肆，珠珍器帛随其所取；如游阿房之宫，千门万户随其所入。博而约之，亦可以弗畔。盖其说也，粗在应对进退之间，而精在道德性命之要。始于童幼之习，而终于圣人之归。”（《性礼群书·礼序》，见《二程集》）

程颐指出进入《礼记》，就像觅宝一样。这好像来到通衢之店肆，儒家文化的“珠珍器帛”，随其所取；也好像来游秦国的阿房宫，儒家文化的“千门万户”，随其所入。这里很繁富，也很驳杂。有粗的东西，如“粗在应对进退之间”的繁琐的礼仪；也有精的东西，如“精在道德性命之要”。至于希望“终于圣人之归”，那么就要挑拣精的东西；这最精的东西就是那两篇文字：《中庸》与《大学》。

三、为什么宋儒关注《中庸》、《大学》

《中庸》、《大学》在《礼记》里显示出来的与众不同的特点，引起了宋儒的密切关注。《礼记》的内容包括各类生活仪节的仪文，对某种活动仪节的解释和关于此类仪节的格言，关于器物制度的内容，关于通论礼、乐的理论的内容，关于儒家哲学理论的内容。在汉代刘向的《别录》中对《礼记》49篇的分类表上，有属于“通论”部分的，有“制度”、“子法”、“丧服”、“祭祀”、“吉事”等类的。然而《中庸》、《大学》这两篇文章与这些不同的地方是，不谈日常生活的礼节，不是对某种特殊事件的礼节的解释，也不是介绍器物制度的，而是通论礼乐的文章，此中含有儒家哲学的理论。宋儒由此对

《礼记》的兴趣与关注点,聚焦于此。他们所关心的就是儒家的哲学理论问题。

四、发现:用理学的立场与眼光

《中庸》、《大学》是谈义理的、哲理的政治思想的文章,而不是谈礼仪的专文。比如《中庸》就是论道的文章,讨论“天命”、“性”、“修道之谓教”以及“致中和”诸问题,突出“诚”、“诚之道”、“天之道”、“人之道”等等。陈元晖说:“从理学的角度上来看《中庸》和《大学》,自然会把它们放在《礼记》49篇中的鳌头地位,因为它们成为理学的哲学阐释,使新儒学有别于古典儒学的新标志。”“宋儒利用这两篇文章,作为理学的哲学理论基础,所以大力鼓吹这两篇文章的意义,强调儒学是谈义理之学,不是训诂章句之学。新儒学的产生,得力于这两篇文章,所以把它们提高到与《论语》、《孟子》同等地位。”(陈元晖《中国教育学史遗稿》)

五、独立:铸造新儒学

宋儒将《中庸》、《大学》独立出来的目的又是什么呢?陈元晖说:“从《礼记》中抽出《中庸》和《大学》这两篇,其目的也就是通过它们来奠定儒学的哲学理论基础,弥补汉学的缺陷,挽救儒学的危机。儒学出现新学派,是有其历史使命的。”(《中国教育学史遗稿》)

陈元晖说:《四书》的地位提高了,这是宋儒提出的新儒学的重要研究方向。很明显,经过宋儒的提倡,儒学研究的重点,转移到义理的阐述和发扬方面,不偏重于一句话或一个字的解释或争论方面。对传统儒学,提高了哲理方面的研究,从形而上学方面去考虑问题,也就是说从理论方面去考察,用理论去分析人类的行为,分析道德问题,分析政治问题。朱熹注重《中庸》和《大学》两篇论文并没有错误,他把这两篇文章作为哲学论文,作为考察儒家教育理论的价值标准,从重视《中庸》、《大学》到提高《四书》的地位,最后发扬孔学的理论。他当时并没有考虑到封建官僚们科举取士会利用八股文的形式,把《四书》作为禁锢思想的工具。

六、宋儒建立新儒学之功劳

陈元晖认为,“宋儒利用《中庸》和《大学》两书的哲学理论意义来改造传统的儒学,并从训诂章句之学的学风,导引到义理之学的道路上来,宋儒的新儒学就应此机会而诞生了。《中庸》和《大学》两书,为宋儒奠定了新儒学的理论基础,这两书为新儒学家建立了功劳。”(《中国教育学史遗稿》)

当然最大功劳的大概要属于朱熹了。修《元史》的总裁宋濂说:“自孟子之殁，大道晦冥，世人擿（zhāi，摸索）埴（地）索涂（按成语‘擿埴索涂’，指盲人以杖点地摸索道路）者，千有余载。天生濂、洛、关、闽四夫子，始揭日于中天，万象森列，无不毕见，其功固伟；而集其大成者，唯考亭朱子而已。”而朱熹推出《四书》，并加以解释推广，用集注章句来发挥儒学的义理，使得儒学经典由《五经》转向《四书》，成为更容易被人接受的读物。这些可以从一个方面看到朱熹其功匪浅，以及其之所以名载青史的原因了。

七、从宋明理学的负面所想起的

宋明理学，毫无疑问开创了中国文化、中国哲学的一段辉煌，但是从其负面观之，比如其中反复讨论辩诘“性命”、“诚意”、“慎独”等等概念、范畴、理念，那么一派既出，一派则反对，从而众派林立；既有门派之间辩之驳之，而一门派之内也攻讦不断，造成了门中有门、户中有户的纷纭的门户之见。这固然造成宋明理学的刹那繁华与热闹，但是在这些方面兜圈子，虽成为一种时代的主题，也不免带来许多的负面影响。

李塨（gōng）曾说：“莱阳沈迅上封事，曰：‘中国嚼笔吮豪之一日，即外夷秣马厉兵之一日。卒之盗贼烽起，大命遂倾。天乃以二帝三王相传之天下，授之塞外。’吾每读其语，未尝不为之慚且痛。”清代郭嵩焘又说过这样的话：“自宋以来，尽人能文章，善议论。无论为君子小人，与其有知无知，皆能用一隅之见，校论短长，攻剖是非。末流之世，恨无知道之君子，正其议而息其辨。覆辙相寻，终以不悟。”钱穆《文化与教育》的序言曾说，这些话语引来无数的共鸣，往来于他们的胸中。于是有晚明顾亭林、晚清曾国藩等睿智者的修学致用的理念。当然也对钱穆以及后来的无数的人产生了无穷的激励力量。

《中庸》：道家·禅家·历史之谜

《中庸》是儒家的一部极重要的著作。此书在儒家的思想史中影响是很大的，而《中庸》与道家、禅家之间的关系也是历史之谜。这里也略加评说。

一、《中庸》与道家思想

1.《中庸》汲取道家思想智慧。

李石岑曾说：“《中庸》一书，确实有许多思想是取自道家。”(1) 开篇“天命”与“性”的前提来源。李石岑指出：“《中庸》开宗明义第一章，所谓'天命之谓性,率性之谓道,修道之谓教',开始的两个前提,即从道家的思想导引而出。"他认为"'天命'即自然所命,与《老子》中'莫之命而常自然'的意思相仿佛"。(2)汲取道家体用关系的智慧。李石岑又指出:"至于所谓'诚'与'诚之',分明是说明体与用的关系;所谓'自诚明'、'自明诚',分明是说明由体到用,由用到体;所谓'诚则明矣,明则诚矣',分明是说明体即用,用即体,体用一元。这些关键,也都是从道家思想导引而出的。因为道家哲学在古代哲学中是说明体用关系最精的。"(3)汲取道家相反相成的智慧。李石岑还指出:"《中庸》上还有'不见而章,不动而变,无为而成'的话,又有'不动而敬,不言而信'的话,与《老子》上'不行而至,不见而名,不为而成'的话,和'不自见故明,不自是故彰,不自伐故有功,不自矜故长'的话,不是同样的论法么?不是同样地说明相反相成的道理么?"(4)汲取了道家"无为"的智慧。《老子》一书,几乎全部都是发挥"无为"的道理,说明"无为而无不为",而《中庸》上所谓"不见而章,不动而变,无为而成",不正是说明"无为而无不为"吗?这样看来,《中庸》的思想,实有许多地方是取自道家,无可为讳。其他不少学者也有与之相同的观点,即认为《中庸》与道家之间有很多的沟通之处。

2.《中庸》又对抗道家思想。

《中庸》汲取了道家的智慧,但又反过来对抗道家思想,这是很有趣味的。(1)《中庸》即是为了对抗道家思想而著作的。李石岑说:"秦、汉统一以后,儒、道两家的思想,争取思想界的支配权。道家思想内容充实,但不为统治阶级所欢迎,儒家思想内容平泛,但统治阶级争相利用,于是有《中庸》之作。"(2)为什么要说《中庸》一书是对抗道家的思想呢?李石岑分析了诸多的原因。其一,根本点,即是因为立场不同。"这是因为儒家的立场和道家的立场,是根本不同的。儒家是维护封建统治的,道家却是反对封建统治的。"其二,由此中心不同。李石岑说:"儒家因为要维护封建统治,所以提高伦理的价值,所以拿'诚'做中心;道家因为要反对封建统治,所以看重个人的价值,所以拿'自然'做中心。"其三,用成套的伦理之说对抗道家的无裨世用。李石岑说:"儒家知道自己没有深厚的哲学基础,没有系统的世界观,所以不得不采取道家所讲的体用关系与之相反相成之理。可是儒家就在这里用它自己的立场抨击道家。以为道家思想陷于虚玄,而不切于实用。道家的主张虽可以坐而言,却不能起而行。于是提出一大套的伦理的说辞,直接地显示儒家思想之切近人事,间接地暴露道家思想之无裨世用。"这些便是

《中庸》一书之所由发生的原因了。

3. 再看《中庸》对抗道家的武器。

李石岑又分析了这些内容。(1) 儒家思想的重心——孝。《中庸》论说了许多孝的伦理。如13章、15章、17章、18章、19章、20章等都有关于孝的内容阐述。这是为什么?“因为儒家是认孝为一切伦理的起点的,所谓‘行远必自迩’,‘登高必自卑’。如《中庸》胪举舜的大孝,武王、周公的达孝,文王的父作子述,都足以证明《中庸》是如何地推重孝的伦理。孝的伦理是宗法社会的柱石,也是封建社会的柱石。如果《中庸》不提出孝的伦理,徒然提供一些形上学的议论,便失了儒家思想的重心,也不足以和道家相对抗。”(2) 儒家对抗道家的重大武器及作用。李石岑说:“儒家和道家对抗的武器,便是借宗法伦理的提倡,一方面可以迎合统治者的心理,一方面更可以加钝一般群众的意识。”(3) 儒家的另一种对抗武器。李石岑说:“还有一点,也是道家得到社会信仰远不如儒家的,便是儒家用位禄名寿作为吸引一般群众的工具,而位禄名寿是人人所日夜想望不置的,这当然很容易得到一般的普遍信仰。譬如《中庸》说:‘故大德,必得其位,必得其禄,必得其名,必得其寿。’而道家的教理却与此相反。譬如《杨朱》篇说:‘生民之不得休息,为四事故:一为寿,二为名,三为位,四为货……不逆命,何羡寿;不矜贵,何羡名;不要势,何羡位;不贪富,何羡货。’这样的教理要想吸收大量的群众,像儒家一样,又如何可能呢?”《中庸》就是努力倡导宗法伦理,用上了儒家对抗道家的重大武器。

4. 再深论对抗道家的“法宝”与武器。

《中庸》20章里提出了治天下的“五达道”和“为天下国家”的“九经”。“五达道”,即儒家的五伦。《孟子》说:“使契为司徒,教以人伦:父子有亲,君臣有义,夫妇有别,长幼有序,朋友有信。”这五伦在儒家是认为天经地义的。“九经”则赅括修身、齐家、治国、平天下,更是儒家所认为万世不易的真理。李石岑说:“在封建社会中这五达道和九经,正是统治阶级的唯一法宝。因为根据这五达道和九经可以尽羁縻束缚的能事。这决不像道家欲以无为无事的方法,来处理天下国家,所谓‘我无为而民自化,我好静而民自正,我无事而民自富,我无欲而民自朴’。两两比较,在统治阶级当然欢迎前者而不欢迎后者。不过《中庸》虽然说得很广阔,无论君臣、父子、昆弟、夫妇、朋友,无论尊贤、亲亲,乃至柔远人、怀诸侯,都有谈到,可是它却想都归纳到‘诚’,所谓‘所以行之者一也’,以见它的思想都出发于一个系统的世界观。这样，用儒表道里的手段，以达到崇儒黜道的目的，遂又成为它的对抗道家的武器。然则《中庸》之作，在儒家确实是一种极重要的作品。”

5．一种“伎俩”以及影响。

李石岑还分析了《中庸》的“用儒表道里的手段，达崇儒黜道的目的”的所谓的“伎俩”。如他说：“凡上面所述的五达道和九经，都可归纳到修道之教，《中庸》注重在修道之教，至于所谓天命之性，率性之道，不过是拿来做做幌子而已，这正是所谓用儒表道里的手段，达崇儒黜道的目的。这种伎俩，后来宋、明的理学家，运用得极其纯熟。这便是《中庸》的影响之一。”当然读者对于这些说法也要有自己的分析，不可盲从之。

二、《中庸》与禅家思想

1．一个值得思考的问题。

为什么佛教思想传到到中国和传到西洋会有不一样的结果？

李石岑提出了这个问题，并进行了解析。他说：佛教思想到中国和佛教思想到西洋，所得的结果是两样的。何以呈两样的结果，这就不能不追溯前因。先说西洋，如叔本华是受佛教的影响最大的，佛教思想到了叔本华手里，却会成为“主意论”，这不是很可怪异的事情么？其实细按起来，一点也不奇怪，因为西洋人所受过去重大的影响，像古希腊前期哲学，像近代初期哲学，都是很前进的，所以佛教思想落入西洋人手中，也会向前进，不会向后退。若在我中国便不然。中国人所受过去重大的影响，像道家哲学，完全是向后退的。像儒家的则古称先王，也是向后退，又儒家关于“无言”、“无为”的议论也是很多的，这也分明是向后退。因此佛教思想传到中国，就会变成“离言语道”的禅宗。

2．《中庸》与禅宗关系。

再讲《中庸》，李石岑说：《中庸》是以“诚”为其基本观念的。所谓“至诚尽性”，“至诚无息”，“至诚如神”，都是导引禅家思想的根源。而最重要的是“中和”之说。“中”是说性，“和”是说情；“中”属未发，“和”属已发。这种未发、已发之说，也为导引禅家思想发展的媒介。譬如前面曾经讲过的李翱，他在《复性书》上所说的：“情由性而生。情不自情，因性而情；性不自性，由情以明。”这便是借用《中庸》的意思，发挥禅家的教旨。李翱本是禅家药山惟俨的弟子，对于禅家的思想，浸润颇深，后来看到《中庸》“喜怒哀乐之未发，谓之中；发而皆中节，谓之和”的话，触动禅机，遂有《复性书》上之作。叔本华受到印度思想的影响，会发展为向前进的

"主意说",李翱受到印度思想的影响,会发展为向后退的《复性书》,我们若不追溯前因,将会认此为"世界七不可思议"之一。然则《中庸》对于后来禅家思想的发达,不能说没有相当的影响。

李石岑还说:"禅家的主旨是不立文字,一超直入","禅家思想何以在中国发达起来,并且何以在唐代发达,这可以从背景说明。中国处在一个长期的封建社会之中,封建社会统治者需要一超直入的思想,需要不立文字的宗教,以便运用其麻醉民众的手腕,这是丝毫不足怪异的。尤其是唐代,是中国封建统治最出色的时期,则这种一超直入的禅宗,当然更比其他的思想更容易迎合统治者的心理。在这里,我们可以知道佛教发展于中国,与耶教发展于西洋,是同一道理。在中国有儒家思想导引于前,在西洋则有观念论派思想导引于前,这是一种有意义的对照"。《中庸》与禅宗的关系,李石岑点到了,但是其中还有许多文章是可以做的,这个题目值得研究。

三、《中庸》开宋明理学的端绪

1. 影响:天命·心性·理·气。

如李石岑说:宋儒好言天命心性,是明明白白地受《中庸》的影响的。他们用一个"理"字概括天命心性。朱晦庵说:"太极只是一个理字。"程伊川说:"心也,性也,天也,一理也。"又说:"在天为命,在物为理,在人为性,主于身为心,其实一也。"程、朱的思想因受《中庸》的启发,敢于侈谈理气心性,固已成为周知的事实。

2. 影响:中和之说。

先说对程、朱的影响。如李石岑说:尤其是《中庸》"中和"之说,几乎成为他们的根本思想的导引。如程伊川说:"天下之理,原无不善。喜怒哀乐之未发,何尝不善。发而中节,往往无不善;发而不中节,然后为不善。"这是很显明的从《中庸》的"中和"之说,发挥他的理一元论。朱晦庵亦复如此,他说:"性是未动,情是已动,心包得已动未动。"又答张敬夫的信,说:"心者所以主于身,而无动静语默之间者也,立其静也。事物未至,思虑未萌,而一性浑然,道义全具;其所谓中,乃心之所以为体,而寂然不动者也,及其动也,事物交至,思虑萌焉,则七情迭用,各有攸主;其所谓和,乃心之所以为用,感而遂通者也。"这样看来,程、朱的思想,都是受《中庸》的影响很大的。

再说《中庸》对其他宋儒影响。如李石岑说:不仅程、朱是如此,推而上之,如张横渠,如邵康节,他们都是拿住"中和"一点去发挥他们的思想的。如张横渠说:"情未必为恶,哀乐喜怒,发而皆中节谓之和,不中节则为恶。”又如邵康节说：“以物观物，性也；以我观物，情也。性公而明，情偏而暗。”这些议论，都是从“中和”的道理导引而出。所以《中庸》一书，对于宋儒理学的发展是关系极大的。此外如宋儒好言诚明，好言尽性，好言鬼神，我们都可以从《中庸》一书中找出它们的线索。

3. 影响：开拓研究学问的法门。

《中庸》说：“君子尊德性而道问学，致广大而尽精微，极高明而道中庸。”

李石岑说：这几句话，就开了宋、明儒者两个研究学问的法门。无论宋、明儒者所受禅宗的影响是何等的大，但《中庸》的影响是很明白的。程、朱是走的道问学、尽精微、道中庸的路子。陆、王是走的尊德性、致广大、极高明的路子，形成两个壁垒，成为后世“朱、陆异同”的佳话。陆象山用“易简工夫终久大，支离事业竟浮沉”的词句嘲笑朱子，朱晦庵也用“却愁说到无言处，不信人间有古今”的词句嘲笑陆子。这不能说不是由《中庸》给了他们的导火线。这样看来，《中庸》影响于宋明理学的发展，又是很大的。

李石岑最后还说：“总之，《中庸》一书，上接孔、孟的道统，下开宋、明理学的端绪，一面为儒家建立哲学的基础，一面对道家思想作一种防御战，它的作用，它的价值，也就可想而知了。我们研究中国哲学史，万不能忽视了一部《中庸》。朱晦庵说：‘须是且着力去看《大学》，又着力去看《论语》，又着力去看《孟子》，看得三书了，这《中庸》半截都了。’他的话不一定对，但《中庸》意义的重大，是可以想见的。”（以上参见李石岑《中国哲学十讲》）

当然李石岑说《中庸》确实不乏精彩，但是其中也不一定全对，还是要靠各位读者自己的思考与分析。当然如果将这些问题再深入地开掘下去，会有更多的发现与融通的。

篇十二

《中庸章句》译读

其书始言一理，中散为万事，末复合为一理。放之则弥六合，卷之则退藏于密。其味无穷，皆实学也。善读者玩索而有得焉，则终身用之，有不能尽者矣。

——程颐

（《中庸》）这本书开始只说一个道理，中间分开为各种事体，最后又综合起来归结到一个道理上来。这个道理，放开来可以充塞天地四方，收拢来可以深藏于隐密的内心。它的意味是无穷的，都是实实在在的学问。善于读书的人如果反复领会探求，心里必然会有所收获，那就一辈子也受用不完了。

朱熹《中庸章句序》

中庸何为而作也？子思子忧道学之失其传而作也。盖自上古圣神继天立极，而道统之传有自来矣。其见于经，则"允执厥中"者，尧之所以授舜也；"人心惟危，道心惟微，惟精惟一，允执厥中"者，舜之所以授禹也。尧之一言，至矣，尽矣！而舜复益之以三言者，则所以明夫尧之一言，必如是而后可庶几也。

盖尝论之：心之虚灵知觉，一而已矣，而以为有人心、道心之异者，则以其或生于形气之私，或原于性命之正，而所以为知觉者不同，是以或危殆而不安，或微妙而难见耳。然人莫不有是形，故虽上智不能无人心，亦莫不有是性，故虽下愚不能无道心。二者杂于方寸之间，而不知所以治之，则危者愈危，微者愈微，而天理之公卒无以胜夫人欲之私矣。精则察夫二者之间而不杂也，一则守其本心之正而不离也。从事于斯，无少间断，必使道心常为一身之主，而人心每听命焉，则危者安、微者著，而动静云为自无过不及之差矣。

夫尧、舜、禹，天下之大圣也。以天下相传，天下之大事也。以天下之大圣，行天下之大事，而其授受之际，丁宁告戒，不过如此。则天下之理，岂有以加于此哉？自是以来，圣圣相承：若成汤、文、武之为君，皋陶、伊、傅、周、召之为臣，既皆以此而接夫道统之传。若吾夫子，则虽不得其位，而所以继往圣、开来学，其功反有贤于尧舜者。

然当是时，见而知之者，惟颜氏、曾氏之传得其宗。及曾氏之再传，而复得夫子之孙子思，则去圣远而异端起矣。子思惧夫愈久而愈失其真也，于是推本尧舜以来相传之意，质以平日所闻父师之言，更互演绎，作为此书，以诏后之学者。盖其忧之也深，故其言之也切；其虑之也远，故其说之也详。其曰"天命率性"，则道心之谓也；其曰"择善固执"，则精一之谓也；其曰"君子时中"，则执中之谓也。世之相后，千有余年，而其言之不异，如合符节。历选前圣之书，所以提挈纲维、开示蕴奥，未有若是之明且尽者也。

自是而又再传以得孟氏，为能推明是书，以承先圣之统，及其没而遂失其传焉。则吾道之所寄不越乎言语文字之间，而异端之说日新月盛，以至于老佛之徒出，则弥近理而大乱真矣。然而尚幸此书之不泯，故程夫子兄弟者出，得有所考，以续夫千载不传之绪；得有所据，以斥夫二家似是之非。

盖子思之功于是为大，而微程夫子，则亦莫能因其语而得其心也。惜乎！其所以为说者不传，而凡石氏之所辑录，仅出于其门人之所记，是以大义虽明，而微言未析。至其门人所自为说，则虽颇详尽而多所发明，然倍其师说而淫于老佛者，亦有之矣。

熹自蚤岁即尝受读而窃疑之，沈潜反复，盖亦有年。一旦恍然似有以得其要领者，然后乃敢会众说而折其中；既为定著章句一篇，以俟后之君子。而一二同志复取石氏书，删其繁乱，名以《辑略》；且记所尝论辩取舍之意，别为《或问》，以附其后。然后此书之旨，支分节解、脉络贯通、详略相因、巨细毕举，而凡诸说之同异得失，亦得以曲畅旁通，而各极其趣。虽于道统之传，不敢妄议，然初学之士，或有取焉，则亦庶乎行远升高之一助云尔。

淳熙己酉春三月戊申，新安朱熹序

【译文】

《中庸》为何要撰写？是子思子担忧“道学”的失传而撰写的。大概自从上古的圣神者继承了上天意志，树立了最高准则，道统的流传也就由此而来了。那些能在经书上看到的，则如“允执厥中”，是尧授予舜的教导；如“人心惟危，道心惟微，惟精惟一，允执厥中”，是舜授予禹的教诲。尧的一句话，就已是至极了、尽善了！然而舜又增加了三句，则是用来阐明尧的那一句话的，必定像这样而后差不多可以深知。

我曾这样论说过：人心的虚灵知觉，只是一颗心罢了，然而认为有“人心”（按，宋儒认为即是人欲）、“道心”（按，宋儒认为即是天理、义理）的不同，则是因为或“人心”从形体气质的一己生发出来，或“道心”原本于性命的公正义理，从而成为心灵知觉不同的原因。因此有的（“人心”为物欲所蒙蔽）便会危殆而不安，有的（“道心”的义理）微妙而难显。然而，人没有谁没有形体的，所以虽是上等智力的人不能没有“人心”，也莫不有此“道心”的本性，所以即使下等愚笨的人不能没有“道心”。“人心”、“道心”二者交杂在心地这方寸之间，然而不知道整治的方法，那么危险的愈加危险，微妙的愈加难以显著，而天理之公正终于不能胜过人欲的偏私了。“精”则是明察二者之间而不错杂，“一”则是守卫本心的正理而不偏离。在这些方面去从事修持，从不间断，必定使得“道心”常为一身的主宰，而“人心”每每听命服从于“道心”，那么危险者就安定，微妙者就显著；而行动、静处、说话、办事自会没有过头和不及的差错了。

尧、舜、禹，是天下的伟大圣人。他们以天下相传授，这是天下的大事。作为天下的伟大圣人，实行传授天下的大事，而在他们传授之际，叮咛告诫，不过如此。那么天下的道理，难道还有超过这些的吗？自这以来，圣人与圣人相互传承：比如成汤、文王、武王这样的君王，皋陶、伊尹、傅说、周公、召公这样的大臣，都是接续了道统的传授。若我等的孔夫子，虽没有获得那样的地位，然而由于继承了以往圣人的道统，并开启了后来学者的门径，他的功德反而有胜过尧、舜的地方。

然而在这时候，由见到道统而能进于真知地步的，唯有颜回、曾子的传承得到了其中的宗旨。等到曾子之再传，而又得到孔夫子的孙子子思，那么离开圣人已远，而异端已起。子思惧怕愈久远而愈失真，于是推究尧舜以来相传的本意，用平日从父辈和老师那里听闻的话来质证，相互演绎，著作《中庸》此书，以此教诲后来的学者。因为他的忧患很深，所以其言深切；他思虑很远，所以其说详尽。他说“天命率性”，则是说的“道心”；他说“择善固执”，则是说的“精一”；他说“君子时中”，则是说的“执中”。前世递相而至后代，已有一千多年，然而那些所说的话却没有差异，相合得就像符节一样。逐一选择前圣之书籍，能用来提纲挈领、开启明示蕴涵奥秘的，没有像此书这样明确且详尽的了。

自此而后又得到孟子的再传，为此能推崇阐明此书，以此承接先圣的道统；等到孟子去世，道统就渐渐失传了。而我等之道所寄寓的不越出言语文字的载体，然而异端之说却日新月异，以至于老学、佛教之徒的出现，则似乎更接近道统之理，然而大肆乱真了。然而还幸亏此书没有泯灭，所以程夫子兄弟出来，能有所稽考，而接续那千载不传的余绪；能有所依据，以此驳斥老学和佛学那两家似是而非之论。

子思的功绩在这方面是巨大的，然而若没有程夫子兄弟，那么亦不能从子思的言论中获得他的深心。可惜啊！程夫子兄弟的学说不能传下来，而大凡石氏所辑录的资料，仅出于程夫子门人所记，因此大义虽明了，然而深微之言却未有剖析。至于程夫子门人自己的言论，那么虽然颇详尽，而且还多有发挥和阐明，但违背师说而放纵至老学和佛学的论调也有了。

朱熹我从早年起即曾受教攻读《中庸》，私下存有疑问，反复深思钻研，也已有多年。一旦恍然开悟似乎得到了其中的要领，此后才敢于会合众说，并折中取舍；既已编定著作《章句》一篇，以此等待后来君子的指正。而一些志同道合的人，又取石氏之书，删除繁复错乱处，取名《中庸辑略》；并且把记录的那些论辩取舍之意的言论，另编为《中庸或问》，附在书的后面。然后《中庸》的整体的宗旨，枝节的分解、脉络的贯通、详略的相因、巨细毕举，而且各种说法的同异得失，也得以周尽畅达，广泛通晓，而各各极尽它们的意趣。虽然对于道统的传承，不敢妄自议论，但是对于初学的人，或有可取之处，则也许会对他们进一步探究道统的深奥理论有一种帮助。

淳熙己酉春三月戊申，新安朱熹序

《中庸章句》译文与品读

子程子曰："不偏之谓中，不易之谓庸。中者，天下之正道；庸者，天下之定理。"此篇乃孔门传授心法，子思恐其久而差也，故笔之于书，以授孟子。其书始言一理，中散为万事，末复合为一理。"放之则弥六合，卷之则退藏于密"，其味无穷，皆实学也。善读者玩索而有得焉，则终身用之，有不能尽者矣。

【译文】

程子说："不偏颇叫做中，不改易叫做庸。中，是天下的正道；庸，是天下的定理。"这篇《中庸》是孔门传授心法（按"心法"，指口授心得的方法，非笔墨所能尽传），子思恐怕年代久远而生差错，所以笔录著书，以此传授给孟子。他的书开始说一个道理，中间分散成为万事，篇末又综合为一个道理。"散放它则可以弥漫于天地四方，聚拢它则可以归退藏密于内心。"其意味无穷无尽，都是实在的学问。善于阅读的人玩味求索而有心得，那么终身受用，还有不能穷尽的。

1. **【原文】**

天命之谓性，率性之谓道，修道之谓教。道也者，不可须臾离也，可离非道也。是故君子戒慎乎其所不睹，恐惧乎其所不闻。莫见乎隐，莫显乎微，故君子慎其独也。喜怒哀乐之未发，谓之中；发而皆中节，谓之和。中也者，天下之大本也；和也者，天下之达道也。致中和，天地位焉，万物育焉。

*右第一章。（此为朱熹解释的话，下可类推之）子思述所传（指孔子所传授）之意以立言。首明道之本原出于天而不可易，其实体备于己而不可离；次言存养省察之要；终言圣神功化之极。盖欲学者于此反求诸身

而自得之，以去夫外诱之私，而充其本然之善；杨氏（指杨时，字中立，宋时将乐人，今福建将乐县人，先后受业于程颢、程颐）所谓一篇之体要是也。其下十章，盖子思引夫子之言，以终此章之义。

【译文】

上天所赋予人的叫做性，遵循本性行动的叫做道，修炼道的叫做教。道是不可以片刻离开的，可以离开的那就不是道。所以君子在他人看不见之处要戒慎，在他人听不见之处要畏惧。没有什么隐密的事情不能被发现的，没有什么细微的事情不能被显露出来的，所以君子在独处独知时要谨慎。喜怒哀乐等感情没有表现出来（不偏不倚）的时候，称之为中；表露出来恰到好处合于法度的，称之为和。中是天下最大的根本，和是天下通达的道理。达到中和，天地就各得其所，万物就发育生长。

【品读】

此章的解读，我在前文已有较详细的论说，此不再重复。这里的重点是再将一些基本的概念与理路梳理之，且主要接触朱熹的经典解读，从而可以拓宽读者的视野，更加深入地窥见《中庸》以及朱熹思想的奥窔。

1."天"。此不仅仅指所谓的自然的上天，而且还含有一种道、道德、原理、意志在内。如冯友兰说：《中庸》所说之"天"，即《大戴礼记·本命篇》所说之"道"。"分于道谓之命，形于一谓之性。"儒家所说天与性之关系，与道家所说道与德之关系相同。盖天为含有道德之宇宙的原理，而性则天所"命"于人，人所"分"于天者也。（冯友兰《中国哲学史》）

2."命"、"性"。朱熹注："命，犹令也。性，即理也。天以阴阳五行化生万物，气以成形，而理亦赋焉，犹命令也。于是人物之生，因各得其所赋之理，以为健顺五常之德，所谓性也。""命"，是上天使令，使人得气成形；"性"，是理、内在赋予的理，即是做人的道理。

3."道"。朱熹注："道，犹路也。人物各循其性之自然，则其日用事物之间，莫不各有当行之路，是则所谓道也。"

4."修"、"教"。朱熹注："修，品节之也。性道虽同，而气禀或异，故不能无过不及之差，圣人因人物之所当行者而品节之，以为法于天下，则谓之教，若礼、乐、刑、政之属是也。"

5.首句的深理。如朱熹说："盖人知己之有性，而不知其出于天；知事之有道，而不知其由于性；知圣人之有教，而不知其因吾之固有者裁之也。故子思于此首发明之，而董子所谓道之大原出天，亦此意也。”朱熹此说可供我们深体默识之。

6. 为什么片刻之间都不能离开“道”？朱熹说：“道者，日用事物当行之理，皆性之德而具于心，无物不有，无时不然，所以不可须臾离也。若其可离，则为外物而非道矣。是以君子之心常存敬畏，虽不见闻，亦不敢忽，所以存天理之本然，而不使离于须臾之顷也。”

7. 为什么要“戒慎”、“恐惧”、“慎独”？朱熹说：“隐，暗处也。微，细事也。独者，人所不知而已所独知之地也。言幽暗之中，细微之事，迹虽未形而几则已动，人虽不知而已独知之，则是天下之事无有著见明显而过于此者。是以君子既常戒惧，而于此尤加谨焉，所以遏人欲于将萌，而不使其滋长于隐微之中，以至离道之远也。”

8. 为什么说“喜怒哀乐之未发，谓之中；发而皆中节，谓之和”？朱熹说：“喜、怒、哀、乐，情也。其未发，则性也。无所偏倚，故谓之中。发皆中节，情之正也，无所乖戾，故谓之和。”

9. 为什么说“中也者，天下之大本也；和也者，天下之达道也”？朱熹说：“大本者，天命之性，天下之理皆由此出，道之体也。达道者，循性之谓，天下古今之所共由，道之用也。此言性情之德，以明道不可离之意。”

10. 为什么说“致中和，天地位焉，万物育焉”？朱熹说：“致，推而极之也。位者，安其所也。育者，遂其生也。自戒惧而约之，以至于至静之中无少偏倚，而其守不失，则极其中而天地位矣。自谨独而精之，以至于应物之处无少差谬，而无适不然，则极其和而万物育矣。盖天地万物本吾一体，吾之心正，则天地之心亦正矣；吾之气顺，则天地之气亦顺矣。故其效验至于如此。此学问之极功，圣人之能事，初非有待于外，而修道之教亦在其中矣。是其一体一用虽有动静之殊，然必其体立而后用有以行，则其实亦非有两事也。故于此合而言之，以结上文之意。”

以上诸说，我们可以看到朱熹作为一代理学大家的深刻的思辨以及老辣精到的文字功夫，我们或许可以不同意或不全部赞同朱熹的解读，但却会被他的深厚的学养所感动，至少笔者是这样的！

2. **【原文】**

仲尼曰：“君子中庸，小人反中庸。君子之中庸也，君子而时中；小人之中庸也，小人而无忌惮也。”

* 右第二章。

【译文】

孔仲尼说:“君子是中庸的,小人是违反中庸的。君子能够中庸,是因为君子能时常处于适中;小人违反中庸,是因为小人无所顾忌和畏惧啊。”

【品读】

1. 什么是“中庸”? 朱熹说:“中庸者,不偏不倚、无过不及,而平常之理,乃天命所当然,精微之极致也。惟君子为能体之,小人反是。”

2. 什么叫“时中”? 朱熹说:“能随时以处在中也。”“盖中无定体,随时而在,是乃平常之理也。”这就是一种灵活的中庸之道,要随时空之转,依形势之变,据物物之殊,判事事之别,知人人之异,绝不能死扣一个固定的“中庸”而不变不化。世事如此变化莫测,“精微之极致”,而在我君子则唯恐不能“时中”,因此朱熹说:“君子知其在我,故能戒谨不睹,恐惧不闻,而无时不中。小人不知有此,则肆欲妄行,而无所忌惮矣。”关于“时中”,我们又想起冯友兰之说:《中庸》又言“时中”,盖人事中之“中”,乃亚力(里)士多德所谓相对的,而非绝对的。所谓人之情感之发,及其他一切举动,其时,其地,及其所向之人,均随时不同。故其如何为中,亦难一定。《中庸》言“时中”,意即如此。(冯友兰《中国哲学史》)

3. “小人之中庸也”一句的文字问题。王肃本与通行本不同,此句作“小人之反中庸也”。这样比较好理解,从之者很多。如朱熹也说:“程子亦以为然,今从之。”后人一般也都是从“小人之反中庸也”去解读文义了。但是也有不同看法,如清代胡煦说:“‘小人之中庸也’,不必添一‘反’字。天命之性,秉彝之德,是人人同具的,虽小人原不以中庸禁之。”(《周易函书约存》,《文渊阁四库全书》)这是说,君子能够达到中庸,小人原来也是性善的,也是能够达到中庸的,只不过小人“无忌惮”而导致不能中庸、反中庸了。此一说引此,也可供参考。

4. 关于《中庸》的结构与脉络,朱熹说:“此下十章,皆论中庸以释首章之义。文虽不属,而意实相承也。变‘和’言‘庸’者,游氏曰:‘以性情言之,则曰中和;以德行言之,则曰中庸是也。’然中庸之中,实兼中和之义。”此说可供读者参考之。

3. 【原文】

子曰："中庸其至矣乎！民鲜能久矣！"

＊右第三章。

【译文】

孔子说："中庸大概是人生的最高的准则了吧！民众很少能做到，这情况已是很久的了！"

【品读】

1. 文字比较。《论语·雍也》："子曰：'中庸之为德也，其至矣乎！民鲜久矣。'"两者相较，《中庸》引用时作了些变化。"鲜"，音 xiǎn，少的意思。

2. 关于此章，朱熹注："过则失中，不及则未至，故惟中庸之德为至。然亦人所同得，初无难事，但世教衰，民不兴行，故鲜能之，今已久矣。"这里朱熹提出一个问题，为什么最初的时候能遵行中庸之道，而社会越是发展，比如由远古原始社会发展到朱熹那时的相对发达的宋代，反而不能奉行中庸之道？这个问题是否成立？这个问题怎样解答？这个问题是否就像朱熹说的，"世教衰，民不兴行，故鲜能之"那种原因？我想还是留给大家去思考吧！

4. 【原文】

子曰："道之不行也，我知之矣：知者过之，愚者不及也。道之不明也，我知之矣：贤者过之，不肖者不及也。人莫不饮食也，鲜能知味也。"

＊右第四章。

【译文】

孔子说："道不能实行，我知道其中的道理了：因为聪明的人做过了头，而愚笨的人却达不到。道不能为人们所明了，我也知道其中的道理了：贤德的人过高地要求它（因而把它神秘化了）；不贤德的人过低地要求它（因而又把它庸俗化了）。这就像人没有不吃不喝的，但很少有人真能辨别出食物的滋味的。"

【品读】

先说词语。（1）"知者"，即智者。"知"同"智"。（2）"鲜（xiǎn）"，少。

1. 天下"中庸之道"不能被实行、不能被明了的原因是什么? 孔子解释两点: 一是知者与贤者的"过之",一是愚者与不肖者的"不及"。这两种情况其实属于同一个原因: 都没有真知中庸之道,就像虽饮食而很少能知味一样。

2. 朱熹的解读: "道者,天理之当然,中而已矣。知、愚,贤、不肖之过不及,则生禀之异而失其中也。知者知之过,既以道为不足行; 愚者不及知,又不知所以行: 此道之所以常不行也。贤者行之过,既以道为不足知; 不肖者不及行,又不求所以知: 此道之所以常不明也。""道不可离,人自不察,是以有过、不及之弊。"王船山说: "'过不及'以发而不中节言,择善不精,固执不定,以至不能中庸。须知'过'非过于中庸; 中庸无可过处,止有'不及',但是所发为'过'耳。如仁则过于柔,义过于刚是也。"(《四书笺解》)

5. 【原文】

子曰: "道其不行矣夫!"

* 右第五章。

【译文】

孔子说: "道大概是不能实行了吧!"

【品读】

为什么"道其不行矣夫"? 朱熹注: "由不明,故不行。"在结构上,那么"此章承上章而举其不行之端,以起下章之意"。

6. 【原文】

子曰: "舜其大知也与! 舜好问而好察迩言,隐恶而扬善,执其两端,用其中于民,其斯以为舜乎!"

* 右第六章。

【译文】

孔子说: "舜大概是大智慧的人吧! 舜喜好向人请教疑问,而且又喜好辨察浅近的言论,能隐忍他人的恶劣而褒扬他人的嘉善,执持'过'和'不及'的两个极端,而用中庸之道去治理人民。这就是舜之所以成为舜的缘故吧!"

【品读】

关于此章的诠释可以参见本书前文之详论。 此再略说之。

先说词句等。(1)“知”,通“智”,聪明、智慧。(2)“迩(ěr)”,近。(3)“其”,表示测度语气。(4)“斯”,此、这。

1. 舜是孔子心中的伟大精神偶像之一,虽遥隔数千年的漫漫时空,但始终与孔子同在。孔子推崇其为“大知”,并分析了其之所以“大知”的原因,是因为他能“好问”,“好察迩言”,“隐恶扬善”,“执两用中”,这是舜的精神世界,而孔子真正走进了他的世界,并融入了他的世界,然而孔子又走出来完成了自己的成圣之路。

2. 前人之解读,如郑玄注:“用其中于民,贤与不肖,皆能行之也。斯,此也。其德如此,乃号为舜。舜之言充也。”又朱熹的注释也值得一读:“舜之所以为大知者,以其不自用而取诸人也。迩言者,浅近之言,犹必察焉,其无遗善可知。然于其言之未善者则隐而不宣,其善者则播而不匿,其广大光明又如此,则人孰不乐告以善哉?两端,谓众论不同之极致。盖凡物皆有两端,如小大厚薄之类,于善之中又执其两端而量度以取中,然后用之,则其择之审而行之至矣。然非在我之权度精切不差,何以与此?此知之所以无过不及,而道之所以行也。”

7. 【原文】

子曰:“人皆曰予知,驱而纳诸罟擭陷阱之中,而莫之知辟也。人皆曰予知,择乎中庸,而不能期月守也。”

*右第七章。

【译文】

孔子说:“人人都说‘我是聪明的’,然而被驱赶进罗网陷阱之中,还不知道逃避。人人都说‘我是聪明的’,然而选择了中庸之道,却连一个月也不能坚守。”

【品读】

先说词语。(1)“知”,在“予知”句,均通“智”。(2)“罟(gǔ)”,网。(3)“擭(huò)”,装有机关的捕兽工具。(4)“辟”,避开,这个意义也写作“避”。(5)“期(jī)月”,即一整月。

1. 孔子这一生动的意象思维,我在前文已有论析可参见。

2. 朱熹注："择乎中庸，辨别众理，以求所谓中庸，即上章'好问'、'用中'之事也。""言知祸而不知辟，以况能择而不能守，皆不得为知也。"关于文脉，又说：此章"承上章'大知'而言，又举不明之端，以起下章也"。

8. **【原文】**

子曰："回之为人也，择乎中庸，得一善，则拳拳服膺，而弗失之矣。"

* 右第八章。

【译文】

孔子说："颜回做人，选择了中庸之道。他得到了一种好道理，就牢牢地记在心中，而再也不失掉了。"

【品读】

孔子又给世人举出一个遵行中庸的榜样，那就是颜回。其有两大特点：一是能选择中庸之道，二是能坚守而不失去。朱熹注："拳拳，奉持之貌。服，犹著也。膺，胸也，奉持而著之心胸之间，言能守也。颜子盖真知之，故能择能守如此，此行之所以无过不及，而道之所以明也。"朱熹点醒：颜回是因其真知中庸之道，才能选择中庸之道，才能坚守中庸之道。正因为如此，颜回的人生境界是，于行能无过不及，于道能明白洞达。

9. **【原文】**

子曰："天下国家可均也，爵禄可辞也，白刃可蹈也，中庸不可能也。"

* 右第九章。

【译文】

孔子说："天下国家是可以平定治理的，爵位俸禄是可以推辞掉的，锋利的刀刃也是敢于踩踏的，但是中庸之道却不一定能做到。"

【品读】

先解释词语。(1)"均"，平，指平治。(2)"爵禄"，爵位与官吏的薪俸。(3)"白刃"，白亮的刀刃，即指锋利之刀刃。(4)"蹈"，踩踏。

孔子指出遵行与坚守中庸之道是很难的，可以比较三件事：一是大至于天子所拥有的天下、再至诸侯所拥有的国家都是可以平治的，二是爵禄是可以辞去的，三是不怕牺牲。这三件事都可以做到，但是要"中庸不可能也"。

这是为什么呢？朱熹注得好："三者亦知、仁、勇之事，天下之至难也，然不必其合于中庸，则质之近似者皆能以力为之。若中庸，则虽不必皆如三者之难，然非义精仁熟，而无一毫人欲之私者，不能及也。三者难而易，中庸易而难，此民之所以鲜能也。"朱熹作了很好的补充与延伸解读。我想，遵行、坚守中庸之道，确实要有智慧，要有能力，但更要义精、仁熟、勇真，这就是似易而实难的道理了。

本章在结构上也起到承上启下的作用，如朱熹所说："亦承上章以起下章。"

10. **【原文】**

子路问强。子曰："南方之强与？北方之强与？抑而强与？宽柔以教，不报无道，南方之强也，君子居之。衽金革，死而不厌，北方之强也，而强者居之。故君子和而不流，强哉矫！中立而不倚，强哉矫！国有道，不变塞焉，强哉矫！国无道，至死不变，强哉矫！"

* 右第十章。

【译文】

子路问怎样才算刚强。孔子说："是南方人的刚强呢，或是北方人的刚强呢，还是像你这样的刚强呢？用宽恕温柔去教诲人，不报复他人的横逆无道，这是南方人的刚强，君子就属于这一类。连睡觉都用刀枪盔甲作为枕席，战死也毫不后悔，这是北方人的刚强，而强悍的人属于这一类。所以君子与人和睦，却不随波逐流，这才是真正的刚强！他们中正独立，绝不偏靠一面，这才是真正的刚强！国家太平的时候，他们也不改变困穷时候的操守，这才是真正的刚强啊！国家混乱的时候，他们也保持正直至死也不改变，这才是真正的刚强啊！"

【品读】

先说词语。(1)"与"，出现三次，均做语气词。(2)"而"，汝，见"抑而强与"句。(3)"抑"，还是、或者。(4)"衽(rèn)"，席子，此用为动词。(5)"金革"，金指戈兵之类，革指甲胄之类。(6)"矫"，刚强的样子。(7)"倚"，偏倚、倾斜。(8)"塞"，未通达。

为什么子路问强？因为子路本身就是一个好强、逞强的人，孔子曾不断地教育他、引导他正确对待"强"。这里就是著名的一则。关于此章内涵，我在前文已有详析，可参见。

再看朱熹注释。南方人是怎样的“强”？朱熹注：“‘宽柔以教’，谓含容巽顺以诲人之不及也。‘不报无道’，谓横逆之来，直受之而不报也。南方风气柔弱，故以含忍之力胜人为强，君子之道也。”

北方人是怎样的强？朱熹注：“北方风气刚劲，故以果敢之力胜人为强，强者之事也。”

子路应该具有怎样的“强”？孔子开导他，真正的强要具有四个方面：(1)“和而不流”，这是一种真正的强。(2)“中立而不倚”，这也是一种真正的强。(3)“国有道，不变塞焉”，如此处于顺境，这就是一种真正的强。(4)“国无道，至死不变”，如此处于逆境，这也就是一种真正的强。有此四者，那才是真正的强。我们看到孔子的理念与思辨是何等精湛与高明，而此中包含深刻的中庸之道。

朱熹有注：“国有道，不变未达之所守；国无道，不变平生之所守也。此则所谓中庸之不可能者，非有以自胜其人欲之私，不能择而守也。君子之强，孰大于是？夫子以是告子路者，所以抑其血气之刚，而进之以德义之勇也。”

此章读来很有意趣，当年孔子教导得精彩，想来当时子路也会领会其精神，而千年之后的朱熹解释得也精到。《中庸》等经典，如果后人真的能精益求精地研读，大概也就能得其精粹，汲其精华，成为精英了。

11. **【原文】**

子曰：“素隐行怪，后世有述焉，吾弗为之矣。君子遵道而行，半涂而废，吾弗能已矣。君子依乎中庸，遁世不见知而不悔，唯圣者能之。”

*右第十一章。

【译文】

孔子说：“求索隐僻的道理，行为怪诞奇异，虽然后世有称述他们的，但是我不去做这样的事。有些君子遵循中庸之道行事，但往往半途而废，我是不会中途停止的。有些君子依循着中庸之道，即使隐僻不被人了解也决不悔恨，只有圣人才能这样。”

【品读】

先说词语。(1)“素”，当作“索”，也就是求的意思。或认为犹“傃(sù)”，郑玄注：“素，读如‘攻城攻其所傃’之傃。傃，犹乡也。”“乡”，就是向着的意思。(2)“述”，称述、记述。(3)“涂”，道路，这个意义也写作

"途"、"塗"。但是古代"泥"的意义,写作"塗",不写作"涂",现在"塗"简化为"涂";又今天"半涂而废"写作"半途而废"。(4)"已",止,停止。(5)"遁世",避世。(6)"不见知":不被人知晓。"见",被。

1. 什么叫"素(索)隐行怪"?孔子为什么要批"素隐行怪"?世间有些人好高骛远,求深求僻,追逐诡异,荒唐怪诞,要知人之所不能知,要行人之所不能行,而其目的是哄骗世人,欺世盗名,这就叫"素(索)隐行怪"。有的也解释为避世隐居。这些人不遵行中庸之道,而孔子当然是不走这样的路的,所以说"吾弗为之矣"。正如朱熹有注:"'素',按《汉书》当作'索',盖字之误也。索隐行怪,言深求隐僻之理,而过为诡异之行也。然以其足以欺世而盗名,故后世或有称述之者。此知之过而不择乎善,行之过而不用其中,不当强而强者也,圣人岂为之哉!"

2. 孔子又批评了虽然选择了中庸之道,但却半途而废者。朱熹注:"遵道而行,则能择乎善矣,半涂而废,则力之不足也。此其知虽足以及之,而行有不逮,当强而不强者也。已,止也。圣人于此,非勉焉而不敢废,盖至诚无息,自有所不能止也。"

3. 从负面指出两种人后,孔子正面立论。如朱熹注:"不为索隐行怪,则依乎中庸而已。不能半涂而废,是以遁世不见知而不悔也。此中庸之成德,知之尽、仁之至、不赖勇而裕如者,正吾夫子之事,而犹不自居也。故曰'唯圣者能之'而已。"

4. 从《中庸》的结构与脉络上来分析,朱熹认为,"子思所引夫子之言,以明首章之义者止此。盖此篇大旨,以知、仁、勇三达德为入道之门。故于篇首,即以大舜、颜渊、子路之事明之。舜,知也;颜渊,仁也;子路,勇也。三者废其一,则无以造道而成德矣。余见第二十章"。

12. **【原文】**

君子之道费而隐。夫妇之愚,可以与知焉;及其至也,虽圣人亦有所不知焉。夫妇之不肖,可以能行焉;及其至也,虽圣人亦有所不能焉。天地之大也,人犹有所憾。故君子语大,天下莫能载焉;语小,天下莫能破焉。《诗》云:"鸢飞戾天,鱼跃于渊。"言其上下察也。君子之道,造端乎夫妇,及其至也,察乎天地。

*右第十二章。子思之言,盖以申明首章道不可离之意也。其下八章,杂引孔子之言以明之。

【译文】

君子的道，作用非常广泛，而内蕴十分精微。平民夫妇虽然愚蠢，但是也可以知道一般的道理；至于其中深微极致之处，即使是圣人也有不能懂得的地方。平民夫妇虽然不贤能，但是也可以实行一般的道理；至于其中深微极致之处，即使是圣人也有不能做到的地方。天地那样辽阔广大，人们尚且对它有遗憾。君子的道，就其大处来讲，天下没有什么能承载得了；就其小处来讲，天下没有谁能把它分裂开来。《诗》说："鹰高飞直上青天，鱼游动跳跃在深渊。"这就是说，君子的道和鹰飞鱼跃一样，由上到下都能进行详细审察的。君子的道，从平民夫妇之间开始，从而达到它的最高境界，就能洞察贯彻到天地之间。

【品读】

先说词语。(1)"费"，朱熹注："用之广也。"(2)"隐"，朱熹注："体之微也。"(3)"与"，参与。(4)"夫妇"，指匹夫匹妇，即是一般的男人与女人，而不是指夫妻。(5)"至"，最，至极。(6)"鸢(yuān)"，鹰类。(7)"戾(lì)"，到达。(8)"察"，显著。朱熹注："察，著也。"(9)"造端"，开头、开始。

1. 为什么说君子所遵行坚守的道"费而隐"？朱熹说："君子之道，近自夫妇居室之间，远而至于圣人天地之所不能尽，其大无外，其小无内，可谓费(指用途广大)矣。然其理之所以然，则隐而莫之见也。盖可知、可能者，道中之一事，及其至而圣人不知、不能，则举全体而言，圣人固有所不能尽也。侯氏曰：'圣人所不知，如孔子问礼、问官之类；所不能，如孔子不得位、尧舜病博施之类。'愚谓人所憾于天地，如覆载生成之偏，及寒暑灾祥之不得其正者。"

2. 子思引此诗的目的是什么？朱熹注："子思引此诗以明化育流行，上下昭著，莫非此理之用，所谓'费'也。然其所以然者，则非见闻所及，所谓'隐'也。故程子曰：'此一节子思吃紧为人处，活泼泼地，读者其致思焉。'"

13. 【原文】

子曰："道不远人。人之为道而远人，不可以为道。《诗》云：'伐柯伐柯，其则不远。'执柯以伐柯，睨而视之，犹以为远。故君子以人治人，改而止。忠恕违道不远，施诸己而不愿，亦勿施于人。君子之道四，丘未能一焉：

所求乎子以事父，未能也；所求乎臣以事君，未能也；所求乎弟以事兄，未能也；所求乎朋友先施之，未能也。庸德之行，庸言之谨，有所不足，不敢不勉，有余不敢尽；言顾行，行顾言，君子胡不慥慥尔！”

* 右第十三章。

【译文】

孔子说：“道是不远离人的。有人想行道却远离了人，就不可以实行道了。《诗》说：“砍斧柄啊砍斧柄，斧柄的式样并不远。’拿着斧柄当式样来砍制斧柄，斜着眼睛一瞧就看得见，（但对砍制斧柄的人来说，）还认为离得远。所以君子按照做人的道理来治理人，只要他改正就适可而止。能够做到忠和恕，那就离道也不远了。别人施加给自己却又不愿意接受的，也不要去施加给别人。君子的道有四种，我孔丘一样也没能做到：拿我所要求于儿子的去服侍父亲，没有能做到；拿我所要求于臣子的去服侍君主，没有能做到；拿我所要求于弟弟的去服侍兄长，也没有能做到；拿我所要求于朋友的先去要求自己，也没有能做到。践行平常的道德，谨慎平常的言语，我还有做得不够的地方，使我不敢不努力；所说的还没有全部实行，就不敢把话都说尽。言语要顾及行动，行动也要顾及言语，那么君子怎么不会笃厚真实呢！”

【品读】

1. 为什么说“道不远人”？为什么说“人之为道而远人，不可以为道”？朱熹注：“道者，率性而已，固众人之所能知能行者也，故常不远于人。若为道者厌其卑近，以为不足为，而反务为高远难行之事，则非所以为道矣。”前者让我们知晓，匹夫匹妇都能知道行道，如 12 章所说；后者亦让我们知晓，那些素隐行怪者不可以为道，如 11 章所说。

2. 本章运用《诗 · 伐柯》来说明什么问题？朱熹有说：“柯，斧柄。则，法也。睨，邪视也。言人执柯伐木以为柯者，彼柯长短之法，在此柯耳。然犹有彼此之别，故伐者视之犹以为远也。若以人治人，则所以为人之道，各在当人之身，初无彼此之别。故君子之治人也，即以其人之道，还治其人之身。其人能改，即止不治。盖责之以其所能知能行，非欲其远人以为道也。张子所谓‘以众人望人则易从’，是也。”

3. 什么叫“忠”、“恕”、“违”？为什么说“忠恕违道不远”？朱熹有说：“尽己之心为忠，推己及人为恕。违，去也。如《春秋传》齐师‘违谷七里’之违。言自此至彼，相去不远，非背而去之之谓也。道，即其不远人者是也。”

4. 为什么要“施诸己而不愿，亦勿施于人”？朱熹说：“‘施诸己而不愿，亦勿施于人’，忠恕之事也。以己之心度人之心，未尝不同，则道之不远于人者可见。故己之所不欲，则勿以施之于人，亦不远人以为道之事。张子所谓‘以爱己之心爱人，则尽仁’，是也。”

5. 为什么既说连普通的男女都能行道，而孔子又说自己于“君子之道四”一个都没能做到？这不是矛盾，而亦如朱熹所解释：“‘道不远人’者，夫妇所能；‘丘未能一’者，圣人所不能，皆‘费’（道的用途广大）也。而其所以然者，则至‘隐’（道又是隐蔽难明的）存焉。下章放（仿）此。”

6. 为什么“所求乎子以事父，未能也”等等？什么叫“庸德庸言”？君子之道怎样来要求别人与要求自己呢？朱熹说：“道不远人，凡己之所以责人者，皆道之所当然也，故反之以自责而自修焉。庸，平常也。行者，践其实。谨者，择其可。德不足而勉，则行益力；言有余而讱，则谨益至。谨之至则言顾行矣，行之力则行顾言矣。慥（zào）慥，笃实貌。言君子之言行如此；岂不慥慥乎，赞美之也。凡此皆不远人以为道之事。张子所谓‘以责人之心责己则尽道’，是也。”

14. **【原文】**

君子素其位而行，不愿乎其外。素富贵，行乎富贵；素贫贱，行乎贫贱；素夷狄，行乎夷狄；素患难，行乎患难：君子无入而不自得焉。在上位不陵下，在下位不援上，正己而不求于人则无怨。上不怨天，下不尤人。故君子居易以俟命，小人行险以徼幸。子曰：“射有似乎君子，失诸正鹄，反求诸其身。”

* 右第十四章。

【译文】

君子依据自己现在所处的地位去行事，而无羡慕本位以外之心。现在处于富贵的地位，就按照富贵的地位行事；现在处于贫贱的地位，就按照贫贱的地位行事；现在处于夷狄的地位，就按照夷狄的地位行事；现在处于患难，就按照患难的环境行事。君子不论处在什么地位，都能自得其宜。处在高位不欺压下位的人，处在下位不高攀上面的人，端正自己而不去有求他人，那就没有怨恨。对上不怨恨天命，对下不归咎他人。所以君子处在平易的地位来等待天命的到来，而小人采用冒险的举动希望侥幸成功。孔子说：“射箭的道理和君子（‘正己而不求于人’的道理）相似，如果没有射中靶子，就应该回过来从自己身上去找原因。”

【品读】

先说词语。(1)“素”，动词，处于现在、当下的意思。朱熹注：“犹见在也。”或看做“傃(sù)”，孔疏：“素，乡也。乡其所居之位而行。”“乡”，即向着。(2)“愿”，羡慕。(3)“陵”，凌驾。(4)“援”，攀援、巴结。(5)“易”，平易安全的地方。朱熹注：“平地也。”(6)“俟(sì)命”，等待天命。“俟”，等待。(7)“徼(jiǎo)幸”，同“儌倖”、“侥幸”，指由于偶然的原因得到成功或免去不幸的事。(8)“正鹄(zhēng gǔ)”，箭靶的中心。郑玄注：“画布曰正，栖皮曰鹄。”陆德明《释文》：“正、鹄皆鸟名也。一曰：正，正也；鹄，直也。大射则张皮侯而栖鹄，宾射张布侯而设正也。”朱熹注：正、鹄，“皆侯之中，射之的也”。

1．“位”的思考与智慧。放眼古今中外人世间，人人都有规定的“位”，故有“定位”之说；人人都有规定的“分”，故有“本分”之说。此章说了“五素”等，而核心就是说要安于本位、本分，来个安分守己，即如第一“素”，所说的“君子素其位而行，不愿乎其外”此主旨，亦然如朱熹所注：“言君子但因见在所居之位而为其所当为，无慕乎其外之心也。”“言素位而行也”；“言不愿（羡慕）乎其外也”；“居易，素位而行也；俟命，不愿乎其外也”。

2．一个两千五百年前的榜样。读此章，想到也许颜回就是这样的榜样之一。《论语·雍也》：“子曰：贤哉，回也！一箪食，一瓢饮，在陋巷，人不堪其忧，回也不改其乐。”郑玄注：“贫者人之所忧，而颜渊志道，自有所乐。”后来就有了“安贫乐道”的成语典故了。

3．辩证的“定位”与“换位”思考。读此章绝不能读而不化，其实《中庸》也罢，《大学》也罢，《论语》也罢，既要人们能“定位”思考，也要能“换位”思考。“定位”思考，是确定自己的地位、位子、位置，而先搞好的事情，不羡慕非分之想。“换位”思考，则如“以人治人”，“施诸己而不愿，亦勿施于人”，一切当圆融之活观之。

4．“自得”的境界。《中庸》：“君子无入而不自得焉。”此中“自得”最值得体味。孟子对这种君子的“自得”作出了生动的富有诗意的描述。《孟子·离娄下》：“君子深造之以道，欲其自得之也。自得之则居之安，居之安则资之深，资之深则取之左右逢其原，故君子欲其自得之也。”

5. 关于行文体例，按照朱熹之说：此章是“子思之言也。凡章首无‘子曰’字者放此”。“放此”就是仿照此。“放”，通“仿”，仿照、仿效的意思。

15. 【原文】

君子之道，辟如行远必自迩，辟如登高必自卑。《诗》曰：“妻子好合，如鼓瑟琴。兄弟既翕，和乐且耽。宜尔室家，乐尔妻帑。”子曰：“父母其顺矣乎！”

* 右第十五章。

【译文】

君子的道，譬如行远路必定要从近处开始，譬如登高山必定从低处开始。《诗》说：“与妻子和睦意合，好比弹琴鼓瑟。兄弟融洽相处，和顺安乐。让你的家室相安，让你的妻儿快乐。”孔子说：“父母也就称心如意了！”

【品读】

先说词语。(1)“辟”，通“譬”。(2)“迩”，近。(3)《诗》，见《诗·小雅·棠棣》。(4)“鼓”，弹奏。(5)“瑟琴”，古代两种拨弦乐器。又比喻夫妻感情和谐。(6)“翕(xī)”，聚合。朱熹注：“亦合也。”(7)“耽”，乐。《诗》本作“湛”。朱熹注：“亦乐也。”(8)“帑(nú)”，儿孙。朱熹注：“子孙也。”

此章的主旨，是指出君子实行中庸之道的途径与方法，即是行远自迩，登高自卑，要从我做起，从家庭做起，从身边日常的事情做起。朱熹说：“夫子诵此诗而赞之曰：人能和于妻子、宜于兄弟如此，则父母其安乐之矣。子思引《诗》及此语，以明行远自迩，登高自卑之意。”

16. 【原文】

子曰：“鬼神之为德，其盛矣乎！视之而弗见，听之而弗闻，体物而不可遗。使天下之人，齐明盛服，以承祭祀。洋洋乎！如在其上，如在其左右。《诗》曰：‘神之格思，不可度思，矧可射思！’夫微之显，诚之不可掩如此夫。”

* 右第十六章

【译文】

孔子说：“鬼神显示的功德，真是盛大啊！看它看不见，听它听不到，但体现在万物里却没有遗漏的。鬼神使天下的人都斋戒洁净，穿戴严整的衣冠，而敬奉祭祀它们。在举行祭祀典礼时，鬼神的精灵洋溢、流动、充满在人们的身旁，仿佛就在上空，又仿佛就在祭祀者的左右。《诗》说：‘鬼神来临，是不可测度的，何况可厌怠不敬吗？’鬼神虽隐微却又能至于显明，真实无妄就是这样不可掩蔽的！”

【品读】

先说词语。(1)“鬼神”，指古人祭祀的鬼神，如天神、地祇(qí，地神)、人鬼之类。(2)“为德”，犹言情性功效。(3)“齐(zhāi)明”：斋戒，明洁。“齐”通“斋”，斋戒。(4)“洋洋”：如朱熹注：“流动充满之意。”(5)《诗》：见《诗·大雅·抑》。(6)“格”，至，来临。(7)“思”，出现三次，均无意，为语助词。(8)“矧(shěn)”，况且。(9)“射(yì)”，厌弃。

1. 什么是“鬼神之为德”？朱熹列出“三说”，一是程子，一是张载，一是自己之说。朱熹注：“程子曰：‘鬼神，天地之功用，而造化之迹也。’张子曰：‘鬼神者，二气之良能也。’愚谓以二气言，则鬼者阴之灵也，神者阳之灵也。以一气言，则至而伸者为神，反而归者为鬼，其实一物而已。为德，犹言性情功效。”

2. 为什么“弗见”、“弗闻”、“不可遗”而能“体物不可遗”？朱熹注：“鬼神无形与声，然物之终始，莫非阴阳合散之所为，是其为物之体，而物所不能遗也。其言体物，犹《易》所谓‘干事’。”按，《周易·乾》：“贞固足以干事。”孔颖达疏：“言君子能坚固贞正，令物得成，使事皆干济。”高亨注：“干是动词，主持，主办。”

3. 关于“齐明”、“盛服”、“祭祀”等解释，朱熹说：“‘齐’(zhāi，斋、斋戒)之为言齐也，所以齐不齐而致其齐也。‘明’，犹洁也。‘洋洋’，流动充满之意。能使人畏敬奉承而发见昭著如此，乃其‘体物而不可遗’之验也。孔子曰：‘其气发扬于上为昭明焄(hūn)蒿，凄怆，此百物之精也，神之著也。’正谓此尔。”朱熹文中引孔子之言，见诸《礼记·祭义》：“其气发扬于上为昭明，焄蒿，凄怆，此百物之精也，神之著也。”“焄蒿”，指祭祀时祭祀品所发出的气味。“焄”通“荤”，指葱、韭之类带辛辣气味的蔬菜；“蒿”，指气蒸出的样子。

4. 为什么说“夫微之显，诚之不可掩如此夫”？朱熹注：“诚者，真实无妄之谓。阴阳合散，无非实者。故其发见之不可揜(掩)如此。”

5. 关于此章在文脉结构上的作用，朱熹说：“不见、不闻，‘隐’也。体物如在，则亦‘费’矣。此前三章，以其‘费’之小者而言。此后三章，以其‘费’之大者而言。此一章，兼‘费’、‘隐’，包大小而言。”为了让读者明白，这里再说一下，所谓的“费”与“隐”，便是前面12章所说到的“君子之道费而隐”。君子实行的道是“费”的，即功效是广大的；但是又是“隐”的，即道理是很隐蔽的。

17. **【原文】**

子曰：“舜其大孝也与！德为圣人，尊为天子，富有四海之内。宗庙飨之，子孙保之。故大德必得其位，必得其禄，必得其名，必得其寿。故天之生物，必因其材而笃焉。故栽者培之，倾者覆之。《诗》曰：‘嘉乐君子，宪宪令德。宜民宜人，受禄于天。保佑命之，自天申之。’故大德者必受命。”

＊右第十七章。

【译文】

孔子说：“舜可以算是大孝了吧！他的德行已是圣人的德行，尊贵已属天子的地位，财富已拥有四海之内的一切。宗庙奉祀他，子孙永远保持祭祀不断。所以有伟大德行的人必定会获得应有的地位，必定会得到应有的福禄，必定会得到应有的名声，必定会得到应有的年寿。所以天生万物，必定是按照它们材质的本身给予厚施(让它们各自得以充分长成)。所以能够栽培的就一定去栽培它，而要被倾覆的也就只能让它倾覆。《诗》说：“善良而安乐的君子，有彰明显著的美德，使民众官员都相安适宜，就会从上天受到福禄。上天保佑他，且任命他，使他福禄能长享。’所以有伟大德行的人必定会承受天命。”

【品读】

先说词语。(1)“宗庙”，古代帝王、诸侯们祭祀祖宗的庙宇。(2)“飨(xiǎng)”，祭献，鬼神享用祭品。(3)“子孙”，朱熹注：“子孙，谓虞思、陈胡公之属。”(4)“必得其寿”，朱熹注：“舜年百有十岁。”(5)“材”、“笃”，朱熹注：“材，质也。笃，厚也。”(6)“栽”、“培”、“覆”，朱熹注：“栽，植也。气至而滋息为培。气反而游散则覆。”(7)《诗》：见《诗·大雅·假乐》。(8)“嘉”、“宪”、“申”，朱熹注：“‘假’，当依此作‘嘉’。‘宪’，当依

《诗》作‘显’。‘申’,重也。”(9)“受命”,朱熹注:“受命者,受天命为天子也。”

本章盛赞舜之大孝、大德,并又生发出“六必”:“必得其位”、“必得其禄”、“必得其名”、“必得其寿”、“必因其材而笃焉”、“必受命”。关于孝,《孝经》有专门宏论,如孔子曰:“夫孝,德之本也,教之所由生也。”孔子又曰:“夫孝,天之经也,地之义也,民之行也。’”又如曾子曰:“甚哉!孝之大也。”孝是天经地义的,这是何等分量!关于孝的专门论说,我在《孝经智慧》一书已有详解,可参见之。

当然这里也留下一个备受后儒争论的话题,既然“故大德者必受命”,那么孔子如此“大德”为什么没有“必受命”呢?其实这个问题如果变个角度来看“必受命”,那么也很好解释。若不固执地把“必受命”看做必有极高的权力地位,那么孔子继承并拓展了中华文化,而成为“圣人”、无冕之王,不就是一种“必受命”吗?

关于本章主旨,朱熹说:“此由庸行之常,推之以极其至,见道之用广也。而其所以然者,则为体微矣。后二章亦此意。”

18. **【原文】**

子曰:“无忧者,其惟文王乎!以王季为父,以武王为子;父作之,子述之。武王缵大王、王季、文王之绪,壹戎衣而有天下,身不失天下之显名。尊为天子,富有四海之内。宗庙飨之,子孙保之。武王末受命,周公成文武之德,追王大王、王季,上祀先公以天子之礼。斯礼也,达乎诸侯大夫,及士庶人。父为大夫,子为士;葬以大夫,祭以士。父为士,子为大夫;葬以士,祭以大夫,期之丧,达乎大夫;三年之丧,达乎天子;父母之丧,无贵贱,一也。”

*右第十八章。

【译文】

孔子说:“没有忧虑的人,大概只有文王吧!王季是他的父亲,武王是他的儿子。父亲开创基业,儿子又继承他完成大业。武王继承了太王、王季和文王的事业,一战灭掉了殷商而取得了天下,并没有使自身失去显赫的名声。他被推尊为天子,富有四海之内的一切。宗庙奉祀他,子子孙孙永远保持祭祀不断。武王在晚年才受天命为天子,周公完成了文王、武王的德业,把太王和王季都追尊为王,用天子的礼仪去奉祀数代以上的祖先。这种礼仪一直贯彻到诸侯、大夫以至士和庶人。假如父亲是大夫，儿子是士，下葬他父亲时就用大夫的礼节，而祭祀他父亲时就得用士的礼节。假如父亲是士，儿子是大夫，下葬他父亲时就用士的礼节，而祭礼他父亲时就得用大夫的礼节；为期一年的丧礼，只适用到大夫为止；为期三年的丧礼，一直适用到天子为止；父母的丧礼，没有贵贱的分别，都是一样的。”

【品读】

先说词语。(1)王季，是周文王的父亲。(2)武王，是文王的儿子。(3)大王，即太王，是武王的曾祖。(4)“缵(zuǎn)”，继承。朱熹注：“继也。”(5)“绪”，前人留下来的事业。(6)“壹戎衣”，或说一穿上戎衣(便定了天下)；“戎衣”，甲胄之类。或说翦灭了殷商；“壹”，通“殪(yì)”，死、翦灭；“戎衣”，指代殷商。(7)“末”，指老年。(8)周公，周武王的弟弟。(9)“追王”，追封为王，此指追封大王、王季为王。(10)“期(jī)”，周年，此指期年(一年)的守丧礼。

1. 此章先赞扬周文王之“无忧”。文王的“无忧”，是因为前面有其父王季积功累德，创造了周朝的基业，后面又有其子武王继志述事，完成了自己没有完成的大事，集周朝大统。这就是“父作之，子述之”，故无忧愁了。朱熹注：“此言文王之事。《书》言‘王季其勤王家’，盖其所作，亦积功累仁之事也。”

2. 其次赞扬周武王的功绩。朱熹注：“此言武王之事。”《书》云：“大王肇基王迹。”《诗》云：“至于大王，实始翦商。”“壹戎衣，《武成》文，言一著戎衣以伐纣也。”

3. 最后称扬周公制礼作乐等功绩。朱熹注：“此言周公之事。”“追王，盖推文、武之意，以及乎王迹之所起也。先公，组绀以上至后稷也。上祀先公以天子之礼，又推大王、王季之意，以及于无穷也。制为礼法，以及天下，使葬用死者之爵，祭用生者之禄。丧服自期以下，诸侯绝，大夫降；而父母之丧，上下同之，推己以及人也。”

19. **【原文】**

子曰：“武王、周公，其达孝矣乎！夫孝者，善继人之志，善述人之事者也。春秋修其祖庙，陈其宗器，设其裳衣，荐其时食。宗庙之礼，所以序昭穆也；序爵，所以辨贵贱也；序事，所以辨贤也；旅酬下为上，所以逮贱也；燕毛，所以序齿也。践其位，行其礼，奏其乐，敬其所尊，爱其所亲，事死如事生，事亡如事存，孝之至也。郊社之礼，所以事上帝也；宗庙之礼，所以祀乎其先也。明乎郊社之礼、禘尝之义，治国其如示诸掌乎！”

* 右第十九章。

【译文】

孔子说：“武王、周公，大概是使通天下人都认可的至孝吧！孝，就是善于继承先人的意志，善于传承先人的事业。在每年的四季祭祀之时，要整修祖庙，陈列先世的重器，摆设祖先留下的衣裳，进献时鲜食品。宗庙的礼仪，是用来排定昭、穆的次序的；排定爵位次序，是用来分辨贵贱的；排定祭祀时各种执事的次序，是用来分辨贤能的高低的。当众人相敬饮酒的时候，位卑年幼的向尊长敬酒，就是使礼仪贯彻到地位低下的人身上；根据头发的黑白颜色来决定宴席的座次，是使老小秩序井然。各人站在排定的位置上，行使祭祀的礼节，奏起祭祀的音乐，对于所应尊敬的祖先加以尊敬，对于所应亲爱的祖先加以亲爱，奉侍死亡的祖先像他生时一样，奉侍已不存在了的祖先像他还存在时一样，这就是孝的最高标准。郊、社的祭礼，是用来奉侍上帝的；宗庙的祭礼，是用来祭祀祖先的。明白了郊、社的祭礼和禘尝的意义，治理国家的道理就像看着自己手掌上的东西那样明白容易了！”

【品读】

先说词语。(1)“达孝”，能通达于天下人的孝。一般人的孝，仅止于一身一家而已，而武王周公则不仅自己能尽孝亲，还能推及他人之亲，礼制大备，使得人人皆得以尽孝。(2)“人”，指前人、先人。(3)“示”，视。朱熹注：“示，与视同。视诸掌，言易见也。”

本章是接着上一章再赞扬武王、周公之孝。朱熹注：“承上章而言武王、周公之孝，乃天下之人通谓之孝，犹孟子之言达尊也。”

这一章还突出地讲述了礼乐制度的重要。朱熹说：“上章言武王缵大王、王季、文王之绪以有天下，而周公成文、武之德以追崇其先祖，此继志述事之大者也。下文又以其所制祭祀之礼，通于上下者言之。”

虽然此章叙说的繁琐的礼乐制度，离今人太遥远了，都不让人感兴趣，但是若了解一下其中的“文化”也不无裨益。朱熹就作出了细心的解释。

1. 祖庙。朱熹注：“祖庙，天子七，诸侯五，大夫三，适士二，官师一。”

2. 宗器。此指祭祀祖宗用的器物。朱熹注：“宗器，先世所藏之重器，若周之赤刀、大训、天球、河图之属也。”

3. 裳衣。朱熹注："裳衣，先祖之遗衣服，祭则设之以授尸也。"

4. 时食。此指四季的时令食物。朱熹注："时食，四时之食，各有其物，如春行羔、豚、膳、膏、香之类是也。"

5. 昭穆。此指宗庙排列的次序，始祖居中，左边的为昭，右边的为穆。朱熹注："宗庙之次：左为昭，右为穆，而子孙亦以为序。有事于太庙，则子姓、兄弟、群昭、群穆咸在，而不失其伦焉。"

6. 序爵。祭祀之时，有许多陪祀的臣子，要排列爵位的次序。朱熹注："爵，公、侯、卿、大夫也。"

7. 序事。此指排列职事的次序。祭祀必有事，如"宗"是掌管祠祭的，"祝"是读祝文的，又有司尊的、执爵的以及奠帛赞礼的都是职事。朱熹注："事，宗祝有司之职事也。"

8. 旅酬。朱熹注："旅，众也。酬，导饮也。旅酬之礼，宾弟子、兄弟之子，各举觯于其长而众相酬。盖宗庙之中以有事为荣，故逮及贱者，使亦得以申其敬也。"

9. 燕毛、序齿。"燕"，燕饮，即宴饮。"毛"，毛发。"序齿"，按照年龄排列次序。朱熹注："燕毛，祭毕而燕，则以毛发之色别长幼、为坐次也。齿，年数也。"

10. "践其位"等。朱熹注："践，犹履也。其，指先王也。所尊、所亲，先王之祖考、子孙、臣庶也。始死谓之死，既葬则曰反而亡焉，皆指先王也。"

11. 郊社、禘尝。朱熹注："郊，祭天。社，祭地。不言后土者，省文也。禘，天子宗庙之大祭，追祭太祖之所自出于太庙，而以太祖配之也。尝，秋祭也。四时皆祭，举其一耳。礼必有义，对举之，互文也。"

张居正曾赞叹说："夫序昭穆者，亲亲也。序爵者，贵贵也。序事者，贤贤也。逮贱者，下下也。序齿者，老老也。武王、周公一祭祀之间，其意义之周悉如此。"（《张居正讲评<中庸>》）我们往往觉得在很多方面古人不及今人，但是如果读读此则，就会觉得古人在人际关系和谐、社会安定方面，作出的思考与行动亦然是相当卓越的，怪不得孔子如此赞叹周公、周礼了！

20. **【原文】**

1. 哀公问政。子曰："文武之政，布在方策。其人存，则其政举；其人亡，则其政息。人道敏政，地道敏树。夫政也者，蒲卢也。故为政在人，取人以身，修身以道，修道以仁。仁者，人也，亲亲为大。义者，宜也，尊贤为大。亲亲之杀，尊贤之等，礼所生也。在下位不获乎上，民不可得而治矣。故君子不可以不修身；思修身，不可以不事亲；思事亲，不可以不知人；思知人，不可以不知天。”

2. 天下之达道五，所以行之者三。曰：君臣也、父子也、夫妇也、昆弟也、朋友之交也，五者天下之达道也。知、仁、勇三者，天下之达德也，所以行之者一也。或生而知之，或学而知之，或困而知之，及其知之一也。或安而行之，或利而行之，或勉强而行之，及其成功一也。

3. 子曰：“好学近乎知，力行近乎仁，知耻近乎勇。知斯三者，则知所以修身。知所以修身，则知所以治人。知所以治人，则知所以治天下国家矣。”

4. 凡为天下国家有九经，曰：修身也，尊贤也，亲亲也，敬大臣也，体群臣也，子庶民也，来百工也，柔远人也，怀诸侯也。修身则道立，尊贤则不惑，亲亲则诸父昆弟不怨，敬大臣则不眩，体群臣则士之报礼重，子庶民则百姓劝，来百工则财用足，柔远人则四方归之，怀诸侯则天下畏之。

5. 齐明盛服，非礼不动，所以修身也。去谗远色，贱货而贵德，所以劝贤也。尊其位，重其禄，同其好恶，所以劝亲亲也。官盛任使，所以劝大臣也。忠信重禄，所以劝士也。时使薄敛，所以劝百姓也。日省月试，既禀称事，所以劝百工也。送往迎来，嘉善而矜不能，所以柔远人也。继绝世，举废国，治乱持危，朝聘以时，厚往而薄来，所以怀诸侯也。

6. 凡为天下国家有九经，所以行之者一也。凡事豫则立，不豫则废。言前定则不跲，事前定则不困，行前定则不疚，道前定则不穷。

7. 在下位不获乎上，民不可得而治矣。获乎上有道：不信乎朋友，不获乎上矣。信乎朋友有道：不顺乎亲，不信乎朋友矣。顺乎亲有道：反诸身不诚，不顺乎亲矣。诚身有道：不明乎善，不诚乎身矣。

8. 诚者，天之道也；诚之者，人之道也。诚者，不勉而中，不思而得，从容中道，圣人也。诚之者，择善而固执之者也。博学之，审问之，慎思之，明辨之，笃行之。有弗学，学之弗能弗措也；有弗问，问之弗知弗措也；有弗思，思之弗得弗措也；有弗辨，辨之弗明弗措也；有弗行，行之弗笃弗措也。人一能之，己百之；人十能之，己千之。果能此道矣，虽愚必明，虽柔必强。

* 右第二十章。

【译文】

1. 鲁哀公向孔子问政事。孔子说:“周文王和周武王的为政之道都分布载述在方版和竹简上了。如果有那样的贤人存在,那些政治就能施行;贤人不存在,那些政治就不能施行。用人施政的道理,能使政治迅速昌明;用肥沃的土地种树的道理,能使树木迅速生长。政治就像蒲苇一样(生长变化是很快的)。所以施行政治的关键在人,选拔人才就凭他自身的品德修养,修治自身就要靠道,修道就要靠仁。仁就是人际之爱,而以亲爱自己的亲人为最重大。义就是人际相处适宜,而以尊敬贤能为最重大。亲爱亲人应有等级差别,尊重贤人应有级别区分,礼仪就是从中产生出来的。处在下级的人不能获得上级的信任,那么民众就不可能被治理好。所以君子不可以不修治自身,想要修治自身,就不可以不侍奉好自己的亲人;想要侍奉好自己的亲人,就不可以不了解人;想要了解人,就不可以不知晓天道。”

2. 天下通行的人伦道理有五种,用来实行这些人伦道理的德行有三种。称为君臣、父子、夫妇、兄弟、朋友间的交际,这五种是天下通行的道理。知、仁、勇,这三种是天下通行的德行,而用来实行它们的方法都是一个诚而已。有的人天生就能知道,有的人需要学习才能知道,有的人需要经过困惑才能知道,而等到知道了以后却都是一样的。有的人是安然自得地去实行,有的人为图利而去实行,有的人需要极大的奋发努力才能实行,而等到成功以后却也都是一样的。

3. 孔子说:“爱好学习就接近于智了,努力实行就接近于仁了,知道耻辱就接近于勇了。懂得了这三点,那么就知道用来修治自身的方法了。知道用来修治自身的方法,那么就知道用来治理他人的方法。知道了用来治理他人的方法,那么也就知道用来治理天下国家的方法了。”

4. 凡是治理天下国家有九项纲要,是说:修治自身、尊重贤人、亲爱亲人、敬重大臣、体恤群臣、爱民如子、招徕各种工匠、优待边远四夷、安抚各国诸侯。修治自身,就能树立道德典范;尊重贤人,就能不至疑惑不明;亲爱亲人,就使伯叔兄弟不会有怨恨;敬重大臣,就会遇事不迷失方向;体恤群臣,就会受到士人的重礼回报;爱民如子,就会使百姓更加勤勉;招徕各种工匠,就会使财产物用富足;优待边远四夷,就会使四方都来归顺;安抚各国诸侯,就会使天下的人都敬畏服从。

5. 斋戒洁净而穿上庄严的盛装,不合礼节的事不做,是用来修治自身的方法。摒弃谗佞小人的坏话,远离女色,轻视钱财货物,贵重道德品质,是用来勉励贤人的方法。尊重他们的爵位，加重他们的俸禄，与他们的喜爱厌恶相同，是用来勉励亲人的方法。属官众多，足够听任他们差使，是用来勉励大臣的方法。讲究忠信的人，加重他们的俸禄，是用来勉励士人的方法。适时役使，减轻赋税，是用来勉励老百姓的方法。每天有视察，每月有考试，发给他们的粮米薪资要与工效相称，是用来勉励各种工匠的方法。送客迎宾，赞美善良，同情弱者，是用来安抚边远四夷的方法。延续绝灭的世家，复兴废毁的国家，平定乱事，扶持危亡，按时朝见聘问，送给别国的礼品要丰厚，接受别国的礼品要微薄，是用来安抚诸侯的方法。

6. 大凡治理天下国家有九项纲要，但是用来实行这些纲要的方法却只有一种（即诚实专一）。凡是做事有准备就能成功，没有准备就不能成功。说话之前先想妥，就不会失言；做事之前先想妥，就不会有困惑；行动之前先想妥，就不会有后悔；推行道之前先想妥，就不会有什么行不通。

7. 处在下级的人不能获得上级的信任，那么民众就不可能被治理好。要获得上面的信任，是要有一定的道理的：如果不被朋友信任，也就不会获得上面的信任了。要获得朋友的信任，也是要有一定的道理的：如果不能孝顺父母，也就不会被朋友信任了。要孝顺父母，也是有一定的道理的：如果反省到自身不诚，就不能孝顺父母了。要使自己内心诚实，也是要有一定的道理的：如果不能显明自己善的本性，就不能使自身真诚了。

8. 真诚，是天的道理；实现真诚，是做人的道理。真诚的人不必勉强就会合理，不必多思就会得当，行为能从容地符合中庸之道，这就是圣人。要实现真诚，就必须选择至善的道理，而且坚持不懈地去实行它。广博地学习知识，详密地探问它，谨慎地思考它，明晰地辨析它，切实地执行它。有的不学习也就罢了，如果学习了还不能掌握，那就不要停止学习；有的不问也就罢了，如果问了还不能明白的，那就不要停止追问；有的不思考也就罢了，如果思考了还不能有所得，那就不要停止思考；有的不辨析也就罢了，如果辨析了还不能明晰，那就不要停止辨析；有的不实行也就罢了，如果实行了还不能贯彻到底，那就不要停止实行。别人一次能做到的，我做上百次也一定能做到；别人十次能做到的，我做上千次也一定能做到。果真能够按照这样的道理去做了，即使是愚笨的人也必定会变得聪明，即使是柔弱的人也必定会变得刚强。

【品读】

第一段品读。

先说词语。（1）哀公，鲁国君。（2）“方”，木版。（3）“策”，竹简。

(3)“息”，犹灭也。(3)“敏”，速也。(4)“蒲卢”，沈括以为“蒲苇”。

1. 为什么说“人道敏政，地道敏树”？朱熹注：“以人立政，犹以地种树，其成速矣，而蒲苇又易生之物，其成尤速也。言人存政举，其易如此。”

2. 怎样解读“为政在人”？朱熹说：“有是君，有是臣，则有是政矣。”“‘为政在人’，《家语》作‘为政在于得人’，语意尤备。人，谓贤臣。身，指君身。道者，天下之达道。仁者，天地生物之心，而人得以生者，所谓元者善之长也。言人君为政在于得人，而取人之则又在修身。能修其身，则有君有臣，而政无不举矣。”王夫之《四书训义》有一则评论：“若以政之所当行而言之，则莫善于文(周文王)、武(周武王)之经政矣。其经画之大，条理之密，无可复加也。然而布在方策，无难考也。乃在文、武之日，则王道行于天下，而子孙之世守者不能述而见之施行，则不在政而在人，审矣。其人存，则其政举矣。《周官》之法度，载精意以行也。其人亡，则其政息矣。方策之具存，无关于理乱也。”(《船山全书》第七册)这话很深刻，若深入体味之，所得可以甚多矣。

3. 怎样理解“仁者人”、“义者宜”、“礼所生”？朱熹说：“人，指人身而言。具此生理，自然便有恻怛慈爱之意，深体味之可见。”“宜者，分别事理，各有所宜也。礼，则节文斯二者而已。”

4. 这里有一句“在下位不获乎上，民不可得而治矣”，或认为有误，因为下文又出现此句。如朱熹注：“郑氏曰：‘此句在下，误重在此。’”

5. 为政为什么要强调修身？怎样修身？朱熹说：“‘为政在人，取人以身’，故不可以不修身。‘修身以道，修道以仁’，故思修身不可以不事亲。欲尽亲亲之仁，必由尊贤之义，故又当知人。亲亲之杀，尊贤之等，皆天理也，故又当知天。”

第二段品读。

1. 什么叫“达道”？朱熹说：“达道者，天下古今所共由之路，即《书》所谓‘五典’，孟子所谓‘父子有亲、君臣有义、夫妇有别、长幼有序、朋友有信’是也。”

2. 什么叫“三达德”？为什么要特别强调一个“诚”？朱熹说：“知，所以知此也；仁，所以体此也；勇，所以强此也。谓之达德者，天下古今所同得之理也。一则诚而已矣。达道虽人所共由，然无是三德，则无以行之。达德虽人所同得，然一有不诚，则人欲间之，而德非其德矣。程子曰：‘所谓诚者，止是诚实此三者。三者之外，更别无诚。’”

3. 如何解读“生知安行”、“学知利行”、“困知勉行”？朱熹说：“知之者之所知，行之者之所行，谓达道也。以其分而言：则所以知者，知也；所以行者，仁也；所以至于知之成功而一者，勇也。以其等而言：则生知安行者知也，学知利行者仁也，困知勉行者勇也。盖人性虽无不善，而气禀有不同者，故闻道有蚤（早）莫（暮），行道有难易，然能自强不息，则其至一也。吕氏曰：‘所人之涂虽异，而所至之域则同，此所以为中庸。若乃企生知安行之资为不可几及，轻困知勉行谓不能有成，此道之所以不明不行也。’”

第三段品读。

1. 怎样理解孔子的这段话？朱熹说：“此言未及乎达德而求以入德之事。通上文‘三知’为知，‘三行’为仁，则此‘三近’者，勇之次也。吕氏曰：‘愚者自是而不求，自私者殉人欲而忘反，懦者甘为人下而不辞。故好学非知，然足以破愚；力行非仁，然足以忘私；知耻非勇，然足以起懦。’”

2. 关于这段话的作用，朱熹说：“言此以结上文‘修身’之意，起下文‘九经’之端也。”

第四段品读。

这一段说“凡为天下国家有九经”。先解释一些词语。(1)“九经”，就是九个经常的纲要、道理、准则。朱熹注：“经，常也。”(2)“体”，如“体群臣”，朱熹注：“体，谓设以身处其地而察其心也。”(3)“子”，如“子庶民”，即是以庶民为子。朱熹注：“如父母之爱其子也。”(4)“柔远人”，怀柔远人。朱熹注：“所谓无忘宾旅者也。”

1. 为什么“九经”要这样排序？朱熹注：“此列九经之目也。吕氏曰：‘天下国家之本在身，故修身为九经之本。然必亲师取友，然后修身之道进，故尊贤次之。道之所进，莫先其家，故亲亲次之。由家以及朝廷，故敬大臣、体群臣次之。由朝廷以及其国，故子庶民、来百工次之。由其国以及天下，故柔远人、怀诸侯次之。此九经之序也。’视群臣犹吾四体，视百姓犹吾子，此视臣视民之别也。”

2. 实行这“九经”有什么绩效呢？朱熹说：“此言九经之效也。‘道立’，谓道成于己而可为民表，所谓‘皇建其有极’是也。‘不惑’，谓不疑于理。‘不眩’，谓不迷于事。‘敬大臣’，则信任专，而小臣不得以间之，故临事而不眩也。‘来百工’，则通功易事，农末相资，故财用足。‘柔远人’，则天下之旅皆悦，而愿出于其涂，故四方归。‘怀诸侯’，则德之所施者博，而威之所制者广矣，故曰‘天下畏之’。”

第五段品读。

这一段也是说明“九经”之事。如朱熹注：“此言九经之事也。”朱熹又有许多解释。

1.“官盛任使”，朱熹注：“谓官属众盛，足任使令也，盖大臣不当亲细事，故所以优之者如此。”

2.“忠信重禄”，朱熹注：“谓待之诚而养之厚，盖以身体之，而知其所赖乎上者如此也。”

3.“既禀称事”，朱熹注：“既，读曰饩。饩禀，稍食也。称事，如《周礼》稾人职，曰‘考其弓弩，以上下其食’是也。”“既禀”，即“饩(xì)禀(lǐn)”，也作“饩稾”、“饩廪”。为古代官府发给的作为月薪的粮食，也指薪俸。“稍食”，即指古代官府按月发给的官俸。

4.“送往迎来”，朱熹注：“往，则为之授节以送之；来，则丰其委积以迎之。”

5.“朝聘以时”，朱熹注：“朝，谓诸侯见于天子。聘，谓诸侯使大夫来献。《王制》：‘比年一小聘，三年一大聘，五年一朝。’”

6.“厚往薄来”，朱熹注：“谓燕赐厚而纳贡薄。”

第六段品读。

1. 为什么说“有九经，所以行之者一也”？这“一也”指什么？朱熹说：“一者，诚也。一有不诚，则是九者皆为虚文矣。此九经之实也。”

2. 怎样理解“豫”、“定”的智慧？朱熹说：“凡事，指达道、达德、九经之属。豫，素定也。跲(jiá)，踬(zhì，被绊倒)也。疚，病也。此承上文，言凡事皆欲先立乎诚，如下文所推是也。”“豫”，朱熹解释为“素定”。“素定”，犹宿定，预先确定的意思。如《后汉书·翟酺传》：“目见正容，耳闻正言，一日即位，天下旷然，言其法度素定也。”

第七段品读。

关于这一段的旨意以及一些词句的解读，朱熹有说：“此又以在下位者，推言素定(按，指素定于诚)之意。‘反诸身不诚’，谓反求诸身，而所存所发未能真实而无妄也。‘不明乎善’，谓未能察于人心天命之本然，而真知至善之所在也。”

第八段品读。

此段承上文“诚身”而再生发阐论。

1. 什么叫“诚”？什么叫“诚之”？圣人之诚又怎样的？我们已经在本

书前面几篇中解读了，此再看朱熹解释。朱熹说："'诚'者，真实无妄之谓，天理之本然也。'诚之'者，未能真实无妄而欲其真实无妄之谓，人事之当然也。圣人之德，浑然天理，真实无妄，不待思勉而从容中道，则亦天之道也。未至于圣，则不能无人欲之私，而其为德不能皆实。故未能不思而得，则必择善，然后可以明善；未能不勉而中，则必固执，而后可以诚身，此则所谓人之道也。不思而得，'生知'也。不勉而中，'安行'也。择善，'学知'以下之事。固执，'利行'以下之事也。"

2. 怎样理解"学、问、思、辨、行"的这一段名言？朱熹解读："此'诚之'之目也。学、问、思、辨，所以择善而为知，'学而知'也。笃行，所以固执而为仁，'利而行'也。程子曰：'五者废其一，非学也。'"

3. 怎样理解"弗能弗措"、"人一己百"这段名言？朱熹说："君子之学，不为则已，为则必要其成，故常百倍其功。此'困而知'、'勉而行者'也，勇之事也。"

4. 怎样理解"果能此道矣，虽愚必明，虽柔必强"？朱熹说："明者择善之功，强者固执之效。吕氏曰：'君子所以学者，为能变化气质而已。德胜气质，则愚者可进于明，柔者可进于强。不能胜之，则虽有志于学，亦愚不能明，柔不能立而已矣。盖均善而无恶者，性也，人所同也；昏明强弱之禀不齐者，才也，人所异也。诚之者所以反其同而变其异也。夫以不美之质，求变而美，非百倍其功，不足以致之。今以卤莽灭裂之学，或作或辍，以变其不美之质；及不能变，则曰天质不美，非学所能变。是果于自弃，其为不仁甚矣。'"

关于此章的旨意与文字，朱熹又有说："此引孔子之言，以继大舜、文、武、周公之绪，明其所传之一致。举而措之，亦犹是耳。盖包费隐、兼小大，以终十二章之意。章内语诚始详，而所谓诚者，实此篇之枢纽也。又按，《孔子家语》亦载此章，而其文尤详。'成功一也'之下，有'公曰：子之言美矣！至矣！寡人实固，不足以成之也。'故其下复以'子曰'起答辞。今无此问辞，而犹有'子曰'二字，盖子思删其繁文以附于篇，而所删有不尽者，今当为衍文也。'博学之'以下，《家语》无之，意彼有阙文，抑此或子思所补也欤?"录此也供进一步钻研者参考。

当然读《中庸》以及前人注，比如朱熹的注也都是要读者思考的，不可盲从，但可以作为每一代人的思想与精神的资粮。

21. 【原文】

自诚明,谓之性;自明诚,谓之教。诚则明矣,明则诚矣。

* 右第二十一章。子思承上章夫子天道、人道之意而立言也。自此以下十二章,皆子思之言,以反覆推明此章之意。

【译文】

由诚实而明察道理,这叫做天赋的本性;由明察道理而达到诚实,这叫做后天的教化。诚实就能明察道理,而明察道理也能达到诚实。

【品读】

先说词语。(1)“自”,由、从的意思。郑玄注:“自,由也。”朱熹注同此。(2)“诚”,是指真实无妄。(3)“明”,是指事理洞达。

1. 这里既指出两类人之“异”,也指出两类人之“同”。相异者:一种人是“自诚明,谓之性”,另一种人是“自明诚,谓之教”。然而又可同一者,是都可以臻于明察与至诚。人的天赋虽有相悬殊者,但是及其成功则无二致。

2. 关于此章的旨意,郑玄注:“由至诚而有明德,是圣人之性者也。由明德而有至诚,是谓人学以知之也。有至诚则必有明德,有明德则必有至诚。”孔颖达疏:“自诚明,谓之性,圣人之德也;自明诚,谓之教,贤人之德也。”这里指出两类人的不同:一是“圣人之德也”,一是“贤人之德也”。

3. 朱熹则认为:“德无不实而明无不照者,圣人之德。所性而有者也,天道也。先明乎善,而后能实其善者,贤人之学。由教而入者也,人道也。诚则无不明矣,明则可以至于诚矣。”他这里也提出了“性”即是“天道”、“教”即是“人道”的概念。

4. 照朱熹的分析,这一章在《中庸》的结构上特别重要,全书三十三章,这里是一大转折点,从而分成两大部分:此前二十一章是子思对夫子之说的阐论,而由此而后的十二章转入自己立论了。

22. 【原文】

唯天下至诚,为能尽其性;能尽其性,则能尽人之性;能尽人之性,则能尽物之性;能尽物之性,则可以赞天地之化育;可以赞天地之化育,则可以与天地参矣。

* 右第二十二章

【译文】

只有天下至诚的人，才能竭尽自己的天赋本性；能竭尽自己的天赋本性，就能竭尽他人的本性；能竭尽他人的本性，就能竭尽万物的本性；能竭尽万物的本性，就可以赞助天地对万物的生长化育；能赞助天地对万物的生长化育，就可以和天地并立而为三了。

【品读】

先说词句。(1)“尽其性”，竭尽其本性。郑玄注：“尽性者，谓顺理之，使不失其所也。”(2)“赞”，赞助、帮助、辅助。(3)“育”，生。(4)“参(sān)”，配合成为三。

1. 这章是讲的“自诚而明者之事”。朱熹注：此章“言天道也”。言性，即是所谓的言天道也。

什么叫“天下至诚”？朱熹说：“天下至诚，谓圣人之德之实，天下莫能加也。”

什么叫“尽其性”？其一，圣人能尽自己之性。“天下至诚”之圣人，就自己这一方来说，则其知生知，其行安行。朱熹说：“尽其性者，德无不实，故无人欲之私，而天命之在我者察之由之，巨细精粗无毫发之不尽也。”其二，还要推己及其他人与物，要尽他人、他物之性。“天下至诚”之圣人，就他人、他物这另一方来说也要尽其性，如朱熹说：“人、物之性，亦我之性，但以所赋形气不同而有异耳。能尽之者，谓知之无不明，而处之无不当也。”

什么叫“与天地参”？为什么圣人能“与天地参”？朱熹说：“赞，犹助也。与天地参，谓与天地并立为三也，此自诚而明者之事也。”能做到上面所说的这两方面，即是既尽己之性，又能尽他人、物之性，那么圣人就能赞助天地之化育，而与天地并立为三了。此功劳何等巨大，境界何等美妙！

2. 本章又运用连绵的句式，通过巧妙的顶真修辞手法，显示了密切的关联与严密的逻辑。

23. 【原文】

其次致曲，曲能有诚，诚则形，形则著，著则明，明则动，动则变，变则化。唯天下至诚为能化。

* 右第二十三章。

【译文】

次一等的人可以由细小的善事扩充至极；由此细小善事扩充至极，就能达到内心诚实；内心诚实，就会表现出来；诚实表现出来，就会日益显著；日益显著，就会光明焕发；光明焕发就会使外物感动；使外物感动，就会使外物发生转变；使外物转变，就会产生化育之功。唯有天下的至诚，才能化育万物。

【品读】

先说词语。（1）“其次”，次一等的人。郑玄注：“其次，谓自明诚者也。”朱熹注：“其次，通大贤以下凡诚有未至者而言也。”（3）“致”，推极、推致。（4）“曲”，局部、不全。郑玄注：“犹小小事也。”朱熹注：“一偏也。”张居正注：“曲，是善之一偏处。”

此章由上面谈到的至诚的圣者，转至说次于圣者的贤人与一般的普通人。他们虽有一些善，但还没有达到至诚。尽管如此，他们也可以达到不异于圣人的境界。但是怎样来臻于此境呢？此章作出了回答。

1. 这就是“自明诚”的过程。此有几端内涵可说。其一，这些人当发现自己存有的“善”，哪怕仅仅是细小的一曲之“善”。其二，他们还要看到与圣人的“至善”、“至诚”相比还差得很远，毕竟仅是“一曲”。其三，他们当下决心把自己的一曲之“善”推而广之，扩而大之，向着“至诚”、“至善”的方向发展推致。其四，这种臻于理想的路径是一种有层次的递升过程。

2. 此章又揭示出臻于理想的路径是：

曲——诚——形——著——明——动——变——化。

这大体可以分为七层：（1）推致一“曲”之“善”而最终达到“诚”。（2）由“诚”而至于“形”，此如朱熹说“形者，积中而发外”。（3）由“形”而至于“著”，这是“发外”而至于显著，也如朱熹说：“著，则又加显矣”。（4）由“著”而至于“明”，此“明”如朱熹说：“明，则又有光辉发越之盛也。”（5）由“明”而至于“动”，如朱熹说：“动者，诚能动物。”（6）由“动”而至于“变”，如朱熹说：“变者，物从而变。”（7）由“变”而至于“化”，此又如朱熹说：“化，则有不知其所以然者。”

如此精进不已，那么必定臻于理想的境界。正如朱熹说：“盖人之性无不同，而气则有异，故惟圣人能举其性之全体而尽之。其次，则必自其善端发见之偏，而悉推致之，以各造其极也。曲无不致，则德无不实，而形、著、动、变之功自不能已。积而至于能化，则其至诚之妙，亦不异于圣人矣。”因此朱熹说：此章“言人道也”。言人道，即是言教化也。

24.【原文】

至诚之道，可以前知。国家将兴，必有祯祥；国家将亡，必有妖孽。见乎蓍龟，动乎四体。祸福将至，善必先知之，不善必先知之。故至诚如神。

* 右第二十四章。

【译文】

有至诚之道，就可以预知未来的事情。国家将要兴盛，必定会出现吉祥的预兆；国家将要衰亡，必定会有祸害的妖孽。此可从蓍草与龟甲的占卜中发现，或从人们的举止仪容中察觉。祸福将要来临，吉兆必是能预先知道，凶兆也必定能预先知道。所以有了至诚之道就像神灵一样玄妙。

【品读】

朱熹说：此章“言天道也”，具体说的是“至诚之道，可以前知”，“至诚如神”。朱熹有注：“祯祥者，福之兆。妖孽者，祸之萌。蓍，所以筮。龟，所以卜。四体，谓动作威仪之间，如执玉高卑、其容俯仰之类。凡此皆理之先见者也。然惟诚之至极，而无一毫私伪留于心目之间者，乃能有以察其几焉。”当然，这是古人的逻辑，今人应当对其中的迷信的成分摒弃之，批判之。笔者在本书篇七部分已有阐述，可参见。

25.【原文】

诚者，自成也；而道，自道也。诚者物之终始，不诚无物。是故君子诚之为贵。诚者，非自成己而已也，所以成物也。成己，仁也；成物，知也。性之德也，合外内之道也，故时措之宜也。

* 右第二十五章。

【译文】

诚，是用来成就自身的；道，是应当自己去实行的。诚贯穿于万物的始终，没有诚也就没有万物。因此君子以诚为贵。诚不仅是自身的完善而已，并且又用来化成万物。完善自身，这是仁；使万物都能化成，这是智。仁和智是人天性中的德性，符合“成己”、“成物”的内外规律，所以随时实行都是适宜的。

【品读】

朱熹说，此章“言人道也”。略说几点：

1. 什么叫“诚者，自成也；而道，自道也”？朱熹说：“道也之道，音导。言诚者物之所以自成，而道者人之所当自行也。诚以心言，本也；道以理言，用也。”

2. 为什么说“不诚无物”？为什么又说“诚之为贵”？朱熹说：“天下之物，皆实理之所为，故必得是理，然后有是物。所得之理既尽，则是物亦尽而无有矣。故人之心一有不实，则虽有所为亦如无有，而君子必以诚为贵也。盖人之心能无不实，乃为有以自成，而道之在我者亦无不行矣。”

3. 为什么讲“诚者，非自成己而已也，所以成物也”？为什么“成己”还要“成物”？朱熹有说：“诚虽所以成己，然既有以自成，则自然及物，而道亦行于彼矣。”这是一种自然而然的过程，因为是诚，所以必定会自然地由已而及他人他物的。这也是尽已性后，必定会尽他人、他物之性。

4. 为什么说“成己成物”是仁与知（智）？为什么说是“时措之宜”？朱熹有说：“仁者体之存，知者用之发，是皆吾性之固有，而无内外之殊。既得于已，则见于事者，以时措之，而皆得其宜也。”心诚者，则会仁与智兼得，而这本来就是人所具有的德性。一旦有仁有智，那么处理各种事情，便会按照道理来随“时”而“措之”，因此自然无不适宜了。

5. 关于本章“诚”之道的所论，有论者曾如是说：“再也没有其他的儒家经典，曾赋予道如此核心的地位。自成之道，似乎与道家的道没有两样，其实却大不相同。诚如钱穆所说，当道家提到道即是自然时，其意是说道为虚空；然而儒者所说的道即自然，是以诚形容之。照他看来，这是《中庸》一文最大的贡献。此外，儒家的道是相当人文主义的，‘道不远人’，与道家的道恰好相反，此点也不容忽视。”（陈荣捷编著《中国哲学文献选编》）这段话若细究的话，虽或可再作讨论，比如儒家与道家所说的“道”真的“其实却大不相同”吗？但是这段话对了解《中庸》是很有帮助的，值得留心的。

26. 【原文】

故至诚无息。不息则久，久则征，征则悠远，悠远则博厚，博厚则高明。博厚，所以载物也；高明，所以覆物也；悠久，所以成物也。博厚配地，高明配天，悠久无疆。如此者，不见而章，不动而变，无为而成。

天地之道，可一言而尽也：其为物不贰，则其生物不测。天地之道：博也，厚也，高也，明也，悠也，久也。今夫天，斯昭昭之多，及其无穷也，日月星辰系焉，万物覆焉。今夫地，一撮土之多，及其广厚，载华岳而不重，振河海而不泄，万物载焉。今夫山，一卷石之多，及其广大，草木生之，禽兽居之，宝藏兴焉。今夫水，一勺之多，及其不测，鼋鼍、蛟龙、鱼鳖生焉，货财殖焉。

《诗》云："维天之命，於穆不已！"盖曰天之所以为天也。"於乎不显，文王之德之纯！"盖曰文王之所以为文也，纯亦不已。

*右第二十六章。

【译文】

所以至诚是不会止息的。不止息，就能长久流传；长久流传，就可以得到验证；得到验证，就悠远无穷；悠远无穷，就能广博深厚；广博深厚，就能变得高大光明。博厚，可以承载万物；高明，可以覆盖万物；悠久，可以化成万物。博厚与地相配，高明与天相配，悠久则像天地无边无际。像这样，虽然没有表现，却自然彰明；虽然没有行动，却可以感人化物；虽然无所作为，却能够获得成功。

天地的道理可以用一个"诚"字加以概括：天地之物是诚一不二的，生成万物则神妙莫测。天地之道就是：广博，深厚，高大，光明，悠远，长久。现在说说天吧，这虽由点滴光明积聚成的，却能至于无穷，日月星辰悬系在上面，万物也都覆盖在里面。现在再说地吧，这虽由一撮撮泥土积聚成的，却能至于广博深厚，承载华山而不觉得沉重，聚纳河海而不会泄漏，万物都可以承载在大地上。现在再说山吧，这虽是由一块块小石积聚成的，却能至于广大，草木生长在上面，禽兽栖居在里面，宝藏也从里面挖掘出来。现在再说水吧，它虽是由一勺勺水积聚成的，却能至于深不可测，鼋、鼍、蛟、龙、鱼、鳖生长在海里，货财也从那里产生出来。

《诗》说："只有天命，庄严肃穆，运行不息！"大概是说天之所以成为天的道理吧。"啊，太光明显赫了，文王的德行多么纯正！"大概是说文王之所以尊谥为"文"的道理吧，他的纯正品德流行不止。

【品读】

第一段品读。

先说词语。(1)"征"，验证，证明。(2)"见(xiàn)"，出现。上古没有"现"字，凡出现的意义都写作"见"。(3)"章"，明显、显著。

1. 为什么"至诚"会无息——久——征——悠远——博厚——高明？朱

熹注:“既无虚假,自无间断”;“久,常于中也。征,验于外也”;“此皆以其验于外者言之。郑氏所谓‘至诚之德,著于四方’者是也。存诸中者既久,则验于外者益悠远而无穷矣。悠远,故其积也广博而深厚。博厚,故其发也高大而光明。”

2. 为什么说圣人与天地“同用”、“同体”?(1)“博厚,所以载物也;高明,所以覆物也;悠久,所以成物也”,朱熹注:“悠久,即悠远,兼内外而言之也。本以悠远致高厚,而高厚又悠久也。此言圣人与天地同用。”(2)“博厚配地,高明配天,悠久无疆”,朱熹注:“此言圣人与天地同体。”(3)“如此者,不见而章,不动而变,无为而成”,朱熹注:“见,犹示也。不见而章,以配地而言也。不动而变,以配天而言也。无为而成,以无疆而言也。”

第二段品读。

先说词语。(1)“不贰”,纯一不掺杂。(2)“不测”,不可测度。(3)“昭昭”,犹“耿耿”,小明,点滴光明。(4)“振”,有整顿的意思,这里指容纳。朱熹注:“收也。”(5)“卷(quán)”,通“拳”,指像拳头大的石块,此自其小而言之。(6)“鼋(yuán)”,大鳖。(7)“鼍(tuó)”,鳄鱼的一种,俗称“猪婆龙”,也说即扬子鳄。

这一段再用天地之伟功来说明“至诚无息”之论。如朱熹所说:“此以下,复以天地明至诚无息之功用。”

1. 怎样来概括“天地之道”?这里从两方面来概括:(1)“天地之道,可一言而尽也:其为物不贰,则其生物不测。”若精简浓缩到只说一个字,那便是“诚”!如朱熹说:“天地之道,可一言而尽,不过曰‘诚’而已。‘不贰’,所以诚也。诚故不息,而生物之多,有莫知其所以然者。”(2)从另一角度来概括,那么“天地之道:博也,厚也,高也,明也,悠也,久也”。当然这也是从“诚”的核心处生发出来的。朱熹说:“言天地之道,诚一不贰,故能各极其盛,而有下文生物之功。”

2. 说天、地、山、川四个方面的“至诚不息”。朱熹说:“此四条,皆以发明由其不贰、不息以致盛大而能生物之意。然天、地、山、川,实非由积累而后大,读者不以辞害意可也。”

第三段品读。

关于引《诗》的旨意,可参见笔者在篇十的详析。朱熹亦有注:“引此以明至诚无息之意。程子曰:“天道不已,文王纯于天道,亦不已。纯则无二无杂,不已则无间断先后。”

27. **【原文】**

大哉圣人之道！洋洋乎，发育万物，峻极于天。优优大哉！礼仪三百，威仪三千。待其人而后行。故曰苟不至德，至道不凝焉。故君子尊德性而道问学，致广大而尽精微，极高明而道中庸。温故而知新，敦厚以崇礼。是故居上不骄，为下不倍。国有道，其言足以兴；国无道，其默足以容。《诗》曰："既明且哲，以保其身。"其此之谓与！

*右第二十七章。

【译文】

多么伟大啊，圣人之道！它充塞在天地间，使万物生长发育；它高峻通达上天。真是充裕而又伟大啊！礼的大纲有三百条，礼的细节有三千条。这要等待圣贤出来才能施行。所以说，假如不是至高德性的人，至善之道也不会被实行。因此君子既尊崇德性而又加强学习探究，使学问和德性日益广大而又深入到精微处，达到高明的境界而遵行中庸之道。能温故而知新，敦厚而崇尚礼仪。所以身居高位的人不骄傲，身处下位的人不犯上。国家政治清明，他的话可以振兴国家；国家政治不清明，他沉默不语也可以乱世中安身。《诗》说："既明达又睿识，可以保全自己。"大概就是说的这个意思吧！

【品读】

先说词语。（1）"洋洋"，流动充满的意思。（2）"峻极"，高且至于极。（3）"优优"，充足有余。（4）"礼仪"，指重大的行礼仪式，如冠、婚、丧、祭之礼。（5）"威仪"，即细小的礼节，如容貌举止、升降作揖等细节。（6）"苟"，如果。（7）"凝"，凝聚、成就。（8）"倍"，通"背"，违背。（9）《诗》，见《诗·大雅·烝民》。

1. 首五句的文脉结构是怎样的？朱熹说：首句"大哉圣人之道"，"包下文两节而言"。一节便是"洋洋乎，发育万物，峻极于天"；"峻，高大也。此言道之极于至大而无外也"。一节便是"优优大哉！礼仪三百，威仪三千"；"优优，充足有余之意。礼仪，经礼也。威仪，曲礼也。此言道之入于至小而无间也"。然后的一句是"待其人而后行"，道是有待于人来实行的。朱熹说：此句"总结上两节"。

2. 紧接着自然会有这样的问题：既然如此，那么怎样"待其人而后行"呢？有待于怎样的人来实行呢？

先从反面来说，"故曰苟不至德，至道不凝焉"，人没有至德，至道就不会为之凝聚而成，因此有待于至德之人。朱熹注："至德，谓其人。至道，指上两节而言也。凝，聚也，成也。"

再从正面来说，"故君子尊德性而道问学，致广大而尽精微，极高明而道中庸。温故而知新，敦厚以崇礼。"于此警句，笔者在前文已经作专门的细说，可参见。这里再看朱熹之解析："尊者，恭敬奉持之意。德性者，吾所受于天之正理。道，由也。温，犹燖(xún，又读 qián，古代祭祀用肉，沉入热汤中使之半熟，也泛指煮肉)温之温，谓故学之矣，复时习之也。敦，加厚也。尊德性，所以存心而极乎道体之大也。道问学，所以致知而尽乎道体之细也。二者修德凝道之大端也。不以一毫私意自蔽，不以一毫私欲自累，涵泳乎其所已知，敦笃乎其所已能，此皆存心之属也。析理则不使有毫厘之差，处事则不使有过不及之谬，理义则日知其所未知，节文则日谨其所未谨，此皆致知之属也。盖非存心无以致知，而存心者又不可以不致知。故此五句，大小相资，首尾相应，圣贤所示入德之方，莫详于此，学者宜尽心焉。"朱熹一层一层绵密地鞭辟入里地剖析了此中的意蕴，如庖丁解牛一般批郤导窾，中其肯綮。我们或也可以想象一番，朱熹写完改完这一段评语时，似乎也会"提刀而立，为之四顾，为之踌躇满志"了吧？

3. 当然这一章的最后的几句话也是人生的箴言："是故居上不骄，为下不倍。国有道，其言足以兴；国无道，其默足以容。"另外一句，那就是来自《诗经》的成语"明哲保身"了。

28. 【原文】

子曰："愚而好自用，贱而好自专，生乎今之世，反古之道。如此者，烖及其身者也。"非天子，不议礼，不制度，不考文。今天下车同轨，书同文，行同伦。虽有其位，苟无其德，不敢作礼乐焉；虽有其德，苟无其位，亦不敢作礼乐焉。子曰："吾说夏礼，杞不足征也。吾学殷礼，有宋存焉。吾学周礼，今用之，吾从周。"

* 右第二十八章。

【译文】

孔子说："愚笨的人喜好刚愎自用，卑贱的人喜好独断专行，生活在当今的时代，却要返归古代的道上去。像这样的话，灾难就会降到他身上。"不是天子，不议论礼制，不制定法度，不考订文字。如今天下的车辙间距相同，书写的文字相同，行为的伦理相同。即使有天子之位，假如没有圣人的德行，就不敢制作礼乐；即使有圣人的德行，假如没有天子之位，也不敢制作礼乐。孔子说："我解说夏代的礼制，杞国不足以验证。我学殷代的礼制，还有宋国存在。我学周礼，如今还在使用，所以我遵从周代的礼制。"

【品读】

先说词语。(1)"烖"，古"灾"字。(2)"反"，返回，回复。(3)"礼"，亲疏贵贱相接的礼节。(4)"度"，是宫室、车服、器用的等级。(5)"考文"，考证文字的点画结构等。(6)"车同轨"，车轮之间的距离相同。(7)"行同伦"，行为遵守相同的伦理道德。(8)"杞"，古代的杞国，初在雍丘(今河南杞县)。(9)"宋"，古代的宋国，亦称商，建都商丘。

1. 此章首先引用了孔子之言，这可以参见笔者在前文的解析。

2. 这一章引发出一大疑问：如果是子思写的《中庸》，怎么会出现"今天下车同轨，书同文，行同伦"这些出现在秦朝统一以后情况的话呢？冯友兰曾说：从这句话看，这篇文章一定是在秦朝统一以后作的，不可能是统一以前的作品。但是，它的著作时代也不能太晚，因为照这几句话的语气看，作者对同轨、同文、同伦等情况觉得很新鲜，这些情况的出现大概是在写作不久以前的事。所以它的时代也不能太晚，大概是汉朝初年的作品。(《三松堂全集》第九卷)

关于《中庸》有"今天下车同轨，书同文，行同伦"和"载华岳而不重"的问题，也有人认为不能看做伪书的根据。郭沫若在《十批判书》中说："《中庸》一篇，冯友兰氏虽认为'与孟子之学说为一类'，而疑'似秦、汉孟子一派的儒者所作'。证据是'今天下车同轨，书同文，行同伦'为秦、汉统一中国后之景象，又有'载华岳而不重'亦疑非鲁人之言。'载华岳而不重'一语无关重要。请看与子思约略同时而稍后的宋钘，便'作为华山之冠以自表'，足见东方之人正因未见华山而生景慕。忽近而求远，乃人情之常，鲁人而言华岳，亦犹秦人而言东海而已。'书同文，行同伦'，在春秋战国时已有其实际，金文文字与思想之一致性便是证明，不必待秦、汉之统一。仅'车同轨'一语或有问题，但在目前亦尚无法足以断言秦以前各国车轨决不一致。秦人统一天下之后，因采取水德王之说，数字以六为贵，故定'舆六尺。六尺为一步，乘六马'(《始皇本纪》)，以此统一天下之车轨，此乃一种新的统一而已。故如冯氏所论，实不足以否定子思的创作权。"另外如李学勤认为，文中的"今"应该读为"若"，是假设的口气，并非当时的事实，不能

因为这段话怀疑《中庸》的年代。(李学勤《周易经传溯源》)

3. 此章最后又引孔子的话,其中孔子说“吾从周”,这是为什么?朱熹说:“杞,夏之后。征,证也。宋,殷之后。三代之礼,孔子皆尝学之而能言其意;但夏礼既不可考证,殷礼虽存,又非当世之法,惟周礼乃时王之制,今日所用。孔子既不得位,则从周而已。”此也备一说。另外孔子此说,又见诸《论语·八佾》与《论语·为政》。

29. 【原文】

王天下有三重焉,其寡过矣乎!上焉者虽善无征,无征不信,不信民弗从。下焉者虽善不尊,不尊不信,不信民弗从。

故君子之道:本诸身,征诸庶民,考诸三王而不缪,建诸天地而不悖,质诸鬼神而无疑,百世以俟圣人而不惑。质诸鬼神而无疑,知天也;百世以俟圣人而不惑,知人也。是故君子动而世为天下道,行而世为天下法,言而世为天下则。远之则有望,近之则不厌。

《诗》曰:“在彼无恶,在此无射。庶几夙夜,以永终誉。”君子未有不如此而蚤有誉于天下者也。

* 右第二十九章

【译文】

君王治理天下有(议礼、制度、考文)三件重大的事情,能做好这些事,他的过失就少了!上古时代的礼仪制度虽然好,但得不到验证;得不到验证,民众就不相信;民众不相信,就不会依从。处在下位的圣人虽然对于礼仪制度有好的主意,但地位不尊贵;地位不尊贵,民众也不相信;民众不相信,就不会依从。

所以君子之道:要以自身的修养为根本,又要在民众中得到验证,用夏、商、周三代的礼仪制度来考查而没有谬误,确立在天地之间而没有违背,从鬼神那儿得到证实而没有疑虑,这样就是等到百世以后的圣人来施行也不会有疑惑了。从鬼神那儿得到证实而没有疑虑,这就是懂得了天理;等到百世以后的圣人来施行也不会有疑惑,这就是懂得了人情。因此君子的举动被世世代代当做天下的道理,君子的行为被世世代代当做天下的法度,君子的言论被世世代代当做天下的准则。远离君子,则生有仰慕之心;接近君子,则没有厌倦之意。

《诗》说:“在那里无人怨恨,在这里也无人厌烦。日夜操劳不懈,永远受到人们的称赞。”君子没有不这样做而能早有声誉流传天下的。

【品读】

先说词语。(1)“王(wàng)”,称王,统治天下。(2)“上焉者”,此指上古时代的夏代与商代的礼制。(3)“下焉者”,指居下位的人。(4)“三王”,指夏禹、商汤、周文王。(5)“缪”,通“谬”,错误。(6)“质”,证实,或说是质问。(7)《诗》,见《诗·周颂·振鹭》。(8)“无射(yì)”,不怨恨。(9)“永”,长。(13)“终”,假借为“众”。(14)“蚤”,通“早”。

1. 本章是对“居上不骄”(27章)展开的论说。如朱熹注:“承上章‘居上不骄’而言。亦人道也。”

2. 为什么说“王天下有三重焉,其寡过矣乎”?朱熹注引吕氏曰:“三重,谓议礼、制度、考文。惟天子得以行之,则国不异政,家不殊俗,而人得寡过矣。”

3. 怎样理解“上焉者”与“下焉者”的那些情况?(1)关于“上焉者”,朱熹注:“上焉者,谓时王以前,如夏、商之礼虽善,而皆不可考。”既然如此,民众就不会信从。(2)关于“下焉者”,朱熹注:“下焉者,谓圣人在下,如孔子虽善于礼,而不在尊位也。”既然如此,那么即使是孔子,也会是这样的际遇。

4. 怎样理解“君子之道”的内涵?朱熹注:“此君子,指王天下者而言。其道,即议礼、制度、考文之事也。本诸身,有其德也。征诸庶民,验其所信从也。建,立也,立于此而参于彼也。天地者,道也。鬼神者,造化之迹也。百世以俟圣人而不惑,所谓‘圣人复起,不易吾言’者也。”

5. 怎样理解文中所说的君子之“动”、“行”、“言”的意思?朱熹注:“动,兼言行而言。道,兼法则而言。法,法度也。则,准则也。”

30. **【原文】**

仲尼祖述尧舜,宪章文武;上律天时,下袭水土。辟如天地之无不持载,无不覆帱;辟如四时之错行,如日月之代明。万物并育而不相害,道并行而不相悖,小德川流,大德敦化,此天地之所以为大也。

* 右第三十章

【译文】

孔子远承尧、舜的道统,近法文王、武王的典则;上要遵循天时变化的规律,下要符合水土地理的情况。譬如天地没有什么不能承载,没有什么不能覆盖。譬如四季更迭运行,日月轮流照耀。万物共同生长却不互相妨害,天地之道互相并行却不相违背。小德如(不止不息的)江河水流,大德以敦厚(无穷无尽地)化育万物。这就是天地所以伟大的地方。

【品读】

先解释词句。(1)"祖述",宗奉,传述。朱熹注:"祖述者,远宗其道。"(2)"宪章",效法。朱熹注:"宪章者,近守其法之运。"(3)"律天时",朱熹注:"律天时者,法其自然。"(4)"袭水土",朱熹注:"袭水土者,因其一定之理。皆兼内外该本末而言也。"(5)"帱(dào)",覆盖。(6)"辟",同"譬"。(7)"错",犹迭也。(8)"代",交替。(9)"悖",背、违背。

本章旨意是对圣人之德的颂赞,分为两部分:先是将圣人之德作譬喻,如天地、四时、日月,然后升华至于哲理的开掘与颂赞,文字优美深邃。朱熹的评论亦然典雅美富,朱熹说:此章"言天道也"。"天覆地载,万物并育于其间而不相害;四时日月,错行代明而不相悖。所以不害不悖者,小德之川流;所以并育并行者,大德之敦化。小德者,全体之分;大德者,万殊之本。川流者,如川之流,脉络分明而往不息也。敦化者,敦厚其化,根本盛大而出无穷也。此言天地之道,以见上文取辟之意也。"

31. 【原文】

唯天下至圣,为能聪明睿知,足以有临也;宽裕温柔,足以有容也;发强刚毅,足以有执也;齐庄中正,足以有敬也;文理密察,足以有别也。溥博渊泉,而时出之。溥博如天,渊泉如渊。见而民莫不敬,言而民莫不信,行而民莫不说。是以声名洋溢乎中国,施及蛮貊。舟车所至,人力所通,天之所覆,地之所载,日月所照,霜露所队,凡有血气者,莫不尊亲,故曰配天。

* 右第三十一章。

【译文】

只有天下最为神圣的人,才会聪明富有睿智,足以治理民众;宽厚从容温柔,足以容纳天下的人和事;奋发雄强刚毅,足以执掌天下大事;整齐庄重中正,足以得到民众的敬重;条理周详密察,足以分辨是非。他们的美德既广博又深远，而且随时会表现出来；广博就像天一样，而深远又如深渊一般。美德表现在仪容上，那么民众没有不敬重的；美德表现在言语中，那么民众没有不信从的；美德表现在行动上，那么民众没有不喜欢的。因此他们的声名充满整个国家，甚至传播到边远民族那里。凡是船只车辆所能到达的、人力所能通达的、上天所覆盖的、大地所承载的、日月所照耀的、霜露所坠落的地方，凡是有血气的人，没有不尊重、亲近圣人的。所以说圣人的美德可以和天相配。

【品读】

先解释词句。(1)“临”，指居上位而对下民的治理。(2)“溥(pǔ)”，广大、普遍。(3)“施(yì)”，蔓延、延续。(4)“蛮貊(mò)”，南蛮北貊，此指边缘的民族。(5)“队(zhuì)”，坠，坠落。

1. 本章主旨，朱熹说：“承上章而言小德之川流，亦天道也。”那么怎样理解首句五“足以”？此章首句有五个“足以”的排比，比如“唯天下至圣，为能聪明睿知，足以有临也”，等等。朱熹说：“‘聪明睿知’，生知之质。临，谓居上而临下也。其下四者，乃仁义礼知之德。文，文章也。理，条理也。密，详细也。察，明辨也。”

2. 本章是怎样盛赞这些“德”的？“溥博渊泉，而时出之。”朱熹说：“溥博，周遍而广阔也。渊泉，静深而有本也。出，发见也。言五者之德，充积于中，而以时发见于外也。”再接下来的文句，朱熹说：“言其充积极其盛，而发见当其可也。”文章中“舟车所至”后面的一段话，则亦如朱熹所说：“‘舟车所至’以下，盖极言之。配天，言其德之所及，广大如天也。”

32. **【原文】**

唯天下至诚，为能经纶天下之大经，立天下之大本，知天地之化育。夫焉有所倚？肫肫其仁，渊渊其渊，浩浩其天！苟不固聪明圣知达天德者，其孰能知之？

* 右第三十二章。

【译文】

只有天下至诚的人，才能掌控治理天下的大纲领，树立天下的根本大德，懂得天地化育万物的道理。这哪里会有偏倚呢？他的仁心那样诚挚，他的思虑像深渊那样深邃，他的德行像上天那样浩大！如果不是确实聪明圣哲、通达天赋美德的人,谁又能了解这些呢?

【品读】

先说词语。(1)“经”、“纶”,朱熹注:“皆治丝之事。经者,理其绪而分之。纶者,比其类而合之也。”(2)“肫(zhūn)肫”,诚恳、恳切的样子。朱熹注:“肫肫,恳至貌,以经纶而言也。”(3)“渊渊”,朱熹注:“渊渊,静深貌,以立本而言也。”(4)“浩浩”,朱熹注:“浩浩,广大貌,以知化而言也。”(5)“其渊”、“其天”,朱熹注:“则非特如之而已。”(6)“固”,朱熹注:“固,犹实者。郑氏曰:‘唯圣人能知圣人也。’”

1. 怎样理解“至诚”与“经纶天下之大经,立天下之大本”的关系?朱熹说:“经,常也。大经者,五品之人伦。大本者,所性之全体也。惟圣人之德极诚无妄,故于人伦各尽其当然之实,而皆可以为天下后世法,所谓经纶之也。其于所性之全体,无一毫人欲之伪以杂之,而天下之道千变万化皆由此出,所谓立之也。其于天地之化育,则亦其极诚无妄者,有默契焉,非但闻见之知而已。此皆至诚无妄,自然之功用,夫岂有所倚著于物而后能哉!”

2. 关于本章的主旨,是说“大德之敦化”、“至诚之道”。朱熹有注:“承上章而言大德之敦化,亦天道也。前章言至圣之德,此章言至诚之道。然至诚之道,非至圣不能知;至圣之德,非至诚不能为:则亦非二物矣。此篇言圣人天道之极致,至此而无以加矣。”

3. 我又想起陈荣捷之说,《中庸》16 章、20 章至 26 章、32 章都探讨“诚”,“然而极其怪异地,‘诚’之主题,《论语》竟未曾讨论”。这是饶有趣味的话题,可进一步研究的。

33. **【原文】**

《诗》曰:“衣锦尚絅。”恶其文之著也。故君子之道,暗然而日章;小人之道,的然而日亡。君子之道:淡而不厌,简而文,温而理,知远之近,知风之自,知微之显,可与入德矣。

《诗》云:“潜虽伏矣,亦孔之昭。”故君子内省不疚,无恶于志。君子之所不可及者,其唯人之所不见乎?

《诗》云:“相在尔室,尚不愧于屋漏。”故君子不动而敬,不言而信。

《诗》曰:“奏假无言,时靡有争。”是故君子不赏而民劝,不怒而民威于鈇钺。

《诗》曰:“不显惟德,百辟其刑之。”是故君子笃恭而天下平。

《诗》云："予怀明德，不大声以色。"子曰："声色之于以化民，末也。"

《诗》曰："德輶如毛。"毛犹有伦。"上天之载，无声无臭。"至矣！

*右第三十三章。子思因前章极致之言（指有关天道的至极之论），反求其本（指根本方法）；复自下学为己谨独之事，推而言之，以驯致乎笃恭而天下平之盛。又赞其妙，至于无声无臭而后已焉。盖举一篇之要而约言之，其反复丁宁（即叮咛）示人之意，至深切矣，学者其可不尽心乎！

【译文】

《诗》说："穿上华美的丝绸衣服，再要加上麻纱制的罩衣。"这是因为讨厌锦服的纹彩太艳丽了。所以君子的为人之道，外表是暗淡的而美德却日渐彰明；小人的为人之道，外表是鲜艳的而光彩却日渐消亡。君子的为人之道是：素淡却不使人厌倦，简朴却有文采，温和而有条理，知道远是从近开始，知道风气来自哪里，知道隐微的必会逐渐显现，这样就可以进入美德中去了。

《诗》说："鱼儿潜伏水底，但仍然看得很清楚。"所以君子内心省察就不会内疚，也就无愧于心志。君子为常人所不可企及的，大概就在那看不见的内心深处了！

《诗》说："看你一人独处在室内，也不有愧于西北角（指面对暗处神灵所居住的地方都无愧疚，即不在暗中干坏事，光明磊落）。"所以君子没有行动就已心怀敬意，没有说话已诚信在心。

《诗》说："祭祀时默无声息祷告，这时不再有所争。"所以君子不必行赏，而民众也会受到勉励；不必发怒，而民众敬畏他就会超过对刀斧刑戮的畏惧。

《诗》说："天子的德行最当显赫，众多诸侯依循为法则。"所以君子诚笃恭敬，而天下就能太平。

《诗》说："我怀念文王光明的德行，从来不是声色俱厉。"孔子说："用厉声厉色去教化民众，这属于末等的了。"

《诗》说："德行微妙似乎轻如羽毛。"但是羽毛虽微细，还有可以类比的东西。"上天化育万物之事的德行，无声无味。"这才是无可比拟的至极境界了！

【品读】

此章引《诗经》内容的具体分析，可参见本书第十篇里的《<中庸>:

<诗经>的创新诠释》。

这是《中庸》的最后一章,既是联缀上一章的内容而再加生发,又是全书的一个总结。朱熹说:“前章言圣人之德,极其盛矣”,但是可能也会因此引得一些人好高骛远,而自己不去痛下工夫了,所以这一章就“此复自下学立心之始言之,而下文又推之以至其极也”。学者为学须立心,必须不事外饰,不做表面文章,就像“衣锦尚䌹”一样,能“暗然而日章”。

君子“立心”要能“淡”、“简”、“温”;即如味“淡而不厌”,外“简”而内蕴“文”,外“温”而内有“理”。君子为学要能“三知”:“知远之近,知风之自,知微之显”。其一“知远之近”,张居正说:“又要随时精察,知道远处传播的,必从近处发端,在彼之是非,由于在此之得失”。其二,“知风之自”,张居正又说:风,是动。凡人行事之得失,都足以感动乎人,所以叫做风。因此“知道自己的行事能感人动物的,都有个缘由,吾身之得失,本于吾心之邪正也”。其三,“知微之显”,张居正还说:“又知道隐微的去处,必然到显著的去处,念虑既发于中,形迹必露于外也。”“这三件都是当谨之几,既知乎此,然后可以着实用功,循序渐进,而入于圣人之德矣。”因此可见《中庸》强调“立心”的重要了。

此后由为己慎独而达到“敬”、“笃恭”,乃至于“天下平”,终至于化民而臻于“无声臭”的至妙之境。

篇末,我们又想起张居正对《中庸》整体结构的剖视:“大抵《中庸》一书,首言天命之性,是说道之大原,皆出于天。终言上天之载,是说君子之学,当达诸天,然必由戒慎恐惧之功,而后可以驯致于中和位育之极;尽为己慎独之事,而后可以渐进于不显笃恭之妙。可见尽人以合天,下学而上达,其要只是一敬而已。先儒说敬者圣学始终之要,读者不可不深察而体验也。”此或许可以帮助我们再明《中庸》的大致建构框架与主旨。

后　记

我的《孝经智慧》、《大学智慧》出版后，很快就销售完了，这或许从某一角度透视到人们在渐渐富裕起来的时候，转而于传统文化、千年国学有了某种热忱与需求。如若细究其深层原因，此或有一种因缘，即是要让自身的精神同样富裕起来，让自我的智慧同步富足起来，让自己的心灵同时美富起来！

最近我又收到了韩文版的《老子讲义》，这原是我在中央电视台“百家讲坛”上的讲稿《老子与百姓生活》，在韩国翻译出版了，且颇受欢迎。面对此书，我又体悟到智慧无国界之分，无民族之分，无古今之分。中国智慧，如老子、孔子等智慧，早就踏出国门，融汇在世界的智库中去了；同样许多域外的智慧也早就涌流进国门，融化在中国人的血脉中了。智慧，尤其是经典的智慧，永远是各时代、各民族的最美好的共同的精神财富。——这些也使我“反求诸身”，更加策励自己继续求索前行，为国学的研究、传播、普及作出微薄的贡献。

虽然我在《礼记译注》里曾翻译过《中庸》，但是再次深入研究并撰写此书时，还是感到并非易事，而且比写前一本《大学智慧》花了更多的时间与精力。现在我献给读者的这一本小书，既荟萃了古今一些研究者的所得，也写下了自己的心得。然而更企望的是，此书能对读者有所启迪，使心有所获、智有所明、学有所用，从而能向中国经典智慧的深处潜行，汲取更多的智慧。

最后，我要感谢山东人民出版社的领导与编辑为本书的出版再次付出了辛勤的劳作。我在写作时又参考了一些研究者的成果，大都已一一标明，此一并致谢！当然还要特别感谢读者们的热忱与鼓励！

姚淦铭

2010年6月16日端午节

江南千年银瑞樱斋